至上教育
FIRST EDUCATION

幼儿园音乐
教学手册

曹冰洁　李　婷　著

华东师范大学出版社

上海

图书在版编目（CIP）数据

幼儿园音乐教学手册/曹冰洁,李婷著.—上海:华东师
范大学出版社,2010.12
　ISBN 978 - 7 - 5617 - 8329 - 0

　Ⅰ.①幼…　Ⅱ.①曹…②李…　Ⅲ.①音乐课－学前教
育－教学参考资料　Ⅳ.①G613.5

　中国版本图书馆 CIP 数据核字(2010)第 246108 号

幼儿园音乐教学手册

著　　者　曹冰洁　李　婷
责任编辑　赵建军
审读编辑　赵建军
责任校对　汤　定
装帧设计　卢晓红

出版发行　华东师范大学出版社
社　　址　上海市中山北路 3663 号　邮编 200062
网　　址　www.ecnupress.com.cn
电　　话　021 - 60821666　行政传真 021 - 62572105
客服电话　021 - 62865537　门市(邮购)电话 021 - 62869887
地　　址　上海市中山北路 3663 号华东师范大学校内先锋路口
网　　店　http://hdsdcbs.tmall.com

印 刷 者　江苏句容市排印厂
开　　本　787×1092　16 开
印　　张　22
字　　数　550 千字
版　　次　2011 年 4 月第 1 版
印　　次　2023 年 7 月第 10 次
印　　数　18 901—20 000
书　　号　ISBN 978 - 7 - 5617 - 8329 - 0/G·4883
定　　价　45.00 元

出 版 人　王　焰

(如发现本版图书有印订质量问题,请寄回本社客服中心调换或电话 021 - 62865537 联系)

目　录

编者的话

上海市二期课改确立了"以幼儿发展为本"的理念,自主性活动成为老师们首选的教育内容。但由于在讨"某些涉及技能的学习是否也能让幼儿主动探索、自主建构"的问题上存在诸多困惑,很多教师采取了回避的做法。音乐活动因其必然涉及幼儿对音乐知识、技能的领会和把握,使得这种矛盾显得尤为突出。

带着对"幼儿音乐技能把握不应只有被动接受训练这条单行道"的理念,我们从 2000 年开始试图通过"互动参与式的培训"和老师们一起在实践中探索。我们发现音乐教育与"以幼儿发展为本的"理念存在着高度的统一,音乐活动完全可以让幼儿在探索中学习,在发现中成长,关键在于必须调整教师的设计思路和教育对策。

今年,我和我的学生李婷老师将这些年来经过反复实践积累下来的经典活动实例进行了详细、系统的整理,以便为更多的老师提供一条音乐活动操作的线索和一些音乐活动的操作素材。

下面对如何阅读这本书作一些简单说明,希望对大家有所帮助。

1. 通读

为了给幼儿园一线教师提供更多的素材,方便他们更加灵活地使用,我们未把幼儿年龄作为划分标准,而是按照音乐活动的五种形式进行梳理,将本书中的素材库分为五大板块:听辨活动、歌唱活动、韵律活动、节奏乐活动、欣赏活动,每一种表现形式中都包含音高、节奏、力度、音色、曲式等音乐元素,它们是相互交织、融合的。

在每种表现形式中都提供给大家很多单个的游戏活动素材,老师在使用的时候,可以根据幼儿的实际水平以及主题内容,同时选择两个或更多的素材进行组合,合并成一个完整的音乐活动。

因此,希望老师们在拿到本书后,先通读一遍,对幼儿音乐发展的特点、阶梯以及音乐活动五大形式等概念性问题有一个完整的认识,以便为他们预设一个均衡的音乐活动计划,避免因只注重某一活动形式而造成片面的认识。

2. 阅读素材库

素材库按听辨活动、歌唱活动、韵律活动、节奏乐活动、欣赏活动等音乐表现形式设置五个板块。每种音乐表现形式都包含与该表现形式相关的理论说明、素材实例及阶段研讨,这些内容是相互联系不可分割的,必须整合在一起看。

(1) 关注每个板块前相关的理论说明

在每个板块之前都有说明、综述、目标阶梯以及素材与主题、音乐元素的联系。这些能帮助老师对该音乐形式的特点有一个综合的了解,为之后选择操作素材时从"什么素材适合幼儿发展"、"什么样的素材可搭配什么主题内容"等几方面作为参考依据。

老师要将目标阶梯与具体教学活动联系起来,在了解每个年龄段幼儿发展特点以及音乐发展阶梯基础上,根据幼儿的实际发展水平以及当前的主题内容选择合适的素材。

(2) 关注每个素材之后的"操作提示"及"小贴士"

我们在每个具体活动素材后都有相关的操作提示,这些提示是针对于该活动操作中容易出现的问题所作的补充说明,以帮助读者应对实践中可能出现的各种状况。而"小贴士"则是与该音乐活动形式有关的一些理论说明,结合实例进行解说,力图使读者对该活动形式有进一步的认识。

(3)关注每个板块后的"阶段研讨"

在每个板块的后面,我们都设置一篇文章,以专题小论文的形式从音乐教育理论、音乐活动实践中遇到的问题、音乐活动设计等各个方面,对音乐活动的不同表现形式做一个总体的整理及理论的提升,为读者提供一些经验总结式的梳理。

(4)关注综合案例

在素材库的最后一部分有几个综合性的案例,为老师们如何在五大板块中选择单个的游戏素材组成完整的音乐活动提供参考。

例如:在大班"有用的植物"主题中,我们可以预设活动"蔬菜有营养",包含三个环节:第一环节:听辨活动中的"蔬菜有营养"(涉及节奏元素、合作能力等);第二环节:歌唱活动中的"蔬菜有营养"(涉及音高元素、合作能力等);第三环节:节奏乐活动中的"蔬菜音乐会"(涉及音高元素、节奏元素、合作能力等)。具体见下表:

表现形式 主题内容 音乐元素	听辨活动	歌唱活动	韵律活动	节奏乐活动	欣赏活动
音高		蔬菜有营养 (新授)		蔬菜音乐会 (复习)	
节奏	蔬菜有营养 (复习)				
力度					
音色					
曲式					

这只是列举了组合的一种可能性。当然,老师们可以根据自己的需要,在这个主题下选择其他的素材重组,预设一个属于您班级孩子的音乐活动——"蔬菜有营养"。

(5)灵活使用活动素材

本手册中汇集了大量的实践素材,我们想通过这些案例为读者介绍我们主张的幼儿园音乐教学活动的一些形式。一方面强调"情景创设",在有趣的游戏情景中淡化音乐技能,将技能变为幼儿乐于、易于接受的知识经验;另一方面强调"自主探索",突破"教师教,幼儿学"的传统音乐教学模式,设置问题情景,鼓励幼儿联系已有经验积极探索,通过师、幼、材三方合力互动,推进每个幼儿在自己的能力水平上自主获得新知识经验和能力。

因此,老师在读本手册时,要尝试灵活运用素材:

第一,灵活地拼接素材。我们提供给大家的是单个的活动素材,老师可根据主题内容、幼儿发展水平等具体情况,组合成完整而又丰富的音乐活动。

第二，灵活地拓展素材。我们列举的素材和主题内容的联系只是一小部分，老师们可对素材作进一步改编。例如：选择运用某一活动形式，套用到其他主题——听辨活动中有很多听辨音高的游戏，老师们可根据主题改编听辨游戏的情景以贴合主题内容。又如：根据阶梯特点，改编素材——歌唱活动中通常从唱 sol、mi 两个音的歌曲开始，除了本手册中提供给大家的两个音的歌曲，老师还可根据主题内容自己创编简单的由 sol、mi 两个音组成的歌曲。

3. 深层体会音乐活动的特性

我们试图让读者在阅读及实践本手册后，深入地体验到幼儿音乐活动的特性，并将这些理论认识用于指导实践，将其蕴涵在每一次活动设计以及操作的全过程之中。

（1）音乐活动中应突出创造性和经验性

幼儿发挥创造性需要两个条件，即有足够经验做铺垫和清晰的任务意识，因为幼儿创造性发挥是与主题内容系列化经验铺垫和明确的任务意识相关联的。例如：在主题"我是中国人"中，预设了律动"江南小镇"活动，在幼儿参观了朱家角、感受了美丽的风景、品尝了特色小吃的基础上，老师呈现一段优美音乐《紫竹调》，提出活动的目标，鼓励幼儿用肢体动作表现所见所闻，孩子们充分调动已有经验用艺术手段进行创造，这就是主动创造。

（2）音乐活动中应突出音乐性和社会性

音乐活动不仅促进幼儿审美感受和审美表现的发展，也促进他们的社会性发展。社会性发展突出表现为幼儿合作性的培养，它渗透在幼儿审美感受和审美表现之中，如果音乐性和社会性关系处理得当，便相得益彰，否则就会相互干扰。例如："逛街"、"母鸡萝丝去散步"、"建筑之歌"等活动中，需要幼儿自由结伴，运用已有的音乐知识经验进行合作创编，在与同伴、老师互动中产生一系列"共生性的产品"。在此过程中，既有个体创造，又有群体合作，在协同活动中社会性得到充分发展。

（3）音乐活动中应突出音乐元素和音乐元素表现性

音乐集体活动中一旦丧失审美性，其他方面的教育性也会相对减弱。所谓的音乐元素是指音高、节奏、力度、音色、曲式等这些把音乐组织起来的基本材料。所谓的音乐元素表现性是指这些元素所表达的人类的情绪情感性质，如音色，我们让幼儿体验的不是单一的音色，而是体验不同音色所表现的不同情绪情感，即让幼儿体验音乐元素的表现性而非音乐元素本身。例如，在活动"变化的天气"中，幼儿根据自己的经验，选择小铃、木鱼、大鼓、沙球等不同乐器，为不同的天气状况配音，将乐器音色与天气状况建立联系。

因此，只有在深层次体验音乐活动特性的基础上，才能通过动态的音乐活动让幼儿唱起来、跳起来、玩起来、笑起来，促使幼儿音乐经验、创新思维、协调合作等智力、非智力因素得到多元化发展，真正推进他们素质的全面提高。

虽然我们的教学手册中已经呈现了很多的素材，但因为篇幅的关系不能一一列举，希望老师能根据幼儿的发展水平和主题内容，按照自己的需要，多渠道地选择更丰富的素材资源。实践和研究是永无止境的，希望广大读者借助这本手册的启发，进一步进行实践、总结，在幼儿园音乐教育教学上有更多的拓展。

最后，感谢历届音乐培训实验班的付出！

曹冰洁

总　　述

一、音乐教育活动的目标

　　音乐教育活动是综合性的活动,在其实施过程中的每个阶段,幼儿的探索、操作都以音乐的五个要素(音高、力度、节奏、音色、曲式)为主线,通过听辨活动、欣赏活动、歌唱活动、节奏乐活动、韵律活动等循环往复、螺旋上升,并辐射其他方面,使幼儿得到整体发展。

　　在音乐教育活动中,音乐教育只是一个手段,重要的是通过音乐教育活动促进幼儿各项素质的全面提升,这才是教育的目的。因此,音乐教育的任务不仅是传授音乐的简单知识与技能,同时还要以音乐为手段,培养幼儿情感、智能、个性、社会性等方面的素质。通过音乐教育活动,培养幼儿感受美、表现美、创造美的情趣和能力。

　　音乐教育活动的总目标应包含四方面的内容:培养幼儿对音乐的兴趣和爱好;培养和发展幼儿的音乐素质(音乐才能和音乐能力);帮助幼儿积累简单的音乐经验和技能;推进幼儿全面发展。

　　这四个方面是相互联系的整体,只有培养幼儿对音乐的兴趣、爱好,幼儿才能主动积极投入活动,获得音乐素质的提高,使幼儿在学习音乐的过程中获得各方面的发展。基于以上的认识,音乐教育活动的具体目标有以下三点:

　　第一,激发幼儿参与活动的内驱力,萌发其感受美、表现美、创造美的情趣,培养其审美能力。在音乐教育活动中不能片面强调知识的传授与技能的训练,而应重视审美能力的培养,教师不应只是简单地教歌、教动作,还应重视强调幼儿的情感与生活的积累,使之主动愉悦地体验音乐艺术的美感氛围,并鼓励他们把自己的内心体验艺术地表现出来,真正发展幼儿对美的感受力、表现力、创造力。审美能力及情趣的培养,必须通过具体的音乐教育活动来实现。幼儿如果掌握了粗浅的音乐知识技能,就能在具体的音乐活动中感受美、表现美、创造美。因此,审美能力的培养和音乐艺术表现的知识技能传授,并不是相互对立、排斥,而是紧密联系、不可分割的,幼儿的音乐兴趣和审美能力只有在学习过程中逐步培养。

　　第二,激励幼儿乐意尝试操作音乐材料,发展幼儿的听辨能力、观察能力、思维能力、想象能力、动作协调能力及合作能力。在音乐教育活动中如何让幼儿掌握一些简单的知识技能呢?一句话——一定得让幼儿在主动参与过程中亲自去操作、体验,让幼儿在听辨活动、歌唱活动、韵律活动、节奏乐活动及欣赏活动中获得有关的音乐知识和技能。教师要为幼儿提供充分的时间和机会,让他们操作艺术材料,并使其从中真正得到满足。

　　第三,鼓励幼儿根据音乐的主题,联系已有生活经验,开展丰富想象,主动运用各种方式创造性地表达自己的认识与情感,发展幼儿自我学习意识,健全幼儿人格。在音乐教育活动中,歌唱不仅只是唱,节奏乐活动不仅只是单纯地敲打乐器,韵律活动不完全只是身体动作,听辨与欣赏音乐也不只是被动的静听,而是强调多方面的综合表现,注重挖掘幼儿潜在能力。如音乐活动"蝴蝶找花",内容有认识蝴蝶、绘画蝴蝶、制作蝴蝶、欣赏音乐(加上语言表达)、听唱歌曲、韵律动作、表演游戏等,它不仅仅发展音乐经验,更重要的是注重了个性的发展和社会性培养。幼儿在有序的音乐内容操作过程中不断增强自控能力,加强纪律性与责任感。在随乐曲主题创造性地做出即兴动作过程中,幼儿各做各的动作,个个大胆参与,勇于表现,促使他们在原有水平上提高,获得成功,建立自信。在合作交流中相互学习、相互补充,更进一步激励幼儿创造性潜能的发挥,逐渐使幼儿学会学习,学会创造,学会合作。

幼儿园音乐
教学手册

音乐活动各年龄段目标

活动形式　目标　年龄段	听辨活动	唱歌活动	韵律活动	节奏乐活动	欣赏活动
小班	1. 有兴趣模仿生活中简单的声响（如：小动物叫，汽车声等）。 2. 能对简单音乐信号做出反应（如：起立，坐下，走出来，休息等）。 3. 乐意模仿歌曲中简单节奏（2/4拍，拍手，敲鼓，踏足等），体验歌曲的节奏的变化。 4. 能分辨简单乐器演奏的歌曲（如：钢琴，电子琴，手风琴等）。 5. 能感受并初步分辨速度和音色的概念。 6. 在听辨活动中能保持4—5分钟的安静。	1. 乐意参与唱歌活动，喜欢自己唱，也喜欢与同伴一起唱。 2. 能在理解歌词内容基础上演唱歌曲，情绪愉悦。 3. 能说出熟悉歌曲的名称，用自然的声音演唱歌曲，喜欢师生对唱。 4. 喜欢各种和谐、悦耳的歌曲，乐意尝试用动作表现。 5. 初步会听歌曲前奏，集体唱歌时，一起开始，一起结束。 6. 愿意对熟悉的歌曲进行一些简单的歌词仿编。	1. 能眼随音乐做简单模仿动作（如：小动物动作，日常生活模仿动作等）。 2. 乐意根据音乐节奏、速度、强弱等特征，用上肢手、跺脚等动作表现。 3. 喜欢参加简单的集体韵律活动，尝试简单的动作仿编。 4. 能随音乐使用一些基本动作（如：小碎步，走步等）。 5. 能根据简单歌曲或乐曲中的角色、节奏、速度摆动身体或手臂，尝试用简单动作表现歌曲或歌曲意思。	1. 有兴趣寻找发现生活中的节奏（如：时钟声，心脏跳动声，汽车喇叭声等）。 2. 喜欢摆弄能发声的物体，认识简单乐器（如：鼓、碰铃、木鱼）。 3. 乐于和老师同伴用不同节奏念儿歌、童谣打节奏。 4. 乐意为简单歌曲伴奏，尝试与同伴一起齐奏（2/4拍，重复节奏）或4/4拍。 5. 了解并遵守集体节乐的一些基本规则（如：一起开始一起结束，跟着音乐节奏的演奏等）。	1. 喜欢倾听周围生活中各种声音，并用自己喜欢的方式表达。 2. 喜欢听性质鲜明的乐曲，知道要安静地听音乐。 3. 能听懂简单的儿童曲内容及鲜明的律动音乐，并尝试配上相应动作。 4. 能听懂简短的音乐故事（语言加音乐），区别明显的音乐形象，知道音乐的开始和结束，初步理解音乐故事的简单情节。 5. 乐意参与简单音乐故事的表演。

活动形式 目标 年龄段	听辨活动	唱歌活动	韵律活动	节奏乐活动	欣赏活动
中班	1. 能认识分辨五声音阶(do, re, mi, sol, la),从听辨、图谱、模唱、声势动作等活动中感知音高低,乐意摆弄敲击五个音,尝试创造性地设计自己简单乐句。 2. 能感受区别不同节奏(二分、四分、八分、十六分音符)。 3. 乐意听辨区分简单乐句。 4. 有兴趣参与各种听辨活动,感受不同的音乐元素(力度、速度、音色等),尝试用歌声、动作及图画表现自己对这些元素的理解。 5. 能听辨出乐曲或歌曲中重复乐句,感受体验音乐的和谐。	1. 能用正确的姿势、好听的声音演唱歌曲,尝试有感情地演唱歌曲。 2. 喜欢跟着音乐伴奏,完整地演唱熟悉的歌曲,听懂音乐,能初步看懂指挥信号。 3. 能听音模唱(五声音阶 do, re, mi, sol, la),并用相应的声势动作进行表现。 4. 乐意听旋律装配歌词,能尝试听简单乐句编唱。 5. 愿意大胆尝试在熟悉歌曲的基础上对歌词进行改编。	1. 愿意跟随音乐节奏做模仿动作或由基本动作组成的简单律动。 2. 乐意尝试着看音乐节奏(图谱)或看图形动作进行动作表演。 3. 喜欢进行简单的表演,能大方地在集体面前表现。 4. 能根据音乐主题及自己的理解,有节奏地自由动作。 5. 有兴趣做小指挥,用简单的动作进行指挥。 6. 能跟随音乐使用一些基本的动作(如:小跑步、踏点步、起踵步等)。	1. 有兴趣认识摆弄更多的乐器(如:圆午板、铃鼓、双响筒、蛙鸣筒等),听辨不同音色。 2. 喜欢参与简单的乐器故事创编(如:大象和小兔等)。 3. 能根据图片内容选择合适的乐器音色进行配音(如:变化的天气等)。 4. 尝试在五声音阶的木块上敲奏熟悉的歌曲。 5. 大胆尝试用乐器进行即兴伴奏(强拍、旋律节奏)。 6. 乐于尝试自制乐器并用乐器为歌曲或乐曲伴奏。 7. 愿意探索固定音型,尝试创编不同节奏以上的两种节奏型的合奏。 8. 愿意和同伴一起组成小乐队,演奏简单的成品乐曲。	1. 喜欢欣赏不同性质的音乐,对其性质进行初步区分(摇篮曲、舞曲、进行曲)。 2. 能专注的欣赏音乐,为音乐选择合适画面,或根据画面,为其配上音乐。 3. 能辨认出熟悉的旋律并说出接触过的乐曲名称。 4. 愿意倾听音乐,并发现音乐主题(音乐形象、性质),能寻找回旋曲中重复的乐段。 5. 乐意与同伴分享自己对音乐的感受,体验欣赏活动的快乐。 6. 能大胆尝试用语言、绘画或简单的身体动作等方式表达对音乐的感受和想象。

続 表

年龄段 / 目标 活动形式	听辨活动	唱歌活动	韵律活动	节奏乐活动	欣赏活动
大班	1. 能听辨七声音阶（do、re、mi、fa、sol、la、si）和三度音程，进一步从听辨、图谱、模唱、声势动作、敲奏音块等活动中感知音的高低。 2. 愿意听辨、模仿并创造节奏（如：节奏火车等）。 3. 乐意感受卡农曲式，尝试用语言、敲奏等方式表现卡农曲式。 4. 能听辨、表现更多的节奏类型（如：切分节奏、休止节奏等）。 5. 能进一步听辨、感受音乐元素的变化性（如：渐强渐弱，对比音色、力度起伏，混合音色等），感受音乐的丰富性。 6. 初步区别熟悉的管弦乐器与民族乐器。	1. 能听音模唱（七声音阶do、re、sol、fa、sol、la、si），并用相应的声势动作进行表现。 2. 能大胆自信地进行独唱，体验唱歌的快乐。 3. 喜欢尝试用多种合作形式进行合作（如：领唱、齐唱、接唱、默唱、轮唱，二声部多层次合唱等）。 4. 能用不同速度、力度的变化表达对歌曲的情感，能唱出2/4拍、4/4拍及3/4拍多种不同的节拍感。 5. 喜欢填词模唱、自编自唱，以及进行简单的歌曲创编。	1. 乐意随音乐节奏尝试按自己想象自由地做模仿动作、律动及简单的舞蹈动作。 2. 根据音乐曲式结构即兴创编动作，大胆表现。 3. 乐于尝试为主题歌曲、喜欢或自发跟随音乐曲进行简单的自由舞蹈。 4. 能独立或结伴进行歌表演，大胆表现自己，熟悉、喜欢用小指动作进行指挥、处理歌曲。 5. 愿意自信地承担小指挥任务，用创造性的动作进行指挥、处理歌曲。 6. 能跟随音乐使用更多的基本的步伐（垫步、弹簧步、跑跳步、交替步、十字步等）。	1. 有兴趣认识和使用更多的乐器，知道乐器名称、辨别音色（如：钹、锣等）。 2. 熟悉各种打击乐器的使用方法，有良好的使用习惯（如：有序收放、听指挥演奏等）。 3. 乐意探索比较音色及混合音色。 4. 尝试在七声音阶的音块上感受熟悉的歌曲。 5. 愿意大胆自信地即兴伴奏及即兴击鼓（如：固定节奏，自由节奏等）。 6. 乐意与同伴一起，分组合作，用乐器为故事配音。 7. 尝试进行简单的乐曲创作（如：春游之一天等）。 8. 乐意自组小乐队或自编乐曲，自编舞曲（如：瑶族舞曲、进行曲等）进行演奏。	1. 喜欢聆赏各种不同风格的音乐（如：名曲、古典音乐、优秀儿童歌曲等），感受不同音乐的美感。 2. 能辨认出更多熟悉的旋律、知道音乐的名称。 3. 乐意发现音乐主题，并围绕主题进行大胆想象，用语言、动作表达对音乐创造性图画的联想。 4. 乐意发现音乐的结构（如：三段体等）。 5. 乐意用多种方式创造性地表现自己对音乐作品的感受（如：绘画、即兴讲述、即兴动作等）。

二、音乐教育活动的重点

在上海市二期课改背景下,音乐活动已打破了以唱歌、跳舞为中心的单调教学模式,注重在主题背景经验支持下,通过创设相关的游戏情景引导幼儿自主进行音乐操作(听辨、欣赏、歌唱、摆弄敲打、身体动作等)。幼儿在聆听、模仿、运用、创造的过程中,不仅在音乐素质和音乐能力方面有所提高,而且在非智力因素如创造、合作、自控等方面也得到整体发展。

(一)通过音乐操作促进幼儿自主探索

在音乐操作中,我们强调让幼儿自己去探索。音乐操作能培养幼儿的学习兴趣,他们通过实践操作获得知识体验,在探索发现中主动学习。幼儿的探索代替了老师的单向讲授,他们有了"想一想"的思考习惯,有了"试一试"的表现欲望。

音乐教育活动进一步拓宽、满足了幼儿的探求需要和自我实现的需要,培养了幼儿积极的个性,增强了他们的探究精神、创造能力,有利于幼儿自信心、坚持性、独立性及合作能力的培养,真正提高了幼儿主动感受美、表现美、创造美的审美情趣和能力。

(二)把握音乐操作各项内容之间的关系

幼儿的音乐操作应以听辨为基础。听辨是注意地听、有思考地听,不仅是倾听,还要能有所区别。幼儿只有积极主动地去捕捉周围的声音,才能掌握听辨的技能,提高听辨的能力。

在听辨的基础上,有序地、由浅入深地引导幼儿去探索发现音乐之美,然后在歌唱活动、韵律活动、节奏乐活动、欣赏活动中扩展内容,使幼儿获得经验,提高各方面的能力。

(三)在游戏化的音乐教育活动中发掘幼儿的创造力

教师应尽力将音乐内容预设得游戏化,让幼儿在玩的过程中不知不觉获得知识、发展能力。在游戏中培养幼儿对音乐的高低、强弱、快慢、音色、乐句的分辨能力。引导幼儿侧重对声音或音乐的听辨结果作出快速反应。在音乐的伴随下进行游戏,要按照特定的音乐要求,教师必须让幼儿根据音乐的性质、情绪、节奏、结构等要求参与活动。游戏规则应建立在特定的音乐教育目标的基础上,逐步深化,有序递进。

音乐教育活动的最终目的是促进幼儿全面和谐发展,而培养幼儿创造力、挖掘幼儿潜在的能力将是贯穿活动始终的主线。

三、音乐教育活动的内容要素

(一)音高

1. 什么是音高

音高是听觉赖以分辨乐音高低的一种特征。音高取决于发音体震动的频率。孤立的乐音音高,可以在生理上产生悦耳感,并在心理上引起一定的反应。通常而言,低音区发出的音浊重,高音区发出的音灵巧,中音区发出的音圆润。当音乐连续进行时就成为旋律,而音高在运动

过程中形成了旋律线。旋律线可以勾勒出事物的外观,表现事物的内涵,或温和柔婉,或遒劲挺拔。旋律线还能以自己的抑扬顿挫、升降曲直与人的语气、声调相对应,反映人的情绪、情感及其变化。

准确地听辨音高、唱出音高,是良好音乐素质的重要体现。培养幼儿的音乐感,可以把听辨音高、音阶的练习放在首位。音阶是音高的组织形式,也是旋律基础。同时,还应注意培养幼儿辨别高、中、低音区的能力,以及对各音区表现特征的感受力。

教师可引导幼儿探索生活中的不定音高,进而探索乐音的高低(即 do、re、mi、fa、sol、la、si),在探索过程中注意培养幼儿的听辨能力、思维能力、想象能力、创作能力、动手能力和自学能力。

2. 音高辨识的探索

怎样让孩子感受音的高低呢?首先,应创设环境提供大量实验材料,如装有不同量水的碗、瓶、盆,引导幼儿人人参与敲击、倾听,听辨声音有何区别(敲击时先同类物体相比,如瓶与瓶、盆与盆、碗和碗),然后再引导幼儿到周围去寻找高低不同的声音。幼儿有的敲椅子和玩具厨,有的敲黑板和玻璃,有的敲地板和桌子……从而真正做到通过亲自操作发现声音是有高低区别的。根据孩子牙牙学语阶段发出的音调往往是小三度以及 la 是儿童歌曲中常见音型的特点,教师敲打着 mi、sol、la 三个音块,引导幼儿认识这三个音。在听辨过程中,孩子一下就识别了三个音的关系,知道 sol 比 mi 高,la 比 sol 高,mi 最低。为了进一步让幼儿理解掌握三个音,了解彼此的关系,可以组织幼儿进行各种听辨模唱、即兴敲奏等音乐游戏,如让幼儿个别敲音块,集体听辨模唱,按别人唱的乐句敲奏,自己敲奏自己模唱……并让幼儿分别在四只琴上敲奏出不同音乐。幼儿通过人人参与即兴敲奏即听辨模唱的活动,从而初步理解掌握 sol、mi、la 三个音。在此基础上,教师又逐步引导幼儿认识其他几个音高。

在教室周围放置许多铝板琴、木琴,并在幼儿实践操作过程中引导其寻找正确的使用方法(如手腕放松敲奏音块),激发幼儿探索和创作的热情,使之更进一步掌握音高。在活动中,还可以启发幼儿运用身体动作及图画形式将自己对音乐的理解表现出来。如:运用手势的高低将 sol、mi、la 三个音的高低表示出来,然后,引导幼儿在纸上把三个音的关系表现出来。当教师发现一个幼儿画了床前三双鞋(大小不同),联想到最大一双鞋 la,la 是爸爸的;其次不大也不小的鞋 sol,sol 是妈妈的;自己的鞋最小是 mi。当爸爸出差时,他说:la、la 走了,剩下 mi、mi 和 sol、sol,教师便兴奋地把这个幼儿的发现、想象、创作告诉全班幼儿,顿时激起全班幼儿的创作热情。幼儿有的把台灯、壁灯、吊灯唱做 mi、sol、la;有的画小伞,伞顶表示 la,两侧伞尖表示 sol,伞柄表示 mi,他就唱 6 $\underline{55}$ | 3 — |;有的画电视两根天线表示 la,中间开关表示 sol,两只机脚表示 mi,他就唱 $\underline{66}$ $\underline{5555}$ | 3 3 |。随着音高知识的增长,他们反映的内容更丰富:有的画电车上的"小辫"表示 la,四个车窗表示 sol,车灯表示 mi……他唱 $\underline{66}$ $\underline{5555}$ | $\underline{33}$ $\underline{22}$ | 1 — | 1 — |。有的画树,以一棵树的树枝高低表示不同的音高,他唱着 $\underline{176}$ $\underline{54}$ | $\underline{43}$ $\underline{21}$ |。当幼儿掌握音高后,他们会很快通过听觉识别五声音阶或七声音阶组成的曲调,他们学会唱歌曲又快又准,教师不必一句句教唱,也不必为跑音者担心。幼儿的音准感强,许多幼儿会主动在琴上敲奏自己学过的、熟悉的歌曲,甚至还能将电视中听到的歌曲在琴上敲奏出来,并兴奋地说:"这是我们自己学会的,不是老师教的。"

(二)节奏

1. 什么是节奏

音乐中音的长短按一定的速度组合叫节奏。音乐节奏来源于客观自然和生命运动的节奏,它可以模拟人类在各种活动中表现出来的体态动作节奏、主观心理的节奏,也可以模拟自然界风、雨、云、动物、植物等运动状态。教师可引导幼儿根据自己的经验来探索生活中各种声音的长与短,进而探索音乐中的二分、四分、八分、十六分、切分节奏等。在感受音乐时,通过对节奏的掌握,可以在一定程度上体验到作品的情感内容,培养幼儿节奏的感受力,可把重点放在节拍、节奏型、拍率的感知上。要鼓励幼儿积极投入操作活动、思维活动,及时发现他们创作的音乐节奏。

节拍是指音乐中一个个相同的时值单位按一定的规律循环重复。这是客观事物运动和人体自身运动的周期性——节律性在音乐中的反映。音乐的节拍以一强一弱的二拍子类和一强二弱的三拍子类为主。幼儿园常用的是 2/4、4/4、3/4,可以通过歌曲与游戏让幼儿以动作体现不同的节奏特点。

节奏型是指长短搭配相对固定的一组时值。它往往反映出人的一种常见的动作或事物的一种常见的动态特征,能引起人相应的联想。可通过游戏、歌曲等,以动态、语言节奏体现节奏型。

拍率即内心衡速。拍率感的培养也很重要,因为音乐作品的演唱、演奏要求从头至尾保持衡速,无意识的渐快、渐慢都会破坏音乐作品的表现,可以在游戏中让幼儿通过内心感觉保持平衡。

2. 节奏辨识的探索

节奏,要让幼儿到充满声音的世界中去寻找。幼儿会发现有"隆隆隆隆"的机器声,有闹钟发出的"嘀嗒嘀嗒"声,有火车行进时发出的"咔嚓咔嚓"声,有"嗵嗵"的打桩声,有工地上传来"嗨哟嗬"的劳动号子,有害怕时心脏跳得快发出的"咚咚咚咚"声。从这些不同声音中,幼儿渐渐知道声音有各种各样节奏,有时快有时慢,变化可多了。这时,教师又引导幼儿通过"工人叔叔造新房"等游戏,学习拍打复合节奏。如:一组幼儿模仿时钟声,一组幼儿模仿打桩声,他们在探索中懂得了复合节奏。在此基础上,可以让幼儿听音乐脚走拍率,手拍节奏。如歌曲"自己学吃饭",要求幼儿听着音乐用脚踩出拍率,用手拍出旋律节奏,这种练习虽有一定难度,可幼儿挺喜欢。在一次次的练习中,幼儿不仅掌握了拍率和节奏,更重要的是注意力、记忆力、思维力、反应敏捷力、动作协调能力等都得到发展。

在节奏素质练习中,幼儿已不满足机械的模仿。为了满足幼儿的需要,让幼儿有机会充分表现自我,教师开始在四只木琴上引导幼儿打出各不相同的节奏,接着又提供幼儿不同的小乐器,八人一组各自打出不同的节奏,最后教师组织全班幼儿进行节奏火车游戏,每个幼儿都参与了练习、创作。通过这样的即兴创作练习,幼儿对节奏有了进一步的认识,从模仿、理解到运用,乐感逐渐形成了。全班幼儿能打出各不相同的节奏,如有人重复别人打过的节奏,他们马上能听出并一致要求他重新创作一种节奏。在节奏游戏中,幼儿对自己想出的节奏不同于别人而感到兴奋,节奏素质提高了。幼儿在学唱歌跳舞时,歌曲中的附点、切分音、休止符已不成为难点,都能通过听辨感知,轻松自如地掌握。在乐曲的伴奏下,还能在一只大鼓、四只小鼓上即兴击鼓,幼儿学习的积极性更高了。

(三)力度

1. 什么是力度

音乐中音的强弱程度叫力度。力度在音乐中主要表现为音量的大小,是幼儿对音乐的最初感受之一。音乐中强的力度常常传达一种强烈的情感,如激愤、狂欢、坚定的信念、斗争的勇气等;中等力度往往表现一些亲切、温和、诚挚的情感;弱的力度则可表现宁静、神秘等。在反映客观事物运动方面,音量的大小还能引发人的远、近距离感和明暗感。渐强渐弱能表现情绪的增长或消灭以及距离、亮度的变化。教师可引导幼儿探索生活中轻响不同的声音,进而探索音乐中的强弱、渐强渐弱与力度的起伏。通过幼儿的操作活动、思维活动、创作活动,引导他们到生活中去寻找声音的大小、强弱、轻重,让幼儿个人或集体以身体动作、即兴图画、歌声及操作乐器去体现音乐的力度。

2. 力度辨识的探索

为了让幼儿知道音乐中力度的变化,教师组织幼儿通过敲、听、想、找、指挥等活动来认识力度。一次,教师敲大鼓(用力敲、轻轻敲)发出两种声音,让幼儿操作,听辨后发现声音是有强弱变化的。当他们有了力度感觉后,再引导幼儿到周围去寻找一个强一个弱的声音。有的说:老虎叫,小鸡叫,一个强一个弱;有的说:摩托声音强,自行车声音弱。老师再让他们用图画表示声音的强弱,有的幼儿画大蘑菇表示强,小蘑菇表示弱;有的画两条长线表示强,两条短线表示弱;有的画接新娘时的放鞭炮声音强,小轿车开走的声音弱。幼儿尽情地用图画反映自己对声音强弱的理解。进而再引导幼儿用动作将强弱表现出来。幼儿用双手分开举过头顶表示强,双手收拢胸前表示弱;用站立表示强,蹲下表示弱;用快跑表示强,慢走表示弱。在此基础上,教师引导幼儿用动作指挥《回声》歌曲,然后,让幼儿将《回声》歌曲用图画形式反映出来,通过听一听、画一画、动一动,加深对声音强弱的理解,以后再让他们认识渐强渐弱以及力度的起伏,就更有兴趣了。

在教学过程中,应十分注重培养幼儿的自觉乐感和创造力,始终以幼儿实践为主,让幼儿自己动手再现自己发现了的声音,自己去演出。例如:当幼儿学会歌曲《老乌鸦》后,教师要求幼儿探索怎样把歌曲唱得更好听,启发幼儿在理解的基础上学习处理歌曲。有的幼儿主张第一段要唱清楚,小乌鸦不玩耍,急忙赶回家;第二段唱得轻一些,因为它正细心照料生病的妈妈;第三段唱得响亮,因为大家都在表扬小乌鸦。有的幼儿说:第一段大家唱,第二段请一个幼儿唱,让她扮演小乌鸦,把"它的妈妈"改成"我的妈妈",第三段大家唱,唱得激动些,因为大家都在夸小乌鸦懂事。幼儿提出了符合音乐表现的要求,教师全力支持他们并帮助他们练习,解决一些唱歌技巧上的问题(如咬字、吐字、换气等),最后就让幼儿根据自己的处理方法来指挥大家唱。虽然有些地方他们处理得不完善,但这些学习成果是幼儿在原有基础上充分发挥想象力和创造力所获得的,对发展他们的智力及个性、能力方面起到了极大的促进作用。

（四）音色

1. 什么是音色

音色是声音的属性之一,是音波波形的反应,是由发音体的性质、形状以及其泛音的多少和相对强度所决定的。任何声音都有自己独特的泛音结构,音乐中各种不同的音色,对人具有较直接、较强的感官刺激作用,很容易使人产生相关的联想、联觉,其中以色彩和光亮度的感觉尤为突出。

发展幼儿的听觉,引导他们去分辨不同音色,首先教师可让幼儿探索生活中较容易辨别的明暗色变化,因为自然生活环境中的各种声音,如雨声、雷声、风声、动物叫声、交通工具发出的声音、各种人以各种表情说话的声音等,常常能艺术化地出现在音乐作品中,幼儿易于接受,对音色产生兴趣。然后,教师可引导幼儿探索音乐中丰富多彩的音色,让幼儿分辨音乐的独唱、合唱以及各种乐器的独奏、合奏的音色,这将会对幼儿参与合唱及节奏乐活动有很大帮助。接着,教师可引导幼儿为图片、故事、儿歌配音。最后,幼儿还可创编生活中的故事,用乐器来演奏,如"春游之声"、"我的一天"等。

2. 音色辨识的探索

怎样能使幼儿感受各种不同音色呢?教师引导幼儿用耳朵去寻找、听辨周围生活中各种不同的声音,如水流声、风声、人声、动物叫声、人走路脚步声、说话声等,了解原来世界上的声音是那么多,我们就是生活在声音的世界里,多有趣。进而教师带领幼儿摆弄各种小乐器,动手敲击。幼儿又兴奋地发现这些小乐器音色又是各不相同的,通过各种听辨如"小乐器唱歌"等游戏,幼儿轻松愉快地掌握了各种乐器的名称,在摆弄敲击过程中又探索到怎样使乐器发出好听的音色。幼儿很自然轻松地运用到各种乐器与音色想象编故事,并能随乐自由敲击伴奏(如:大象和兔子、森林里的故事)。继而教师组织幼儿先听清脆的"叮叮"小铃声,然后用手捂住小铃让他们听"笃笃"声,体会音色上的区别。幼儿都说前一种声音好听,后一种声音不好听。当他们一时发现不了这是"亮"和"闷"的音色时,教师便耐心等待,并和他们一起反复听,直到他们找到这个感觉为止。有的幼儿说:"前一种声音好像太阳出来了,亮堂堂,后一种声音好像乌云出来了,天暗了。"这时,他们兴奋地说:"这是我们发现的,是我们自己想出来的。"

当幼儿能区别各种音色之后,教师就给他们设计情景,提供各种乐器,启发幼儿两人或三人合作编音乐故事,每人选一种动物,一件乐器,在商量合作的基础上,请幼儿轮流向大家边讲故事边敲击乐器。他们热烈地讨论着并积极要求表现自己的即兴作品。如一个幼儿选铃鼓表现猫,一个幼儿选钢片琴表现老鼠,他们一边说一边敲打:"一天晚上小猫出来了(扮演小猫者敲乐器)× × | × × |,突然看见前面窜出一个黑东西(扮演老鼠者敲乐器)<u>× × × ×</u> <u>× × × ×</u> | × × |,它想这是什么,可能是老鼠吧。它轻轻地走过去(敲小猫节奏)。老鼠看见猫来追它,就拼命逃(老鼠节奏)。小猫使劲追(节奏加快),最后小猫"啊呜"(铃鼓同时 × × 0 |)一口把老鼠吃了(随着铃鼓 × × 0 |一声,老鼠节奏也完了)。这个过程充分体现幼儿在理解中创作,他们的自主能力不断增强,平时他们也乐意为录音中的歌曲舞蹈选择乐器伴奏,学习主动性更强了。

（五）曲式

1. 什么是曲式

曲式就是乐曲的形式,是乐曲中乐句、乐段的组织形式,即音乐作品的结构布局。音乐是时间的艺术、声音的艺术,人们要通过记忆、思维将连续出现的感觉结合为统一的印象。因而,认识曲式这一要素,有利于感受、表现音乐。一般常见的音乐曲式结构原则有重复、对比、再现、层递、变奏、回旋等。这些结构原则在文学、美术、建筑等艺术中也有所表现,它与客观事物发展的

一般规律相吻合,也与人的生理、心理活动规律及心理经验相吻合。

    2. **曲式辨识的探索**

    培养幼儿曲式的结构感,可先从感觉、设计简单乐句入手。教师与幼儿一起摆弄敲击木琴或铝板琴,即兴创作简单乐句(如:5 3│6 —；6 —│3 —│等),幼儿在玩中学,逐步从自发性发展到自觉性的乐句感。然后引导幼儿学会听辨划分乐句;听重复乐句及乐段的构成。先听辨一段体曲式,进而学会听辨简单的二段体、三段体、回旋曲、卡农曲式等。可采用歌唱、游戏、故事表演、图画等形式,让幼儿通过"听一听"、"想一想"、"动一动"等操作活动加深对趋势的理解。在幼儿学会分辨乐句、乐段的基础上,教师还可进一步启发幼儿寻找简单歌曲的规律,引导幼儿通过听觉来识别音乐中重复的乐句、乐段,并用动作加以表示。如:

$$3 \ — \ 1│3 \ — \ 5│\dot{1} \ — \ 6│5 \ — \ —│$$
$$3 \ 5 \ 6│5 \ 3 \ 1│2 \ — \ 3│2 \ — \ —│$$
$$3 \ — \ 1│3 \ — \ 5│\dot{1} \ — \ 6│5 \ — \ —│$$
$$3 \ 5 \ 6│5 \ 3 \ 6│ \ \dot{2} \ \dot{1}│$$

教师要求幼儿用拍手动作表示重复句。他们静静地听,当听到第9小节隐约出现时,就用拍手动作表示音乐出现重复。继而,又引导幼儿用身体动作(简单舞蹈姿势)表示第三句音乐和第一句音乐是重复的。最后,启发幼儿用图画的方式表示出对乐句结构的理解。他们听了以上8小节音乐后,有的画:△□△□,有的画:○○⊙○○；│—│+ 等,表示第三句和第一句是相同的,第四句和第二句有点相同又有点不同。幼儿虽然画得不同,可意思完全相同,表达了幼儿对曲式结构的理解。在他们创作兴趣越来越浓时,教师引导他们尝试作曲编歌。他们运用探索中获取的曲式知识开始创作各种曲子,如《迎新年》、《元宵灯》、《献给老师阿姨的歌》等,幼儿都是当场在琴上即兴创作,大家当场学唱。教师立即把歌谱记在卡片上(卡片剪成苹果、菠萝等形状),幼儿在区角活动时一边看谱一边敲唱自己编的歌。他们沉浸在创作的欢乐之中,也有的幼儿回家能独立编儿歌谱曲。

    当幼儿通过听辨乐曲掌握三段体曲式结构后,可再让他们用图画表示。他们的创作各有千秋,各不相同,全班每个人都是不同的。如有的画bpb；有的画□＝□；还有的画1 2 1。图画内容不同,可意思相同。在此基础上,教师又引导幼儿自编三段体故事,他们纷纷在纸上画上自己创作的"三段体"。他们边讲故事边用乐器表现。如:一个幼儿用木鱼表现乌龟走路,节奏× ×│× ×│,用钢片琴表现水波声,他说:"有一天,一只乌龟在草地上爬呀爬(边打节奏),他感到热了,就在水中洗个澡,于是他来到小河中(奏水波声～～～～),过了一会儿,他想时间不早了,妈妈要想我了,他就爬上岸想回家了(打节奏)。"班上幼儿自愿为他的创作内容即兴表演。只见幼儿随着创作者讲述的内容、敲打的节奏,自由地表演,活动中每个孩子都体验到如何运用音乐手段表现一定的内容。实践证明,许多生动有趣的"童龄妙音"出自五六岁幼儿之手,幼儿获得了"丰收"。孩子们人人参与,个个主动,创造力得到了充分发挥,群体合作精神得到培养,同时又形成了仔细听、认真记的良好学习态度。

    因此,幼儿在探索音高、节奏、力度、音色、曲式过程中并不是一个简单的数量上的增加的过程,而是认知结构不断再建的过程。前一阶段到后一阶段的发展是个量变到质变的过程,幼儿在探索、感知、理解、想象、创造性地运用知识经验。

素材库

一、听辨活动

听辨活动综述

一、指导思想

听辨活动是让幼儿通过自己用耳朵倾听,获得对声音、音响的辨别感受能力。在听辨活动中,注重培养幼儿听的习惯与技巧,养成幼儿听音乐的习惯。要使幼儿具有曲调感、节奏感和听觉表象是很不容易的,如乐器演奏更要具有音乐感(所谓音乐感是对音乐有正确理解,并把理解感受的东西充分表达出来的一种能力),必须取得听觉与视觉、运动觉的协调。幼儿的听力是音乐教育活动的基础,教师应有意识地培养其听的能力,通过各种有趣的听力游戏来锻炼幼儿运用自己的耳朵发现声音有高低、长短、强弱、快慢等区别,并能用动作、图画、语言来表现自己的理解,在听听、找找、唱唱、想想、动动、画画的活动中亲自感知音乐中的简单概念。

二、总目标

丰富幼儿听辨音乐的经验与培养幼儿听辨音乐的兴趣和能力;发展幼儿对音乐的感知能力;促进幼儿注意力、记忆力、观察力、思维力等能力的提高,并通过音乐表现自己的想象力、创造力,推进幼儿全面素质的提高(如倾听的态度、习惯、动手操作的能力等)。

三、具体指导目标

1. 培养幼儿听辨音乐中高音、节奏、力度、音色、曲式的能力,并能用动作、语言、图画等形式进行表现。

2. 能听懂所接触到的简单乐器声音。

3. 能愉快地对听到的声音做出反应。

4. 能知道接触过的曲调名称。

5. 养成静听的良好习惯。

6. 能在日常生活中注意听到的音响与节奏。

四、活动指导

通过听辨活动能使幼儿对音乐有所意识,逐渐发展到辨别音乐的旋律,听懂音乐,区分不同音乐形象,作为老师我们可以注意以下几点:

1. 丰富幼儿生活,注意引导幼儿探索生活中的各种声响、节奏、力度、音色、曲式等,给予幼儿各种听的经验。

2. 创设环境,在一日活动中用音乐信号(不同的音乐)制造充满音乐的氛围(联系幼儿生活的各种场合,如早上、中午、休息、午睡等)。

3. 提供音条乐器、小乐器、录音机等各种材料,引导幼儿参与敲、听、唱,强调幼儿主动操作体验,感知音乐的变化。

4. 鼓励幼儿通过各种形式将探索到的音高、节奏、力度、音色、曲式等表现出来,如用不同的颜色表示音高;在游戏中听辨,用图画形式表示自己对力度、曲式的理解;用身体动作表示不同的节奏、速度;用语言描述自己对音响的感受等。

5. 方法

- 自由探索——引导幼儿在周围生活中寻找声音的高低、快慢、强弱等变化,把这些经验作为铺垫,为学音乐打基础。铺垫时间的长短,内容的多少,是根据幼儿发展水平和主题经验所决定的。

- 引导探索——将铺垫内容迁移到音乐活动要求上,幼儿无意识,老师有意识的引用进来,让幼儿在音乐中感受、理解、寻找音乐中的高低、快慢、强弱、音色、曲式等。

- 自我即兴表现——鼓励幼儿大胆即兴表现音乐中的高低、快慢、强弱、音色、曲式等,即幼儿刚获得些音乐中简单概念后,老师立刻放手让幼儿根据自己的原有水平即兴表现,用经验迁移的方式建立自己的音乐经验,做到学一点,用一点,初步建立自己的音乐经验。

- 指导即兴创作——教师有计划地引导幼儿根据主题进行即兴创作。

6. 教学程序

(1) 引导幼儿在游戏或日常生活中寻找各种声音的存在。

(2) 启发幼儿从音乐中感受音乐的各种不同变化(音高、力度、音色、节奏、曲式等)。

(3) 鼓励幼儿能听着音乐即兴表现,反映自己对音乐的感受和理解。

(4) 鼓励幼儿围绕主题运用已有的音乐经验进一步进行表现。

例1 听辨活动中探索"力度的强弱"

- 老师带领幼儿游戏"敲鼓",教师先敲鼓,使鼓发出两种不同声响,让幼儿区别鼓声轻响,然后让幼儿尝试敲鼓,也要能有轻响,并讨论"鼓声轻响"的原因(用力大与小),并知道这是强与弱的区别。

- 引导幼儿寻找周围生活中声音的强弱,幼儿会找到:汽车叫声音强、小朋友说话声音弱、电话铃声音强、小孩走路声音弱,积木掉在地上声音强、皮球掉地上声音弱。

- 教师带领幼儿做"回声"的游戏。

- 启发幼儿用动作表现强弱:踩脚表现强,拍手表现弱;伸展双臂表示强,两臂曲肘抱肩表示弱……并随音乐动作。

- 教师引导幼儿用强弱动作指挥幼儿唱歌曲《回声》。

例2 听辨活动"会变的声音"

- 老师首先请幼儿分组轮流边奏乐器边从近到远,再由远及近行走,老师通过预设的特定情境,将渐强减弱这个音乐概念单独抽取,让幼儿对此获得明确的感受。

- 然后鼓励幼儿联系生活实际对渐强减弱有进一步的感受,说说生活中的渐强减弱,在此基础上鼓励幼儿即兴表现,根据音乐变化,变化动作、图画表现。

五、活动内容

(一)小班

1. 听懂简单的音乐信号(起立、坐下、走出来、休息)。

2. 模仿简单的声响(如生活中小动物叫声)。

3. 模仿简单的节奏(2/4拍节奏、快慢、强弱、拍手、敲鼓、踏足等)。

4. 听懂简短歌曲内容并知道名称。

5. 听懂简单乐器演奏的歌曲（钢琴、手风琴等）。

6. 听轻声的节奏（如时钟摆动声、心脏跳动声、小鸟拍翅膀声等），增强听音及节奏能力。

（二）中班

1. 听辨并模仿生活中的声响。

2. 听辨并模仿生活中的节奏。

3. 听辨音高 sol、mi、la。

4. 听辨节奏二分、四分、八分、十六分。

5. 听辨简单乐句，敲奏简单乐句。

6. 听辨力度的强和弱。

7. 听辨音色的比较。

8. 学做各种声音实验。

9. 听辨音高 do、re。

10. 听辨重复乐句。

11. 听辨复合节奏。

12. 听辨音色的和谐。

（三）大班

1. 听辨并模仿生活中的声响。

2. 听辨模仿并创造节奏（节奏火车）。

3. 听辨节奏（切分音符）。

4. 听辨出熟悉或不熟悉的曲调旋律节奏。

5. 听辨七声音阶及三度音程。

6. 听辨力度的渐强减弱。

7. 听辨对比音色。

8. 听辨卡农曲式。

9. 听辨休止节奏。

10. 听辨力度的起伏。

11. 听辨三段体曲式。

12. 听辨混合音色。

13. 区别熟悉的简单的管弦乐器及民族乐器。

14. 创编歌曲（作曲）。

六、活动评价

1. 能否注意力集中地用耳朵倾听声响和音响。

2. 是否参与活动中又敲又听又唱。

3. 能否对音乐有相应的反应——能配合音乐节奏拍手，用动作、图画、语言表示音高、力度、节奏、音色、曲式等。

七、"听辨活动"阶梯目标

区别高低音——认识 sol、mi——认识 la——敲奏 sol、mi、la 三个音组成的歌曲——听辨

sol、mi、la 用图画动作表现——区别音的长短——听音乐做动作感受体验不同节奏(二分、四分、八分、十六分)——探索发现不同音色——探索声音强弱——认识 do 分辨与 sol、mi、la 的音高关系——认识 re 分辨与 do、sol、mi、la 的音高关系——听辨五声音阶音高——听辨旋律节奏与拍率(通过踩脚拍手动作表现)——探索生活中的复合节奏(通过语言表现)——认识 fa——认识 si——听辨七声音阶——图画动作表现七声音阶——感受听辨切分节奏——分辨渐强渐弱——听辨休止节奏——听辨表现卡农曲式——听辨三段体曲式——三度音程听辨。

听辨活动素材与主题、音乐元素的联系

1. 高个子矮个子

主题:好朋友。

音乐元素建构:听辨钢琴上的高低音区,感知明显的高音和低音。

2. 红帽子黄帽子

主题:好朋友。

音乐元素建构:感受旋律的快和慢。

3. mi 和 sol 来做客

主题:幼儿园里朋友多。

音乐元素建构:听辨 mi 和 sol,初步感受音的高低。

4. la 宝宝的游戏

主题:幼儿园里朋友多。

音乐元素建构:在初步感受 sol 和 mi 音高区别的基础上听辨音高 la,并与前两个音高进行比较,进一步感受音的高低。

5. 造新家

主题:幼儿园里朋友多。

音乐元素建构:听辨 mi、sol、la 三个音的音高,用图画方式展现,对音的高低有进一步直观感知。

6. 大鼓和小铃

主题:幼儿园里朋友多。

音乐元素建构:听辨探索不同的音色。

7. 落叶飘飘

主题:秋天里。

音乐元素建构:感知听辨 mi、sol、la 三个音的音高。

8. 音乐路牌

主题:秋天里。

音乐元素建构:根据图谱,听辨感知、表现不同长短的节奏。

9. 下雪了

主题:寒冷的冬天。

音乐元素建构:感知听辨 mi、sol、la 三个音的音高。

10. 春天的小花

主题:春天来了。

音乐元素建构:听辨区分表现旋律节奏及拍率节奏。

11. 山谷的秘密

主题:春天来了。

音乐元素建构:感知听辨声音的强弱。

12. 开汽车

主题:周围的人。

音乐元素建构:根据音乐做动作,感受表现不同节奏。

13. 新朋友 do

主题:周围的人。

音乐元素建构:听辨 do 的音高,感知与 mi、sol、la 音高的高低区别。

14. re 的新房子

主题:周围的人。

音乐元素建构:听辨 re 的音高,感知与 do、mi、sol、la 音高的高低区别。

15. 小兔的菜园

主题:春天来了。

音乐元素建构:感知听辨 do、re、mi、sol、la 五声音阶的音高。

16. 小蝌蚪找妈妈

主题:春天来了。

音乐元素建构:感知听辨 do、re、mi、sol、la 五升音阶的音高。

17. 鸡的一家

主题:春天来了。

音乐元素建构:探索生活中的复合节奏。

18. 音块朋友 fa 迎国庆

主题:我是中国人。

音乐元素建构:听辨音高 fa,与五声音阶比较,进一步感受音的高低。

19. 美丽的孔雀

主题:我是中国人。

音乐元素建构:认识音高 si,感受七声音阶中各音的高低关系。

20. 去春游

主题:春夏秋冬。

音乐元素建构:听辨旋律的变化讲感知的旋律用图画表现。

21. 蝴蝶找花

主题:春夏秋冬。

音乐元素建构:听辨七声音阶。

22. 会变的声音

主题:春夏秋冬。

音乐元素建构:感受渐强减弱,尝试用图画的方式表现。

23. **春季运动会**

主题:春夏秋冬。

音乐元素建构:感受切分节奏,尝试用动作、语言表现。

24. **动物派对**

主题:春夏秋冬。

音乐元素建构:通过图谱、动作,感受听辨、表现休止符号。

25. **蔬菜有营养**

主题:有用的植物。

音乐元素建构:不同节奏、语句创编接龙。

26. **保健茶**

主题:有用的植物。

音乐元素建构:听辨七声音阶。

27. **悯农**

主题:有用的植物。

音乐元素建构:感受表现卡农曲式。

28. **水果大卖场**

主题:有用的植物。

音乐元素建构:感受表现卡农曲式。

29. **找朋友**

主题:像个小学生。

音乐元素建构:听辨三度音程,感受音的和谐。

听辨活动素材

 高个子矮个子

设计依据

孩子们来到幼儿园随着交往范围的扩大,结识了很多新伙伴,在每天的生活游戏中交到了很多的好朋友,体验到了同伴之间友好相处的快乐。孩子们也会发现朋友之间也是有一些不同的,从最直观的外表看有外貌、胖瘦、高矮等特点之分,正是这些独特点构成了独一无二的朋友。因此,我们抽取了其中高矮的特征用音乐高音、低音形象地演绎,在游戏中发展幼儿听辨音乐的能力,进一步体验和朋友一起游戏的快乐。

活动方案

一、活动目标

感知明显的高音和低音,并将听到的用动作表现,体验与好朋友一起游戏的快乐。

二、活动准备

1. 对高和矮的概念有一定的认知经验。

2. 纸做的高高的帽子和平顶的帽子。

3. 钢琴。

三、活动过程

（一）找朋友

T：你有没有好朋友？你的好朋友是谁？请你介绍你的三位好朋友。

（请幼儿介绍自己的三位好朋友。）

T：三位好朋友是一样高吗？谁高谁矮？我们来帮他们排排队。

（请幼儿按从矮到高或从高到矮的顺序排队。）

T总结：原来有的朋友高，有的朋友矮，是不一样的。

（二）高个子朋友和矮个子朋友

1. 集体游戏

T：有一个高个子和一个矮个子想和我们交朋友，他们藏在音乐里，我们把他们找出来。

（老师在钢琴上的高低音区弹奏合弦，区分两个音区分别代表的角色是高个子还是矮个子。）

T：高个子怎么走路？矮个子怎么走路？

（鼓励幼儿分别为高矮个子配上动作。）

T：我们一起来和高个子、矮个子做游戏，听一听是谁出来走路。

（引导幼儿遵守游戏规则：听到高音踮脚走路，听到低音身体略蹲下去走路。）

2. 分角色游戏

T：这里有两顶帽子，有什么不同？高个子戴哪顶？矮个子戴哪顶？

（出示纸做的高高的帽子和平顶的帽子，区分不同，了解高个子戴高帽子，矮个子戴平顶帽。）

T：请一个高个子和一个矮个子戴着帽子做游戏，听到高音谁出来逛逛？听到低音谁出来走走？

（请两名能力稍强的幼儿分别带上不同的帽子，听音走路，听到高音高个子走，听到低音矮个子走，让全体幼儿熟悉明白游戏规则。）

T：我们和朋友一起来做游戏，想好你想扮演谁？选你喜欢的帽子，听着音乐走路。

（集体幼儿戴帽子，分角色听音乐做游戏。）

操作提示

小年龄幼儿听辨能力还处于启蒙阶段，因此老师弹奏的高低音区别要明显，便于幼儿听辨区分，用动作表现。初次游戏中老师可以在钢琴上表现高低音，随着幼儿经验的积累，后期还可运用乐器的不同音色让幼儿听辨，例如：沙球——高个子走路；木鱼——矮个子走路等，使游戏具有挑战性、延续性，增强幼儿参与游戏的兴趣和能力。乐器和动作的匹配可由幼儿自主决定。游戏的帽子可与孩子一起制作，增加游戏趣味性。

小贴士

培养和提高中班幼儿听辨音高能力的实践研究

在音乐活动中，我们常会发现幼儿唱起歌来不是大声叫喊就是轻而无力，声音既不优

美也不协调,有时还会出现跑音的现象。为解决以上问题,许多老师试图通过不断重复练唱歌曲、反复进行提示和示范的方法加以纠正,但收效甚微。为此,我们将培养和提高中班幼儿(四至五岁)听辨音高能力,作为和教师共同进行教育实践研究的课题。

一、理性思考研究的基本思路

我们认为,儿童音乐教育的主要目的不是音乐技能或技术的获得,而是重在启发他们的音乐潜能,培养自发到自觉的感受和表现音乐的能力。在学前儿童的音乐活动中,学习听音乐是音乐教育的第一步,应根据幼儿的心理和生理特点,注重开展各种听辨音乐游戏、操作活动,如听辨音高、音色、旋律、节奏、力度等。其中听辨音高是非常重要的一环,幼儿听辨音高的能力培养得好,在以后的音乐学习过程中,会感到十分轻松,也容易走向成功。

按照儿童自然发音的规律,儿童最早自发唱歌的音调往往是小三度,儿童开口说话也往往从称呼开始,最先学会的是"妈妈",其音调十分接近 sol 和 mi,c 大调中的 sol 和 mi 正好是小三度。幼儿经常能唱好的第三个音就是 sol 上方的 la,在 sol 后面的弱拍后跟上 la 的音型在儿童歌曲中很常见,如:56 56│55 6│,以上两个或三个音构成的音乐语汇,在中国、美国、匈牙利和日本的儿童歌曲中都常能见到,这几乎是全世界儿童共同运用的音乐语汇。因此,在中班最初的听辨音高学习中,我们就不是按照音乐本系统的习惯从 c 大调音阶 do、re、mi、fa、sol、la、si 学起,而是从幼儿最容易接受的 sol、mi 开始,并分为两个阶段:第一阶段:从听辨声音的高低开始,中班上学期初步认识 sol、mi、la 三个音,学习听辨、模唱,并创造性地敲唱三个音高组成的歌曲。第二阶段:随着幼儿听辨能力的提高,进而引导中班下学期幼儿认识 do、re,从而引导幼儿能准确的听辨、模唱、敲唱五声音阶的歌曲,并能创造性地自编乐曲(到大班上学期再添入半音关系的 fa、si,幼儿易自如掌握)。

音乐教育要逐渐摒弃灌输式或放任式的教育,重在挖掘幼儿的潜能,从音乐五个基本元素出发,形成幼儿按其自身的发展水平和接受能力,教师积极开展引导其探索发现、增强乐感、获得浅显的知识技能的师生双边活动。在幼儿学习过程中,必须强调让他们完全任凭听觉来感知音乐。通过有效的方式,使幼儿从被动的听唱、呆板的练唱,转向主动的敲唱、灵活的编唱。幼儿在游戏过程中,听出音乐有趣的变化,运用自己的想象,通过创造肢体动作或绘画等手段,解释与表现个人对音乐的体验。总之,通过听辨音高的活动,不仅培养了幼儿良好的倾听习惯,发展了幼儿的听辨能力,而且不断激励幼儿去思索、探求未知。而这些任务是幼儿能够完成的,这就可以大大增强幼儿的自信心,从中获得成功感,使他们越听越想听,耳朵越来越敏锐,头脑越来越灵活。

二、实践探索

为实现以上确定的研究思路,我们主要从以下几个方面入手,进行了一系列的探索:

(一)确定目标、分层递进

我们确定了中班幼儿听辨音高的目标是:从听辨声音是有高低开始(从不定音高到确定音高,了解音乐有不同的音高),认识五声音阶(do、re、mi、sol、la),能准确地听辨、模唱、敲奏五声音阶的歌曲,并能创造性的自编乐曲。

按照以上目标,我们又将它分解为逐步递进的十个阶梯:

(1)知道声音是有高低的。

(2)认识乐音 sol、mi,辨别两个音的高低,并学唱两个音组成的歌曲。

（3）认识 la，辨识 sol、mi、la 三个音组成的歌曲。

（4）敲奏 sol、mi、la 三个音组成的乐曲。

（5）操作、感知、辨识 sol、mi、la 三个音之间的关系，并用图画及动作加以表现。

（6）认识 do，分辨 do 与 sol、mi、la 之间的音高关系。

（7）认识 re，分辨 re 与 do、sol、mi 之间的音高关系。

（8）听辨模唱五声音阶组成的歌曲。

（9）分辨五声音阶的五个音之间的关系，并创造性地用图画及动作加以表现。

（10）敲奏五声音阶组成的歌曲。

（二）运用集体音乐教学与幼儿自主性音乐活动相结合的教学模式

在集体教学中，师生围绕一些概念性的问题，进行探索、质疑，深入浅出引导幼儿知道声音是有高低区别的；用最简单的 sol、mi 两个音或 sol、mi、la 三个音组成的有趣歌曲，将幼儿带进了奇妙的童话世界。但要使幼儿真正认识和感知，还必须通过幼儿自主性的音乐操作活动去探索。这时幼儿可以自由地选择独自或结伴在音块上摆弄、敲奏、模唱他们所认识的"音乐朋友"。幼儿在探索——发现、操作——尝试、感受——体验、即兴——创作等活动中，从自发性学习进入形成自觉性乐感，这不是一个简单的过程，不能一蹴而就，要经过多次活动才能实现。幼儿处于不同的发展水平，探索所需要的时间和活动方式都会不同，其中有集体操作的方式——起到相互迁移促进；有个别操作的方式——让每个幼儿以适合自己的方式和速度来建构音乐元素。

教师在其中的作用主要是：第一，激励幼儿积极自信地参与音乐活动，让他们在已有知识经验的基础上开始走进音乐，从最简单、最基本的做起。第二，尽力将自己的注意力集中在幼儿活动的过程中，使幼儿体会音乐活动的乐趣。在音乐活动中，老师不是急于求成地要求幼儿立刻找准音高，做"像样"，立刻把听音成果表现得完美无瑕。应看到幼儿在探索、创作过程中的产品必定是幼稚的、孩子气的，那才是属于孩子自己的东西。在幼儿的听音活动中，教师应观察分析幼儿产生听辨困难的原因，综合幼儿间的个体差异，以极大的耐心做针对性的指导、点拨，等待幼儿在一次次与五个音乐朋友做游戏的过程中，通过他们自己的努力倾听去听辨音的高低，真正地听准音，将知识转化为能力。

（三）创设操作性强的环境

所谓环境除了指为幼儿提供必要的乐器（音块、木琴等）以外，还指根据中班幼儿听辨音高能力的培养目标，为幼儿提供一系列有序、有趣又可操作的听辨音高的游戏活动和歌曲，启发引导幼儿在模仿和使用原有游戏的基础上，通过参与各种有趣生动的游戏，不断进行听辨操作、动作操作、思维和语言操作。其中教师的作用是：第一，强调幼儿的参与性。鼓励人人走进音乐游戏，玩中学，学中创。第二，注重材料的操作性。提供不同的材料，使不同发展水平的幼儿都能找到适合自己能力发展的操作区。如：同时为幼儿提供由 sol、mi、la 三个音块组成的琴；在有八个音组成的琴上贴上红黄蓝等标记；没有标记的八个音的琴等，使每个幼儿都能选择适合自己操作的材料去敲击音块，不断通过动手、动脑、动口，反复练习听辨。第三，增强内容的趣味性。提供丰富的游戏材料，游戏的内容难度适中，与幼儿的生活经验相适应，对幼儿有意义，从而引发兴趣和注意，促使幼儿主动积极的反复练习。

（四）在游戏中进行个别指导，全面推进

为了培养和提高幼儿听辨音高的兴趣和形成相关的能力，我们在教会青年教师使用现有游戏的基础上，又组织大家创编了一批听辨音高的游戏，进行一系列有序的活动。在音乐游戏中音乐和游戏是相辅相成的。音乐指挥、促进和制约游戏活动，而游戏又帮助幼儿更具体、形象地感受和理解音乐，获得一定的情绪体验。教师引导全体幼儿在玩中学、在乐中学，把音乐教育寓于愉快的音乐感受和表现中。把"乐"、"趣味"作为向幼儿进行音乐能力培养的有力手段，可以更好地促进幼儿形成活泼开朗的性格及积极向上、主动探索的精神，使他们的整体素质得到提高。

教师在游戏过程中的作用：一是注意幼儿之间的差异，做到面向全体。通过游戏推进全体幼儿的听辨能力，并不是一件容易的事，教师必须心中有目标，眼中有孩子。在全面细致观察的基础上，把握幼儿不同的发展水平，允许幼儿有限度地选择，允许幼儿采取实现自己认知策略的方法去主动创造和学习。例如：在为歌曲敲伴奏的时候，发展快的孩子可以尝试敲出歌曲的旋律，中等的幼儿可敲旋律节奏，而发展比较慢的孩子也可以敲出拍率参与其中。这样就能使每个幼儿都能按自己的速度进行学习，有机会在通过尝试错误获得成功的经验中，找到最佳途径去完成学习任务。

二是采取多变的教育策略，包括：（1）内容的变化。教师要根据幼儿不同年龄阶段发展水平，提供适当的游戏内容，又要在每个阶段中选择或设计难度适当的递进游戏。（2）规则的变化。不同的游戏有不同的规则，同一游戏也可以用改变规则的方法增加或降低难度。教师必须按照对幼儿反应的科学判断，及时调整游戏规则，通过不断变化规则，层层推进，促使幼儿有情趣而自信地在参与游戏中完成任务，乐此不疲。（3）材料的变化。教师根据幼儿的发展状况提供不同的游戏材料，使幼儿有兴趣地参与游戏，提高能力。例如：第一阶段幼儿尚处在听辨音高的混沌期，我们就向幼儿出示较大的游戏道具，便于幼儿观察、寻找。如：在玩小动物找家时，我们制作了红黄蓝三幢色彩鲜艳的大房子，让幼儿在听辨音高后，共同寻找对应的房屋。待幼儿已基本能听辨出 sol、mi、la 三个音高后，我们就逐渐缩小道具，如小兔采蘑菇、小鸟捉虫等，以增强幼儿独立音音的能力。（4）方法的变化。教师在设计和组织音乐游戏时，必须创造一种游戏情景，创造性地采用趣味化、游戏化的口吻，通过语言、表情、体态上的变化，来诱发幼儿对听辨音高活动的兴趣，以及对将要学习内容或技能的把握。此外，教师在游戏过程中，还可视幼儿的情绪状况，灵活运用幽默的语言，或扮演游戏角色，或是用夸张的动作来调节幼儿情绪，吸引幼儿注意，从而使他们较快的进入积极学习状态。

三、几点共识

在教育实践中，我们通过不断的观察思考（解决提出目标与幼儿发展之间的关系），研讨评析（解决实际教学中遇到的各种问题）设计活动（创编听辨音高游戏），实践操作（实施游戏活动）。青年教师对培养中班幼儿听辨音高能力取得了以下几点共识：

第一，提高幼儿的听觉能力是必要的，也是可行的。在实践研究中，青年教师普遍发现幼儿听辨音高能力从听不出、唱不准、唱得不好听，逐渐趋向会听辨、唱得准、能有表情的唱歌。这时幼儿从混沌到分化，从模糊到清晰，从认识外壳到认识内部本质的发展过程中，不断得到改造，日趋完善。它体现了幼儿在听辨音高的学习中，从量变逐渐发生质变。体会到教师遵循幼儿听辨能力的发展规律,有目的地分层递进,充分发掘幼儿与生俱有的听辨潜能,和以往让幼儿随意听、跟着唱的效果完全不同。这不只是听出几个音、唱好几首歌的问题,而是对提高幼儿的音乐感受能力乃至全面音乐素质都有极大的好处,对幼儿今后的成长更将会产生积极的影响。

第二,必须通过集体教学活动与幼儿自主的音乐活动交替组合,才能最大限度地调动幼儿学习积极性和主体性。集体音乐教学活动是由教师发起的有目的、有计划的专门性的音乐活动。通过教师组织的音乐活动,幼儿获得高一层次的新信息、新知识。幼儿在自主的音乐活动中,通过教师为他们提供的学习环境,积极地自我发现,不断地积累学习经验,获得各种丰富而又具体的感觉经验。幼儿在感觉、操作创造中进行各自的加工和提炼,再糅和到集体音乐活动中。这种集体性音乐活动与自主性音乐活动的有机结合、相互补充、相互推进,最大限度上实现了两种活动的不同价值,以最小的力点,取得最大的收益。

第三,必须在音乐活动中重视推进幼儿综合素质的提高。通过大量的实践操作,大家认识到应教给幼儿自己去学会听辨音高,激发每个幼儿探究的内驱力,让他们通过各种听辨游戏活动主动去探索发现,在操作尝试中满足自我实现的需要,千万不要把教师的观点强加或暗示给幼儿,避免造成"似懂"的假象。教师要为幼儿创设宽松的操作环境、能有所发现的环境,如让幼儿操作铝板琴,玩听音乐游戏"跳舞毯"、"捉虫"、"送饼干"等。幼儿在一次次倾听、寻找,发现错误又重新纠正的过程中亲自听辨出音高之间的关系,培养了他们学习的坚持性,克服困难的意志力及抗挫力,体会到通过自身努力获得成功的乐趣。游戏的过程又吸引了幼儿,这就需要他们时刻仔细听、认真记、反复思考才能做出判断,许多幼儿就在这种有兴趣的参与游戏中,学习态度认真了,神情专注了。幼儿逐渐从"要我听"转化为"我要听",从他律转化为自律,形成了主动学习的良好习惯。

红帽子黄帽子

设计依据

听辨活动是其他几个音乐活动形式的基础,听辨能促进幼儿注意力持久性的养成,对于孩子专注能力起到推进作用。对于小年龄孩子来说,从听辨明显的节奏快慢出发,在"好朋友"主题背景下,创设去郊游的游戏情景,在发展幼儿听辨能力的同时,也进一步引发幼儿参与游戏的兴趣。

活动方案

一、活动目标
在游戏中体验感知音乐的快和慢,尝试创编一些简单的动作进行表现。

二、活动准备
1. 红帽子和黄帽子若干。
2. 音乐CD、录音机。

三、活动过程

（一）去郊游

T：天气晴朗，我们和好朋友一起听着音乐去郊游。

（引导幼儿初步听辨感受音乐。）

T：好听的音乐中有什么变化？

（再次感受音乐，发现有时快有时慢。）

T：总结：好朋友去郊游的时候，有时走得快，有时走得慢。

T：我们跟着音乐导游一起去郊游，音乐快我们怎么办？音乐慢我们怎么办？

（引导幼儿根据音乐的节奏走路。）

（二）红帽子黄帽子

T：音乐导游要把朋友们分成两个队，一队戴红帽子，一队戴黄帽子，红帽子走得快还是黄帽子走得快？

（引导幼儿讨论决定红帽子走快节奏还是黄帽子走快节奏，待决定后全体幼儿就按此规则随音乐快慢进行动作表现。）

T：选你喜欢的帽子，戴好，我们准备出发了，跟着音乐导游，听听谁走在前面，谁跟在后面，别迷路。

（幼儿分别选择不同颜色的帽子，听音乐分角色用动作表现音乐。）

■ 操作提示

老师应重点引导幼儿听辨音乐的快和慢，并能敏捷地做出反应。特别要帮助那些注意力不集中的幼儿，听音乐做出相应动作。在根据音乐用走路动作表现的时候，老师可让幼儿集体操作，然后发现走路节奏能跟上音乐节拍的幼儿，请他示范，并提问：他们顺利到达目的地，走得很稳，为什么？引起同伴思考，发现脚步和节奏需要一致配合的潜在游戏规则。可将游戏材料投放入音乐角中，进一步满足幼儿表演、游戏的需要。

mi 和 sol 来做客

■ 设计依据

中班课程中有一个"幼儿园里朋友多"的主题，在这个主题中孩子们能体验幼儿园这块小天地里同伴间友好的交往。孩子之间既是同伴也是玩伴，从中可以充分获得欢乐的情感体验。通过深受孩子喜爱的音乐游戏活动，这份快乐的体验更能得到升华。根据这个阶段的幼儿对声音细微变化的区分进一步趋向敏感的特点，选择 mi 和 sol 这两个在七声音阶中最为稳定的音作为起点，结合幼儿自然说话的音高与这两个音类似的特点，将感知这两个音作为切入口，引导幼儿发现音有高低之分，逐步支持幼儿建立音高的抽象概念，为歌唱活动中准确表现音高奠定基础。

■ 活动方案

一、活动目标

1. 认识音块宝宝 mi 和 sol，在听听唱唱、敲敲动动中初步感受 mi、sol 的音高，体验乐音有高低之分。

2. 感受幼儿园里有各种朋友,体验与玩具朋友游戏的快乐。

二、活动准备

1. 音块 mi 和 sol。

2. 小型圆形即时贴(红、黄两色)。

三、活动过程

(一)音块宝宝唱歌

1. sol 宝宝来唱歌

老师敲音块 sol,用 sol 的音高唱出它的名字,例如:"小朋友你们好,我的名字叫做 sol,我想和你们做朋友。"引导幼儿用 sol 的音高和 sol 打招呼,例如:"solsolsol 你好,solsolsol 你好"

边敲音块 sol 边在音块上贴上黄色,引导幼儿观察音高与颜色的对应,例如:用音高问幼儿:"小朋友你们看,我穿什么颜色的衣服?"同样请幼儿用 sol 的音高回答。

2. mi 宝宝来唱歌

sol 宝宝还带来了它的朋友(出示音块 mi),用同样的方式介绍名称及对应的颜色——红色。

T:听一听,比一比哪个音宝宝唱得高?那个音宝宝唱得低?

(二)音块宝宝做游戏

T:两个音块宝宝做游戏,一会这个唱歌,一会那个唱歌,引导幼儿尝试模唱老师敲出的旋律,例如:3　5│33　5│,55　5│55　3│等等。

(三)音块宝宝跳舞

T:音块宝宝不但会唱还会跳,引导幼儿了解 mi、sol 的柯达依手势。

老师随机音块,引导幼儿和音块宝宝一起边唱边跳,模唱短句并用相应的柯达依手势表示。

操作提示

在本次活动中老师将音高 mi 和 sol 创设了音宝宝做客的情景,借助于有趣的形式、情景性的语言将 mi 和 sol 的声音属性呈现在幼儿面前,对幼儿进行听觉、节奏方面的训练,在强调听辨、比较的同时,积极调动幼儿各个感官("看"音高对应的颜色;"动"用柯达依手势表现),将抽象的音高具体化、直观化,易于幼儿感知理解。孩子们在活动中充分体验到了愉悦,对音高表现出很大的兴趣。

在此次活动后,可将 mi、sol 音块操作材料投放入区域活动中,孩子们可以在自主参与的敲敲听听、编编唱唱中进一步获得音高的感知和体验。

小贴士

"倾听"是帮助幼儿打开"音乐之门"的钥匙

音乐活动的主要形式有歌唱、韵律、节奏器乐、欣赏等,而这些形式的核心是"倾听"。倾听的兴趣、能力、习惯都影响孩子们在音乐活动主要形式中的感受、理解和表达表现。因此,要从听辨音高开始,逐渐引导幼儿步入音乐的世界。

附：柯达依手势图

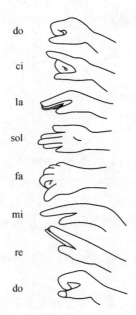

do

ci

la

sol

fa

mi

re

do

 la 宝宝的游戏

设计依据

在孩子初步感知过音高 mi、sol 的基础上，进一步介绍新的玩具朋友——音块 la，由此引出新的音高，在听听唱唱、比比中不仅对原有的音高作了巩固，同时也对三个音高之间的高低关系有了更深的认识，从而对音乐中简单的概念有所感知，同时体验幼儿园集体活动的快乐。

活动方案

一、活动目标

1. 感受音符 la 的音高，了解相对应的颜色，在听听唱唱中进一步比较 sol、mi、la 的高低，体验音高的不同。

2. 进一步认识玩具新朋友(音块 la)，感受幼儿园里玩具朋友多。

二、活动准备

1. mi、sol、la 的音块、小棒。

2. 黄色即时贴。

3. 感知过 mi、sol 的音高。

三、活动过程

(一) 老朋友来做客

感受 mi、sol 的音高(引导幼儿唱出名称及颜色)。

T：幼儿园朋友太多了，今天有两个老朋友来做客，听听他们是谁？

(二) 新朋友——la 宝宝

1. 介绍新朋友 la

敲音块 la 用 la 的音高介绍名称,引导幼儿用 la 的音高回答名称及颜色。

T:小朋友你们好,我的名字叫什么?

2. 为音块 la 贴上黄色即时贴(用 la 的音高和口吻引导幼儿发现音块上的颜色)

T:我穿什么颜色的衣服?

(三)音高朋友们做游戏

1. 音高捉迷藏

T:sol、mi、la 是三个调皮的音高宝宝,他们和我们捉迷藏,听听 la 和 mi 哪个高哪个低? la 和 sol 哪个高哪个低?

(引导幼儿比较发现 la 和 mi、sol 哪个高哪个低。)

2. 音高唱歌

三个音块宝宝会唱歌,引导幼儿尝试模唱老师敲出的旋律,例如:3 5︱66 5︱;

6 5︱33 5︱等。

3. 音块宝宝跳舞

T:回忆 mi、sol 用什么动作跳舞? la 宝宝比他们都高在哪跳舞?

(引导幼儿根据音高位置发现 la 的柯达依手势位置及动作。)

老师随机敲音块,引导幼儿和三个音块宝宝一起边唱边跳,模唱短句并用相应的柯达依手势表示。

操作提示

本次活动是对听辨活动"mi 和 sol 来做客"的延续和发展,在已经感受过 mi、sol 音高,初步了解音是有高低之分的基础上,进一步听辨新的音高 la。在此,老师创造了新旧知识的矛盾,引导幼儿在听、唱的比较中,区别三个音高的高低位置,以达到其音乐经验的最近发展区。操作中的关键是让幼儿"倾听",老师充分预留给孩子"听"的机会,通过反复地"听"自主发现三个音之间的音高关系,并由此联想柯达依身体动作位置上的高低。在此次活动后,可在音乐区角中进一步添加音块操作材料 la,让孩子们继续自主操作敲音块、编唱简单乐句比较三个音的高低。

 造新家

设计依据

孩子们在前几次活动中结识了音乐领域的三个音高朋友 mi、sol、la,活动中他们主要用倾听、比较的方式对三个音的高低关系进行建构,为让幼儿将抽象的元素转变为具象,同时对这三个音高进行进一步的巩固,于是设计了为三个音高造新家的游戏活动,尝试用图画方式展现三个音的高低结构,增强幼儿直观感知度。

活动方案

一、活动目标

1. 进一步听辨 mi、sol、la,根据三个音的高低在图谱上找到其相应的位置,尝试用音块创

编简单乐句,初步发展幼儿听音模唱及创编乐句的能力。

2. 在敲音块、编唱同伴创编乐句的过程中体验幼儿园操作玩具材料的快乐以及朋友一起游戏的快乐。

二、活动准备

1. mi、sol、la 音块及敲棒。

2. 图画纸、记号笔、红黄蓝三色蜡笔各一支。

三、活动过程

(一)音高朋友打招呼

T:三个音高朋友来做客了,听听谁走在前面,谁跟在后面。

(听辨三个音高,唱出音高的名称。)

(二)为音高朋友造房子

T:三个朋友还没有住的地方,他们想在这里造新房,请我们帮忙分配房间。

(用记号笔在纸上画出两条平行直线。)

T:三个朋友谁最高? 谁最低? 中间是谁? mi 住在最下面,那 la 呢? sol 住在哪?

(老师用红色蜡笔在第一线画上 mi,并通过比较了解 la 的家在 sol 之上、sol 的家在 mi 之上, sol 和 la 分别是黄色、蓝色。)

(三)mi、sol、la 一起做游戏

1. 老师点由这三个音符组成的乐句,幼儿唱

T:三个音高朋友找到新家真开心,跳来跳唱歌。

2. 幼儿听用 mi、sol、la 音块敲击组成的各种乐句,边唱边做手势。

T:他们边唱还边跳舞呢。

(四)装门铃

T:新家造好了音高朋友还想请你们帮个忙,要给它们家装个好听的门铃。门铃有各种各样的,看谁的门铃好听、能连起来。

(鼓励幼儿尝试使用三个音块敲奏乐句,同伴模唱。)

操作提示

本次活动的重点是引导幼儿将听辨感知到的音高位置转化为图式的方式呈现。老师在设计活动时,将教育目标转化为孩子们玩的游戏任务,通过一系列有趣的游戏,逐步推进幼儿达到教育目标。例如:老师选用了"造房子"的游戏,帮助幼儿构建 mi、sol、la 在两条线上的不同音高位置,把抽象的音高形象化,使幼儿易于接受。同时教师考虑到幼儿对动作、声音较为敏感的年龄特点,结合国外柯达依音乐教育理论,借助手势、动作表达三个音的音高,通过多种感官游戏促进幼儿对这三个音的建构。另外,造房子时未将五线谱完全出示而是只画了两条线,也未提及这两条线是五线谱的一部分,这样设计是出于对现阶段幼儿实际能力的充分认识,使孩子们先对这三个音的音高有直观的理解,避免其他因素的干扰。

活动的难点则是"装门铃",要求刚提出时幼儿会出现乐句四拍不稳或者创编不出的现象。老师首先鼓励他们放松心情随便敲,营造一种心理自由感、安全感,接着帮助幼儿修正他们的创造。例如:有的孩子创编的乐句短了,老师可帮助他扩展;有的孩子创编的节奏不稳定,老师帮

助他放慢速度敲准节奏等,并给予再次操作的机会,巩固修正后的创编内容,便是师生共同的创作。

小贴士

音乐活动的最终价值

以往音乐活动的价值定位于知识、技能的灌输和传授,是成人化、概念化的表达,以整齐划一的作品作为评判的标准,以功利性追求为目标。而现在的音乐活动价值定位逐渐转为以幼儿自主表现为主,以幼儿表现和与生俱来的艺术感受能力为评判标准,以真切体验为目标,充分体现了"以幼儿为本"理念。以上的"造新家"、"装门铃"活动就充分体现让孩子在参与中求体验、创新中求发展的价值定位。孩子们在造门铃的情景中,用三个音摆弄出自己的乐句,在与同伴、老师的互动中,不仅积累了相关的音乐经验和操作要点,听辨、筛选、创新等综合能力也得到了发展,而这一切都是在玩的气氛中轻松地自发生成。

大鼓和小铃

设计依据

幼儿园里的朋友很多,除了同伴、玩具,乐器也是孩子们喜欢的操作材料。各种乐器发出的声响各异,这些声响便成为吸引孩子摆弄乐器的动因。根据不同乐器的不同音色,老师设计了这个游戏,让幼儿结合动作对不同的音色进行探索。

活动方案

一、活动目标

感受小铃和大鼓的不同音色,尝试用相应的身体动作表现,并根据不同音色的不同节奏,用动作模仿,体验乐器游戏的快乐。

二、活动准备

1. 大鼓一只。

2. 小铃一对。

三、活动过程

(一)乐器朋友来做客

1. 小铃来做客

T:今天有个会唱歌的乐器朋友来作客,我们听听它唱歌是什么声音?

(引导幼儿听小铃音色,并尝试模仿声响。)

T:用小手为小铃伴舞。

(引导幼儿拍手模仿小铃的节奏,例如：××∣×× ×∣,×××× ∣×× ×∣等。)

2. 大鼓来作客。

T:还有个会唱歌的乐器朋友也来了,它唱歌又是什么声音?

（引导幼儿听大鼓音色,并尝试模仿声响。）

T:用什么动作为大鼓伴舞?

（引导幼儿跺脚模仿大鼓的节奏,例如:× ×｜× ×｜;×× ××｜×× ××｜等。）

（二）乐器朋友做游戏

1. 根据音色快慢表现动作

T:两个朋友来到草地上做游戏,听到哪个朋友唱歌我们就给它伴舞,乐器唱得快我们就跳得快,乐器唱得慢我们就跳得慢。

2. 听乐器节奏,用动作表现

T:小乐器怎么唱,我们就怎么跳。

（引导幼儿听不同乐器节奏用动作表现。）

3. 听乐器动作表现

T:大鼓和小铃来合唱,我们仔细听谁先唱谁后唱,我们给它们伴舞。

（例如:× ×｜× × ×｜;×× ××｜×× ×｜等。）

　　　　鼓　　铃　　　　鼓　　铃

▓ 操作提示

刚开始游戏时,节奏要简单,重点落在引导幼儿听辨不同乐器的声响,并用相应动作表示。等幼儿在乐器音色和动作间建立起连接后,逐步增加节奏的难度,让幼儿根据记忆模仿节奏。在老师搭建的阶梯下,逐步达到目标,孩子成功的喜悦会提高游戏的积极性。另外,老师在游戏中可以分两步走,第一步分别听小铃、大鼓音色表现节奏;第二步结合乐器,交叉操作,易于幼儿操作。

这个乐器听辨游戏只是一个开始,老师还可以进行扩展式的操作。例如:逐渐加入乐器数量;逐渐增加节奏复杂程度。可以按照难度递进依次进行:无节奏地轮换乐器,幼儿做出相应动作——快速变换乐器,幼儿做出反应——幼儿闭眼听乐器游戏——背对幼儿敲乐器,幼儿做出反应——用鼓点间隔操作节奏——幼儿站起来做。

落叶飘飘

▓ 设计依据

秋天是个美丽的季节,落叶是这个季节最显著的特点,各种树叶的颜色也是不同的,红色枫树、黄色银杏等构成了一幅美丽的画面。在这美丽的画面中融入音乐的元素,用音高代表树叶,用音乐进一步展现秋天落叶的美景,同时在情景衬托中巩固听辨 mi、sol、la 的音高。

▓ 活动方案

一、活动目标

通过游戏进一步听辨 sol、mi 不同的音高,感受秋天落叶飘飘的美丽意境。

二、活动准备

1. 钢琴。

2. 幼儿自己涂色的红、黄、蓝三色树叶若干。

3. 初步感知 sol、mi、la 的音高。

三、活动过程

（一）歌曲《秋天》

T:美丽的秋天来到了,让我们用歌声告诉大家!

T:秋姑娘穿着长裙飘来了,带来阵阵秋风,吹得树叶轻轻摇摆。

（引导幼儿轻声演唱。）

（二）游戏《捡落叶》

T:秋姑娘轻轻地飘到了果园,果树上顿时结满了各种各样的果子。秋姑娘轻轻地飘到了菜园,各种蔬菜大丰收;秋姑娘轻轻地飘到了花园,树叶片片飞下来像蝴蝶。有红的、黄的、蓝的,它们飘下来的声音都是不同的,你们听!

（引导幼儿将各色树叶与音高建立联系。）

T:我们帮助秋姑娘一起捡落叶,听好叶子落下的声音再行动。

引导幼儿在唱完歌曲后,听(辨出音高)——唱(口中轻轻模唱出音高)——找(寻找音高匹配的颜色)。

操作提示

在游戏中要给予孩子充分"听"的机会,引导幼儿在唱完歌曲后,听——唱——找树叶,突出听音的环节,然后将音转化为相应的颜色。另外可以结合学科间的整合,例如:在游戏中,在树叶背后写上数字,幼儿捡到相应颜色的树叶后,请幼儿进一步找数字相同的树叶宝宝做朋友,体现数方面的要求,进行不同学科目标要求方面的整合。

小贴士

早期幼儿音乐教育

早期音乐教育目的是透过提供的音乐活动建构丰富多元的音乐经验,进而成为一个能享受音乐、自主欣赏、感受表现音乐美的人,是能力、形式、语言、形体、思维的多元结合。早期的音乐活动包括听辨、歌唱、韵律、欣赏、打击乐,在游戏中发展幼儿思维力、创造力、合作协调等综合能力。

幼儿期音乐教育是通过积累无数音乐经验,培养音乐能力、习惯和兴趣的过程;音乐教育不单是唱、跳、弹、敲乐器,是整体学习的一部分。在主题背景中,老师可以自己创编内容,并利用情景活动中的语言当场解决幼儿行为习惯、能力方面的偏差。音乐能力的发展有其历程和方法,因此学习方法的变革是早期音乐教育的关键。要利用探索发现法、操作尝试法、游戏学习法、共同创作法等促进早期幼儿音乐素养及全面能力的提高。

附:歌曲　　1＝C　4/4　　　　　秋　天　　　　　　儿童歌曲

5	36	5	31	22	44	33	5	22	44	33	1
秋	天呀	秋	天呀	树叶	树叶	飘呀	飘	树叶	树叶	飘呀	飘

5	36	5	31	24	32	1	—
秋	天呀	秋	天呀	秋天	多美	丽	

 音乐路牌

设计依据

秋天里除了美丽的景色,最令孩子们兴奋的就是在秋高气爽的时节出游了。因此根据这个兴趣点结合音乐的元素,引导幼儿按图谱听辨感知、表现不同长短的节奏。

活动方案

一、活动目标

1. 尝试自主探索看图谱手脚配合打出节奏,体验靠自己努力寻找到出游路线的成功。
2. 通过游戏发展手脚眼耳协调能力,体验身体的灵活性。

二、活动准备

1. 钢琴。
2. 节奏图谱。
3. 有一定的节奏经验。

三、活动过程

(一)经验回忆

T:秋天到了,我们去秋游,你们想去哪?

(二)音乐路牌

T:(出示图谱1)今天我们看着音乐路牌去＊＊地方。

T:(分析节奏图谱1)上面是谁指路? 下面是谁指路? 小手拍几下? 小脚踩几下?

T:(幼儿根据图谱及音乐动作表现)看好地图走,别迷路。

T:(出示图谱2)去过了＊＊地方,还想去哪秋游?

T:这条路怎么走?

T:(分析节奏图谱2并根据音乐操作)小手拍几下? 小脚踩几下? 我们自己先试着走走。

T:我们自己看着地图知道了＊＊和＊＊的路,这次带爸爸妈妈一起去。

(引导幼儿听着音乐,看谱拍出节奏。)

操作提示

通过情景的创设,引导幼儿自主尝试看图谱手脚配合打节奏,在提高幼儿节奏感的同时促进手眼脚协调配合能力。整个过程幼儿好像沉浸在童话世界中,在游戏的氛围中,愉快地进行探索和建构。两个节奏图谱存在难度递进,图谱一中节奏手脚重复较多,这些重复易于幼儿操作和反应;图谱二中脚的节奏易于幼儿身体动作的协调稳定。在操作完这两个节奏后,老师可以继续加大难度,用同样的方式让孩子探索接下来的两个节奏型。例如:图谱三、图谱四。

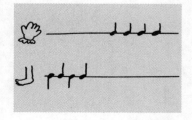

图谱一

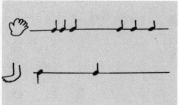

图谱二

关键主要引导幼儿自主看图谱,老师对幼儿的支持,可从用语言帮助理解图谱并拍奏逐渐过渡到让幼儿自主尝试,培养幼儿的变通能力。当幼儿产生偏差时,老师不用直接指出,可用提问的方式让幼儿一起分析,并自己修正,以提高幼儿的自我检验、相互帮助能力。

小贴士

自主性习得音乐经验

就学习的内在品质而言,学习可以分为被动学习、机械学习以及自主学习,其中以自主学习为最有效的学习方式,在音乐活动中也同样适用。因此,只有带给孩子理智挑战的内容才能切入并丰富孩子的音乐经验;只有能让孩子获得积极深层次体验的学习才能激发幼儿强烈学习需求;只有给孩子足够的自主空间、足够的活动机会的教学过程才能引起孩子的操作兴趣。就如同游戏"音乐路牌",给予孩子挑战,引导他们将图谱转化为动作,在过程中鼓励孩子自己动脑筋,出现偏差在老师的支持提示下自主修正,从而摆脱"老师教,幼儿学"的模式,体现出音乐技能也可以放手让幼儿自己探索、自主习得,真正做到"参与中求体验,创新中求发展",有效增进幼儿的发展。

附:图谱

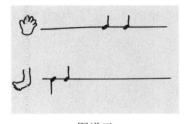

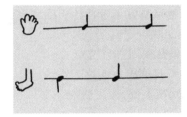

图谱三　　　　　　　　　　　图谱四

音乐:

<u>53</u>	3	<u>42</u>	2	<u>12</u>	<u>34</u>	<u>55</u>	5
<u>53</u>	3	<u>42</u>	2	<u>13</u>	<u>55</u>	3	—
<u>22</u>	<u>22</u>	<u>23</u>	4	<u>33</u>	<u>33</u>	<u>34</u>	5
<u>53</u>	3	<u>42</u>	2	<u>13</u>	<u>55</u>	1	—

下雪了

设计依据

冬天下雪是孩子们十分向往的事,在很少下雪的上海能看见雪花飞舞对孩子们来说是一个难得的美景,大家戴起帽子和手套来到户外和雪花亲密接触。于是老师自己创编了小调歌曲《下雪了》,用音乐的手段描述了下雪时小动物们的故事,同时结合听辨音高的游戏,再次体验冬

雪给我们带来的快乐。

活动方案

一、活动目标

1. 尝试听辨 mi、sol、la 三个音,并找到相应颜色的房子。
2. 创编锻炼的动作,体验音乐活动的快乐。

二、活动准备

1. 钢琴。
2. 会唱歌曲《下雪了》。
3. 三色房子、兔、鸟、狗的头饰若干。
4. 初步感受过 mi、sol、la 三个音的音高。

三、活动过程

(一)复习歌曲《下雪了》

引导幼儿根据音乐创编动作。

T:除了锻炼的动作还可以怎么锻炼?变自己没变过的动作,变别人没变过的动作。

(二)游戏规则讨论

T:小动物谢谢我们和他们一起锻炼,请我们参观他们的家(分别出示三色门,介绍相应的音高)。

T:我们按门铃看看谁住在里面(分别出示对应的动物角色)。

T:小动物锻炼好了听门铃声回到自己的家(引导幼儿根据自己座位下的头饰游戏)。

(三)做游戏

根据音乐及规则进行游戏

T:仔细听是谁出来锻炼了?

和同伴交换头饰,再次游戏。

操作提示

有效评价促进幼儿自律。在活动中,老师通过情景化语言的运用,使幼儿在与其他幼儿的经验分享中进行自主学习。例如:在游戏"下雪了"中,幼儿对游戏规则已初步掌握,老师可以进一步要求其细化相关角色动作,在三种小动物听到相应音高后,根据各自动物特点找到自己的家。开始时,幼儿可能没有这方面的意识,会将代表动物特征的动作忘记,老师就可以用动物妈妈的角色介入游戏,用角色语言进行评价:"这不是妈妈的宝贝,小狗怎么没有扇扇的耳朵呀?小兔怎么不会跳了呀?"在对兔和小狗的动作作了引导后,轮到小鸭游戏时,孩子就会将经验进行迁移,尝试用动作表示小鸭。这时老师可以观察发现用不同动作表现小鸭的幼儿,及时请他们展示并做鼓励,同时提出要求——用不同的动作表现小鸭。在整个过程中,老师的第一次评价使得幼儿将同伴的经验变为自律的要求,第二次评价则使幼儿对动作有求异的意识,促进了幼儿的自我提升。

小贴士

活用不同层次的评价

幼儿的提升依靠老师的评价,老师开放式的评价是幼儿不断前进的推动力。在幼儿操作——幼儿老师共同评价——再操作——再评价中,通过老师、幼儿、材料间的不断互动促进了不同层次幼儿的发展。

在一个活动中,幼儿总会处在不同角色的变换中,而在扮演不同的角色时其相对的要求也是不同的。例如:在游戏"下雪了"中,对上来参与游戏的孩子要求遵守一定的游戏规则;对于在下面的幼儿,老师通过给予任务:"看看最喜欢谁的动作,为什么?"使他们既是旁观者也是参与者,让他们在不同的位置上都有所收获和提高。

由于个体能力、所积累的音乐经验方面的差异,他们在活动中呈现的状态也是不同的,对于老师要求的达到程度也是不同的。因此,在对于不同个体评价时要参照其自身认知水平进行差异评价,促使他在原有基础上有所提升,避免一刀切。

附:歌曲《下雪啦》

1＝c 4/4 　　　　　　　　　　　　　　　　　　词曲:曹冰洁

6 5	6	6 5	6	6 3 3	5 6	6 6	6	× ×	×	× ×	×
下 雪	啦	下 雪	啦	寒 冷 的	冬 天	来 到	了	红 房	子	黄 房	子
下 雪	啦	下 雪	啦	小 动 物	出 来	锻 炼	了	有 小	兔	有 小	鸟

× ×	× ×	× ×	×	5 5	3 3	6 6	6	6 6	6 5 5	6 6	6
还 有	一 座	蓝 房	子	一 座	一 座	又 一	座	全 都	变 成 了	白 房	子
还 有	小 狗	也 来	了	你 来	我 来	大 家	来	天 天	锻 炼 身	体	好

6	6	6	—	×	—
白	房	子		嘿	
身	体	好		嘿	

 ## 春天的小花

设计依据

春天来了,孩子们通过各种途径,如幼儿园散步、春游、举家外出等,对于春天气候变暖、鲜花开放、树叶发芽等季节特征有了直观的了解。老师正是利用了这些直观的画面引导幼儿对抽象的音乐元素进行建构,听辨区分表现旋律节奏及拍率节奏。

活动方案

一、活动目标

1. 倾听音乐,手拍节律脚踩拍率。
2. 通过游戏体验身体各部分协同活动的乐趣。

二、活动准备

《春天天气真好》音乐磁带。

三、活动过程

(一)初步感受音乐

T:春天到了,我们听着音乐去找找春天的美景。

T:春天里有什么?

(二)小手数小花

T:我们用手把藏在音乐里的小花数出来(引导幼儿根据音乐拍出旋律节奏)。

(三)小脚走稳找春天

T:一步一步走着去找春天。

(引导幼儿一拍跺一次脚,表现节拍,并轻轻控制脚步声。)

(四)走着数小花

T:好多美丽的花,我们一边走一边数。

(引导幼儿手拍旋律节奏,脚踩节拍,要与音乐合拍。)

(五)再次游戏

操作提示

首先,游戏选择的音乐需具备这样几个特征:旋律规整、节奏不复杂,二拍或四拍,这样易于孩子听辨及操作。切勿选择三拍子的音乐,在用脚表现节拍时会出现不稳。其次,在游戏中提到的节奏旋律和节拍是两个不同的概念,旋律节奏是指音乐中每一个音组合所成的节奏,而节拍则是二拍、四拍的拍点节奏。再次,老师在引导幼儿游戏时,不宜操之过急,应循序渐进,先听出旋律节奏,然后找出节拍,分层递进提高难度,并可运用比较的方法引导幼儿发现正确和不正确的方法。

山谷的秘密

设计依据

随着春天的来临,气候变得越来越宜人。在和孩子们的交谈中了解到爸爸妈妈在周末都带他们去外地游玩,看到了很多美丽景色,因此想借助于一次集体活动把在周末获得的对于春天的认知经验迁移到特定的游戏情境中,相互交流分享。

在多功能厅做游戏时,孩子们无意中发现在空旷的大厅说话远远地还会传来一个声音,这便引起了他们的好奇。这有趣的现象便成为他们谈论的热点,通过询问爸爸妈妈也了解了关于"回声"的一些初浅知识,并引发了"教室里、家里为什么没有回声?""还有哪里有回声"等更多的问题,于是便结合幼儿的兴趣点和当前的主题预设了这个活动。

活动方案

一、活动目标
1. 在说说唱唱及动作表现中引导幼儿感受并初步表现声音的强弱。
2. 鼓励幼儿大胆尝试仿编歌词"请你快来……"体验仿编歌词带来的快乐。

二、活动准备
1. 有秋游的体验。
2. 初步了解"回声"的现象。

三、活动过程
(一)故事导入

T:有个小朋友叫宝宝,他去秋游的时候遇到了一件有趣的事。

（二）听赏感受

T:他来到山顶看到美丽的景色唱起了歌(老师示范演唱《回声》)。

（三）理解歌词

T:宝宝为什么会觉得奇怪?听到宝宝唱了什么?大山的回声是怎么样的?

T总结:宝宝的声音响,大山的回声轻。

（四）尝试表现

1. 表现强弱

(1) 老师做小朋友,幼儿做大山

T:我们也去山顶唱歌看看大山有没有回声。

要求1:引导幼儿爬到山顶再唱,引导幼儿跟着音乐轻声模唱。

要求2:嘴巴打开声音传得远,移调演唱。

(2) 幼儿做小朋友,老师做大山

T:你们做小朋友,找空地方稳稳当当地站好。

要求:引导幼儿嘴巴挪出来,控制声音的强弱。

2. 尝试仿编歌词

T:除了请大山快来唱首歌,还可以请大山干什么?

（五）小精灵的游戏

T:大山里住着一群小精灵,他们经常会围着火堆听着鼓声跳舞,鼓声响,他们跳得高,鼓声弱,他们怎么跳?我们和他们一起听着鼓声跳舞。

（引导幼儿根据强弱用动作表现。）

操作提示

音乐是声响、节奏、音高的综合表现形式,而"回声"作为一种声音的现象,借助于音乐语言进行解释是最适合不过的,因此我将这个活动的主要形式定位在音乐的手段进行表达表现。另外,考虑到在引导幼儿对"春天"已有经验的梳理的同时在音乐经验方面也能有进一步提升,因此将活动目标预设为:在玩玩唱唱中引导幼儿体验并尝试用各种方式表现音的强弱,在游戏情景中自主体验和探索,从而获得快乐。

另外,老师以语言加歌曲的故事形式引出歌曲《回声》,激起幼儿思考,倾听辨别声音强弱的兴趣,并分析强弱的区别。故事讲完,孩子对歌曲也有了一个比较完整的印象。在游戏中重要的是老师引导幼儿听辨与表现强弱的区别,由于城市中的孩子对回声的生活经验比较少,因此活动前老师可以创设条件带幼儿去做试验,如找个空旷的地方或者礼堂等。

附故事:

有一个小朋友叫宝宝去春游,他看见美丽景色对着大山唱起了歌,发现山的那边也有人对他唱,他感到奇怪,就边唱边喊:"喂,喂",山的那边立刻传来了"喂,喂"的声音。他又奇怪地问:"你是谁?"山那边也问"你是谁",他真想看看是谁在唱歌,于是他唱"请你快来,来唱歌"。那边又轻轻地跟着唱"请你快来,来唱歌"。小孩摸摸头想,我唱一句,他也唱一句。不同的是什么呢?(可以让幼儿来回答:不同的是我的声音强,那边的声音弱,而且总是跟在我后面唱,到底是

谁呀?)小朋友你能告诉他这是什么声音吗?你也到周围去找一找这种声音。

附:歌曲《回声》

1 = C   2/4   回   声

> f   p   f   p
> 5   3 | 5   3 | 5 5   3 | 5 5   3 |
> 喂! 喂!   喂! 喂!   你 是   谁? 你 是   谁?

> f   p   f   p
> 5 5   3 3 | 5 5   3 3 | 5 5   3 | 5 5   3 ‖
> 请 你 快 来   请 你 快 来   来 唱   歌   来 唱 歌。

 ### 开汽车

设计依据

汽车是孩子们喜欢的,也是与他们的生活密切相关的,因此在此经验支持下,孩子们很乐于和同伴一起交流分享有关的信息。同时孩子们也发现生活中的物品和音乐节奏也是有一定联系的,例如:汽车喇叭声长短不一形成了不同的节奏,于是我们将节奏创编和汽车进行融合,在开汽车的节奏创编游戏中进一步发展幼儿的创编能力、合作能力。

活动方案

一、活动目标

1. 尝试为音乐配上自己创编的节奏,自主探索游戏"开汽车"的玩法和规则。

2. 通过说春天、唱春天,进一步激发幼儿喜欢春天的情感。

二、活动准备

1. 已经积累了一些节奏类型。

2. 钢琴。

3. 录音机、磁带。

三、活动过程

(一) 不一样的车开来了(节奏创编)

T:天气这么好我们开着小车去郊游吧,想去哪? 你们想开什么车?

你的车准备怎么开?(鼓励幼儿自主创编节奏)

T:试试能不能开出去?(引导幼儿探索由原地拍节奏变为边拍节奏边前进)

T:我们一起坐上汽车。(全体幼儿操作,尝试配上音乐)

T:还有谁来开一辆新的车?(再次创编,鼓励创编不同节奏)

T 总结:原来不同的车开起来也是不一样的!

(二) 邀请朋友坐上车(讨论规则)

T:那么多朋友都要去郊游,一辆汽车可不够,我赶紧开来一辆大巴士,你们看看车是什么时候靠站的?(引导幼儿发现游戏规则)

T:汽车到站后可以说什么邀请你的朋友呢?

T：朋友坐上车后怎么办？

T总结：音乐停，汽车靠站找到朋友，对你的朋友说："请上我的小汽车，请上我的小汽车，快快坐上我的小汽车"，朋友坐上车继续邀请更多的朋友去郊游。

（三）开汽车（增强难度进行游戏）

T：朋友太多，车还是不够，现在我们同时开两辆车。（不同节奏同时游戏）

T：一次请两个朋友怎么请？站在哪？（同时邀请两个朋友）

T总结：紧紧跟着小司机，可别坐错了车！

操作提示

活动开始时可请幼儿说说自己见过或知道的不同车辆的名称、显著特征和功能等。接着引导幼儿尝试用形象的肢体动作表现不同车辆的特征，鼓励幼儿尽可能用不同的动作。

老师要善于用贴切的语言节奏帮助幼儿跟随音乐做动作，如警车可以配上"呜哩，呜哩，快去抓坏蛋"（动作提示：双手放于头顶，表示警车的警灯）；洒水车可以配上"左边洒，右边洒，洒水车来了"（动作提示：五个手指打开，分别于身体的左或右前下方转动一下，表示洒水车在洒水）。

在解释游戏规则时，老师可以一种车为例，示范游戏的玩法，让幼儿自主探索游戏规则，并主动跟念邀请儿歌（请上我的小汽车，请上我的小汽车，请你快上我的小汽车）。

幼儿第一次游戏时，先请能力较强的幼儿做"司机"，提醒幼儿遵守游戏规则。

小贴士

音乐游戏中的三分之一与三分之二

从一个完整的音乐活动来看，音乐游戏只占其中的三分之一，这里所指的并不是时间上的分配，而是从教学效果的评价来看的。曹冰洁老师强调，一个音乐活动要取得较好的效果，首先教师必须对材料进行充分的解读和分析，做好这一步就有了三分之一的把握，但是教学过程是一个师生共建的过程，即还有三分之二取决于现场的动态交流、师幼即时互动的质量等。对于一个音乐游戏来说，也同样存在着三分之一和三分之二的关系。以下是我们和曹老师，围绕着崇明县莺莺艺术幼儿园沈玲老师执教的音乐游戏"开汽车"展开的一次对话。

一、认真准备音乐游戏中的三分之一

教师：沈玲老师为这个游戏做了许多精心的准备，如了解幼儿关于各种车辆的认知经验，收集关于车的图片；精心挑选了一段八小节的音乐，适合中班幼儿把握音乐的动作；根据各种车辆的明显特征设计不同节奏语言作为过渡，有利于幼儿从日常动作转向音乐动作。可以看出，教师较好地把握了幼儿年龄特点和音乐元素的运用，而认真细致的思考和准备又帮助教师克服了游戏过程中的盲目性。

曹冰洁：一个音乐游戏中的三分之一是教师可以确定的，如幼儿的年龄特点、游戏目标和过程的设置、游戏材料的准备等。如果在游戏开始前，好好思考和准备这三分之一的内容，这个游戏就已经成功了三分之一。

二、积极应对音乐游戏中的三分之二

尽管教师在游戏前做好了充分的准备，但是游戏开展的过程中还是会出现许多不可预料的问题，正如沈玲老师所说的："在教学活动后，常常有这样的感受：明明活动前考虑到，

并已经想好应对策略,但是在活动过程中,往往会因为自己的应对过于随意而乱了方寸,显得十分被动。"在这个游戏过程中,以下一些不可预料的问题是教师必须要考虑到的。

1. 怎样确定幼儿的模仿动作

教师:沈玲老师在预设时选取了两种区别较明显的车辆(警车、洒水车)进行游戏,模仿警车时,手的动作主要在头部上方,模仿洒水车时,手的动作主要在身体下方。可是在活动过程中,幼儿却对消防车更加感兴趣,沈玲老师追随了幼儿的兴趣,改变了原先的预设。但由于警车与消防车在模仿动作上的区别不大,致使游戏差点无法进行下去。那么,教师在活动中究竟应该追随幼儿还是服从预设?

曹冰洁:教师在活动中的及时判断很重要,选择哪种车的目的是什么,心中要清楚。从幼儿的动作发展来思考,模仿警车的动作是直立的,双手在头部上方转动;模仿洒水车的动作是蹲下的,双手向下伸直,在身体两侧转动。两种动作区别较明显,也容易表现,教师这样的预设是正确的。但是,在游戏过程中,如果幼儿更喜欢消防车,教师则要适时把握警车与消防车在肢体动作上的明显区别。这个游戏中出现的问题,原因不在于选择了什么车,而是表现两种车的动作过于雷同,造成幼儿的表现混乱。至于教师确定下来的模仿动作,我认为不能随意改动,否则幼儿会无所适从。

2. 怎样调动每个幼儿的积极性

教师:我们看到沈玲老师在启发幼儿自己创造模仿动作时,只请了两名幼儿就把动作确定下来,这样做好像很省事,可是大多数幼儿都显得比较被动。如果请许多幼儿上来表现的话,又会浪费很多时间,这个两难问题常常使我们举棋不定。

曹冰洁:针对这个问题,教师要学会三步走:一是"撒向面"——大家来想办法,你一句,我一句,大家都来做一做;二是"细观察"——注意捕捉、发现那些比较有新意或比较成熟的动作;三是"选种子"——选了一颗"种子"后,就请这位幼儿上来演示,之后还要引导幼儿跟着音乐去听、去动、去想,最终提升为符合音乐要求的动作。教师可以向幼儿学习,但是经过归纳、提升后的动作肯定要比幼儿最初设想的动作更好,这就是教师的作用。关键的是,教师要关注音乐游戏如何培养幼儿的注意力、记忆力、动作协调能力、自控能力、审美能力和创造能力。

3. 为什么简单的邀请环节幼儿频频出错

教师:在这个游戏中,我们觉得邀请环节很简单,而且沈玲老师还特意增加了一段节奏语:"请上我的小汽车,请上我的小汽车,请你快上我的小汽车。"但是,幼儿还是频频出错,找不到邀请的对象,这个问题该如何解决?

曹冰洁:遇到问题时,首先要从幼儿的年龄特点去寻找原因,而不是简单地用对或错来评判。中班幼儿常常不会邀请是因为他们受到时间概念(确定何时站在被邀请者面前)和空间概念(预测与被邀请者的距离)上的能力水平限制。同时,也与教师在游戏中的观察指导有关。教师首先应突出邀请环节的规则,用情境性的语言加以解释和提示,使上车的幼儿了解自己的身份,不上车的幼儿也要了解游戏规则。其次,可在音乐的最后两小节进行提示,"快快找到好朋友、快快找到好朋友",帮助幼儿在语言节奏、邀请语言和动作间进行转换。当幼儿已经熟悉邀请环节时,教师可以不再用语言进行提示。

4. 为什么幼儿玩得不轻松

教师:幼儿玩音乐游戏应该很轻松,但是在这个游戏过程中,幼儿似乎玩得并不轻松,教师也似乎教得很累。在这个音乐游戏中,教师要教的东西实在太多:要从日常动作转换为音乐动作,要从音乐动作转换成音乐游戏,还要从一辆车发展为两辆车,而且这两辆还是不同种类的车。

曹冰洁:这个音乐游戏最简单的玩法就是大家同开一辆车,最复杂的玩法是同时开几辆不同的车,在一个活动中玩到怎样的程度,就要看当时幼儿对游戏的把握程度和兴趣,教师在游戏中的掌控应该是非常有弹性的。

5. 音乐游戏中的三分之二是什么

教师:音乐游戏中的三分之二是否就是这个游戏中不可预知的部分,如幼儿会选择什么车,选择车辆后如何引导幼儿用肢体动作加以表现,如何引导幼儿将肢体动作、语言节奏和音乐三者之间配合起来等。

曹冰洁:是的,音乐游戏中的这三分之二几乎都是不确定的动态因素,包括游戏过程中师幼间的对话、交流、评价、互动,或者表现为教师提出的问题、幼儿反馈回来的一句话、一个眼神、一个动作,以及教师对此的敏感捕捉、理解判断和适时调整等。这些在整个活动中起到至关重要的作用。

(樊玉莲)

附:歌曲《开汽车》

1 = c   2/4   曹冰洁词曲

5 5 5 5	5 5 5 5	3 4	5	4 4 4 4	4 4 4 4	2 3 4
太阳公公	高高挂在	天空	上,	我们开着	小车一起	去郊 游。

5 5 5 5	5 5 5 5	5 i̱	7 6	5 4 3 2	1 5 6 7	1 1 1
请上我的	好朋友们	快快	出发,	我们开着	小车一起	去郊 游。

× × × ×	× × ×	× × × ×	× × ×	5 4 3 2	1 5 6 7	1 1 1
请上我的	小汽车,	请上我的	小汽车,	请你快快	坐上我的	小汽 车。

 新朋友 do

设计依据

"听辨"在音乐活动中是起到非常重要的作用,无论是歌曲、韵律、打击乐、欣赏都以"听辨"为主要通道。因此在幼儿对 mi、sol、la 这三个音高有初步感受体验后进一步增加新朋友"do",由这三个音组成的歌曲在不断地听听唱唱中主动地建构音高,并结合图饰积极调动幼儿感官,全方位地感受音高。

活动方案

一、活动目标

1. 通过听一听,比一比,感受音符 do 的音高位置。

2. 尝试记忆音符跳舞的顺序,并将旋律唱出来,体验成功的愉悦。

二、活动准备

1. 音块。

2. 蜡笔、纸。

三、活动过程

（一）mi、sol、la 来做客

T:我们的家真漂亮,音符宝宝来做客,听一听谁来了? 他们决定做我们的邻居,三个音符都住在哪呢?

（听音比较音高,根据高低在两条线上找到相应位置。）

（二）do 来做客

T:还有一个音符朋友听到了买房的好消息,它也来了,听一听是谁? do 穿什么颜色的衣服?（咖啡色）它住在哪间房间呢?

（将 do 分别和 mi、sol、la 比较音高,找到位置,启发幼儿在二线图谱上给 do 找个家引出"下加一线" 。）

（三）音符朋友来唱歌

T:音符朋友都住进了新家,太高兴了,跳起了舞。你们唱出来帮他们伴奏。

（引导幼儿唱出旋律。）

建议:可以结合歌曲《找小鸡》的旋律,进一步帮助幼儿体验 do 与其他乐音的关系。

操作提示

　　幼儿的发展是循序渐进、阶梯式上升的。幼儿每次的经验提升都是建立在已有经验基础上的,特别是在探索过程中,原有经验是他们向上攀登的支持点。因此,老师在为幼儿提供"探索"机会时,选择合适的认知范围是很重要的。支持点过高会使孩子觉得太困难而导致放弃自主探索,或又将老师拉回到主导位置,不能让幼儿真正体验"探索"的过程。过低的支持点则使幼儿觉得太简单,轻而易举地达到目的,未能最大限度发挥自主"探索"的作用。操作这个游戏时,老师可根据班级孩子的已有认知水平,在已经建构了"mi、sol、la"的基础上,引出音符朋友"do",并分层次进行引导幼儿探索:

　　第一层次:通过听辨"mi、sol、la",及由这三音组成的乐句,对已有经验作一回顾和复习,为引出"do"做准备。找到孩子们的原始点,作为接下来建构更高支持点的基础。

　　第二层次:将新音"do"结合前三个音,建构新乐句。在此过程中,老师可让幼儿通过自己的感知,辨别出新音的高低不同,然后运用情景性的语言告诉幼儿新音的名称,为幼儿提供探索的空间,并为其进一步探索建立一个平台。

　　第三层次:在幼儿知道了音的名称后,老师可通过将"do"分别与"mi、sol、la"比较,进一步感知其音高,同时自然引出相应的柯达依手势及其在五线谱上的位置。

小贴士

提升孩子的创造,为他们提供更高的支持点

幼儿的创造是其根据自身认知水平,将外界信息转化为自己的理解,而进行表达表现的结果。由于每个孩子的能力、经验等的差异,其创造的结果就各不相同。老师则要做一个有心人,将孩子的创造提升到一定的高度,为他们寻找更高的发展点,以推进他们有更进一步的发展。例如:孩子们在为"do"找家的时候,老师可运用形象化的语言,将抽象的乐理知识融化为幼儿易接受的音乐经验,通过引导幼儿听辨来帮助幼儿找出"do"的音高。孩子们在游戏中自主探索,知道"do"的家应在"mi、sol、la"之下。这一过程应该是孩子自己创造、建构的过程,但他们的创造与正规的音乐概念有一定距离。因此,老师就适时地给予提升,告诉幼儿准确说法是"do的家在下加一线上"。在这一师生互动中,老师接过孩子抛来的信息并将它推到更高的位置,提升了幼儿的理解能力,为他们后续活动建立了新的经验和更高的支持点。

附:歌曲《找小鸡》

1 = c   2/4   曹冰洁词曲

1 1 3 3 | 5 5 5 | 6 6 5 5 | 33 3 |
小鸡 小鸡   在哪里,   叽叽叽叽   在这里。

1 1 3 3 | 5 5 5 | 6 6 5 5 | 33 1 ‖
小鸡 小鸡   在哪里,   叽叽叽叽   在这里。

re 的新房子

设计依据

当幼儿对 do、mi、sol、la 音高有了一定感知和相应的音乐经验,可进一步引入 re,这样就构成了完整的五声音阶,因此借助主题"周围的人"介绍新朋友"re",并引起幼儿帮助它找房子(在图谱上找到相应位置)的热情,间接体验帮助别人的快乐。

活动方案

一、活动目标

1. 通过听一听,比一比,引导幼儿感受音符 re 的音高位置。

2. 听听唱唱由五声音阶组成的歌曲《小汽车》,体验音乐游戏的快乐。

二、活动准备

1. 音块。

2. 蜡笔、纸。

三、活动过程

(一)mi、sol、la、do 来做客

听听唱唱(听由四个音组成的旋律,唱出旋律)。

(二)re 来做客

T:又有一个音符朋友来了,听一听是谁? re 穿什么颜色的衣服?(粉红色)它住在哪间房间呢?

(出示纸和笔,将 re 分别和 do、mi、sol、la 比较音高,在两条线上找到相应位置,特别注意将 re 和 do、mi 比较,引导幼儿探索音的高低  。)

(三)音符朋友来唱歌

T:音符朋友都住进了新家,太高兴了,跳起了舞。你们唱出来帮他们伴奏。

(引导幼儿唱出由五声音阶组成的旋律。)

T:把刚才音符唱的连起来是一首好听的歌《小汽车》。

(示范唱歌词。)

T:开起小汽车到朋友家做客吧。(引导幼儿唱歌曲)

■ 操作提示

老师引导幼儿听清唱准 re 的音高,并能尝试敲唱 do、re、mi、sol、la 组成的乐句。鼓励幼儿尝试在琴上敲奏歌曲《小汽车》,教师可以启发幼儿听辨歌曲旋律,用唱名学唱。这样便于幼儿根据唱名在木琴或音块上找到音高,尝试敲奏歌曲。另外,在引导过程中,从倾听区分不同音高,并演唱,从听单音到听乐句层层递进。

■ 小贴士

音乐——听觉的艺术

音乐教育的作用是发展幼儿的音乐本能,良好的听觉、想象、智慧和气质,也就是体验交流艺术感情的能力。音乐听觉是心灵官能,仅仅认识欣赏音响决不等于具备良好的音乐听觉,外在音响刺激能产生内在意识及情感状态,由此产生情感——激起动感——达到愉悦感。

附:歌曲　1＝C　2/4　　　　　开汽车　　　　　　儿童歌曲

1 3	1 3	5 6 5	6 5 6 5	3 3 3 3 3
汽车	汽车	开哪里?	嘀嘀嘀嘀	淮海路上开。

1 3	1 3	5 6 5	6 5 6 5	6 5 3 2 1
汽车	汽车	开哪里?	嘀嘀嘀嘀	淮海路上开。

 ## 小兔的菜园

■ 设计依据

春天是万物生长的季节,蔬菜也同样如此,从撒种子到浇水、施肥、除虫等需要一定的过程,因此预设该活动让幼儿艺术性体验种菜的种植步骤。活动中将音乐作为主线贯穿始终。同时创设游戏情景,赋予幼儿游戏的角色。老师扮演兔妈妈,孩子扮演兔宝宝,通过唱唱跳跳、听听找找,在相关的游戏情景中,进一步地细化他们对三个音高的名称分辨能力,特别是在“听——唱——找”中促进了孩子们有意识倾听的习惯,使他们能运用到其他活动当中。

活动方案

一、活动目标

1. 通过游戏让幼儿进一步感知 mi、sol、la 的不同音高,增强幼儿的听辨力。

2. 在角色扮演的游戏中进一步了解蔬菜的种植,体验保护蔬菜成功的愉悦。

二、活动准备

1. 代表 sol、mi、la 音高的黄、红、蓝虫子。

2. 对各种蔬菜有一定的了解和认识。

3. 会唱歌曲《小兔的菜园》。

三、活动过程

(一)兔妈妈种菜

T:小兔子们! 妈妈想在我们的菜园里种上绿色的蔬菜,可以种哪些?

想种白色的蔬菜呢?还想种紫色蔬菜,有哪些?

T:我们的小菜园是五颜六色的,真美!

(二)歌曲《小菜园》

T:让我们去看看我们小菜园的菜长得怎么样了。

(引导幼儿用各种动作表现种菜,并尝试与同伴不同。)

(三)游戏"捉虫子"

T:哎呀不好了,我们的菜园出现了害虫,你们看这是什么颜色的虫子?(红色)它咬叶子会发出 mi……(逐一介绍其他两种虫相应的音高),我们要用小耳朵仔细听,把正在咬叶子的害虫先捉出来。

玩法:老师弹琴,幼儿听音乐做小兔跳,当弹到结尾时,教师弹 <u>35</u> 6| <u>35</u> 6| <u>55555</u> 5| <u>5555</u> 5|,幼儿根据最后的连续音,找寻相应颜色的虫子。

操作提示

第一,利用情景化的语言进行调整。整个活动都是在一个游戏中,老师用兔妈妈的口吻,孩子扮演兔宝宝的角色,因此游戏的要求及出现问题时老师的语言引导都是在情景之中,用游戏的方式进行,这样更便于孩子理解和接受。例如:当幼儿兔跳的时候用"小兔轻轻跳小心碰坏了嫩蔬菜"引导幼儿用脚尖跳;用"文明地大口吃"暗示幼儿唱歌词"啊呜、啊呜、啊呜"时注意口型轻声唱。这些都是通过角色语言帮助幼儿做自我调整。

第二,注意幼儿间的互动。引发幼儿共享思维互动,例如:在菜园种菜动作时鼓励孩子做与别人不同的动作,请有新动作的孩子做,下面孩子猜,然后再提问:还有谁有种菜的动作,孩子们从开始时单一的种呀种,到后来挖一挖、洒洒水等,这些都是孩子们思维碰撞出的结果。老师只是起牵引作用,把孩子之间的思考做一交换,从而引发出更多的思维火花。另外,除了这个环节中鼓励孩子用不同动作表现,其他几个环节也同样有所要求。例如:不同动作表现开心、不同动作表现邀请朋友等等,正是在幼儿思维相互借鉴的同时发展他们的求异思维。这就不单纯是音乐素质的训练,而是促进孩子能力发展。

第三,层次递进。不断有难度的递进给予孩子不断的挑战,能使他们的兴趣及思维活跃程度始终保持在一定的高度,例如:在歌曲《小菜园》中,开始没对孩子的种菜动作有过多的要求,

在引导他们与别人做不同动作后,要求他们进一步的创编动作,这便是一个小小的难度递进。正是有这些层次的递进,不断推进幼儿的认知经验能力发展。

附:歌曲《小兔的菜园》

1 = c   2/4   词曲:曹冰洁

55 5	6 5	55 5	6 5
小兔子 跳跳,	小兔子 跑跑,		
小兔子 跳跳,	小兔子 跑跑,		

35 6	35 6	65 36	5 5	×× 0
跳跳跳,	跑跑跑,	来到小菜	园 呀,	哈哈!
跳跳跳,	跑跑跑,	来到小菜	园 呀,	咦?

×× ×	×× ×	×× ×	×× ×	× —
有青 菜,	有萝 卜,	有蘑 菇,	还有毛	豆。
有办 法	了			

66 5	6 5	×× ××	×× ××
吃掉了 青	菜,	啊呜 啊呜	啊呜 啊呜,
种上了 青	菜,	种啊 种啊	种啊 种啊,

66 5	6 5	×× ××	×× ××
吃掉了 萝	卜,	啊呜 啊呜	啊呜 啊呜,
种上了 萝	卜,	种啊 种啊	种啊 种啊,

66 5	6 5	×× ××	×× ××	66 5	6 5	×× ××	×× ××
吃掉了 蘑	菇,	啊呜 啊呜	啊呜 啊呜,	吃掉了 毛	豆	啊呜 啊呜	啊呜 啊呜
种上了 蘑	菇,	种啊 种啊	种啊 种啊,	种上了 毛	豆	种啊 种啊	种啊 种啊

1. 66 65	65 3	65 36	55 5 :	2. 66 65	65 3	6 6	5 —
哎呀 呀	哎呀 呀,	搞坏了	小菜 园。	小菜 园呀	真美 丽	真 美	丽

 小蝌蚪找妈妈

设计依据

随着春天脚步的临近,自然环境逐步产生了变化,特别是周末爸爸妈妈和孩子一起去野外郊游后带来的小蝌蚪也引起了同伴的关注。他们每天都会去看看小蝌蚪的变化,传统经典的故事"小蝌蚪找妈妈"自然也成为了他们最喜爱的故事之一。他们很乐于扮演角色,乐此不疲,于是就在这一故事中加入音乐元素,听辨五声音阶的音高,利用多种表现方式满足他们的表现表达及情感的需要。

活动方案

一、活动目标

1. 通过游戏使幼儿进一步感受并区分 do、re、mi、sol、la 的不同音高。

2. 在与同伴合作表现春天情景的游戏中,进一步感受春天的美好。

二、活动准备

1. 感知过故事"小蝌蚪找妈妈"。

2. 虾、蟹、鸭、乌龟、金鱼的胸饰若干。

3. 钢琴。

三、活动过程

(一)热闹的小池塘

T:春天的小池塘可热闹了,你们看谁在池塘里唱起了歌?

T:(出示红金鱼)她唱歌发出什么声音?(mi……)

T:再看看还有谁?(逐一介绍其他四种动物及相应的音高)

T:选你喜欢的动物做朋友,找到自己的家!(扮演角色,用相应的音高确认自己的角色)

(二)小蝌蚪找妈妈

T:你们听是谁在哭呢?(老师扮演小蝌蚪寻求帮助)

T:小蝌蚪听着音乐游呀游,他停下来时就用歌声请求你们的帮助,唱到什么音什么动物就出来帮助他,你们要用小耳朵仔细听,听听想想什么时候小蝌蚪邀请你们。

玩法:幼儿唱歌曲《小蝌蚪》到结尾时,教师弹 <u>3 5</u> 6 | <u>3 5</u> 6 | <u>5 5 5 5 5</u> 5 | <u>5 5 5 5</u> 5 |,幼儿根据最后的连续音,选择自己的角色出来帮助小蝌蚪。

■ **操作提示**

整个活动都是在春天的一个背景中,孩子们扮演着池塘边自己喜欢的角色,因此游戏的规则及出现问题时老师的语言引导都是在情景之中,用游戏的方式进行,这样更便于孩子理解和接受,通过角色语言帮助幼儿做自我调整。

 鸡的一家

■ **设计依据**

春天不仅是植物生长的季节,也是小动物们从冬季逐渐苏醒觅食的好时节,就利用这个主题背景,找寻生活中一些复合节奏的元素,利用简单的节奏语言开始复合节奏的探索。

■ **活动方案**

一、活动目标

1. 愿意用不同的节奏体现角色,尝试复合节奏。

2. 通过游戏体验同伴分组合作的快乐。

二、活动准备

公鸡、母鸡、小鸡的图片。

三、活动过程

(一)可爱的小鸡

T:(出示小鸡图片)春天到了,小鸡来到草地上唱起快乐的歌!

（叽叽叽叽　叽叽叽叽）

T：小鸡怎么唱？

（二）母鸡找小鸡

1. 母鸡叫

T：（出示母鸡图片）鸡妈妈也来到草地上找她的宝宝，它是怎么唱呢？

（咯咯　哒　咯咯　哒）

2. 找小鸡

（老师扮演母鸡，小朋友做小鸡，节奏对答。）

T：母鸡边走边唱**咯咯　哒　咯咯　哒**，想把小鸡找回家，小鸡听到妈妈的叫声说**叽叽叽叽　叽叽叽叽　叽叽叽叽　叽叽叽叽**，妈妈我在这。

3. 交换角色再次游戏

（三）小鸡、母鸡一起唱歌

1. 幼儿分组扮演小鸡和母鸡的角色尝试复合节奏

T：现在母鸡和小鸡一起唱歌，一起开始一起结束。

小鸡：×××× 　×××× 　｜ 　×××× 　×××× 　｜

母鸡：×× × 　×× × 　｜ 　×× × 　×× × 　｜

2. 交换角色再次游戏

引导幼儿坚持自己的节奏。

3. 选择自己喜欢的角色再次游戏

引导幼儿表现强弱。

（四）鸡的一家

T：（出示公鸡图片）公鸡听到了歌声也想来参加，公鸡怎么叫？

（喔喔　喔）　公鸡：×× 　× 　｜ 　×× 　× 　｜

（老师扮演公鸡，与孩子配合一起合唱，分三组分别扮演角色尝试复合节奏。）

操作提示

当语言与音乐相结合时，就产生了节奏性的语言。这种节奏性的指导语言在律动中被较多地运用，它能帮助幼儿感受音乐节奏，理解记忆动作。在活动中，老师层层深入，从两个角色的节奏复合到三个角色的合唱，由浅入深，为孩子搭建上升的阶梯。

另外，为帮助幼儿稳定表现节奏，老师可突出旋律节奏与动作的配合，例如：语言辅助"左一下，右一下，咯咯哒，咯咯哒"，为节奏×× × 　｜ 　×× × 　｜ 　×× × 　｜ 　×× × 　｜做暗示，使孩子更明确动作要符合节奏的进行。这比起"你们动作要听好节奏"等抽象的要求来得直观而且有趣。图谱中，最好能用小鸡、母鸡、公鸡的形象代表×。

小贴士

结合幼儿生活经验，引起对复合节奏的兴趣

复合节奏对于孩子来说有一定的难度，在坚持表现自己节奏时，还要尝试倾听别组幼儿的节奏，在互不干扰中相互配合，以达到和谐。因此，材料的选择就很有讲究。在此活动

中,老师有意识地选择了鸡的一家,公鸡、母鸡和小鸡都是幼儿生活中可以观察到的,是他们身边的认知经验。老师分别扮演公鸡、母鸡和小鸡用其叫声演绎复合节奏,将孩子们引入到更广阔的节奏天地中,从他们的眼神中可以感觉到好奇、美慕、期待等复杂的情感。这一部分虽然在整个活动中所占比例不多,但也正是在这短短几分钟里使孩子们对复合节奏抽象概念有了初步直观的认识,并为以后他们自己运用多种节奏复合表现歌曲打开一扇门。

音块朋友 fa 迎国庆

设计依据

中班幼儿已经解决了五声音高(do、re、mi、sol、la)的概念,在此基础上,进一步加入七声音阶中比较不稳定的音 fa。恰巧遇到国庆节,于是就借助国庆主题设计了音符朋友来旅游,找房子,唱歌跳舞迎国庆的游戏情景,增强幼儿听辨活动的趣味,在游戏中感受 fa 的音高,了解它与其他音高的关系。

活动方案

一、活动目标

1. 在听听唱唱中,探索比较 fa 与其他音符的音高,找出其线谱上相应的位置,设计手势动作。
2. 通过情景创设,进一步体验国庆的节日气氛及和同伴共迎国庆的愉悦。

二、活动准备

1. 音块。
2. 五线谱。
3. 代表 do、re、mi、fa、sol、la 音高的五种颜色的音符圈。

三、活动过程

(一)五个音符朋友来做客

T:国庆节快到了,很多音符朋友来旅游,听听谁来了。

(引导幼儿听辨五个音高 do、re、mi、sol、la,唱出名称。)

T:来这边旅游要有住的地方,我们给音符朋友找旅馆住。

(出示线谱,引导幼儿找出音符相应的位置。)

(二)新朋友 fa 的加入

1. 介绍新朋友 fa。

T:这次除了它们五个音符朋友还带来了它们的兄弟介绍给你们。

(老师敲奏 mi、fa、sol 三个音引导幼儿发现新朋友在 mi 和 sol 的中间。)

T:新朋友的名字叫 fa,穿绿色的衣服。

2. 给 fa 找房子

T:给 fa 也找个住的地方吧(引导幼儿在线谱上找出 fa 的位置　　　　)。

T:fa 有了房子真高兴,它比 mi 高,比 sol 低,可以在什么位置,怎么跳舞呢?

(引导幼儿回忆前五个音的音高手势,引出 fa 的柯达依手势。)

(三)唱歌迎国庆

T:六个朋友高兴地唱起歌迎接国庆节,听听它们唱了什么,我们和它们一起唱。

(老师分句敲奏歌曲"小星星",幼儿听唱音名。)

T:它们边唱边跳,我们也一起来。

(引导幼儿用手势表演小星星的歌曲。)

操作提示

　　首先,老师在活动中要给予孩子充分倾听、比较的机会,引导他们通过自己的探索,了解 fa 与其他音高的关系,找出 fa 的位置,并结合音高设计出相应的手势。同时,老师可用多种方式(听、比、唱、手势),从多种角度(听觉、视觉)引导幼儿理解和体验。接着,在单独介绍音高 fa 后,将 fa 与其他音高进一步联系,借助歌曲《小星星》,体验在完整歌曲中单个音之间的关系。在区域活动中可投放相应的六个音块,让幼儿探索用音块敲奏出小星星的曲调,在唱唱敲敲中进一步巩固音高概念。

小贴士

老师如何根据主题选择音乐素材

　　主题是师生共建的,是预设和生成平衡的关系,老师根据主题选择音乐素材,在选择中可注意以下几点:首先,取决于老师的价值观,选择的主题对幼儿的成长及对幼儿积累的经验起推进作用。例如:选择的主题可以在现有基础上,进一步发展提升幼儿哪方面的经验,以上的听辨活动"音块朋友 fa 迎国庆"就是在幼儿已经解决了五个音高(do、re、mi、sol、la)的概念基础上,进一步加入音高 fa,并借助国庆主题设计了一系列的游戏情景,感受了解 fa 与其他音高的关系。其次,主题与时间、地点、条件是否有联系,要贴近生活,积累经验,结合地域特点。例如:音乐活动"逛逛城隍庙"就比较适合卢湾、黄浦区,因为城隍庙是两个区的地理文化。再次,选择主题可结合老师的特长,加强某一特点,例如:有的老师善于京剧,就可在"我是中国人"主题中增加京歌的内容,放大自己的优势。

 美丽的孔雀

设计依据

　　一方面在"我是中国人"主题开展的过程中,大家一起讨论作为中国人的自豪,说到中国有很多特别的动物,比如熊猫、孔雀等,另一方面孩子在已有的六个音高的基础上进一步加入音高 si,呈现完整的七声音阶,为了让幼儿对抽象的音高有更直观的感受,设计将孔雀美丽的尾巴变为五线谱,用孔雀妈妈和宝宝的故事进一步增强幼儿探索的兴趣。

活动方案

一、活动目标

在故事情景中感知 si 的音高,分辨 si 与其他音高的关系,感受音高的美。

二、活动准备

1. 七个音的音块。

2. 孔雀底版。

3. 代表七个音高的不同颜色音符。

三、活动过程

(一)小星星

T:森林的夜空可漂亮了,漫天都是小星星,我们来唱唱美丽的小星星。

(引导幼儿听音块模唱出歌曲旋律。)

(二)小星星做游戏

T:小星星和我们做游戏,听听音乐有什么变化。

(加入 si 组成七声音阶乐句,引导幼儿听辨发现新音。)

T:新的音叫 si,穿紫色衣服,比一比 si 和其他音符朋友哪个高哪个低。

(将 si 与其他六个音比较,了解 si 是七音中最高的音。)

(三)美丽的孔雀

1. 孔雀妈妈和宝宝

T:森林里除了有布满星星的天空,还有美丽的孔雀,有一只孔雀妈妈,它有七个宝宝,因为她最喜欢音乐,所以给它的孩子取名为 do、re、mi、fa、sol、la、si,瞧孔雀妈妈的羽尾成了它们的家。你能认出这些宝宝的名字吗?

(出示孔雀底版,贴上不同颜色的音符,唱出它们的名字。)

2. si 宝宝跳舞的动作是怎样的呢?

(引导幼儿为 si 设计手势动作,发挥各自的理解、创造,最后选择一个统一的动作,知道 si 宝宝穿紫色衣服。)

3. 孔雀宝宝来唱歌

T:七个宝宝和我们做游戏,点到哪个,哪个就出来唱歌。

(老师点出七个音符组成七声音阶的乐句,幼儿模唱。)

4. 孔雀宝宝来跳舞

T:美丽的孔雀还会跳舞,唱到哪个宝宝就用它的动作来跳。

(引导幼儿模唱七个音符的同时,配合柯达依手势动作。)

操作提示

这个活动须在认识 fa 的基础上递进进行,在活动中还是需要充分给予孩子倾听的时间,让孩子利用已有的音高经验获得新的音乐经验,同时突出将 si 和其他几个音比较,在比较中让孩子发现 si 是七个音中最高的音,从而理解它与其他音的关系。在此次活动后,老师可选择一首七声音阶的歌曲,结合区域活动引导幼儿演唱、敲奏,在自主操作中对 si 和七声音阶音高有进一步的巩固。

小贴士

听辨活动的引导

听辨活动能使幼儿对音乐有所意识,逐渐发展到辨别音乐的旋律,区分不同音乐形象,作为老师我们可以注意以下几点:一是丰富幼儿生活,注意引导幼儿探索生活中的各种声响、节奏、力度、音色、曲式等,给予幼儿各种听的经验。二是创设环境,在一日活动中用音乐信号(不同的音乐)制造充满音乐的氛围(联系幼儿生活的各种场合,如早上、中午、休息、午睡等)。三是提供音块、小乐器、录音机等各种材料,引导幼儿参与敲、听、唱,强调幼儿主动操作体验,感知音乐的变化。四是鼓励幼儿通过各种形式将探索到的音高、节奏、力度、音色、曲式等表现出来,如用不同的颜色表示音高;在游戏中听辨,用图画形式表示自己对力度、曲式的理解;身体动作表示不同的节奏、速度;用语言描述自己对音响的感受等。

去春游

设计依据

大班幼儿已有多次春游的经验。现在春天到了,他们自然而然地想到要去春游。在音乐经验方面,孩子们已经对七声音阶有了初步的体验,在此基础上为进一步引导孩子感受由单个音高构成的旋律走势,结合春游的主题设计了该活动,引导幼儿用探索发现的方式表现旋律。

活动方案

一、活动目标

引导幼儿根据音乐地图提示寻找去春游的路,尝试将变化的旋律画出来,在游戏中体验探索的乐趣。

二、活动准备

1. 笔、纸。

2. 铝片琴或木琴。

三、活动过程

（一）听喔旋律

T：春天暖洋洋，小朋友去春游，他们邀请我们一起去，可是他们想考考我们，不直接为我们带路，给我们音乐地图，让我们听一听，音乐地图是怎么唱的。

（引导幼儿听唱4句不同的旋律乐句。）

如：(1) i̇ 76 | 54 3 | 2 2 | 1 — ‖

    (2) 1 2 | 3 — | 34 567| i̇ — ‖

    (3) 5 55 | 55 5 | 5 5 | 5 — ‖

    (4) 23 23 | 23 2 | 23 23 | 23 2 ‖

（二）手势表现旋律

T：音乐地图上有四条路，我们用手来把这几条路在地图上画出来。（引导幼儿分别用手势将四句乐句比划出来）

（1）从上画到下。

（2）从下画到上。

（3）从左画到右（平画）。

（4）从左到右曲线画。

（三）身体动作表现旋律

T：我们按照刚才的路线走走看，能不能找到目的地。

（鼓励幼儿创编身体动作表现旋律，如踩脚向后走、踩脚向前走、踩脚原地走、左右或前后曲线走。）

（四）图画表现旋律

T：我们把刚才的四条路画下来，带弟弟妹妹一起去春游。

（请幼儿在纸上画出自己对旋律的理解。）

如：(1) ——————

    (2) ——————

    (3) - - - - - - - - - - - - - - - - - -

    (4) ∿∿∿∿∿∿∿∿∿∿∿∿

■ **操作提示**

这个活动不一定必须在一次活动中完成，可根据幼儿音乐经验的发展水平分两三次进行。活动环节难度设置呈递进关系，后一个环节是在前一个环节基础上进行的，而第一个听辨乐句环节是最基本和关键的过程。幼儿只有理解了旋律内在的行进规律，才能通过手势、动作、绘画等其他方式进一步表现。在不同方式表现旋律环节中，老师鼓励幼儿用自己的方式来表现对旋律的理解。上面列举的表现的方式只是众多孩子中的一种，每个孩子都可以创造属于自己的答案，但是答案要遵循旋律行进规律。

小贴士

引导幼儿进行听辨活动的方法

（1）自由探索。引导幼儿在周围生活中寻找声音的高低、快慢、强弱等变化，把这些经验作为铺垫，为学音乐打基础。铺垫时间的长短，内容的多少，是根据幼儿发展水平和主题经验所决定的。

（2）引导探索。将铺垫内容迁移到音乐活动要求上，幼儿无意识，老师有意识地引用进来，让幼儿在音乐中感受、理解，寻找音乐中的高低、快慢、强弱、音色、曲式等。

（3）自我即兴表现。鼓励幼儿大胆即兴表现音乐中的高低、快慢、强弱、音色、曲式等，即幼儿刚获得些音乐中简单概念后，老师放手让幼儿根据自己的原有水平即兴表现，用经验迁移的方式建立自己的音乐经验。

（4）指导即兴创作。教师有计划地引导幼儿根据主题进行即兴创作。

 ## 蝴蝶找花

设计依据

从认知经验方面出发，在春夏秋冬主题的春天小板块中，提到春天就联想到蝴蝶和花，这是在春天季节范畴中最贴近幼儿生活经验的；从音乐经验出发，孩子们已经对七声音阶音高有了初步的感受和体验，为了不断巩固幼儿对于音高的概念，结合主题预设了活动，进一步提高他们的听辨能力，同时在分角色的游戏中，大胆创编动作，体验合作游戏的快乐。

活动方案

一、活动目标

1. 鼓励幼儿自由选择蝴蝶及花的角色，根据音乐表现动作，用肢体语言展现对春天美丽景色的理解。

2. 引导幼儿听辨七声音阶音高，找到代表相应音高的花朵。

二、活动准备

1. 蝴蝶胸饰若干。

2. 手腕花若干（花朵的颜色与七声音阶音高对应，分别为：咖啡、粉色、红、绿、黄、兰、紫）。

3. 钢琴。

4. 幼儿对于动作表现蝴蝶和花朵有一定的经验。

5. 会唱游戏歌曲《蝴蝶找花》。

三、活动过程

（一）花儿朵朵开

T：春天到了，鲜花开放，花儿在春风中摇摆，让我们变成一朵小花随音乐慢慢开放，舞动花瓣。

（引导幼儿随音乐《蝴蝶找花》，动作表现花朵开放及摇摆。）

（二）蝴蝶飞飞

T：鲜花丛中，蝴蝶飞舞，如果你是美丽的蝴蝶，你想用什么动作飞舞？让我们跟着音乐一起飞舞。

（引导幼儿听音乐《蝴蝶找花》做蝴蝶飞的动作，鼓励幼儿自由创编。）

（三）蝴蝶找花

1. 花儿邀请歌

T：花儿觉得有些孤单，她想找朋友，她看到蝴蝶在飞舞会对蝴蝶怎么说？

（幼儿自由想象，老师用游戏儿歌总结：蝴蝶蝴蝶真美丽，飞到东，飞到西，快快飞到我这里，快快飞到我这里，并引导幼儿念儿歌。）

2. 蝴蝶花儿做游戏

（1）示范游戏

T：蝴蝶听到了花儿的邀请找她做朋友，花儿有不同的颜色，每种颜色的花会唱不同的歌（出示不同颜色的手腕花，引导幼儿将颜色和音高配对）。你们看看蝴蝶什么时候找花做朋友？蝴蝶是按什么要求找花儿朋友的？

（老师做蝴蝶，邀请七名幼儿分别代表七个音高的花，示范游戏，听着蝴蝶和花儿随着音乐动作，音乐停，花儿拍手念儿歌，蝴蝶碎步抖动翅膀，儿歌念完蝴蝶原地停，听 12 34 56 7 | 44 44 4 — | 或 12 34 56 7 | 22 22 2 — |，蝴蝶根据听到的最后一个重复音找到相应颜色的花儿飞进花心舞蹈。）

（2）讨论规则

T：蝴蝶和花儿在春姑娘唱歌的时候干什么？（跟音乐舞蹈）

T：春姑娘唱完了花儿怎么邀请蝴蝶？（拍手有节奏的念儿歌邀请）

T：花儿在邀请的时候，蝴蝶在做什么？（碎步抖动翅膀）

T：花儿邀请完了，蝴蝶干什么？（原地停下，准备找属于自己的花朵朋友）

T：蝴蝶怎样做才能找到属于自己的花朵朋友？（仔细听音高——唱音高——找相应颜色的花朵）

T：总结：花儿和蝴蝶随着春姑娘的歌声一起舞蹈，花儿想找朋友，她先拍手念儿歌邀请蝴蝶，接着用歌声吸引蝴蝶，不同颜色的花唱歌的声音不一样，蝴蝶停下仔细听找出属于自己的花朵朋友，钻进花心休息。

（3）操作游戏

T：谁愿意做花朵？谁愿意做蝴蝶？一起来找朋友。

（引导幼儿自主选择角色，操作游戏。）

T：蝴蝶找一个朋友交换角色，再来玩一玩。

操作提示

规则是该游戏活动的难点和重点，幼儿只有理解了游戏规则才能体验游戏的有趣。但如果规则直接由老师说出，孩子的自发遵守机制就不那么积极，因此老师可通过示范——讨论——提升，让孩子发现规则。

在听辨时，老师应强调听——唱——找的过程，引导幼儿听到音高后不急于寻找，通过唱的过程去验证，是有目的的找。在游戏操作时，可鼓励幼儿找朋友交换角色，让每个孩子都有听辨

的机会。

在幼儿操作游戏后，老师需要及时发现幼儿出现的问题，进一步用讨论的形式引发幼儿思考，在此基础上进一步游戏，在不断发现问题、不断调整的过程中支持幼儿对规则的建立和完善。

制作游戏道具时，可由幼儿共同参与，以增强幼儿参加游戏的情趣。

小贴士

音乐活动中探索发现法的概念

音乐活动中的探索发现法，是指在活动过程中老师不直接把知识讲授给幼儿，而是根据教学目标、内容及幼儿认知的特点，引导幼儿在探索阶段与表现阶段过程中，通过直接操作、观察、讨论、创造等途径，去探索、发现知识的一种教学方法。它包括老师的引导点拨和幼儿的探索发现，老师为幼儿指出探索的方向，引导幼儿在音乐活动中聆听、观察、操作体验。

幼儿的探索发现活动在老师不断引导启发下会取得突破，但老师的启发引导不能代替幼儿的发现，因此老师的作用应体现在最大限度地调动幼儿探索、思考的主动性和积极性上，注重鼓励幼儿开动脑筋有步骤地探索、发现、创造，在获得认知经验的同时还得到能力的提高。以上面的游戏活动为例，老师在介绍游戏规则时就采用了"探索发现法"，老师并未在幼儿操作前将游戏规则一一道来，而是通过示范让幼儿观察；通过抛出一系列的相关问题让幼儿思考；逐步引导幼儿明确属于蝴蝶和花儿各自的游戏表现。另外，当在幼儿实践游戏中出现的问题，例如：有的蝴蝶未根据听到的重复音找相应的花朋友，老师就需要及时地将问题提出"为什么这只蝴蝶找错了朋友，花儿很伤心？"让幼儿了解要根据听到的音高找相应颜色。在不断操作、调整、再操作、再调整中支持幼儿自己发现游戏规则，主动遵守游戏规则。

因此，"探索发现法"的核心是以幼儿为本，幼儿为主体，教师是主导。老师是组织者、引导者、发掘者，挖掘每个幼儿的潜能，注重幼儿独立思考能力、创造能力的提高。这种方法由教师确立一个大目标，幼儿根据自己实际水平确立自己的小目标，教师起支持的作用，通过支持幼儿主动探索，自主寻求答案达到自己的小目标，并一步步贴近大目标。这种方法着眼于幼儿的未来，促使他们主动地学，他们将有能力学好任何新的东西。

附：游戏歌曲《蝴蝶找花》

1 = D 6/8

董友词 汪玲曲

5 3 5 3｜4 3 2 3 ·｜5 3 5 6｜4 3 4 2 ·｜
蝴 蝶 蝴 蝶 飞 呀 飞， 飞 过 草 地，飞 过 河 边，

5 5 5 6 6 6｜6 4 6 5 3 0｜2 2 2 4 4 4｜3 2 1 5 ·｜
你 像 那 会 飞 的 花 朵， 张 开 了 五 彩 的 翅 膀，

3 3 4 3 2｜2 1 2 1 ·｜5 5 6 6｜6 4 6 5 3 0｜
在 你 飞 过 的 地 方， 到 处 鲜 花 开 放，

2 2 4 3｜2 1 2 1 ·｜
到 处 鲜 花 开 放。

会变的声音

■■ **设计依据**

大班幼儿对于声音强弱的感受能力分化逐渐细致,根据幼儿这个特点,结合春夏秋冬主题借助游戏的方式,帮助幼儿进一步感知渐强和渐弱的过程,并和生活经验相联系,寻找蕴藏在生活中的音乐元素。

■■ **活动方案**

一、活动目标

在游戏中感受声音的渐强和渐弱,尝试用动作、图画的方式表现,发现生活中有渐强和渐弱的有趣。

二、活动准备

1. 小乐器若干。

2. 纸、蜡笔。

3. 幼儿熟悉的音乐或歌曲一首。

三、活动过程

(一)春姑娘音乐会

T:春天是万物苏醒的季节,春姑娘要举办音乐会把冬眠的动物和种子叫醒,她带来了很多乐器朋友,请你们挑喜欢的乐器,想一个节奏,让她用好听的声音跟着音乐唱歌。

(引导幼儿自主选择乐器,跟熟悉得音乐敲击。)

(二)春天小乐队去巡演

1. 小乐队出游

T:把春天来到的消息撒满每个角落,春姑娘让我们分成两个小乐队,乐队从教室到走廊再回来,一个小乐队回来,另一个小乐队再去。春姑娘给留在教室的乐队成员提了一个问题:听听声音有什么变化。

(引导幼儿分为两组,一组边敲乐器边从教室到走廊然后从原路回来,另一组幼儿留在教室感受声音的变化。)

2. 讨论乐队声音的变化

T:乐队从教室到走廊,又从走廊到教室,巡演的时候乐队声音有什么变化?

T:为什么会有这样的变化?

(引导幼儿发现声音的渐强和渐弱,知道近响远轻的原因。)

(三)会变的声音

T:春天天气很好,我们出去春游、去逛逛,你们在出去的时候有没有听到过渐强渐弱的声音。

(调动幼儿生活经验,寻找生活中的渐强渐弱,例如:在车站上等车,听见汽车从远处开来,没能上车看着车子渐渐远去;街上的锣鼓队等等。)

(四)跟着春姑娘去踏青

1. 听音乐信号走走

T:我们跟着春姑娘去踏青,春姑娘用音乐为我们领路,音乐响我们脚步怎么样?音乐轻脚步怎么样?(引导幼儿随着音乐的渐强减弱而变化走步轻响)

2. 小气球游戏

T:春姑娘把我们带到一大片草地上,我们一起来吹气球,听着音乐吹,看看气球有什么变化。

(引导幼儿根据音乐的渐强减弱的变化动作表现气球越吹越大,然后逐渐变小。)

(五)春姑娘的画

T:春姑娘请你们把刚才的声音变化画下来,她把你们的发现和春天的消息带去更远的地方。

(引导幼儿用图画的方式表现渐强减弱,如: o ○ ○ ○ ○)

操作提示

老师应引导幼儿在反复操作游戏中体验渐强渐弱声音的变化,在充分感受的基础上,启发幼儿寻找生活中渐强减弱的声音,例如:跟妈妈在车站上等车,车从远方开来,又开向远方;天空飞机由远及近,在头顶上声音最响,然后渐渐远去;马路上的锣鼓队过来开始声音轻,在窗前时声音响,然后走过去声音轻等。老师让幼儿充分倾听、发现、体验感受渐强渐弱的声响,然后再引导幼儿联系音乐。

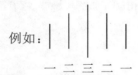

例如:
一 二 三 二 一

在"跟着春姑娘去踏青"环节中,除了引导幼儿用走步动作表现声音强弱,老师还可以让幼儿变化动作表现强弱,例如:开飞机的动作表现力度、小花开放表现力度等。

老师在观察了解幼儿理解渐强减弱概念的情况下,再引导幼儿用图画表示,鼓励幼儿用不同的图示来表现。

小贴士

听辨活动基本活动程序

首先,引导幼儿在游戏或日常生活中寻找各种声音的存在,然后启发幼儿从音乐中感受音乐的各种不同变化(音高、力度、音色、节奏、曲式等)。在此基础上,鼓励幼儿能听着音乐即兴表现,反映自己对音乐的感受和理解。最后鼓励幼儿围绕主题运用已有的音乐经验进一步进行表现。

例如:以上实例中,老师首先请幼儿分组轮流边奏乐器边由近到远再由远及近行走,老师通过预设的特定情境,将渐强渐弱这个音乐概念单独抽取,让幼儿对此获得明确的感受。然后鼓励幼儿联系生活实际对渐强渐弱有进一步的感受,说说生活中的渐强渐弱,在此基础上鼓励幼儿即兴表现,根据音乐变化动作和图画表现。

春季运动会

■ **设计依据**

　　切分节奏对于幼儿来说是一种比较难把握的音乐经验,如何将切分节奏用幼儿易懂的方式呈现给孩子成了一直在思考的问题。后来发现其实生活中就存在很多切分节奏的雏形,例如:运动会加油助威"加油呀　加油呀;背重物时哎呦嘿　哎呦嘿"等,于是结合春夏秋冬主题,选择了运动会为切入点,丰富幼儿对切分节奏的感觉。

■ **活动方案**

　　一、活动目标

　　在游戏中引导幼儿寻找生活中的切分节奏,感受歌曲切分节奏并通过动作、乐器表现相关节奏,体验生活中有节奏的乐趣。

　　二、活动准备

　　1. 木琴和铝板琴、各种小乐器若干。

　　2. 有关于运动会的相关经验。

　　3. 拔河、划船的图片。

　　三、活动过程

　　(一)春天运动会

　　T:春天到了,要举行运动会,运动会有哪些比赛项目?

　　(调动幼儿有关运动会的相关经验。)

　　T:(出示拔河的图片)运动员要进行的第一个项目是什么? 我们为他们加油! 怎么加油?

　　(引导幼儿有节奏的加油,例如:加油呀　加油呀。)

　　T:(出示划船的图片)接下来的项目是什么? 我们也来划船,怎么划?

　　(引导幼儿边动作边感受划呀划　划呀划。)

　　T:我们一边拍手一边来为运动员加油。

　　(引导幼儿将刚才的节奏用拍手表现。)

　　(二)生活中的切分节奏

　　T:除了在运动会上有这种节奏声音,平时有没有听到过这种节奏的声音?

　　(鼓励幼儿联系生活经验,找找生活中的切分节奏,例如:肚子疼"哎呦哇　哎呦哇;爸爸背我很重哎呦嘿　哎呦嘿等。)

　　T:总结:这种节奏叫切分节奏。

　　(三)运动会拉拉队

　　T:我们组成拉拉队为运动队员加油,用什么节奏加油呢,听听拉拉队长是怎么弹的,你们把听到的拍出来。

　　(老师在钢琴上即兴弹带有切分节奏的节奏音响,引导幼儿拍手模仿。)

　　T:拉拉队除了拍手还要用乐器为他们加油,运动员请你们敲出有切分音的加油节奏。

　　(出示各种小乐器,引导幼儿用乐器敲出带有切分音的节奏。)

　　T:拉拉队还请来了木琴和铝板琴帮忙,用切分节奏的好听的句子为运动员加油。

(出示木琴和铝板琴,鼓励幼儿敲奏出带有切分音的乐句。)

操作提示

活动中的几个步骤不强求一定一次完成,可以根据孩子的实际情况分几次完成,每个要求都是在前一个要求达成的基础上继续。活动中老师要有等待的耐心,如在启发幼儿思考生活中是否听过切分节奏声响的环节中,孩子可能当场不一定讲得清楚,需要老师不断在生活中引导,启发他们去听辨、发现,积累有关经验,然后相互交流、迁移。

在乐器表现切分节奏时,可由易到难,鼓励幼儿在模仿的基础上,用各种不同音色的小乐器创编出属于自己的切分节奏,然后在此基础上提高难度,尝试用带有音高的乐器——木琴、铝板琴创编有音高的切分乐句。创作开始时,幼儿可能是无意识的,根据感觉来,老师要及时地鼓励、肯定、提升,并与同伴分享,推动幼儿操作积极性。

小贴士

探索发现法实施的前提

在音乐活动中,老师引导幼儿通过自己的音乐实践主动探索,培养探索发现意识,需要相信幼儿的发现、尊重幼儿的发现、理解幼儿的发现、激励幼儿的发现。

首先,相信幼儿的发现。引导幼儿在探索中发现,老师要充分相信幼儿具有极大的潜能,承认他们有强烈的探索、发现、尝试、创作的欲望,相信他们有极大的发展空间。这样才能提供幼儿充分的探索空间,充分挖掘每个幼儿的潜能,我们会发现孩子的潜力是惊人的。

其次,尊重幼儿的发现。引导幼儿在探索发现中学习,教师应"允许幼儿有失误",由于他们的知识经验有限,他们的发现不一定正确,老师在对幼儿发现进行评价的过程中不应单纯追求正确与否。

再次,理解幼儿的发现。幼儿在探索发现中的学习离不开老师的引导,但关键在从教师所"想"转到幼儿所"想"。只有正确地理解幼儿的发现,老师才能有效地指导幼儿,才能恰如其分地评价每个幼儿的发现价值。在艺术教育过程中,不能只强调艺术训练,而应更注重培养幼儿的艺术思维,在艺术活动过程中运用能力去寻找问题、解决问题,包括感受、理解、想象、创造等一系列的内心活动。

最后,激励幼儿的发现。要使幼儿在探索发现中取得理解的效果,教师的作用还是在激励幼儿。教师应激励不同层次的幼儿在原有基础上获得提高,激励他们有想一想的能力,能打破常规进行新思考;激励他们有"试一试"的愿望,能在反复操作实践中尝试自己的设想,激励他们通过自己的活动进行学习。

以上面活动设计为例:老师在充分信任孩子有能力自主探索切分节奏的基础上,预设了活动,在引导幼儿寻找生活中的切分节奏时,老师在给予了一些范式后就鼓励幼儿大胆想象,并尊重幼儿的发现。另外,层层深入地借助乐器,给幼儿搭建表现自己发现的平台。在整个活动中,老师始终没有以对或错来评价孩子的发现,而是用"谁也愿意来试试",以鼓励的态度帮助幼儿树立操作的信心。

成人的鼓励和支持能促进幼儿产生积极的情感和态度。教师的工作不是提供答案或宣布结论去代替幼儿思维,而是通过激励等多种方法引导幼儿主动投入学习的过程,引起学习动机。

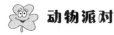 动物派对

设计依据

大班幼儿在音乐节奏经验方面已经有了一些积累,但对休止却接触不多。有目的地预设感知休止的音乐游戏,引导幼儿体验休止的音乐性,进一步完善节奏经验。因此,以春夏秋冬主题为大背景,以小动物角色引出休止,通过熟悉的经验增强幼儿的操作兴趣和参与度。

活动方案

一、活动目标

通过图谱、动作表现等方式,探索表现休止的音乐性,感受休止节奏的有趣。

二、活动准备

1. 各种动物头饰。

2. 动物图谱。

3. 有听音乐创编动作表现动物的经验。

三、活动过程

(一)探索图谱

T:森林里有很多勤劳的小动物,它们是谁。

(出示图片"鸭子:○○○○▲▲○○"。)

T:春天到了,鸭妈妈带着它的宝宝学游泳,游呀游,游累了休息一下,再继续练习。什么符号代表休息?(三角代表休息)

T:鸭妈妈为了让小鸭不迷路一边游一边叫,休息的地方停下回头看看小鸭,我们学学鸭妈妈。

(引导幼儿根据图谱拍手学鸭叫,○○○○▲▲○○)

嘎嘎嘎嘎 // 嘎嘎

(逐一出示猫、青蛙、小鸡、母鸡、猪、鹅等动物,以情景的方式引导幼儿根据图谱拍手学动物叫,表现休止。)

小猫:○○▲▲○○▲▲

青蛙:○○▲○○○▲○

小鸡:○▲○○▲○▲▲

母鸡:○○○▲○○▲

猪:▲▲○▲▲▲○▲

鹅:▲○▲○▲○▲○

(二)小动物来聚会

1. 集体动作表现休止

T:小动物们约好在草地上聚会,每个动物的家到草地都是不一样的路线,看好地图,什么地方走什么地方休息。

(引导幼儿根据图谱,走步表现休止,例如:○○▲▲○○▲▲,幼儿走两步,休止两步,再走

两步,休止两步,老师依次引导幼儿根据图谱集体探索。)

2. 分角色游戏

T:每个小动物去草地的路线都知道了,我们要分头行动了,选择你喜欢的小动物,带上头饰,邀请到哪个小动物哪个动物才出来。

(幼儿自主选择角色,根据老师出示的图卡出来动作。)

(三)动物派对

1. 发现乐曲中的休止

T:小动物们聚会可热闹了,开起了派对,跳起舞来。每句结束,都要休息,我们来听听什么时候跳舞什么时候休息,休息多长时间。

(老师即兴弹奏乐曲,每句结束休止两拍,例如:

$$55 \mid 44 \mid \underline{32}\ \underline{12} \mid 3\ —\ \mid 0\ 0 \mid 44 \mid 33 \mid \underline{21}\ \underline{21} \mid 2\ —\ \mid 0\ 0 \mid$$

$$55 \mid 44 \mid \underline{32}\ \underline{12} \mid 3\ —\ \mid 0\ 0 \mid 44 \mid 33 \mid \underline{21}\ \underline{21} \mid 1\ —\ \mid 0\ 0 \mid)$$

T:什么时候跳舞?什么时候休息?休息有多长?休息的时候怎么办?

(引导幼儿发现每句结束后有休止符,休止两拍。)

2. 根据音乐动作表现

T:我们跟着音乐跳起来,听好音乐什么时候休息。

(鼓励幼儿跟着音乐自由动作,在休止符时停下。)

操作提示

休止是比较抽象的音乐节奏,通过图谱直观展现,有利于幼儿理解。因此,在第一环节中,老师要引导幼儿理解图谱表现的含义,为接下来的系列探索奠定基础。

在引导幼儿根据图卡走步动作表现休止的环节中,老师可先集体操作,与孩子共同探索如何将图谱转化为动作,然后再分角色游戏。

在游戏中,老师主要在乐句后加上了两拍休止。根据幼儿的发展状况老师可逐步增加乐句间休息的时值,把两拍休止延长到四拍或者六拍,让幼儿感受长休止。

在此游戏中,老师的中心任务是协助幼儿寻找出休止的音乐性,让幼儿感受到音乐中的休息是有时值的节奏。在此基础上,老师可选择带有休止符的歌曲,作为延伸活动,以其他音乐方式对休止符作进一步巩固。

小贴士

鼓励幼儿"在操作中学会思考"

看了会忘记,做了才会记住,音乐活动中同样鼓励幼儿通过实践产生思考,通过操作学会思考。因此,老师要为幼儿创设操作条件,创建思考的平台,通过"做"体现"思",最终促使幼儿学会思考。

老师将操作学习定位于"做中思",将思考全程式地贯穿于过程,而非"点状"性。重过程不过分重结果,不拘泥于某特定时间内的结果,而要重视长期的结果。通过自主探索和群体表现,支持幼儿提升价值,促进幼儿思维能力、解决问题能力、应变能力、发现纠错能力等全面发展。

以上述游戏为例,老师开始时没有直接将休止告诉幼儿,而是通过图谱、叫声、动作等一系列的自主操作引起幼儿的思考。在思考中,幼儿体验到图谱中的休息、游戏中的停顿其实是有时值的节奏。幼儿在老师预设的贴近生活的情景中,利用已有的生活经验及音乐经验,逐步解决休止的表现,从简单的看图谱叫声表现——根据图谱控制脚步表现——探索乐曲中的休止,边操作边思考,自主建构关于"休止"的音乐概念。同时在此过程中,幼儿还需调动一些能力协同操作,如自控能力、应变能力、发现问题的能力等,促进了全面能力的提升。

蔬菜有营养

设计依据

在有用的植物主题中,蔬菜是孩子们日常生活中接触最多的植物之一,通过系列活动孩子们知道不同蔬菜有不同营养价值,多吃蔬菜有益于健康!于是进一步借助于音乐元素——节奏,在引导幼儿再现经验的同时进一步支持幼儿积累丰富节奏型,并通过合作游戏体验成功的快乐。

活动方案

一、活动目标
1. 引导幼儿有节奏地讲述蔬菜的名称和营养。
2. 尝试与同伴合作将节奏语言连接为节奏火车。

二、活动准备
1. 图片,包括紫甘蓝、南瓜、芦笋、西兰花等。
2. 对常见蔬菜名称及其营养有初步的经验,积累了一些基本的节奏类型。

三、活动过程
(一)情景导入
T:秋天是丰收的季节,秋姑娘给我们带来了各种各样的蔬菜,你们知道哪些有营养的蔬菜介绍给大家?
(引导幼儿可从蔬菜名称、形状、颜色或者营养几方面介绍。)
(二)语言转化为节奏
T:我也来学学你们说的。(老师将幼儿介绍的蔬菜讲述转化为节奏语言)
T:你们谁来试一试?
(例如:西兰 花|有营 养|开着 绿色的|花 —|。)
(三)节奏火车
T:超市的叔叔阿姨想请我们帮帮忙把蔬菜运过去,要把蔬菜不多不少正正好好装在节奏车厢里,车厢和车厢要接紧,不掉队。
(先请几位孩子上来尝试,及时解决节奏和连接上的问题,例如:
西兰 花|有营 养|开着 绿色的|花 —|
南瓜　 南瓜 |大又　 大|又好　 吃来 |又有营　 养|)

T:超市顾客在排队了,都想要尝新鲜有营养的蔬菜,我们一起开着节奏车去送菜,蔬菜放得好,车开得稳,车厢要接好。

(四)延伸

T:(出示图片紫甘蓝)我也来介绍一种蔬菜:<u>紫甘蓝又叫紫包心菜</u>|,<u>胡萝卜素维生素多又多</u>|。请你们回去也再找找有什么今天没介绍过的蔬菜,下次再来介绍。

操作提示

　　活动中老师主要支持幼儿做两件事:其一,帮助幼儿将蔬菜经验结合节奏经验,用节奏的方式表现。其二,帮助幼儿将自己的节奏语言与同伴的连接成节奏火车。因此老师可以通过师生合作、个别幼儿示范等方式引导幼儿知道游戏规则,特别是节奏语言连接的时候,老师可用铃鼓提示幼儿在重拍中进入。蔬菜选择时可以结合幼儿日常生活经验出示。

 保健茶

设计依据

　　保健茶是用各种天然植物的花、叶、果实配置而成,它的成分中有许多都是幼儿经常接触的食品。保健茶不但具有增进身体健康的疗效,而且比较可口,目前已经成为许多幼儿家庭中的常见饮品。本次活动将各种保健茶具有各种不同颜色的特征抽取出来,结合音高,利用孩子对于这些植物的已有经验,构建巩固听辨音高的音乐经验。

活动方案

一、活动目标

1. 在了解有些植物具有保健、治病的作用的基础上,能将音高与不同保健茶建立连接,听辨音高选择相应的保健茶。

2. 尝试用动作表现茶叶在水中运动的过程。

二、活动准备

1. 了解有些植物具有保健、治病的作用。

2. 幼儿看过茶叶在水里的过程。

3. 各种颜色的保健茶的图片(胖大海、玫瑰、菊花、枸杞、绿茶、薰衣草、丽春花茶)。

4. 七声音高的音块。

三、活动过程

(一)经验回忆

T:很多植物都有不同的用处,有些植物可以用来泡茶对我们身体健康很有好处,你们知道有哪些可以泡茶喝的植物? 他们都是什么颜色的?

(引导幼儿回忆保健茶的名称、功能与颜色,老师根据幼儿说的出示图片。)

(二)保健茶的舞蹈

T:这些茶放在水里会跳舞,我们来做茶叶,听着音乐在开水里舞蹈,音乐停,茶叶也停。不一样的茶叶跳舞的动作和别人不一样。

（鼓励幼儿跟音乐创编动作。）

（三）保健茶会唱歌

T：不一样的保健茶会唱不一样的歌，我们来听听它们分别唱的是什么。

（依次出示七种保健茶图片，结合颜色敲音块，引导幼儿在听唱中找出保健茶和音高之间的联系。如：胖大海——褐色——do；玫瑰——粉红——re；枸杞——红——mi；绿茶——绿色——fa；菊花——黄色——sol；丽春花茶——蓝色——la；薰衣草——紫色——si。）

（四）泡茶

T：这些保健茶都在杯子里跳舞等着有人来喝，冷了不好喝，音块来帮忙听到它唱谁的歌，就说明有人要喝了，要给它泡热水了，如果听到 <u>22 22　2</u> | <u>22 22　2</u> | 要给那个保健茶泡水？（玫瑰）玫瑰茶就在开水里跳舞，其他茶就蹲下沉到杯底。

（引导幼儿游戏，选择自己喜欢的保健茶站到图片边上，跟音乐一起动作，音乐停幼儿停下听音高，根据最后重复的音高唱出来，唱到的音高，代表其音高的保健茶站起来扭动，其余蹲下，然后游戏重新开始。）

操作提示

在此活动前，需要幼儿对相关的保健茶有一定的经验，例如：名称、颜色、功效等，特别是颜色，对于与音高之间的联系是非常关键的。在介绍保健茶和音高联系的环节中，老师尽量通过出示保健茶——听音块——唱音高支持幼儿发现其中的规律，而不是单纯的根据颜色对应音块。在游戏中，老师要反复强调游戏规则，听音块——唱音高——动作表现，听辨音高只有经过这个过程，幼儿的听辨才是自主的，同时也是自我检查的过程。

小贴士

什么情况下"幼儿学得最好"

我们可以此作为衡量一个活动是否是孩子主动参与、主动学习的活动的标准。正是这几个主要因素构成了幼儿学习积极性和主动性的动因。

首先，当孩子有兴趣的时候，幼儿学的最好。俗话说：兴趣是最好的老师。当幼儿对某种现象产生兴趣后，他就会采取行动主动地对它进行探究。而能引起幼儿兴趣的内容则通常是与之生活经验相联系的，他们只在已有认知范围内，在已知经验铺垫下，才能对老师的进一步推进迸发出新的思维火化。例如：保健茶的游戏是和幼儿的实际生活经验相联系的，一方面最近阶段孩子们在做"有用的植物"的主题，对植物有了一定的了解，另一方面游戏中涉及的音高是幼儿已有的音乐经验，老师只是通过游戏将幼儿已有的经验片段链接起来，整合成一个新的经验，由于这些信息都是幼儿熟悉的，所以能引起他们的共鸣，因此他们就很有兴趣主动地去探究和创造。

其次，当孩子发现知识具有"个人意义"时他会学得很好。知识的"个人意义"主要是在幼儿自由探索和创新的过程中产生的，孩子们的个体经验和认知范围都不同，因此他们自主创造的内容也就各不相同，每一种创造都体现出幼儿的个人价值和个人意义，孩子会从这些创造中获得乐趣及成功感，进而激发参与活动的内动力。例如：前一阶段老师用其他活动形式介绍了七声音阶音高，这次活动重点有所变化，主要落在听辨音高，动作表现上，

孩子发现自己将已有的经验稍作改变重组，就会产生新的属于个人的"作品"，因此在操作时思路就非常的活跃，每个孩子都试图通过活动寻找具有个人意义的"答案"。

再次，当幼儿有更高的自我期待时，他会学得很好。从幼儿角度出发当幼儿有更高的自我期待时，他们会主动的学习，从老师的角度出发就要求老师能根据幼儿最新的反映提出挑战性的目标，从以往五个音的听辨游戏逐步发展到七个音，使得孩子们在原有基础上对自己有更高的要求。在整个挑战性目标提出的过程中，孩子都显得非常的专注，这正是因为他们对自己都有了进一步的自我期待。

由此可见，在这几个关键因素的合力作用下，孩子们的学习状态始终处于最佳的时机，因此老师在预设及操作活动的时候将要时刻将这几点作为意识指导。一方面使老师对幼儿的学习有更加客观的认识和准确的把握。另一方面，也使老师能从科学的角度去观察、思考幼儿的行为，并采取适宜的方式支持他们的学习，促进他们的发展。

悯农

设计依据

诗歌是我国传统文化中的一部分，在幼儿园课程中也有一些诗歌素材，但孩子是否能真正理解诗歌中的内容，真正体会诗歌的意境，我们很难确定，而孩子对于音乐的敏感度是非常高的，往往能够体会音乐所传达的情感，于是，在有用的植物主题中，选择了古诗《悯农》，借助卡农的形式进行表现，以另外的素材对卡农的游戏形式做一个巩固。

活动方案

一、活动目标

通过游戏引导幼儿初步尝试用轮诵的形式，分组合作念古诗《悯农》，体验农民伯伯的不易及古诗的节奏韵律美。

二、活动准备

1. 进行过节奏卡农游戏。

2. 会念古诗《悯农》。

三、活动过程

1. 情景导入

T：蔬菜、水果都是植物，庄稼也是植物，我们吃的米就是农民伯伯辛辛苦苦种出来的。有一首古诗专门是说粮食来得不容易，让我们爱惜粮食的，叫什么名字？（引导幼儿回忆古诗名称及内容）

2. 节奏齐诵古诗

T：农民伯伯种得那么辛苦，我们也去帮帮他，先看看农民伯伯是怎么种的？种到哪里休息？

（引导幼儿发现古诗的节奏，找出空拍。）

T：我们也来种粮食。

（引导幼儿有节奏的齐诵古诗并用拍手及拍腿表示节奏。）

3．分组轮诵古诗

（1）两组卡农式轮诵

T：农民伯伯家有两小块地，让我们分成两组，第一组先种，第二组后种。

（引导幼儿分成两组，进行轮诵。）

（2）尝试两组同时结束轮诵

T：第一组先种完，要等等第二组，一起完成任务再回家怎么办？

（请幼儿与老师合作轮诵，发现最后如何一起结束。）

T：我们也来试一试。

（引导幼儿分组轮诵，尝试两组同时结束。）

（3）幼儿指挥分组轮诵

T：农民伯伯请一个朋友来帮忙指挥种田。（请一名幼儿指挥第一组）

T：农民伯伯再请一个朋友来帮忙指挥种田。（两名幼儿同时指挥）

操作提示

游戏中要让幼儿体会到自己是集体中的一员，也就是说游戏成功需要每个幼儿的努力，幼儿需要按照他的感觉，在规定限度内运动，需要注意、记忆、协调能力等协同运动。在活动中孩子需要控制自己的速度节奏，和同伴保持一致。

老师不急于把游戏结果看的很重要，可能开始幼儿步调不一致会"乱"，但老师只要引导幼儿抓住几个关键点：注意听节奏；每组知道什么时候开始；念三遍；念完最后一个字蹲下，让每个孩子知道自己的目标，这时游戏结果马上会奏效。

老师为帮助幼儿突出和稳定节奏，可使用铃鼓，在每组介入及诗歌强拍时起提示作用。

小贴士

音乐活动中老师的灵活应变

"教育机智"从其字面上也可理解为教师在操作中的临场发挥，也就是需要老师能对活动现场作出灵活的反应。音乐活动操作中老师的教育机智，对于推进幼儿发展起着至关重要的作用，老师用动作、语言等方法，灵活应变支持幼儿提升。

以上面游戏活动为例：在节奏卡农游戏《悯农》中，虽然本次是第一次游戏，但老师根据幼儿的情况逐渐递增难度，在游戏结束时幼儿已经能在老师帮助下进行五组轮念节奏了。而在这过程中就体现了很多老师的灵活应变能力。首先，表现为引导幼儿自己发现游戏规则，两个提问："两个农民伯伯能否一起开始种田？第二个伯伯什么时候开始种？"其实蕴含着节奏卡农游戏的规则，老师用"小智慧"引发出幼儿的"大智慧"。

其次，表现为老师随机地调整小组开始的顺序，让每个孩子都有体验不同难易程度的机会。当圈从一个变为五个后，老师可以随机变换几个圈开始的顺序，时而从第一组开始，时而又从中间组开始。在变化时，刚开始是使用慢速的语言一组一组地告知，到后来则用手指，并跟上快速的语言提示："1、2、3……"这一招使得幼儿的注意力一下都非常集中，全神贯注的看着老师，很多非智力因素在此过程中都得以调动起来。

另外,老师的教育机智还可在一个小小的手势上体现。例如:在刚开始节奏卡农游戏时,老师告诉幼儿要将诗歌连念三遍,但可能孩子了解诗歌时都只念一次,由于定势的作用,他们始终不能调节过来,但如果在这里老师运用语言进行提示,会破坏幼儿操作的完整性,于是老师运用手势提示方法,当幼儿快念完第一遍时,就伸出两根手指,示意还有第二遍,同样当幼儿快念完第二遍时,就伸出三根手指,示意还有一遍。孩子们则在这直观的提示下顺利打破了定势,达到了预期目标。

因此,正是因为老师能准确把握幼儿的敏感度、掌控临场发挥的灵活度,根据幼儿的反映随机的调整,孩子们才能有目的的循序渐进的一一解决问题,达到目标。

水果大卖场

设计依据

说到有用的植物,孩子们一般都想到蔬菜,而忽略了水果也是植物的一个部分,水果也有非常高的营养价值;大班幼儿在合作性方面明显增强,因此尝试利用节奏卡农的游戏形式,创设运水果的情景,在借助于音乐的手段对幼儿知识经验、音乐经验做一个补充的同时让幼儿进一步体验合作游戏的乐趣。

活动方案

一、活动目标

通过游戏引导幼儿认识并尝试合作表现卡农曲式,进一步增强幼儿的节奏感,体验同伴合作游戏——运水果的乐趣。

二、活动准备

1. 积累了一些基本的节奏类型

三、活动过程

1. 情景导入

T:水果水果营养好,维生素呀多又多,你来我来大家来,大家快来买水果! 我是水果大卖场的经理,买水果的人太多了,请你们帮忙一起运水果。

2. 集体表现卡农曲式中的节奏语言

T:运水果要开着我们大卖场的车,要边开边为我们卖场做广告,广告词是:"水果 大卖场 | 真呀真热 闹"广告连着做三遍,我们一起试一试。

(引导幼儿连续三遍表现节奏语言,节奏稳当。)

3. 分两组进行节奏卡农

(1)老师指挥

T:水果太多了,分两辆车运,边做广告边开,一辆先开,一辆后开,看着经理的指挥。

(帮助幼儿分成两组,进行节奏卡农。)

(2)幼儿指挥

T:第一辆车广告做到什么地方,第二辆车开出来?

T：请一个人帮我一起指挥车辆。（请幼儿与老师合作指挥）

T：再请一个人帮我指挥车辆。（两名幼儿指挥）

4. 分三组进行节奏卡农

T：买水果的人越来越多，我们的水果两辆车也装不下，要三辆车装，有先有后稳稳当当的送出去，广告做完正好送到，赶紧刹车蹲下。

（幼儿分成三组，确定开始的先后顺序，进行节奏卡农。）

5. 分四组进行节奏卡农

T：再增加一辆车，变成几辆车？这次经理不给车辆编号了，看着经理的指挥，指挥到哪辆哪辆就开。

（幼儿分成四组，随机点组，进行节奏卡农。）

6. 分五组进行节奏卡农

T：车辆开得稳，刹车灵，水果才能卖得掉。

（幼儿分成五组，随机点组，进行节奏卡农。）

操作提示

活动可分两到三次进行，老师首先要帮助幼儿解决的是后一组在前一组念到什么时候介入游戏，通过示范引导幼儿发现规则，然后操作游戏。在幼儿了解规律后，再逐渐增加分组，增加难度。

除了增加分组增加难度，还可以缩短后一组进入的时值，例如：从前一组念完一句后介入——前一组念完半句后介入。

在幼儿熟悉了卡农节奏游戏规则后，可进一步引导幼儿创编广告语，进行游戏，使得游戏能一直有趣地继续下去，并保持不断的发展创新状态。

小贴士

音乐活动中老师"要求和检查相统一"

在音乐活动中，只有将要求与检查相统一，才能准确把握幼儿操作的实际情况和程度，找到操作症结所在，从而使得提后续要求时更有针对性的在前次操作水平之上进行推进。

因此，老师在操作活动时，在每次幼儿操作后要及时检查他们的操作是否与预先要求相一致，如果一致就继续提高要求，如果不一致则提出问题所在，再次要求再次操作。例如：上述案例中，如果老师请三名幼儿做小司机，每个人找三个朋友变成一辆车后，但通过检查发现有一名司机只请了两个朋友，于是让幼儿自己发现问题，自己调整人数。又如：在逐渐增加车辆过程中，老师提出规则要求"一辆跟着一辆，稳当地开。"操作结束时老师就需要针对这个问题公布检查结果："第一辆车踩急刹车，运的水果要掉下来了，其他几车蔬菜都运到了。"这就预示刚才第一辆车的节奏不稳，在老师的检查及提示下，在下次操作中"一号车"的幼儿就会有意识的注意到这个问题。因此，及时检查是体现老师"观察"的一个重要指标，也为老师对幼儿作针对性的后续调整奠定基础。

另外，老师还要注意提出要求后及时开始游戏，这样能使要求体现出"及时性"。我们通常会由于不放心，往往会在提出一个要求后反复地解释，试图通过解释来帮助幼儿明确

要求,其实这种"解释"并不一定起到好的效果,有时甚至会起到反效果,幼儿在老师的反复解释下将真正要做的核心部分忽略掉。

因此,活动中老师要做到:要求简洁、及时开始、细心观察、随时检查。

 找朋友

设计依据

大班末期孩子们即将成为小学生,他们面临新的环境,新的朋友;在音乐经验方面,孩子们了解了音高之间的关系,对音高有了较稳定的感受,能比较准确地表现音高,在此基础上利用找朋友的情景,进一步引导幼儿听辨三度音程,感受音的和谐,同时暗喻好朋友关系融洽也是件美好的事。

活动方案

一、活动目标

引导幼儿听辨找出三度音程,感受音符朋友之间的和谐,了解朋友关系融洽是件美好的事。

二、活动准备

1. 五线谱底版、代表七个音高(do—si)的音符圈
2. 对七声音阶音高和在五线上的位置有一定的经验
3. 钢琴

三、活动过程

(一)音符朋友来唱歌

T:我们即将毕业,到了小学会认识好多新朋友,朋友在一起能互相帮助,今天音符朋友要找新朋友,我们认识的有哪几个音符朋友?

(引导幼儿模唱上行及下行音阶。)

T:不同的音符手拉手会变出好听的句子,我们听听它们怎么变的,把它们变的句子唱出来。

(引导幼儿模唱老师弹奏的乐句,例如:56 53 | 2222 1 | ;12 34 | 55 3 |等。)

(二)音符的朋友

T:你有好朋友吗?每个音符也都有它最好的朋友,我们听这是什么音?(老师出示五线谱底版,弹奏 mi,引导幼儿听辨唱出音名)

T:它的家在哪里?(请幼儿帮助 mi 在五线谱上找到位置)

T:它把好朋友藏在音乐里,和它一起唱的那个就是它最好的朋友,听听是谁?

(老师弹奏三度音程 mi 和 sol,引导幼儿听出除 mi 外的另一个音。)

T:mi 的最好朋友是谁?(sol)它的家在哪?(请幼儿在五线谱上找到相应的位置)

T:sol 是住在 mi 楼上的最好的朋友,mi 楼下的还有一个最好的朋友,听听它是谁?(老师弹三度音程 do 和 mi,引导幼儿听辨发现 do)

T:do 住在哪里?(请幼儿在五线谱上找出相应位置)

T:每个音符都有两个最好的朋友,一个住楼上一个住楼下,那让我们帮其他音符都找到它们最好的朋友。

(依次找出七声音阶中的三度音程。)

(三)我的朋友在哪里

1. 初步游戏

T:朋友找到了,音符朋友要邀请最要好的朋友做游戏,先听是哪个音符找朋友,(老师弹 mi 引导幼儿唱出音高)手指上面,代表什么?(代表帮助 mi 找上方的朋友 sol)手指下面,代表什么?(代表帮助 mi 找下方的朋友 do)

T:音符唱着歌找最好的朋友(老师唱游戏歌曲,幼儿回应)

2. 再次游戏

T:找到属于他们自己的朋友,别找错

T:两个朋友一起唱歌,不能吵架,很友好的靠在一起才美好。

(多次游戏,强调游戏规则。)

附:游戏歌曲　　　　　　　　　　　　　　　　　　　曹冰洁词曲

```
     1  1  1  1 | 1 —  | 1  1  1  1 | 1  1  1 |
(师)  我 是 do do do,   我 的  朋 友    在 哪 里? (老师手指上方)

     3  3  3  3 | 3 —  | 3  3  3  3 | 3  3  3 |
(生)  我 是 mi mi mi,   你 的  朋 友    在 这 里。

     1  1  1  1 | 1 —  | 1  1  | 1  1  | 1 —  |
     我 们 一 起  唱     do do   do do   do
(合)
     3  3  3  3 | 3 —  | 3  3  | 3  3  | 3 —  |
                         mi mi   mi mi   mi
```

操作提示

老师在引导幼儿对唱的过程中,注意让幼儿听辨、模唱音高要准确。

每找一个朋友时,老师的手势要清晰,便于幼儿作出相应的反应,同时手势要置前,预留给幼儿思考的时间。

开始进行对唱游戏歌曲时,可以按 do 到 si 的顺序依次进行,先找位于音符上方的三度音,在此基础上从 si 到 do,引导幼儿熟悉位于音高下方的三度音,然后根据幼儿发展水平,打乱规律,任意挑选七个音符中的音高,根据老师的手势随机找出上方或下方的音让幼儿即时反应。

在师生合作的基础上,还可进一步让同伴合作,分组分别负责三度音程中的一个音,进行合唱,体验声音的和谐。

小贴士

听辨活动推动幼儿听唱能力发展

在一系列的听辨活动操作积累中,孩子们的听唱的能力得以增加。他们养成了听的习惯,能听辨音高,有意识地将自己的声音靠拢琴声;能听辨同伴的声音,与同伴的声音保持和谐。以上述游戏为例,随着活动的深入可将幼儿分为两组,一组幼儿听钢琴找音,另一组

则根据找已知音的三度音程,并且两组同时唱出找到的音。在此过程中幼儿需要思想高度集中的边听边唱,边唱边听,孩子们既要唱准自己的音高,又要听对方的声音保持整体和谐,还不能受对方音高影响,这是件很困难的事,但孩子却能轻松完成,支持他们成功的秘诀便是在各种听辨活动中经验、能力的积累。

在听辨游戏中,老师首先是个游戏号召者,提出游戏的规则及要求,给予孩子明确的目标导向。其次是个倾听者,这就需要老师有良好的技能素质做支撑,自己听辨的能力要强,才能发现幼儿出现的问题。例如:在唱mi、sol时,当老师发现某一音准出现问题,需要及时进行纠正,老师可用形象语言提示:"两个好朋友声音靠在一起不吵架;像一杯美味的咖啡,把这两个朋友融在一起。"等,通过语言提示达到音程的和谐,然后给予孩子们再次实践操作的机会,让他们进行自我调整。另外,老师还是一个支持者,考虑到幼儿的实际经验,站在幼儿背后默默的给予支持。例如:在进行游戏前,老师先让幼儿听唱do到si的上行及下行七声音阶、听辨双音找到每个音的三度音程,为之后的游戏做准备。

因此,听辨活动不仅是个体自主的探索活动,还是群体协同活动的过程,涉及自我控制、合作等,需要每个个体在与同伴的互动中协同完成。

阶段研讨

幼儿音乐教育与人格发展

21世纪的人是个立体的人,应是整体发展的,有自己的个性,通过教育促使他们成长为一个具有健全人格的人。学前教育阶段是启蒙的、基础的阶段,是为幼儿人格的形成打基础的时期。所以在教育中应以人格教育为基点,教师要具有促进幼儿形成独立个体的意识。艺术教育是幼儿实施人格建构的重要途径。音乐教育可以发掘幼儿潜能,使幼儿人格变得更高尚。

一、激励幼儿主动自信地参与活动

在音乐活动中首先要满足幼儿自我表现的需要。可是在以往的活动中总会出现有一部分是"老演员",一部分是"老观众"的状况。那些天赋好的幼儿经常有机会表现,而那些条件比较差的幼儿,他们性格内向,胆怯而不敢参与表现活动,产生自卑。如果放弃这部分幼儿的教育,他们缺少的并非是音乐知识技能,而是心理缺损,直接影响人格发展。我们应将音乐教育作为手段,促进幼儿全面和谐发展,使每个幼儿都能积极主动地自信参与。我们根据幼儿的身心发展规律,设计小步递进的阶梯,提出合适的要求,使教学个别化,使每个幼儿能按各自的步调向前发展,在"最近发展区"内获得提高,努力做到让幼儿明确任务后,立即行动起来。我们着重的是让幼儿在参与、胜任中获得成功,有自信、自强、自尊的意识。这是为了幼儿的发展而设计的,是为了幼儿的学而"教"。教师创设鼓励的环境,使之具有安全感。活动中努力做到让每个幼儿有当领头人的机会,如指挥、领唱、领奏等,使每个幼儿感到自己的重要性,轻松自然地走进音乐活动——人人动起来,将自己以往的经历与生活经验重新组合,表达自己的所想、所见、所感,使不同发展水平的幼儿都能认同自己、接受自己,认为自己能行,满足其自我实现的需要。

二、注重幼儿探索发现与操作尝试

音乐教育的目标应使幼儿的兴趣、智能、情感发展达到统一,确切地说即培养幼儿对音乐的兴趣及对美的感受力、表现力、创造力。

以往的教育中,教唱歌曲、舞蹈、节奏乐欣赏,都是教师教、幼儿学,成人代替了幼儿,不利于幼儿发展。现在,我们是立足在教幼儿自己去学会,让其通过音乐实践活动主动探索发现,激发其探究内驱力,从而产生学习欲望,在操作尝试中满足自我实现的需要。幼儿凭着最初的感知经验,开始探索音乐中的规律和特点,教师为之创设"有所发现的环境"和"操作的环境",让幼儿亲自感受到音乐中的高低、快慢、长短以及音色分辨、乐句表现、曲式、拍感等。在操作尝试过程中,让幼儿把已获得的知识运用到新的情境中。他们在木琴上试着敲奏熟悉的歌曲,教师经常说:"谁敢上来试试",鼓励幼儿学一点用一点。在这个过程中,幼儿眼看木琴、耳听音高、用脑思考、动手操作,表现出专注的学习态度,展示自己的才能。在自由活动、区角活动中,他们一次次操作探索,错了又重新修正,其过程培养了幼儿的意志、毅力及抗挫能力。如果没有这些心理品质就不可能克服困难进行探索学习。幼儿经过自身努力,最后终于能敲奏出歌曲,他们欢呼雀跃:这是我自己学会的。许多幼儿:"我也行""我也能自己学会""让我来试试"等,幼儿渐渐自信。敲奏歌曲只是一个教学手段,我们更注重的是使幼儿增强自信,产生能动,获得成功感。

三、培养幼儿的创造意识及能力

在音乐活动中不能只强调技能技巧训练,而应更注重培养幼儿的音乐思维。因为音乐活动是一个运用脑力去寻找问题、解决问题的过程,包括感受、理解、想象、创造等一系列内心活动,通过教师创造性的教、幼儿创造性的学的过程来培养幼儿创造意识及能力。创造性活动的过程是幼儿主动学习的过程,必定需要幼儿自身的兴趣、意志、情感、能力等心理因素的参与来发挥作用,有利于促进幼儿认识自我、发展自我,促使其形成健全人格,获得全面和谐发展。

培养幼儿创造力并不是不要模仿,音乐活动中模仿是需要的,但必须较快地过去,使幼儿进入创作期,培养创造性思维,引导幼儿大胆求新创新。因此教师应从幼儿立场出发,诱发其在自己原有基础上进行独立思考,并创设机会让幼儿发表自己的独特见解。教师对幼儿稚拙的创造都应给予肯定鼓励,并抓住幼儿学习状态最佳时机,引导他们有把握地当众表现,并使其获得成功,增强自信,激发创作热情。

活动中,我们为幼儿创设留有余地的环境,由浅入深地引导幼儿创造,展示自己的童龄妙音、童龄妙舞、童龄妙语、童龄妙画,从改编歌词、敲奏简单乐句开始,发展到图片配音、创作乐曲、创编动作。每个课题均给幼儿自身实际出发,通过努力去达到目标,激励幼儿在学习技能过程中发展创造思维,把学习运用技能和创造活动融为一体。教师给幼儿任务后,尽可能能让其按自己的条件、方式、意愿去做,这样才能学得主动,发挥想象力和独创性。内容哪怕是十分简单的,但却是幼儿发自内心所表现出来的,他们会十分得意自己的表现,而且在充分发展和表现自己的才能中获得不可抑制的愉快情绪,通过参与、实践、尝试、体验等,在获得知识、创作作品的同时,其他各方面的能力、情感等也得到发展。

四、强调活动中的合作交往

音乐活动是个群体活动,幼儿园音乐活动大多需要合作才能完成,如:合唱、集体舞、节

奏乐队、游戏等,因此,要把个体的创造和群体的合作紧密地连成一个整体,既要尊重个体发展,又要注意群体合作交往。

通过合作共奏、合唱共演,培养幼儿分工合作的社会精神,帮助幼儿与人交往,学习摆脱自我,而从"他我"关系中获得最初的人生经验,使合作交往过程中充满和谐的乐趣。幼儿建立了自信,在群体中相互适应、配合协调并学会被人接受自己,获得成就感,这对人格发展非常有益。

在音乐活动中主要是育人,幼儿的发展比音乐更重要。通过音乐教育追求实现多元价值,使幼儿自身价值获得提高,得到体现,在活动中获得知识、增长技能,实现自我完善,健全个性与人格。

二、歌唱活动

歌唱活动综述

一、指导思想

在幼儿学习歌唱活动中,教师应让幼儿学会在歌唱和说话时倾听自己的声音,并学着控制声调的高低,逐渐让他们在活动中获得音准感。同时,还要发展幼儿发声器官的协调能力,从听和唱两方面来培养幼儿唱歌的音准。在幼儿园,应以幼儿体验集体歌唱快乐为重点,在这过程中使幼儿亲自体验并意识到自己是集体中的一员,同时又给幼儿获得独立活动的经验。

二、总目标

培养幼儿对歌曲作品的感受力和理解力;不断丰富幼儿听唱的音乐经验,并满足其歌唱的欲望,引导幼儿用愉快情绪歌唱;通过学唱过程培养幼儿的歌唱表现力;推进幼儿全面素质的提高(协调能力、自控能力、审美能力)。

三、具体指导目标

1. 用愉快心情唱歌。
2. 在理解歌词基础上学习唱歌。
3. 用自然的声音歌唱(听琴声轻轻唱)。
4. 唱出歌曲的情感。
5. 口齿清楚地唱歌。
6. 正确唱出节奏。
7. 能参与小组或全班集体中愉快的合作歌唱(齐唱、多层次节奏的合唱、轮唱等)。
8. 能记住许多熟悉的歌曲并能唱出自己的感情。
9. 能识别、听唱音的高低,并能独唱。
10. 能创编短小的曲调(随口而出)。

四、活动指导

(一)选择合适幼儿的歌曲

(1)根据幼儿的需要,学唱简单童谣,简短儿歌,必须是与幼儿生活有关的内容。

(2)选择的教材要适应幼儿音乐学习规律,以及身心发展规律及身心发展水平(或是整体教育所需的内容)。

(二)具体指导步骤

(1)开始是从最简单的 sol、mi、la 曲调的歌曲入门,根据幼儿的身心发展和音乐经验的扩展逐步提高。

(2)让幼儿在听赏歌曲的基础上再学唱,增强其音乐印象,教师创设情景,将歌曲内容让幼

77

儿理解,丰富幼儿各种体验(绘画、谈话、观察、游戏、动作等)。

(3) 活动中既有集体唱又有小组唱,既有轮唱又有独唱(对唱、回答形式等)。

(4) 愉快时也不能大声叫喊地演唱。

(5) 正确地唱出歌曲的节奏、运气和休止感觉。

(6) 教师要经常和幼儿一起唱歌,捕捉幼儿成功的闪光点,帮助其建立歌唱发声的经验。

(7) 运用各种形式复习唱同样的歌曲(配乐器伴奏、合奏、表演游戏等)。

(8) 边唱歌、边创编,配合节奏自由的动作表演。

(9) 改变或创编歌词

(三)指导方法

(1) 整体学唱法。初步欣赏歌曲时让幼儿在欣赏、感受的基础上用"整体学唱法",感受歌曲的整体美。

(2) 分句练唱法。在幼儿对歌曲有了初步感受的之后,老师可采用分句练唱法,帮助幼儿听音正音,处理吐字咬词,可让幼儿围在老师钢琴边听唱,老师结合歌曲内容情景进行引导,防止枯燥练唱。

(3) 装词学唱法。老师可利用游戏性的方式支持幼儿解决旋律和歌词配合的问题,在欣赏歌曲之后,通过听辨感知旋律节奏,并用拍手的形式拍出旋律节奏(有一个音拍一下手),然后将有节奏的儿歌装配到歌曲旋律中,发展幼儿在听辨基础上快速自主学唱歌曲的能力。

(四)基本程序

(1) 导入——通过儿歌故事等引出歌曲主题。

(2) 引导幼儿仔细听赏歌曲作品,也可用辅助材料及情景创设帮助幼儿理解作品内容。

(3) 鼓励幼儿在听辨歌曲旋律的基础上用动作表现(可用拍腿、拍肩、拍手等方式)歌曲旋律节奏。

(4) 老师通过提问了解幼儿感受理解歌曲的程度,并能用摘句演唱歌曲形式来小结幼儿的回答。

(5) 启发幼儿按歌曲旋律节奏朗诵歌词。

(6) 鼓励幼儿听辨歌曲旋律把歌词装配进去。

五、活动内容

(一)小班

1. 听歌曲前奏整齐的开始、结束。

2. 听音乐跟唱简短歌曲。

3. 师生对唱为主的歌曲。

(二)中班

1. 听音模唱(五声音阶)。

2. 听旋律装配儿歌。

3. 听简单乐句编唱。

4. 改变简单歌词。

5. 音高接龙。

(三)大班

1. 听音模唱(七声音阶)。

2. 听乐句编唱。

3. 装词模唱。

4. 创编歌曲。

5. 自编自唱。

6. 录音分析——听听、唱唱、处理歌曲、自唱自录。

7. 分组轮唱。

8. 齐唱、领唱、合唱(二声部多层次)。

9. 独唱。

10. 音高接龙。

六、活动评价

1. 能否用自然声音愉快唱歌。

2. 唱歌时语言是否清楚。

3. 歌唱时节奏是否准确。

4. 歌唱时音程是否正确。

5. 是否有即兴创造自己曲调的愿望。

6. 是否能与大家和谐唱歌。

7. 是否能记住学过的歌曲。

8. 能否做到在日常生活中轻快的唱歌。

9. 能否独唱。

10. 能否做到正确歌唱姿势。

七、歌唱活动阶梯目标

唱 sol、mi 两个音组成的歌曲(声音自然)——唱 sol、mi、la 三个音组成的歌曲(口型、咬字)——感受表现强弱——改编歌词——唱四个音的歌曲——唱五声音阶歌曲——复合节奏歌曲——两声部歌曲——唱七声音阶组成的歌曲——创编歌曲——多种形式唱(齐唱、接唱、默唱等)——轮唱——音高接龙。

歌唱活动素材与主题、音乐元素的联系

1. 小动物唱歌

主题:动物花花衣。

音乐元素建构:听唱 sol、mi 两音的歌。

2. 逛商店

主题:好朋友。

音乐元素建构:听唱 sol、la 两音的歌。

3. 小小手

主题:我们的身体。

音乐元素建构：听唱 sol、mi 两音的歌。

4. 小龙人

主题：我们的身体。

音乐元素建构：唱 sol、mi、la 三音的歌。

5. 自己吃饭

主题：我的身体。

音乐元素建构：唱 sol、mi、la 三音的歌。

6. 走路

主题：我爱我家。

音乐元素建构：sol、mi、la 三音的歌。

7. 我的爸爸本领大

主题：我爱我家。

音乐元素建构：改编节奏歌词。

8. 妈妈走我也走

主题：我爱我家。

音乐元素建构：用自然的声音演唱歌曲。

9. 找小鸡

主题：我爱我家。

音乐元素建构：do、sol、mi、la 四音的歌，对唱的形式。

10. 宝宝不怕冷

主题：寒冷的冬天。

音乐元素建构：do、re、sol、mi、la 五声音阶的歌。

11. 小麻雀

主题：春天来了。

音乐元素建构：接力创编歌词、进行复合节奏。

12. 小小邮递员

主题：周围的人。

音乐元素建构：探索复合节奏创编。

13. 春雨

主题：春天来了。

音乐元素建构：探索两声部的歌曲。

14. 真是一对好朋友

主题：春天来了。

音乐元素建构：探索两声部的歌曲。

15. 捉迷藏

主题：春天来了。

音乐元素建构：用对唱形式表现歌曲，尝试歌声的强弱对比。

16. 春天来了

主题：春天来了。

音乐元素建构:与同伴和谐演唱、注意音准。

17. 大眼睛

主题:春天来了。

音乐元素建构:与同伴和谐演唱、注意音准。

18. 老乌鸦(一)

主题:春天来了。

音乐元素建构:与同伴和谐演唱、注意音准。

19. 吹泡泡

主题:春天来了。

音乐元素建构:与同伴和谐演唱、创编节奏。

20. 小河之歌

主题:春天来了。

音乐元素建构:与同伴和谐演唱、注意音准;即兴创编动作的能力。

21. 我们一起摘橘子

主题:秋天。

音乐元素建构:与同伴合作用动作、接唱、乐器等游戏方式表现歌曲。

22. 中国娃娃

主题:我是中国人。

音乐元素建构:听唱七声音阶的歌。

23. 逛逛卢湾区

主题:我是中国人。

音乐元素建构:歌词改编。

24. 八月十五的月亮

主题:我是中国人。

音乐元素建构:听唱七声音阶的歌。

25. 摇到外婆桥

主题:我是中国人。

音乐元素建构:感受三拍子歌曲。

26. 老乌鸦(二)

主题:三八妇女节。

音乐元素建构:用接唱的形式表现歌曲。

27. 布娃娃

主题:三八妇女节。

音乐元素建构:感受表现切分节奏。

28. 母鸭带小鸭

主题:三八妇女节。

音乐元素建构:创编歌词。

29. 小鸭呷呷

主题:三八妇女节。

音乐元素建构:用轮唱的形式表现歌曲。

30. 清晨

主题:春夏秋冬。

音乐元素建构:用齐唱的形式表现歌曲。

31. 我和娃娃做游戏

主题:春夏秋冬。

音乐元素建构:用默唱的形式表现歌曲。

32. 北京,我们的首都

主题:我是中国人。

音乐元素建构:尝试用京歌形式表现主题。

33. 蔬菜有营养

主题:有用的植物。

音乐元素建构:用轮唱的形式表现歌曲。

34. 快上一年级

主题:我要上小学。

音乐元素建构:用接唱的形式表现歌曲。

35. 再试一下

主题:我要上小学。

音乐元素建构:创编歌词。

36. 像个小学生

主题:我要上小学。

音乐元素建构:用轮唱的形式表现歌曲。

歌唱活动素材

 小动物唱歌

设计依据

喜欢动物是孩子们的天性,在"动物花花衣"主题下,孩子们对于日常生活中常见动物的外形、叫声及生活习性有了一定的了解,通过此次活动将这些认知内容用音乐的形式进行梳理和表现。

作品简析

这首歌曲旋律非常简单,整首歌曲只有 sol、mi 两个音组成,唱起来旋律平稳,符合小年龄幼儿说话像唱歌、唱歌像说话的特点。歌词只有两句,一句是小动物的名称,另一句是小动物的叫声,很有趣味性,同时也很规整,有利于让孩子进行歌词仿编。

活动方案

一、活动目标

初步听赏歌曲,愿意唱歌曲、在会唱歌曲的基础上尝试改编歌词。

二、活动准备

1. 对小动物名称和叫声有一定的认知。

2. 小鸭玩具或图片。

3. 钢琴。

三、活动过程

(一)小鸭做游戏

1. 猜谜语

T:动物是我们的好朋友,今天有个朋友来做客,我们猜猜它是谁?

羽 毛│黄 黄 的,│嘴 巴│扁 扁 的,│它 会│游 泳 呀,│又 会│捉 鱼 虾。│

(老师用节奏语言谜语引出歌曲中主要角色。)

2. 小鸭来唱歌

(1)节奏铺垫

T:(出示小鸭图片或者木偶)原来是小鸭来做客,小鸭怎么叫?

(幼儿回答后,老师用歌曲中的节奏语言总结:嘎 嘎│嘎嘎 嘎│并让幼儿模仿。)

(2)听赏、尝试唱旋律

＊ 师生对唱

T:小鸭会唱好听的歌,我们听听它唱了什么?

(老师示范演唱,幼儿听赏理解歌词。)

T:鸭妈妈带小鸭去池塘,小鸭和妈妈一边游一边唱,鸭妈妈唱:小鸭来唱歌,小鸭怎么唱?

(引导幼儿唱后半部分,注意音高及调节幼儿口型。)

＊ 完整演唱

T:池塘里荷叶上的小青蛙听到了小鸭子的歌声,想请他们参加音乐会,鸭妈妈为你们伴奏,小鸭子自己唱,听着伴奏轻轻唱。

(引导幼儿听着音乐,轻声演唱,老师可从 c 调开始逐渐上移。)

(二)小动物来唱歌

T:小动物音乐会还想邀请一些会唱歌的小动物来参加,还有哪些小动物会唱歌?

(鼓励幼儿仿编歌词,幼儿说一个老师出示一个玩具或图片,进行编唱。)

例如:5 3 │5 5 3 │5 3 │5 5 3 │

　　　　 小 猫　来 唱 歌,喵 喵　喵 喵 喵。

(另可以包括:小羊、小狗、小鸡、小猪、小青蛙等。)

(三)小动物音乐会

T:那么多小动物都来参加音乐会,谁是第一个表演呢?我们来给他们排排队。

(将图片排序,确定小动物唱歌的先后顺序。)

T:音乐会开始了,小动物们嘴巴圆圆,轻轻唱,给动物观众表演节目。

(引导幼儿根据动物的先后顺序,集体完整演唱仿编的作品。)

操作提示

在初次唱旋律的师生对唱及完整演唱环节中,老师可利用移调的方式,帮助幼儿在有变化的复习中巩固旋律,保持幼儿对歌曲的新鲜感。

在唱歌曲的时候引导幼儿唱准 mi 和 sol 的音高,同时还要注意用情景化的语言,引导幼儿嘴巴打开,张得圆圆的,轻声演唱。例如:小鸭的嘴巴张得圆圆的,声音才能传得远,才能让鸭妈妈找到鸭宝宝……

在幼儿初次仿编时,老师可示范或请同伴帮助一起把动物唱进歌曲中,逐步放手让幼儿自己编唱,体现老师的"扶"和"放"。

附:歌曲《小动物唱歌》

```
5  3 | 5  5 5  3 | 5  3 | 5  5 3 |
小 鸭  来 唱 歌, 嘎 嘎  嘎 嘎 嘎。
```

 ## 逛商店

设计依据

商店对于孩子来说是一个很熟悉很具有吸引力的地方,而逛商店也是孩子们生活经验范围之内的。但是孩子们对于量词的使用还缺乏一点经验,因此我们利用逛商店这个游戏背景,通过扮演角色,让幼儿在唱唱玩玩的过程中,音乐节奏和量词准确使用能力都得到了发展。

作品简析

这首歌曲一共十三小节,其中十二小节都是相同节奏和旋律55 55 55 6|,并且只出现两个音高,在初次接触歌曲时会感觉有些奇怪,但这样的旋律却是符合小年龄孩子演唱的。小年龄孩子唱歌如说话、说话如唱歌,区分界限不是十分明显,因此这样的曲调很符合幼儿的年龄特点。另外,歌词相对比较简单,有利于歌词的记忆。

活动方案

一、活动目标
能愉快演唱歌曲"逛商店",尝试有节奏地说话,并使用简单的量词,体验文明购物的乐趣。
二、活动准备
1. 会唱歌曲《逛商店》。
2. 商店柜台的场景布置。
3. 与幼儿人数相同的玩具或物品(娃娃、皮球、小狗等)。
三、活动过程
(一)歌曲复习《逛商店》
T:上次我们和好朋友一起逛了商店,买了什么呀?阿姨是怎么招呼我们的?我们是怎么回答的?
(引导幼儿回忆歌词。)

T:和好朋友再去逛一次商店吧,做个文明的客人!

(引导幼儿完整演唱歌曲。)

(二)购物

1. 讨论发现游戏规则

T:今天商店又来了很多新的货品,我们来看看是什么?

(出示柜台,上面摆放各种物品,例如:娃娃、小汽车、书等。)

T:那么多新货物,你们想买吗?商店阿姨说请文明的客人来买,怎样才算是文明的客人呢?请你们看一看。

(老师示范文明的客人,边唱歌边小跑步在圈内活动,唱到第4小节时站到柜台前。)

T:客人是什么时候站到柜台前的?

(引导幼儿发现游戏规则。)

T:谁愿意来试一试?(请个别幼儿示范,再次强调游戏规则)

2. 分组游戏

T:先请一组朋友来逛商店,什么时候到柜台前?

(提示游戏规则,开始游戏,重点观察是否在第4小节站到柜台前,以及是否能用一个量词说一句话,如果发现幼儿量词使用错误及时给予引导纠正。)

T:买完东西,文明的客人会怎么做?(向阿姨招手说再见)

3. 交换游戏

T:请文明的客人去邀请一个朋友逛商店!

(请前一组的幼儿邀请同伴交换进行游戏。)

操作提示

老师在游戏前要引导幼儿会说简单的量词,如只、个、辆、件、条等,然后在游戏中创造机会让幼儿运用。随着幼儿知识不断丰富,教师可为其多准备一些道具,从玩具扩展到日常生活用品。如果幼儿在购物时讲错了,可停下指导纠正,然后游戏继续,可能一开始不一定很顺利,但几次之后就会好,老师不要急于求成。

开始游戏时可以是老师扮演商店营业员,游戏规则熟悉后,可由幼儿替代老师,扮演营业员阿姨或叔叔进行游戏。游戏中可分小组前来逛商店买东西,买了玩具可到室外自由玩玩具,增强游戏的趣味性。

游戏歌曲动作说明:

1—4小节:幼儿边唱边做小跑步在圈内活动,到第4小节时,幼儿站到商店的购物柜台前。

5—9小节:是教师与幼儿对话、问答,中间购物讲话的小节可扩展。每人说一小节。

10—13小节:第10小节,幼儿面向阿姨招手,11—13小节作小跑步。

(以上动作仅供参考,老师可根据自己幼儿的情况自己创编动作。)

附:歌曲"逛商店"

1=C 4/4

曹冰洁改编

| 5 5 5 5 5 5 6 | 5 5 5 5 5 5 6 | 5 5 5 5 5 5 5 6 |

小弟弟呀小妹妹, 大家快来逛商店。 大皮球呀小花狗,

5 5　5 5　5 5　6 ‖
仔细　看来　慢慢　挑。

（阿姨）小朋友，你们要买什么？
（小朋友）我要买只大皮球，我要买艘大轮船
（阿姨）小朋友，你们满意吗？
（小朋友）满意、满意

5 5　5 5　5 5　6 │ 5 5　5 5　5 5　6 │ 5 5　6　— ‖
阿姨　阿姨　谢谢　您，　阿姨　阿姨　再见　了！　再见　了！

 ## 小小手

设计依据

　　歌曲《小小手》是在"我的身体"主题中的一个组成部分，在这个主题中老师通过各种活动引导幼儿多维度地将有关"身体"的经验进行梳理及表现表达，而"小手"对于孩子来说是与自身活动最密切也最容易表现的一个身体部分，因此选择"小手"作为切入点，展开"主题"。为充分利用音乐的途径，教师通过说说、唱唱、歌词创编等方式引导幼儿表现主题。

作品分析

　　此首歌曲是老师结合"我的身体"主题特别创编的，整首歌曲由 mi、sol 两个音组成，旋律歌词简单且有重复，旨在让幼儿在听听唱唱中与 mi、sol 两个音处于反复感知的状态，从而不断地巩固这两个基本音的音高。

活动方案

一、活动目标
1. 在会唱歌曲《小小手》的基础上，尝试仿编歌曲中节奏语言部分。
2. 在听听唱唱、敲敲动动中进一步感知其音高。

二、活动准备
1. 将自己有关小手的本领用图画的形式纪录。
2. 会唱歌曲《小小手》。

三、活动流程

（一）说说小手的本领

T：小手有很多本领，我们把本领都画下来了，给大家看看。

（出示幼儿的作品，选择其中的四张请幼儿分别用节奏语言介绍。）

T：我们开着小火车把小手的本领告诉大家，火车站长会发信号说：

小 手│小 小 手│小 小 手儿│真 灵 巧│等站长发好信号，你们就把小手的本领装进
车厢。

例如：师：小　　　手│小 小　手│小 小　手儿│真 灵　巧│
　　　幼1：会　扫　地│

幼2：会 弹 琴 |

幼3：会 洗 碗 |

幼4：会打网 球 |

（再次游戏,全体幼儿根据选出的图片一起用节奏语言介绍。）

（二）唱唱小手的本领

1. 完整演唱

T:刚才我们说了小手的本领,现在让我们唱唱小手的本领。

（引导幼儿用整齐的声音演唱歌曲。）

2. 仿编歌词

T:小手除了会跳舞、会画画、会穿衣、会吃饭,还有很多本领,我们将刚才我们介绍的装进歌里（选择四张图画进行仿编）。

操作提示

活动中老师一方面调动了多种音乐元素,如节奏（创编小手本领）、旋律（歌曲、律动）等;另一方面,同一材料用了多种音乐表现形式,如歌曲《小小手》分别用了唱、仿编等方式进行演绎,多角度地让幼儿体验音乐元素。

小贴士

"参与中求体验"

活动中老师只有通过让孩子亲身参与,在操作中求得体验,他们才会积极参与,充分展现"乐学"的态度。在音乐游戏情景中,既围绕主题又围绕音乐元素开展活动,例如:语言节奏火车、编编唱唱等,孩子们始终在"玩音乐",在"玩中学"。

另外,孩子的"乐学"还来源于老师的评价机制。当孩子首次接触某种经验,老师可用"谁愿意参加游戏"的标准将孩子的积极性调动起来,为其创设一个安全的心理环境,让孩子们在参与中获得快乐的体验。

附:歌曲《小小手》

1 = C   2/4   曹冰洁词曲

5   3 | 5 5 3 | 5 5 3 3 | 5 5 3 |
小   手   小 小 手   小 小 手 儿   真 灵 巧

× × × | × × × | × × × × | × × × |
会 跳 舞   会 画 画   会 穿 衣 来   会 吃 饭

5 5 3 3 | 5 5 3 | 5 5 3 3 | 5   5 |
我 们 都 有   小 小 手   小 小 手 儿   真 灵

3   5 5 | 3   — | × ×. | × — ‖
巧   真 灵   巧   哈 哈!   嗨!

 小龙人

设计依据

在"我的身体"主题中穿插着国庆小主题,孩子们了解了自己是中国人、炎黄子孙、龙的传人,因此借用此歌曲进一步激发"我是中国人"的骄傲。

作品简析

歌曲内容能引起孩子作为中国人的自豪,旋律由三个音构成,能帮助幼儿巩固对 mi、sol、la 三个音高的体验。歌曲节奏中出现很多前十六分音和后十六分音,在唱的时候引导幼儿稳定表现节奏。另外,歌曲中间穿插一些节奏念白,说说唱唱,具有中国民族的元素。

活动方案

一、活动目标
通过欣赏旋律,理解歌词,对歌曲《小龙人》有初步的感受,愿意和同伴一起演唱歌曲。

二、活动准备
钢琴。

三、活动流程
(一)欣赏歌曲

1. 初步欣赏

T:我们是中国人,是龙的孩子,听听小龙人怎么夸自己。

(老师示范歌曲,引导幼儿理解歌词。)

T:小龙人是怎么介绍自己的? 它唱了什么?

2. 再次欣赏

T:我们是谁的孩子? 长得什么样? 会哪些本领?

(再次完整示范歌曲,引导幼儿回忆歌词。)

(二)理解歌词

T:小龙人是什么样的?

(幼儿说出后,老师用歌曲乐句总结。)

(三)唱歌曲

1. 引导幼儿听辨歌曲的旋律节奏,并拍出旋律节奏,有一个音拍一下

(例如: 5 5 3 5 | 6 6 6 5 |

　　　　 × × × × | × × × × |)

2. 在幼儿探索出旋律节奏的基础上,引导幼儿轻声跟唱

T:跟着音乐夸夸小龙人的本领。

再次演唱(引导幼儿唱清歌词,特别是念白部分),动作配合演唱。

操作提示

学唱歌曲时的关键点是引导幼儿通过自主听辨歌曲,感受、探索出歌曲中的旋律节奏,并尝

试用拍手表现。

歌曲操作时不仅要对幼儿做口型上的要求,还要引导幼儿能把"龙的孩子"自豪的感觉唱出来,同时能跟进前奏。老师可用情景化的语言对歌曲做处理,例如:"老师做老龙,你们都是小龙,要紧跟老龙不掉队,龙的眼睛是圆圆的,很有精神。"暗示听好前奏,打开口型。

附:歌曲《小龙人》

1 = C   2/4   曹冰洁词曲

5 5	3 5	6 6 6 5	6 6 5 5 6 6 6 5	6 6 6 5
我们	都是	龙的孩子,	龙的孩子龙的孩子	龙的孩子,

5 5 5 33 3	6 6 6 5	5 5 5	33 3	6 6 6 5
黑眼睛黑头发	黄的皮肤,	黑眼睛	黑头发	黄的皮肤。

× ×× ×	× ×× ×	× ×× ×	× ×× ×
说 中国 话,	写 中国 字,	唱 中国 歌,	跳 中国 舞,

5 5	3 5	6 6 6 5	6 5	6 5	6 6 6 5
我们	都是	龙的孩子	小 小	龙人	个个有精神。

×	×	× ×× ×
嗨	嗨,	嗨 嗨嗨嗨!

自己吃饭

设计依据

幼儿长大了一岁,成为中班的朋友,自己动手的意识和能力增强,通过歌曲进一步帮助幼儿巩固自己事自己做的意识和习惯。

作品简析

歌曲旋律简单,由 mi、sol、la 三个音构成,适合对三个音高有初步体验的孩子操作,同时歌曲中重复句较多,易于孩子记忆。

活动方案

一、活动目标

引导幼儿自主探索歌曲《自己吃饭》的旋律节奏,愿意和同伴用歌声和动作表现歌曲,体验自己长大了,自己的事自己做的乐趣。

二、活动准备

1. 钢琴。

2. mi、sol、la 音块和敲棒。

三、活动过程

(一)听赏旋律

1. 分句探索旋律

T：音块朋友在开音乐会，要请我们去欣赏，听听他们唱了什么，我们把它唱出来。（用音块依次敲奏出歌曲《自己吃饭》的旋律，让幼儿模唱）

2. 完整欣赏

T：把刚才的音乐连起来是一首好听的歌，你们听听唱了什么。

（完整示范歌曲，引导幼儿理解歌词。）

（二）理解歌词

T：你们听到歌曲里唱了什么？（幼儿说，老师用歌曲乐句总结）

（反复听赏歌曲，如果孩子有遗漏，老师再次唱歌曲，用歌曲乐句总结。）

（三）唱歌曲

1. 引导幼儿听辨歌曲旋律节奏，并用拍腿或拍手表示

教师可运用情境性语言进行引导，如有几个朋友自己吃饭，暗示幼儿有一个音拍一个音。

2. 引导幼儿轻声跟唱

T：我们也有灵巧的手，会自己吃饭，让我们唱一唱！

再次演唱（引导幼儿唱清楚歌词），动作配合演唱（启发幼儿根据歌词内容即兴动作演唱）。

操作提示

在幼儿初步会唱歌曲的基础上，可引导他们改编歌词及动作，如将"青菜萝卜营养好"改成"青菜豆腐红烧鸡"、"面筋百叶大排骨"等，引导幼儿根据自己的生活经验进行创编。

重点引导幼儿尝试学会寻找所学歌曲中的旋律节奏，有一个音拍一下手，如：

$$
\begin{array}{cccc}
55 & 66 & | & 55 & 3 \\
\times\times & \times\times & | & \times\times & \times \\
\end{array}
$$

，让幼儿在情景中参与听辨操作，这对幼儿今后学歌是非常关键的。

可将音块操作材料投放入音乐区域，让孩子在敲敲唱唱中摆弄乐器，进一步熟悉旋律。

小贴士

歌唱活动中注意什么？

歌唱活动是同伴间协同活动的过程，可利用领唱、对唱、创编歌词等方式引起幼儿演唱的兴趣，发展创造能力。第一，要注意引导幼儿个体的声音与钢琴、同伴的声音靠拢，其中涉及力度、音高、节奏、曲式以及音色的音乐元素。第二，歌词作为歌曲的主要组成部分，在歌唱活动时也很重要。老师对幼儿的咬字、吐词要提要求，通过嘴唇放松、圆圆口型帮助幼儿清晰准确地演唱。在歌词记忆中，孩子的整体语言水平以及对歌词的理解力等也将得到提高。第三，了解幼儿的音域，从低音 sol 到高音 la 是比较适合幼儿演唱的，但老师在选择歌曲时还需根据自己班级幼儿的实际情况。同时，倾听五声音阶音高组成的乐句能帮助幼儿达到良好的音准感。第四，音乐由节奏和旋律组成，要重视听觉能力的培养，帮助幼儿建立 4/4 拍、2/4 拍以及 3/4 拍的感觉，更可适当加入一些弱起的节奏。第五，老师要有意识地引导幼儿在歌唱活动时呼吸，能自然换气、区分强弱快慢等变化，用歌声表现情绪和情感体验。

附：歌曲《自己吃饭》

1 = C　2/4

曹冰洁词曲

```
5 5  6 6 | 5 5 3 | 5 5  6 6 | 5 5 3 | 5 5  6 6 | 5     3 |
调羹  调羹   闪闪 光   筷子  筷子   一双 双，  弟弟  妹妹   快    来，

5 5  6 6 | 5     3 | 5 5  6 6 | 5 5 3 | 5 5  6 6 | 5 5 3 |
围着  桌子   坐    下，   青菜  萝卜   营养 好，  大口  大口   吃吃 饱。

5 5  6 6 | 5     3 | 5 5  6 6 | 5     3 |
我们  自己   吃    饭，   不要  老师   喂    我。

×    × · | × × × × | × ×   × ‖
嘿    嘿！  我们 都是   好宝  宝！
```

 走路

设计依据

在"我爱我家"主题中,孩子们带来了自己家庭成员的照片,介绍了自己家人的本领等,通过各种形式的活动,体验到了与家庭成员之间"爱"的情感,而音乐又是抒发情感的很好途径,因此想利用音乐的语言,通过模仿角色,扮演角色,结合歌曲、游戏的形式,让他们进一步的得到体验的满足,进一步激发幼儿更深层次的体验"我爱我家"的情感。

作品简析

这首歌曲是一首描述宝宝、爸爸、爷爷走路时不同节奏的游戏歌曲,一方面适合孩子角色模仿,另一方面在唱唱动动中体验八分、四分、二分节奏的不同。

活动方案

一、活动目标

1. 在初步听赏歌曲的基础上,感知听辨三种不同的节奏并用动作表现。
2. 尝试和同伴一起扮演角色,体验合作游戏的快乐。

二、活动准备

1. 钢琴。
2. 幼儿自己收集家人的衣服、领带、帽子等生活用品。

三、活动过程

(一)导入情景

T:星期天,宝宝、爸爸和爷爷一起去公园玩,你们瞧他们来了。

(二)听赏歌曲并提问

(1)他们走路有什么不一样?

(2)谁走得最快?谁走得最慢?为什么?

(3)我们来学一学(引导幼儿听辨歌曲旋律节奏,用跺脚拍手等方式表现不同节奏)。

(三)唱歌曲

（1）轻声跟唱，引导声音整齐。

T：走路的时候要文明，脚步轻（唱歌声音和谐），走得稳当（节奏稳定）。

（2）注意节奏的不同。

T：爷爷年纪大走路慢吞吞，宝宝年纪小，走路速度快，爸爸走中间，不快也不慢。

（四）合作游戏

（1）集体角色扮演演唱歌曲。

（2）找朋友组成一家人，一起听着音乐出发。

（3）选择生活用品服饰自己装扮表演歌曲。

操作提示

在活动操作中最主要引导幼儿听辨、区分、表现三种不同的节奏，特别是爷爷的两分音节奏，需要孩子有所控制。当孩子不能稳定表现节奏时，老师可采用游戏的语言进行提示并用动作加以辅助，用动作助节奏，例如：爷爷年纪大走得慢，走一步歇一下，我们一起来学学爷爷走路。× — | × — |，然后再将节奏引入到旋律，用唱的方式表现。老师可启发幼走 停 走 停
儿共同收集不同角色的道具，如书包、蝴蝶结、眼镜等，增强活动操作的游戏性和趣味性。

小贴士

幼儿在音乐活动中获得什么？

孩子在音乐活动中获得的是综合能力的提高，包括：使用大小肌肉运动的技能；情感的表达；发展感知觉，手眼脑协调运动；交流分享自己观点的过程；集中注意力扩展注意，使得兴趣范围越来越广；增强智力活动和问题解决能力；想象力和创造力；毫不间断的实验和探索；整合修正各种类型的行为；形成积极的自我概念，获得自信。因此，音乐活动并非单纯的技能练习，而是促进幼儿全面发展。

附：歌曲《走路》

1 = C   4/4   曹冰洁词曲

5 5 3 5 6 5 6 6 5 | ×× ×× ×× ×× |
宝宝 走路 请你 听一 听   踢踏 踢踏 踢踏 踢踏

5 5 3 5 6 5 6 6 5 | × × × × |
爸爸 走路 请你 听一 听   踢 踏 踢 踏

5 5 3 5 6 5 6 6 | × — × — |
爷爷 走路 请你 听一 听   踢 踏

×× ×× × × | ×× ×× ×× × |
真呀 真有 趣 呀   请你 也来 玩一 玩

6 5 6 3 5 5 | 6 5 6 3 5 5 ‖
请 你 来 呀

我的爸爸本领大

■ **设计依据**

爸爸是孩子最亲近的人,但孩子对爸爸妈妈的了解相对较少。让孩子初步地了解爸爸的本领,了解爸爸的辛苦,是引发幼儿关心父母情感的基础。因此,教师通过活动,引导孩子关心爱护父母,通过艺术手段表达自己的情感。

■ **作品简析**

从歌曲内容上看,这首歌曲富含了对爸爸爱的情感。通过歌曲,孩子们能体验到爸爸是个本领很大的人,激发孩子对爸爸的崇敬之情。从旋律上看,歌曲的最大特点是旋律和节奏相结合,唱和节奏念白相结合,适合中班幼儿操作。

■ **活动方案**

一、活动目标

1. 在会唱歌曲《我的爸爸本领大》的基础上,尝试仿编将有关爸爸本领的经验的节奏歌词,进一步激发幼儿爱爸爸的情感。

2. 尝试跟着音乐节奏表现节奏语言,能与同伴合作游戏。

二、活动准备

1. 对爸爸的本领做过一些小调查。

2. 音乐磁带。

3. 爸爸的画像。

三、活动过程

(一)爸爸的本领

1. 节奏问答介绍爸爸

T:出示爸爸画像版面,请一名幼儿随意指出爸爸的画像有节奏地问:这是谁的好爸爸?同伴有节奏回答:这是 × × 的好爸爸。

2. 音乐火车介绍爸爸的本领

T:每个人为好爸爸都有不一样的本领,让我们开起音乐火车介绍一下,车厢要接好,别脱节。

(引导幼儿尝试和同伴根据音乐将节奏语言接起。)

(二)我的爸爸本领大

1. 回忆歌曲《我的爸爸本领大》

T:让我们用好听的歌声来介绍爸爸的本领。

2. 仿编歌词

T:爸爸除了会打电脑、开汽车还会什么本领呢?

(引导幼儿仿编歌词。)

3. 完整演唱新创作的歌曲

T:让我们来夸夸好爸爸。

操作提示

可运用幼儿身边的情景引起情感共鸣,例如:爸爸帮家里修好了灯。运用发生在孩子们身边的事作为活动的导入,很容易引起他们的情感共鸣,引起他们操作的兴趣。此时可用简短语句表示,例如:我的 爸爸|会修电 灯|。老师要对其操作要求做到心中有数,并在幼儿实践之前就说清楚"怎么做",让孩子有明确的操作方向。例如:在引导幼儿节奏火车时,老师要求节奏稳并跟音乐配合,那么在操作前老师可将要求融入情景语言中:"让我们坐上音乐的火车介绍一下爸爸的本领,听着音乐,不快也不慢。"通过游戏语言提示幼儿操作方法。例如:我的 爸爸|会开汽 车|

我的 爸爸|会打乒乓 球|

在以上基础上,引导幼儿进一步扩展节奏语句的表述,如:

我的 爸爸|会开汽 车|经常 带我们|出去旅 游|

我的 爸爸|会烧 菜|全家 吃得|哈哈 笑|

在唱词仿编部分,老师可动作表现与唱相结合,要求幼儿在唱完最后一句"夸夸我的好爸爸"时做一个动作表现爸爸最拿手的本领,并在此过程中让幼儿看看猜猜同伴的想法。这样的要求对于孩子来说在节奏和动作创编方面都是一个提升,既要动作正好切合节奏,又要变化不同的动作。

附:歌曲《我的爸爸本领大》

1 = C　2/4　　　　　　　　　　　　　　　　曹冰洁词曲

```
5 5  3 3 | 6 6  6 | 6 5  6 3 | 5    5 |
我 的  爸 爸   本 领 大，  本 呀  本 领   大   呀，

5 5  3 3 | 6 6  6 | 5 3  2 1 | 2    2 |
什 么  事 情   都 会 做，  都 呀  都 会   做   呀。

×  ×  | × ×  × | ×    × | × ×  × |
他  会   打 电 脑，  他    会   开 汽 车，

5 5  3 3 | 6 5  6 | 1 1  6 5 | 6    6 |
爸 爸  爸 爸   我 爱 你，  我 呀  我 爱   你   呀，

5 5  6 1 | 6 5  3 | 2 5  3 2 | 1    1 |
夸 夸  我 的   好 爸 爸，  我 的  好 爸   爸   呀!
```

 妈妈走我也走

设计依据

之前我们唱歌歌曲都是以由 sol、mi、la 三个音组成歌曲为主的,因此在主题"我爱我家"中,选择了歌曲《妈妈走我也走》这样一首旋律和节奏都比较丰富的素材,让孩子在感受和表现的同时,进一步扩展对歌曲类型的接触和了解。

■ **作品简析**

这是一首歌曲不同于之前 sol、mi、la 三个音的歌曲,旋律和节奏稍有复杂,但从歌词方面看它是一首带有安全教育内容的歌曲,可从内容及形式上对之前呈现给孩子的歌曲做一个补充。

■ **活动方案**

一、活动目标

1. 欣赏歌曲,理解歌词,乐意和同伴一起用自然的声音唱歌。

2. 尝试扮演角色,表演歌曲,体验过马路要遵守交通规则。

二、活动准备

钢琴。

三、活动流程

(一)听赏歌曲

T:星期天妈妈带着宝宝去公园,你们听听发生了什么事?

(初步听赏歌曲,感受旋律和歌曲内容。)

T:宝宝是个怎么样的宝宝?为什么?

(再次听赏,理解歌词,老师将幼儿说的唱出来,加深对歌曲旋律的印象。)

(二)节奏游戏

(1)引导幼儿根据旋律节奏拍手

T:妈妈走宝宝也走,手拉手一路走,一路上看到了好多美丽的花,我们用手数数有多少花朵?

(2)引导幼儿脚踩拍率

T:妈妈和宝宝一步一步向前走,我们跟着他们一起走。

(3)听音乐手拍旋律脚踩拍率

T:我们一起边走边数小花。

(三)唱歌曲《妈妈走我也走》

(1)引导幼儿轻声跟唱

T:宝宝真是好宝宝,遵守交通规则,我们把好宝宝的事用歌声告诉大家,让大家都来学一学。

(2)再次演唱(引导幼儿唱清歌词)

(四)角色表演

T:找一个朋友商量谁做爸爸或妈妈,谁做宝宝,一起去公园郊游。

(鼓励幼儿分角色尝试用动作表现歌曲,游戏一次后交换角色再次表现。)

■ **操作提示**

这个活动是新授歌曲,孩子对于旋律、歌词都是第一次接触,要给予幼儿充分听赏的机会。歌词比较具有情景性,相对比较容易被幼儿理解,因此在初步欣赏的时候就可将歌词内容解决,接着重点引导幼儿感受歌曲节奏。用节奏游戏寻找歌曲的旋律节奏和拍率。

节奏和旋律是密切联系的,因此在做节奏游戏的时候,孩子们在反复操作中不知不觉已经

对旋律有了反复的感受,为之后的唱歌曲奠定了基础。

在唱歌曲时,老师要运用情景化的语言对孩子的操作情况进行调整,例如:歌曲中有一句"一走走到大路口"的旋律中有附点,孩子对于附点的把握会有所偏差,通常会将附点唱成四分节奏,老师可以用游戏语言:"走到大路口稍稍等一下,看看有没有来往的车辆"然后进行示范,再引导幼儿操作,通过要求——示范——操作——调整的方式让幼儿唱准旋律和节奏。

附:歌曲《妈妈走我也走》

1 = C   2/4   曹冰洁词曲

| 5 6 5 | 5 5 2 | 5 5 6 5. 6 | 5 5 2 |
|妈 妈 走,|我 也 走,|我 和 妈 妈|手 拉 手。|

6 1 2 | 5 5 2 | 5 5 3 2. 1 | 6 2 1 |
手 拉 手, 慢 慢 走, 一 走 走 到 大 路 口。

5 5 3 5 5 6 | 1 6 5 | 1 1 6 5. 6 | 1 6 5 |
看见 红灯 停一停, 停一 停呀 停一停,

2 2 3 2 2 3 | 5 6 5 | 5 5 6 5. 3 | 5 6 1 ‖
看见 绿灯 开步走, 开步 走呀 开步 走。

找小鸡

设计依据

在我爱我家的主题中,孩子们体验到了与爸爸妈妈爱的情感,通过短小的对唱游戏进一步引导幼儿发现动物之间的亲情,同时在歌唱活动中对"do"的音高进一步感知,并体验与mi、sol、la的高低关系。

作品简析

从歌曲《找小鸡》旋律构成上分析,比以往由"mi、sol、la"构成的歌曲多了一个"do",通过听听唱唱,孩子们能进一步感知"do"的音高。从歌词上看,简单并且两句重复,有问答的感觉,因此可用"对唱"的方式加以表现。

活动方案

一、活动目标

1. 引导幼儿自主探索歌曲《找小鸡》的旋律,愿意和同伴一起唱歌曲。
2. 通过对唱的形式,体验师生、同伴合作的乐趣。

二、活动准备

1. 钢琴。
2. mi、sol、la音块和敲棒。

三、活动过程

(一) 听赏旋律

1. 分句探索旋律

T:音块朋友在开音乐会,要请我们去欣赏,听听他们唱了什么,我们把它唱出来。(用音块依次敲奏出歌曲《找小鸡》旋律,让幼儿模唱)

2. 完整欣赏,理解歌词

T:把刚才的音乐连起来是一首好听的歌,你们听听唱了什么。

(完整示范歌曲,引导幼儿理解歌词。)

T:谁藏在歌曲里,唱了什么?(幼儿说,老师用节奏语言总结)

T:小鸡怎么叫?

(引导幼儿了解小鸡唱歌部分的节奏。)

(二)唱歌曲

1. 听辨歌曲中的旋律节奏

引导幼儿有一个音拍一下手,用情景语言让幼儿找找歌曲里有几只小鸡。

2. 老师做母鸡,幼儿做小鸡对唱歌曲

T:鸡妈妈带着小鸡在捉虫,母鸡在前面叫,小鸡在后面回答!

交换角色唱(引导幼儿唱清歌词),分组分角色对唱。

操作提示

操作时老师可有意识地将歌曲旋律结合音块敲奏出让幼儿唱,这即是一个探索的过程。老师并未用传统的听赏歌曲——唱歌曲的形式让幼儿学习,而是通过让幼儿自己摸索寻找歌曲旋律的方式自然引出歌曲。为了进一步加强对歌曲节奏的感受,老师可通过情景化的语言"请你们找找鸡妈妈带出来几只小鸡?"让幼儿拍手找出旋律节奏,使孩子们对歌曲有更透彻的整体性感受。同时由于歌曲短小,可作为练声曲,通过不断上移转调,帮助幼儿练声。

附:歌曲《找小鸡》

1 = C 2/4   曹冰洁词曲

<u>1 1</u> <u>3 3</u> | <u>5 5</u> 5 | <u>6 6</u> <u>5 5</u> | <u>3 3</u> 3 |

小鸡 小鸡 在哪里? 叽叽 叽叽 在这里。

<u>1 1</u> <u>3 3</u> | <u>5 5</u> 5 | <u>6 6</u> <u>5 5</u> | <u>3 3</u> 1 ‖

小鸡 小鸡 在哪里? 叽叽 叽叽 在这里。

 宝宝不怕冷

设计依据

天气一下子变冷了,孩子们每当户外体锻时有的把手藏在口袋里;有的缩着脖子站着不动;还有的喊"好冷好冷"。他们出外锻炼的积极性明显下降,一到教室活跃的气氛又展露出来。针对孩子们的这个现象,教师利用孩子们喜闻乐见的歌曲,引导孩子了解各种各样锻炼身体使身体热起来的方法,感受锻炼的乐趣,鼓励幼儿冬天不怕冷,坚持锻炼身

体好。

作品简析

这首歌曲主要是为了引导幼儿冬天坚持锻炼,歌曲由五个音组成,可以在幼儿对五声音阶音高有了初步高低感知后演唱,对五声音阶音高作进一步的巩固。

活动方案

一、活动目标

1. 引导幼儿初步感受《宝宝不怕冷》的歌曲旋律,理解歌词,愿意听音乐唱歌曲。

2. 引导幼儿体验歌曲中宝宝不怕冷的感受,愿意坚持参加锻炼。

二、活动准备

对冬天季节特征有一定的体验。

三、活动流程

(一)回忆生活经验,引出歌曲

T:现在是什么季节?北风吹会发出什么声音?北风吹在身上有什么感觉?

我们怎么样让自己变得暖和起来?

(二)听歌曲,理解歌词

T:歌曲里的宝宝是怎么锻炼身体的?老师唱出歌曲中的乐句进行小结。

(三)唱歌曲

T:我们来数数有多少宝宝在锻炼身体?引导幼儿听辨旋律节奏拍手,有一个音拍一下手。

T:我们也来学学宝宝锻炼身体好。引导幼儿轻声跟唱,熟悉歌词。

T:宝宝先干什么?接着干什么?最后怎么锻炼?

(分段唱歌曲,节奏合拍。)

再次唱歌曲,动作表演。

操作提示

在本次活动中重点引导幼儿感受锻炼的乐趣,可用各种方法锻炼身体,在初步会唱歌曲后,可将歌词创编,并结合动作表现作为后续活动。例如:小脚小脚踢足球,天天锻炼身体好;小手小手甩甩甩,天天锻炼身体好,引导幼儿使用拍、跳、滚等动词创编。

附:歌曲《宝宝不怕冷》

1 = C　2/4　　　　　　　　　　　　　　　曹冰洁改编

1 3	1 3	5 5	5	6 5	6 5	2 2	2
北 风	北 风	呼 呼	呼,	雪 花	雪 花	飘 飘	飘,
北 风	北 风	呼 呼	呼,	雪 花	雪 花	飘 飘	飘,
北 风	北 风	呼 呼	呼,	雪 花	雪 花	飘 飘	飘,

1 3	1 3	6 6	6	6 5	6 5	1 1	1
小 手	小 手	搓 搓	搓,	天 天	锻 炼	身 体	好。
小 脚	小 脚	跑 跑	跑,	天 天	锻 炼	身 体	好。
小 球	小 球	拍 拍	拍,	天 天	锻 炼	身 体	好。

小麻雀

设计依据

春天来了,孩子们积累了很多相关的经验,如春天的景色、春天的动物、春天的气象等。在平时活动中,他们比较多地运用语言表达、绘画的形式来表现"春天"的认知经验,而他们的需求是多样化的。教师通过引导幼儿分声部接唱,多途径地体验春天的美好,同时也提高同伴间相互合作的能力。

作品简析

这首音乐材料短小有趣,适合让幼儿在体验接唱的方法时创编歌词,并结合前后两个环节中动作的创编,发展孩子的创造力及表现力。但难点是开始部分有一个弱起节奏,老师要强调弱起部分的稳定。

活动方案

一、活动目标

在会唱歌曲《小麻雀》的基础上,尝试创编歌词并分组进行接唱,提高合作及创造能力。

二、活动准备

1. 录音机、磁带。

2. 已经会唱歌曲《小麻雀》。

三、活动流程

(一)复习歌曲《小麻雀》

T:小麻雀按捺不住喜悦的心情告诉我们春天来到了。

(二)续编歌曲

1. 出示图片小青蛙并提问

T:你们看谁也来述说春天了?

T:青蛙唱的是什么歌?我们一起来唱唱!

(老师接唱"呱呱呱"。)

T:青蛙怎么叫的?什么时候出来接唱?

T:让我们加入青蛙合唱队!

(引导幼儿尝试将创编的歌词分组接唱。)

2. 引导幼儿续编

T:还有什么动物也会来歌唱春天?(将幼儿说的画出来)

T:他们是怎么唱歌的?你来试试!

T:这个动物是怎么叫的?下面的朋友来接唱。

T:我们分组接唱。(听钢琴伴奏)

3. 将创编的歌曲完整演唱(分组接唱)

T:这么多动物出来唱春天,但是要挨个唱。

操作提示

持续性共享思维与幼儿发展呈正比。幼儿间、师生间互动的次数越多,孩子的提升就越快,因此在创编时老师可用引发提问的方式做暗示性示范,然后请能力强的幼儿尝试仿编,借此帮助其他孩子扩展思路,接着让全体幼儿进行创编。在集体操作后,继续对他们借鉴了同伴、老师后进一步创编的动作做有效的回应,在此过程中,老师要有意识地观察,多发现一些与别人不同动作的孩子,并请他们来介绍,然后再次集体操作。通过反复几次的共享,一方面孩子们可以互相学习打开思路,创编的动作会越来越丰富;另一方面,被请到示范的孩子自信心得到提升,从而激励了其他幼儿的积极性。

小贴士

音乐就是和孩子一起活动,共同发展、成长

音乐活动的技能技巧训练通过情景性的语言进行。活动中,老师运用音乐手段表达表现主题情景。老师通过持续性共享思维推进幼儿提升,老师提出挑战目标,引发幼儿思考讨论、创造表现。在不断地看、操作、交流中,孩子们的能力得到提高。在互动中,老师语言提示要多样,用各种游戏的语言引发艺术感召力,激发幼儿参加活动的兴趣。另外,教师要善于捕捉孩子的创造,引起其余孩子的互动。

附:歌曲《小麻雀》

1 = c　2/4　　　　　　　　　　　　　　　　　　儿童歌曲

```
3 2 | 1 1  1 3 | 5 5 5 5 | i 5  i 5 | 3 2  2 2 |
一只  小麻 雀唱  麻雀 歌,  吱吱 吱吱  真快 乐。许多

1 1  1 3 | 5 5 5 5 | i 5  i 5 | 3 2  1 00 ‖
小麻 雀唱  麻雀 歌,  吱吱 吱吱  真快 乐!
```

 小小邮递员

设计依据

在日常生活中有各种各样的职业,孩子们在"周围的人"主题中对此已经有了初步的了解,邮递员作为和生活息息相关的一个职业,为大家的生活带来了方便,通过唱唱编编进一步体验邮递员工作的辛劳。同时孩子门对复合节奏有了初步的经验,因此在会唱歌曲的基础上引导幼儿创编不同的节奏进行复合游戏,提高自控及合作能力。

作品简析

作品歌词内容简单,琅琅上口便于幼儿演唱,在歌曲中反复出现一个铃声的节奏,老师可在此节奏时让孩子进行节奏创编,体验生活中不同节奏类型。

活动方案

一、活动目标

1. 欣赏歌曲旋律,理解歌词,尝试和同伴一起演唱歌曲《邮递员》。
2. 创编邮递员铃声的节奏,体验成功的愉快。

二、活动准备

1. 钢琴。
2. 积累一定节奏型。

三、活动流程

(一)欣赏歌曲

(1)初步欣赏

T:歌曲里唱的是谁?他在干吗?邮递员用什么动作表示自己很高兴?

(幼儿回答后,老师用歌曲乐句加以总结。)

(2)再次欣赏,理解歌词

T:找找有多少邮递员在为大家忙碌着?

(探索歌曲旋律节奏,有一个音拍一个音。)

(二)模唱歌曲

T:骑上崭新的小车。

(引导幼儿在唱叮铃铃铃时舌尖灵活,节奏准。)

(三)创编节奏

T:为自己的小车改装铃声,让好朋友听到铃声就能认出是谁来了。

(引导幼儿相互分享创编的节奏。)

(四)律动《邮递员》

T:找一个朋友一起去送信,想一句祝福的话告诉朋友。

(边唱边用动作表现。)

操作提示

操作时先引导幼儿先表现出前十六分的节奏铃声,然后在此基础上鼓励幼儿创编其他节奏铃声,例如:5 5 │ 5 5 5 5 5 │ 5 5 5 5 │ 5 5 5 等。然后老师和幼儿配合尝试将两种
    叮 铃　叮铃铃铃 铃 ；叮铃 叮铃 叮铃 铃
不同节奏进行复合操作,为了提示两组不同幼儿操作不同节奏,不被对方带过,可请两名小指挥分别用自己创编的指挥动作指挥自己小组的幼儿。

这个活动可根据幼儿实际情况分两次进行,第一次以唱歌曲为主,第二次以创编为主。

附:歌曲《小小邮递员》

1 = C   2/4   儿童歌曲

5 5 5 5 │ 6 │ 5 │ 5 5 5 5 │ 6　5 │
骑 上 我 的 小　车, 真呀真快 乐,

3 5 5 1 │ 3　2 │ 3 5 5 1 │ 3　2 │
小 手 招 一 招, 脸上微微 笑。

5 5 5 5	5 5 5 5	3 2	3 —
叮铃铃 铃	叮铃铃 铃 我 来	了。	

5 5 5 5	5 5 5 5	3 2	1 —
叮铃铃 铃	叮铃铃 铃 我 来	了。	

 春雨

设计依据

春雨绵绵是春天最为明显的一个季节特征,孩子们在下雨时感知到雨滴落在房顶、地面上会发出不同的声响和节奏,引发他们寻找生活中节奏的兴趣。因此,将生活经验迁移到音乐活动中,通过歌曲让孩子进一步感知不同节奏,并尝试按不同节奏进行复合演唱。

作品简析

这是一首两声部的歌曲,分别是快节奏的下雨和慢节奏的下雨,充分体现了自然界中充满着音乐元素。

活动方案

一、活动目标

1. 在分别会唱歌曲两段的基础上,引导幼儿感知复合节奏,尝试用不同节奏进行合唱。
2. 通过学做小指挥,体验春雨沙沙的美丽意境及同伴合作的乐趣。

二、活动准备

1. 对春雨有一定的生活经验。
2. 积累了一定的节奏型。
3. 分别会唱歌曲两段(一段快节奏下雨,一段慢节奏下雨)。

三、活动过程

(一)回忆歌曲

T:春天来了,春雨沙沙,让我们和春雨一起唱起春天的歌。

(二)小指挥

T:春天到了,冬眠的动物听到春雨的歌声也都醒来了,开个音乐会迎接春天的到来,想请我们做指挥。什么是指挥?指挥起什么作用?

T:我们也来试试。

(示范指挥动作,幼儿集体操作。)

T:刚才小指挥在做滴滴滴嗒嗒时候用了转手腕的动作,还有其他动作吗?

(鼓励幼儿创编不同的指挥动作。)

(三)复合演唱歌曲

T:有的地方春雨下得快,有的地方春雨下得慢,请两个小指挥分别指挥快和慢的春雨。

T:其他小朋友选你想去的春雨组,音乐会马上开始。

(交换小组和指挥,继续操作活动。)

操作提示

老师可在幼儿感知周围生活的基础上，引导幼儿自然进行复合节奏。在此次活动之后，除了寻找春雨的滴答声，还可引导幼儿寻找各种小动物不同叫声或生活中熟悉的声音，让幼儿自由选择两种动物进行复合节奏游戏。提示幼儿先用拍手动作操作不同节奏，然后用歌声演唱。

在此游戏中，老师应重视培养幼儿的自控能力，记住自己应表现的节奏，不与另一种节奏混淆，对幼儿来讲是一件既有趣又需要努力的事。另外，老师可再选择或创编类似歌曲，让幼儿唱复合节奏的歌曲，也可选择演奏的乐曲，让幼儿随着同首乐曲运用不同乐器及节奏进行合奏。

小贴士

动作操作体现音乐活动的操作性

对于幼儿来说语言发展还未达到很高的水平，音乐从某种程度上说又是一种很抽象的东西，因此，孩子们通过动作这一肢体语言可以充分地将自己的所思所想表达出来，这就赋予了音乐活动以动作的操作性。

以上活动中让幼儿尝试做小指挥为例，不是像通常一样会选一些能力强的孩子来尝试这一角色，而是相信每位幼儿的能力，让所有幼儿都参与指挥，这是与以往活动截然不同的地方，从中体现了老师真正的给予每个孩子机会，关注每个个体的观念。首先，老师通过边示范边引导孩子观察发现指挥要做哪些动作，这些动作的内在含义是什么，帮助幼儿理解指挥的作用，以更好地进入角色。其次，老师通过重点引导幼儿发现指挥结束动作是可以多种变化的，让幼儿通过超级变变变，不断创造动作来改变以往程式化的指挥动作。一方面使之更符合幼儿的年龄特点，另一方面给幼儿创设一个发散思维的空间，让他们大胆想象、自由创造。这又是一个有别于以往小指挥活动的地方。然后，在幼儿对指挥有了初步的角色定位后，通过模仿老师进一步地运用动作进行体验，并且从开始时的只变化结束休止处的动作，到根据歌词变化中间的指挥动作，例如：当指挥唱到"春雨，春雨"时第一遍的动作和第二遍的动作就不同了，孩子们发现原来每句歌词都可用不同的动作来操作，他们的创造意识得到了提高。从这一过程中可以看出，老师就是利用音乐活动中动作的操作性引导幼儿在模仿和探索相结合、统一和发散相结合的框架下，搭建出属于自己的一幢幢摩天大厦。

附：歌曲

1＝C 2/4   曹冰洁词曲

5 5 3 3	5 5 5 3 3	3 3 3 1 1	5 5 5 3 3	3 3 3 1 1	3 1 0
春 雨 春 雨	滴滴滴 嗒 嗒，	滴滴滴 嗒 嗒，	滴滴滴 嗒 嗒，	滴滴滴 嗒 嗒，	滴 答。
	5 3	3 1	5 3	3 1	3 1 0
	滴 嗒，	滴 嗒，	滴 嗒，	滴 嗒，	滴 答。

 真是一对好朋友

设计依据

　　孩子们在前阶段的活动中对复合节奏有了一定的经验积累,从无旋律的节奏复合(鸡的一家)——相同旋律的节奏复合(小小邮递员)——在指挥提示下进行简单旋律的合唱(春雨),层层递进地对复合节奏形式有了初步的感知和体验。在此基础上,结合春天的主题,进一步引入歌曲《真是一对好朋友》,使孩子们在新的起点上对复合节奏进行复习巩固。

作品简析

　　这首歌曲有两个声部,声部节奏也相对复杂,适合幼儿分声部合唱。在进行合唱前,老师可先将两种不同的歌曲旋律分开唱,再引导幼儿将不同快慢节奏歌词用念的方式表现,最后再合起演唱。

活动方案

一、活动目标

1. 感受歌曲《真是一对好朋友》的旋律,理解歌词,愿意唱歌曲。

2. 尝试分组合作演唱复合节奏的歌曲。

二、活动准备

钢琴。

三、活动流程

(一)欣赏歌曲第一段

1. 初步听赏

T:春天来了,小鸡小鸭来到草地做游戏,你们听他们唱的是什么?

T:你们听到歌曲里唱的什么?(引导幼儿节奏念歌词)

2. 再次听赏

T:小鸡小鸭是用什么节奏唱歌的?

3. 演唱歌曲第一段

(二)欣赏歌曲第二段

1. 初步听赏

T:这次小鸡小鸭叫声有什么不同?怎么叫的?(区分快慢节奏)

2. 演唱歌曲第二段

(三)分组合作

1. 唱合作部分

T:一半小朋友唱快的,一半唱慢的。(请两名幼儿做小指挥)

2. 完整演唱

3. 交换节奏再次完整演唱

(引导幼儿在唱的同时注意配合同伴。)

操作提示

启发幼儿把一对好朋友的友谊从歌声中表现出来,唱得和谐不吵闹打架。老师在活动中应重视幼儿的自控、协调能力培养,幼儿完成歌曲演唱既需要跟上集体的节奏和旋律,又要坚持自己声部的节奏。

在幼儿掌握歌曲的基础上,可启发幼儿创编歌词,除了小鸡小鸭外还有哪些动物是好朋友,引导幼儿创编两种不同节奏进行复合演唱。如小猫和小狗同住主人家,小狗帮主人看门,小猫帮主人抓老鼠,可以是一对好朋友。

在活动中,老师要鼓励幼儿用指挥的形式来演唱歌曲,例如:齐唱的时候幼儿用同样的动作指挥,分组演唱时根据自己小组旋律用不同动作指挥。

小贴士

复合节奏对幼儿发展的作用

在复合节奏游戏中,首先是幼儿的注意力和集体意识得到发展。孩子们在合唱中既需与集体协调合作,与大家的旋律节奏以及速度保持一致,又需要进行自我控制,集中注意表现自己参加的哪一组节奏。其次,孩子的倾听能力得到发展。在演唱时复合节奏部分虽然表现的是不同节奏,但仍需要幼儿听同伴的歌声,以保持声音的和谐以及速度上的一致。再次,幼儿的节奏感得到增强。在分组合作中,孩子们需要相对固定地表现自己声部的节奏,不被对方带过去,这需要以往积累的节奏方面经验的支持。因此,整个过程是主动积极建构的过程,孩子在探索、自我调整中得到发展。

附:歌曲《真是一对好朋友》

1=C 2/4 曹冰洁词曲

| 5 5 5 5 | 3 3 3 3 | 5 5 5 5 | 3 3 3 3 |
| 叽 叽 叽 叽, | 呷 呷 呷 呷, | 叽 叽 叽 叽, | 呷 呷 呷 呷, |

| 1̇ 5 | 6 5 | 3 3 2 2 | 1 1 5 | 1̇ 5 | 6 5 |
| 小 鸡 | 小 鸭 | 相 亲 相 爱 | 在 一 起, | 团 结 | 友 爱 |

| 3 3 2 2 | 1 1 1 |
| 真 是 一 对 | 好 朋 友。 |

5 5 5 5	3 3 3 3
叽 叽 叽 叽,	呷 呷 呷 呷,
5 —	3 —
叽,	呷,

5 5 5 5	3 3 3 3	5 5 6 5	1 1 1̇
叽 叽 叽 叽,	呷 呷 呷 呷,	真 是 一 对	好 朋 友。
5 —	3 —
叽,	呷,

 捉迷藏

设计依据

之前孩子通过听辨活动"山谷秘密"对"回声"已经有了一定的经验,能尝试用歌声表现回声的强弱对比,结合春天外出郊游的主题,利用歌曲游戏"捉迷藏"进一步巩固幼儿用歌声表现强弱的能力,同时在提高难度的游戏中体验合作游戏的愉快。

作品简析

这首歌曲描写的是回声的有趣现象,在乐句中有强弱力度对比的效果,例如:

f 5 5 6 5 | p 5 5 6 5 |,前一个表示小朋友呼喊的声音是强的,后一个则是回声,是弱的。
森林 里 森林 里

同时,歌词中有"猜一猜我是谁"的内容,可以作为游戏歌曲开展音乐游戏,引起幼儿的兴趣。

活动方案

一、活动目标

在初步会唱歌曲《捉迷藏》的基础上,了解游戏规则,尝试改编歌词,愿意和同伴一起合作游戏,体验集体音乐游戏的快乐。

二、活动准备

1. 初步会唱歌曲《捉迷藏》。

2. 森林背景(高度比幼儿稍高一些)。

三、活动过程

(一)复习歌曲《捉迷藏》

T:春天到了,我们来到了大森林里郊游,有个朋友和我们玩起了捉迷藏,我们唱一唱、猜一猜。哪几句是回声?回声有什么特别?

(引导幼儿复习歌曲,歌声表现强弱。)

T:跟着音乐导游再往森林里面走走,找找回声。

(再次唱歌曲,老师从 c 调逐渐上移,引导幼儿跟着音乐表现强弱。)

(二)游戏"捉迷藏"

1. 讨论游戏规则

T:我们也来玩玩捉迷藏的游戏,请一个小朋友躲在森林里,猜的人唱什么?躲的人唱什么?

(引导幼儿分角色唱,猜的小朋友唱前半段,躲的小朋友唱"请你听一听,请你猜一猜,请你猜猜我是谁"。)

2. 初步操作游戏

T:大家闭起眼睛,摸到头的孩子躲在森林背景后,用歌声让大家猜是谁。

(请一个幼儿做躲的人,一起玩游戏,老师根据幼儿的实际情况随机调整,例如:鼓励躲的幼儿声音响亮,引导幼儿分清不同角色唱歌曲的不同部分等。)

3. 改编歌词,操作游戏,

T:除了躲在森林里,还可以躲在哪里?请一个小朋友躲一躲。

(鼓励幼儿简单创编歌词,例如:躲在大树后、房子边等,再次玩游戏。)

4. 尝试改变音色

T:刚才躲的人都被我们一下就猜出来了,有什么办法不让别人一下猜到你?

(引导幼儿改变音色唱歌曲。)

5. 同时猜两个小朋友

T:两个小朋友一起躲,猜猜他们是谁?

(请两个小朋友同时躲,一起唱,同伴听音色猜。)

■ 操作提示

歌曲的游戏规则由幼儿自己探索得出结论,通过提问引导幼儿将歌词内容分配给两个角色。因为规则是自己建立的,因此在玩的过程中幼儿更容易遵守。在初步了解游戏规则后,老师可改变游戏的形式(改编歌词、改变音色、同时猜两个小朋友等),在不断提高难度的过程中,提高幼儿操作游戏的趣味性,始终保持游戏的新鲜感。

附:歌曲《捉迷藏》

1 = D　2/4　　　　　　　　　　　　　　　曹冰洁词曲

					(f)		(p)	
1 1 2	3 3	1 1	1	5 5 6	5	5 5 6	5	
是 谁	躲 在	森 林	里?	森 林	里,	森 林	里。	

			(f)		(p)	
3 3 3	5 5	3 3 3	5 5 6	5	5 5 6	5
说 话 和	我 们	一 样 的,	一 样	的,	一 样	的。

3	3	5 5 5	3	3	6 6	6
请	你	听 一 听,	请	你	猜 一	猜,

(f)		(p)				
5 5 6	5	5 5 6	5	5 5 6 5 5	3 2 1	
我 是	谁?	我 是	谁?	请 你 猜 猜	我 是 谁?	

 ## 春天来了

■ 设计依据

春天来了,花儿开了,小鸟叫了,这一切在孩子们的眼前和心中构成了一幅有关春天季节的美丽的画面。通过唱春天、表现春天,孩子们进一步体验春天的美景。

■ 作品简析

歌曲旋律优美,歌词意境优美,充分表现春天的美丽。歌曲旋律中有附点及四度音程(从sol 到高音 do),对于孩子来说有一定的挑战,在唱的时候老师有意识地引导幼儿解决这两个难点问题。

■ 活动方案

一、活动目标

1. 欣赏歌曲,理解歌词,愿意和同伴用歌曲的形式表现春天的景色。

2. 通过说春天、唱春天,进一步激发幼儿喜欢春天的情感。

二、活动准备

1. 钢琴。

2. 录音机、磁带。

三、活动流程

(一)听赏歌曲

T:春天到了,春姑娘歌唱美丽的春天,你们听春天来到什么地方?

歌曲有几段?(再次听赏)理解歌词(老师将幼儿说的唱出来)。

(二)节奏游戏

1. 引导幼儿按旋律节奏拍手

T:春天来到了,人们都出来郊游,你们用手数数有多少人郊游?

2. 引导幼儿脚踩拍率

T:人们一步一步向前走,我们跟着音乐一起走。

3. 听音乐手拍节律脚踩拍率

T:我们一起边走边数。

(三)唱歌曲《春天来了》

1. 引导幼儿轻声跟唱

T:来到了目的地,我们唱一唱春天美丽的景色!

2. 再次演唱(引导幼儿唱清楚歌词)

3. 动作配合演唱

■ 操作提示

充分挖掘同一材料的利用价值。建立"一材多用"的意识,通过改变活动的重点对幼儿不同方面能力进行推进。在本次活动设计中,老师用唱、节奏游戏等方式帮助幼儿熟歌词和旋律,例如:在初步欣赏后,引导幼儿耳听歌曲、脚踩拍率、手拍旋律节奏,发展他们听辨及动作协调等方面的能力。另外,在会唱歌曲的基础上,引导幼儿用动作表现,一方面用动作帮助记忆歌词,另一方面对于孩子动作表现起到一定推动作用。

■ 小贴士

用紧紧贴合主题的指导语言增强音乐活动"主题意识"

在上海市二期课改理念指导下实现了主题课程活动,将原本零散的各种活动用一根主线串联起来,使之联系更为紧密。我们在每个活动的设计时会考虑选取的材料是否贴合主题的大背景,但在实际操作中往往容易忽略与主题的联系。列举用节奏语言表现春天的一个例子:老师请幼儿用节奏性的语言说春天,其中有一个孩子说:"春天到,小狗出来玩了。"

这时老师立即拾起他的话题，将幼儿生成的内容联系到春天的主题上说："春天到，小狗出来找春天。"这小小的一个"抛接球"的环节体现出老师紧扣主题的主导思想，如果老师这方面的意识强，会潜移默化地影响幼儿的思维方式，把幼儿的思路也向着主题目标方向牵引。

附：歌曲《春天来了》

日本学堂歌曲
罗传开译配
曹冰洁改编

1 = C　4/4

```
5  3  5   6  | 5  3  5   i  | 6  5  3.1 | 2 — — — |
春 天 来  了，  春 天 来  了，  来 到 啥地   方？
花 儿 开  了，  花 儿 开  了，  开 在 啥地   方？
小 鸟 叫  了，  小 鸟 叫  了，  小 鸟 在哪   叫？

5  65 3   5  | i  21 6   i  | 5  3  2.5 | i — — — |
来 到 山  上，  来 到 村  庄，  来 到 田野   上。
开 在 花  园 里，  开 在 马  路 上，  开 在 幼儿   园。
在 山 上  叫，  在 村 庄  叫，  还 在 田野   叫。
```

 大眼睛

设计依据

增强幼儿的自我保护意识，对幼儿进行一些安全教育是非常有必要的，为了进一步拓展安全教育的形式，使"自我保护意识"、"安全意识"转化为幼儿的自觉行为，我们通过艺术的手段，以唱唱跳跳的形式，让他们初步形成遵守交通规则的意识。

作品简析

歌曲旋律有起伏，音高之间的跨度比较大，歌词也相对比较丰富，适合年龄稍大一些的幼儿演唱。从歌词内容方面看，这是一首与安全教育有关的歌曲，在听听唱唱中孩子们能对基本交通规则有所了解。

活动方案

一、活动目标
听赏歌曲《大眼睛》，感受旋律理解歌词，能用自然的声音唱歌。
二、活动准备
钢琴。
三、活动流程
（一）听赏歌曲
T：过马路的时候我们怎样才是一个文明的路人？
T：有个小朋友做安全宣传员，他用歌声告诉我们过马路时要遵守什么交通规则，我们来听

一听他是怎么说的。

（初步听赏歌曲，感受旋律和歌曲内容。）

T：安全宣传员说了些什么？

（再次听赏，理解歌词，老师将幼儿说的唱出来，帮助巩固。）

（二）节奏游戏

1. 引导幼儿按旋律节奏拍手

T：路口来来往往的行人好多，我们用拍手数数有多少人？

2. 引导幼儿脚踩拍率

T：这个路口的行人数完了，让我们走到前面的路口去。

3. 听音乐手拍旋律节奏脚踩拍率

T：让我们边走边数数行人？

（三）学唱歌曲《大眼睛》

1. 引导幼儿轻声跟唱

T：安全员想请我们帮忙宣传，我们跟着安全员一起告诉大家过马路要文明。

2. 再次演唱

引导幼儿唱清歌词。

3. 动作表现

鼓励幼儿尝试为歌词配上动作，边唱歌边动作。

操作提示

此首歌曲旋律、节奏有起伏，对于孩子来说是一个难点，因此老师可利用寻找旋律节奏和拍率的节奏游戏支持幼儿反复感受旋律和节奏。在找旋律节奏的过程中，当幼儿出现问题时，老师及时用情景语言让幼儿发现问题，并自主尝试调整，如路上行人真不少，我们用拍手来数一数，有一个人拍一下，别多数，也别漏数。

用比较的方式引导幼儿发现自己操作的问题。例如：在手拍旋律节奏、脚踩拍率的时候，孩子脚上的节奏往往会受手上节奏的影响而变快一倍，老师不要着急直接指出孩子的问题，而是将正确的和有误的节奏同时呈现给孩子，让孩子进行比较和选择哪个是对的，然后再让孩子操作，充分发挥幼儿的自主性。

由于歌曲比较长，因此老师不必急于在一次活动中让幼儿完全会唱歌曲，可分两步走：第一次活动初步感受，初步唱歌；第二次活动时再进一步强调歌词、旋律的细节指导，将歌曲唱得更加精致。

附：歌曲《大眼睛》

1 = D 2/4   曹冰洁曲

1 1 5 ｜ 1 1 5 ｜ 1. 2 3 4 ｜ 5 6 5 ｜

大眼睛，亮晶晶，一闪一闪忙不停。

2 2 6 ｜ 2 2 6 ｜ 5. 4 3 2 ｜ 1 3 1 ｜

大眼睛，亮晶晶，一闪一闪忙不停。

```
6    6   | 4. 5  6 | 5. 5  4 4 | 3  3 5 |
亮    亮     红 眼 睛，  快 快 停 来   快 快 停。

4    4   | 2. 3  4 | 3. 3  2 2 | 1  1 3 |
亮    亮     黄 眼 睛，  等 一 等 来   等 一 等。

6    6   | 4. 5  6 | 5. 5  4 4 | 3  3 5 |
亮    亮     红 眼 睛，  快 快 停 来   快 快 停。

4    4   | 2. 3  4 | 3. 3  2 2 | 1  1 3 |
亮    亮     绿 眼 睛，  向 前 行 呀   向 前 行。

1  1  5  5 | 1  1  5 | 1. 2  3 4 | 5  6 5 |
走 在 路 上   要 小 心，  请 你 看 着   大 眼 睛。

1. 2  3 4 | 5  —  | 5 0  5 0 | i  — ‖
请 你 看 着    大 眼    睛。
```

 ## 老乌鸦（一）

设计依据

从歌词内容上看是一首表达亲子间关爱和亲情的歌曲，从音乐效果上看采用了旋律节奏的变化和滑音，渲染了两个人物之间亲密的关系和各不相同的个性特征。它更像一个述说小乌鸦爱妈妈的感人音乐童话，容易与幼儿产生感情交流，激起心理上的感动，感受到妈妈爱我、我爱妈妈的情感。

作品简析

歌曲《老乌鸦》是一首著名的叙事性歌曲，在"三八"妇女节期间，老师选择了这首歌曲，并贯穿于爱妈妈活动的始终，引导幼儿运用各种音乐语言表达对妈妈的关爱。

活动方案

一、活动目标

1. 感受歌曲旋律的优美，理解歌词愿意演唱歌曲。
2. 在演唱歌曲的过程中，体验宝宝对妈妈的爱和关心。

二、活动准备

音乐磁带。

三、活动过程

（一）音乐故事（欣赏旋律，理解歌词）

T：在森林里流传着一个关于小乌鸦的故事，今天森林合唱队把这个故事唱给你们听！

T：音乐是几拍子的？音乐故事里有谁？前半段说的是谁？说老乌鸦怎么样？后半段说的是谁？它为妈妈做了什么？

（老师在幼儿回答提问后，唱出歌曲乐句进行总结。）

（二）逗乐老乌鸦

T：小乌鸦为了逗妈妈开心，在滑音的时候都会做一个滑稽动作。

（引导幼儿在装饰音的时候创编动作。）

有节奏地念歌词

（三）唱故事

1. 跟着音乐轻声跟唱

引导幼儿耳听音乐并与同伴保持一致。

▎**操作提示**

用多种方式表达音乐语言：

一是为歌曲伴动作。根据音乐材料的特质——每句结尾处有滑音即有趣的声响，感受歌曲旋律节奏，听辨歌曲伴奏中的"滑音"，抓住每个滑音的出现，创编逗乌鸦妈妈开心的动作。借助幼儿间的思维互动，促使孩子们用自己的动作来表达对音乐的独特理解，这即是"孩子的一百种语言"。

二是利用音乐中不同的变化演唱故事。尝试变化速度、力度和音色表现歌曲中的不同角色，例如：用连音慢速表现老乌鸦因为年纪大而无法自己觅食的艰难处境；用跳音表示小乌鸦年纪小，灵活又调皮，音乐故事的情节随着音乐旋律波动起伏，时而舒缓沉重，时而欢快跳跃。

▎**小贴士**

歌唱活动指导

首先，选择合适幼儿的歌曲。根据幼儿的需要选择歌曲材料，这些童谣、儿歌要与幼儿生活经验相关。同时，这些材料还需要适合幼儿音乐经验积累规律及身心发展水平，也可以是整体教育所需的内容。其次，老师在具体指导中需要注意以下几点：第一，开始时可从简单的 sol、mi、la 曲调的歌曲，根据幼儿身心发展和音乐经验的扩展逐步提高。第二，幼儿在听赏的基础上再学唱歌曲，老师创设情景，积极调动各种方法（绘画、谈话、观察、游戏、动作等）增强音乐印象，支持幼儿理解歌曲内容，丰富幼儿体验。第三，歌唱活动形式丰富，既有集体唱又有小组唱，既有轮唱又有独唱（对唱、回答形式等）。第四，引导幼儿愉快的时候也不能叫喊地唱歌。第五，支持幼儿正确表现歌曲节奏、运气和休止感觉。第六，老师经常和幼儿一起唱歌，捕捉幼儿成功的闪光点，帮助其建立歌唱发声的经验。第七，运用各种形式回顾已有的歌曲经验（配乐器伴奏、合奏、表演游戏等）。第八，鼓励幼儿尝试边唱歌、边创编，配合节奏自由动作表演。第九，引导幼儿乐于改编或创编歌词。

附：歌曲《老乌鸦》

1 = C　3/4　　　　　　　　　　　　　　　　外国儿童歌曲

5 12 3 4 | 5 1 1 | 6 4 5 6 7 | i 1 1 |

老乌鸦 年纪 老，跳不 动 飞不 高，

4 5 4 3 2 | 3 4 3 2 1 | 7 1 2 3 1 | 2 — — |

在窝 里 叫呀 呀，叫呀 呀 叫。

```
5  1 2  3 4  | 5  1  1  | 6  4 5  6 7  | i  1  1  |
小 乌鸦 年纪 小，  到 田  里  捉 小 虫，

4  5 4  3 2  | 3  4 3 2 1 | 2  3 2  1 7  | 1  —  — ‖
带 给  妈  妈 吃 个， 饱，吃 个  饱。
```

 吹泡泡

设计依据

对于大班孩子来说，会唱一首歌曲已经不是很困难的事，他们已经不满足于单纯的学唱歌曲。因此，针对他们的年龄特点以及主题内容，我们选择了自编歌曲"吹泡泡"。老师根据孩子的实际经验和能力，创编了此首歌曲，通过营造游戏场景，想象泡泡破裂的情景，大胆创编节奏，帮助幼儿进一步积累音乐元素经验，也提高孩子的创造能力。

作品简析

歌曲描写了孩子们最喜欢的活动——"吹泡泡"的有趣情景，旋律简洁，歌词简单，孩子们很快就能熟悉和演唱歌曲。在歌曲的最后有一个泡泡破裂的节奏型，这是歌曲的亮点。老师可利用这个节奏型，结合吹泡泡的场景，鼓励孩子创编不同的节奏型，挖掘孩子创编的积极性，积累更多的节奏经验。

活动方案

一、活动目标

在初步会唱歌曲《吹泡泡》的基础上，鼓励幼儿创编泡泡破裂时的节奏，愿意大胆与同伴分享自己的想法，体验自主创编节奏的快乐。

二、活动准备

1. 会唱歌曲《吹泡泡》。

2. 幼儿玩过吹泡泡的游戏。

三、活动过程

（一）歌曲复习《吹泡泡》

1. 第一次演唱歌曲

T：春光明媚，我们去小花园玩吹泡泡的游戏吧。

2. 再次复习歌曲

T：吹泡泡的时候，泡泡一点点变大。

（引导幼儿唱 1 1 2 2 | 3 3 5 5 | 的时候用歌声的渐强表示泡泡渐渐变大。）

（二）创编节奏

1. 集体讨论

T：我们吹了那么多泡泡，泡泡破掉的时候发出了"啪——啪——"的声音，每个泡泡破掉的声音都是不一样的，你的泡泡破掉时会发出什么声音呀？

2. 分组创编

T:找个朋友商量一下,你们的泡泡破掉会有什么声音?

(鼓励幼儿和同伴商量创编不同的节奏型,老师观察了解幼儿创编的节奏。)

3. 集体分享

T:谁愿意来介绍你的泡泡破裂发出什么声音?

(请个别幼儿编节奏,其余幼儿记住同伴编的节奏,例如:<u>×</u><u>×</u>× <u>××</u> <u>××</u> × |;× × <u>××</u> × |;<u>×××</u> <u>×××</u> <u>××</u> × |等。)

T:我们来把他编的唱一唱。

(引导幼儿将同伴编的节奏装入歌曲最后一句,完整演唱歌曲。)

▌操作提示

老师尽量多地给予孩子创编的机会,鼓励他们创编出与别人不同的节奏型,当孩子有新的"作品"时,老师及时给予肯定并让他与集体共同分享,让每个孩子都体验成功的快乐。

附:歌曲《吹泡泡》

1 = C   2/4   曹冰洁词曲

```
5. 6  5 5 | 3 3 5 | 6 5 6 3 2 | 1 1  3 |
小朋友呀  吹泡泡,   大大  小小 真不 少,

1 1 2 2 | 3 3 5 5 | 6 5 6 3 2 | 1  — |
吹呀吹呀  吹呀吹呀,  泡泡  破掉   了。

×    ×   |  ×    ×  ‖
啪   啪      啪   啪
```

 小河之歌

▌设计依据

春天来了,孩子们感受到大自然的变化。《小河之歌》一方面表现了自然界中小河的美丽景色,另一方面拟人化地反映了大自然被污染的难受心情。幼儿初步唱歌曲后借助动作角色表演,进一步激发幼儿热爱大自然的意识。

▌作品简析

这首歌曲是五声歌曲,由五个音组成,旋律优美,用三拍子体现了小河缓缓流淌的感觉。歌词主要反映了原本干净的小河受到污染后的变化及难过的心情,蕴含了环保意识,可以激发幼儿热爱大自然,保护大自然的意识。

▌活动方案

一、活动目标

在会唱歌曲《小河之歌》的基础上,鼓励幼儿即兴表演歌曲内容,进一步激发幼儿爱护大自

然的情感,体验集体合作表演的乐趣。

二、活动准备

1. 各种纸张材料(铅画纸、皱纸等)、蜡笔、剪刀、固体胶。

2. 会唱歌曲《小河之歌》。

3. 有相关环保的知识经验。

三、活动过程

(一)复习歌曲《小河之歌》

T:我们去郊游,去小河边走走看看,唱唱小河的歌。

(引导幼儿复习歌曲。)

(二)合作歌表演

1. 制作道具

T:我们和小河做朋友,谁愿意做小河?用什么做呢?小河里有什么?(小鱼、小虾等),我们来打扮自己。

(请幼儿自选角色,分成若干组,共同制作头饰及表示河水的绉纸装扮自己。)

2. 集体表演

T:小河高兴的时候是什么表情和动作?难过的时候又是什么表情和动作?

T:小河里的小动物在干什么?用什么动作表示?

(鼓励幼儿根据角色创编附和角色动作,例如:扮演小河的幼儿站在两边用蓝色绉纸制成的带子表现快乐和难过的动作;中间一块空地上扮演小河中动物的幼儿带头饰自由创编动作,音乐结束摆个造型。)

T:找朋友交换表演。

(鼓励幼儿相互交换角色与道具再次游戏。)

操作提示

老师要鼓励幼儿参与制作道具与即兴表演活动。因为是根据各自的发展水平进行表现,教师应接纳每个幼儿的创作方式及创作内容,不过分强调动作的结果。

老师在游戏中可让幼儿在讨论时充分发表自己的想法,并请各种能力层次的幼儿进行操作表现,再集体帮助修改,使每个幼儿在游戏中都有表现自己想法和做法的机会,并能在集体讨论中不断充实自己。如有个幼儿想表演虾的动作,但他用的是甩手甩脚的表现方式,老师引导集体幼儿共同创作:思考虾的形状和动态,帮助幼儿回忆对虾的已知经验,从而讨论出虾的动作——身体弯曲弓背然后舒展,双臂上伸作虾须。通过这样的互动,运用集体的智慧对个体幼儿动作有了提升,个体和集体都获得了成功感,享受了音乐游戏中的快乐。

将制作的头饰道具及音乐放入区域活动中,让幼儿再次对动作进行创编,充分尝试不同的角色。

附:歌曲《小河之歌》

1=D 3/4   儿童歌曲

1	—	3	1	—	3	5	—	3	5	—	—

小　河　小　河　真　　快　乐,
小　河　小　河　真　　难　过,
小　河　小　河　真　　快　乐,

```
6 — 6 | 5 — 1 | 3 — 3 | 2 — — |
清　　清河　水　在　　唱　歌，
黑　　黑河　水　在　　流　泪，
清　　清河　水　在　　唱　歌，

1 — 3 | 1 — 3 | 5 — 3 | 5 — — |
小　　河小　河　真　　快　乐，
小　　河小　河　真　　难　过，
小　　河小　河　真　　快　乐，

2 — 5 | 2 — 5 | 3 — 2 | 1 — — ‖
小　　鱼小　虾　都　　来　了。
小　　鱼小　虾　生　　病　了。
小　　鱼小　虾　都　　来　了。
```

我们一起摘橘子

设计依据

从生活经验角度出发，秋天是丰收的季节，橘子是带有秋季特征的水果。孩子们秋游时去橘园采摘橘子感受了采摘的乐趣；从音乐经验角度出发，之前孩子们在各种游戏中已经积累了一些节奏、旋律、乐器演奏等方面的经验，他们乐意自己探索、创编各种短小的旋律。将这两方面结合，预设了游戏歌曲活动，旨在鼓励幼儿调动已有经验和情感进一步获得新的经验。

作品简析

这是一首结构简单且规整的曲子，旋律四句重复，歌词由调简单易于上口，有利于老师引导幼儿用各种演唱方式进行演唱。另外，歌词有情景性，利于幼儿理解和掌握，容易引起幼儿的共鸣。

活动方案

一、活动目标

引导幼儿乐意唱歌曲《我们一起摘橘子》，并尝试用动作、接唱、乐器等游戏方式表现歌曲，体验合作游戏的快乐。

二、活动准备

1. 幼儿参加过摘橘子的实践活动。

2. 若干乐器。

三、活动过程

（一）经验回忆，创设情景

T：前几天，我们到橘园去了？怎样才能把橘子摘下来呢？

（引导幼儿用动作表现摘橘子，例如：手要转一下，用力摘。）

T：今天，我们一起把摘橘子的事编成一首歌来唱一唱。

（二）游戏歌曲的探索

1. 探索歌曲

T：歌曲中共有几句，有哪几个音乐宝宝在唱歌？

（教师弹奏旋律，引导幼儿倾听思考，发现歌曲中有四个乐句，有 do、re、mi 三个音乐宝宝在唱歌。）

2. 教师边弹边唱师生共编的歌词

$$3\ 3\ 3\ 3\ \underline{2\ 2}\ |\ 1\ -\ |\ 3\ 3\ 3\ 3\ \underline{2\ 2}\ |\ 1\ -\ |$$

$$3\ 3\ 3\ 3\ \underline{2\ 2}\ |\ 1\ -\ |\ 3\ 3\ 3\ 3\ \underline{2\ 2}\ |\ 1\ -\ |$$

T：天气真好，大家快上车准备出发，我们可以怎么说？

（引导幼儿创编歌词：弟弟妹妹快快来，我们一起摘橘子。）

T：摘的时候心情是怎么样的？

（引导幼儿创编歌词：大家摘得真快乐，个个脸上笑哈哈。）

3. 幼儿边动作边说歌词

（1）教师引导幼儿把欣赏时听到的歌词，用语言表达。

（2）幼儿倾听歌曲旋律，边拍手边念歌词（按歌曲旋律节奏拍手）。

（3）师生共同边拍腿边念歌词：左右腿交换拍，即念第一句拍左腿、第二句拍右腿，依次类推（同样按歌曲旋律节奏拍腿）。

（4）幼儿边拍腿边念歌词。

（5）幼儿尝试把歌词装配到歌曲旋律中。

T：现在我们可以把弟弟妹妹摘橘子的事情学着唱出来。

T：这里的橘子摘完了，再换棵橘子树。

（引导幼儿从 C 调升为 D 调，再引导幼儿学唱，并提醒音准。又如："看啊，前面有个小山坡，山坡有点高，上面有棵最大的橘子树。"以 D 调逐渐半音向上升高，让幼儿学唱歌曲。）

（三）尝试合作游戏

1. 加上拍手跺脚的动作

T：我们一起摘橘子，你们边唱歌边拍腿摘橘子，老师为你们加油鼓劲，你们看我是怎么为你们加油的。

幼儿拍右腿：	3 3 3 3 2 2	1 —	3 3 3 3 2 2	1 —
弟 弟 妹 妹 快 快	来	我 们 一 起 摘 橘	子
老师动作：	0 0	0× ×	0 0	0 ×
		（拍手）		（跺脚）

幼儿拍左腿：	3 3 3 3 2 2	1 —	3 3 3 3 2 2	1 —
大 家 摘 得 真 快	乐	个 个 脸 上 笑 哈	哈
老师动作：	0 0	0× ×	0 0	0 ×
		（拍手）		（跺脚举臂）

T：你们摘了那么多的橘子，我真为你们高兴，我是什么时候为你们拍手跺脚加油鼓劲的？

（引导幼儿发现拍手跺脚的节奏。）

T：老师来摘橘子，你们来加油鼓劲。

（引导幼儿尝试用拍手跺脚表现第二声部的节奏。）

T：橘子太甜了,我们多摘一些带给朋友们。分两组,一组摘一组加油,等下交换（幼儿分组尝试游戏）。

2．语言表现

T：拍手跺脚是什么意思呢？我说出来,你们听听是什么？

（幼儿边唱歌边拍腿,老师边拍手跺脚边说话）

0	0	0 × ×	0	0	0 ×
		来 啦			嗨

0	0	0 × ×	0	0	0 ×
		快 乐			哈

T：你们听到了什么？

（引导幼儿说出拍手跺脚的意思及节奏,并注意发音、口型、咬字等。）

T：我们也来试一试,为摘橘子的朋友加油。

（引导幼儿分组交换合作游戏。）

3．用歌声加以表现

T：我们不但用拍手跺脚说话来表示愉快地摘橘子,还能用歌声唱出来。

（引导幼儿用接唱的方式表现歌曲。）

（四）用乐器为游戏歌曲伴奏

1．在音乐琴上探索合奏

T：小乐器也来为我们唱歌加油鼓劲,谁来试试在音块上唱出刚才的歌曲。

（幼儿分组上来或自由邀请朋友）操作木琴或铝板琴。教师敲奏第二声部,幼儿在合唱中倾听。教师敲奏四句旋律,幼儿尝试敲奏拍手跺脚节奏的音高。师生尝试共同合奏歌曲（幼儿第一声部,老师第二声部,然后交换）。幼儿之间合作敲奏歌曲,两组幼儿分别担任不同敲奏内容。

2．幼儿分组合作表现

一组幼儿边唱歌边拍腿；一组幼儿拍手跺脚边唱歌；一组幼儿木琴铝板琴伴奏一声部；一组幼儿木琴铝板琴伴奏二声部。

3．探索运用不同音色乐器参与伴奏

T：用什么乐器为"弟弟妹妹快快来"伴奏？什么乐器代表脚步声和歌声？

（引导幼用小铃木琴等代表脚步声和歌声。）

T：用什么乐器为"来了、嗨"配音呢？

（引导幼儿选择商量,例如：铃鼓表示许多人高兴得来了等。按幼儿选择的不同乐器合作操作,听辨讨论用怎么样的乐器表现更加合适,例如：用鼓为"嗨"配音,用叉为"哈"配音等。）

操作提示

这是一首结构规整的游戏小曲,可以师生同唱共乐。教师用化整为零的方法,让幼儿比较容易接受,并使之觉得好玩而有趣。在每进一步的活动中,都给幼儿增加一点新的内容,让他们通过自己的努力去掌握,因而,幼儿既不会感到十分困难,又会对新发现的变化产生新奇感。

这首游戏歌曲较重视采用边唱边动作、边动作边说话、边唱边演奏的形式。有时唱和奏不一样,有时自己唱的时候别人可以插唱等等,有利于幼儿提高自控能力和多向思维的发展。由于幼儿已熟悉曲子,也掌握了卡侬曲式,所采用的伴奏也只是固定音型的不断重复,一切都在极短的音乐材料中反复、连接、组合,对幼儿来讲不难胜任。

延伸活动时可以引导幼儿用轮走的方式进行游戏,如:幼儿分成两组,模拟坐上两辆大巴士,一辆先开,一辆后开,进行卡农曲式轮奏。

在本次活动基础上,师生也可根据自己的经验,一起创作改变成一首 ABACADAEA 回旋曲结构的乐曲。老师可引导幼儿以"一起摘橘子"的四句乐句为基础,通过创编歌词、动作、节奏、配乐器等方式进行。虽然必须表现特定的内容,但创编部分内容既无旋律又无固定节奏长短的规定,这就大大降低了创编的难度。幼儿能充分发挥自主性,在自己的探索下与同伴合作完成表现。

小贴士

游戏歌曲《我们一起摘橘子》的教学实践与讨论

游戏歌曲《我们一起摘橘子》是一个既有教师预设又有幼儿生成的教学活动。在教学过程中,充分体现师生、生生、生材之间互动关系对推进幼儿发展的作用,形成了新型的、良性动态循环的积极互动过程。该活动在材料上变单向为双向、单一为多元,通过师生共同创造又延伸为一系列活动,如参观动物园、在游乐场、春天来到了等。

在教学过程中,教师是教的主体,又是不断接受反馈、不断调整的过程客体,幼儿既是接受知识经验的客体,又是学习和建构新知识结构的主体。这一互为主客体的思想确定了教学过程中的师生互动地位。在活动中,教师用"我们一起乘车去摘橘子;橘园里有棵橘子树,大家一起来摘橘子;再往前走我们要上山坡了;山顶上有一棵最高最大的橘子树,我们能摘得着树上的橘子吗?"四句生动形象的引导语步步递进、层层深入,让幼儿完全沉浸在乘车去橘园的喜悦中,借着越来越高的山坡完成了曲调每次半度音调的升高。巩固歌曲的方式不再是一次又一次的被动按老师的要求无休止地枯燥练习,而是借助摘橘子这个情景去满足幼儿唱歌的愿望。与此同时,幼儿也在情境中获得了自身价值的体现和成功。

因此,可以用"教师＋儿童＋材料＝幼儿园教育教学活动"来表述对教学成效起着决定性作用的三个方面。其中教师主导作用还是至关重要的,教师的主导作用不是包办一切,而是最大限度发挥幼儿即兴和确立幼儿在活动中的主体地位。在本次活动中,老师必须充分尊重幼儿,通过不断观察幼儿的表现,始终以幼儿的兴趣需要和能力发展为中心目标,适时适度地进行引导,通过引导发问、鼓励支持、相互回应,从而引发幼儿对学习内容的注意和尝试新的歌唱形式的积极性。如:在尝试师生合作唱歌游戏时,教师以赞扬和激励的语气说:你们已经摘了那么多橘子,个个都很有本领,我想为你们拍手踩脚表示加油,你们能不能发现我什么时候拍手踩脚的呢?紧接着教师又向幼儿解释了拍手踩脚的含义,邀请幼儿用语言和拍手踩脚动作伴随歌声,一起摘橘子,并启发幼儿在一次次探索中有兴趣地发现每个环节递进时的变化(语言、动作、歌声),使幼儿一边操作一边摸索,自行发现和逐步内化。在师生不断变化的合作歌唱过程中,始终保持新鲜感,老师给予孩子新刺激——接受幼儿反馈,——再刺激——再反馈,幼儿接受新刺激——通过努力获得成功——再接受新刺激新挑战——再获得成功的良性动态循环的互动模式。

附:歌曲《我们一起摘橘子》

1 = c   2/4   外国儿歌

$\underline{3\ 3\ 3\ 3}\ \ \underline{2\ 2}\ 1\ |\ -\ \ \ |\ \underline{3\ 3\ 3\ 3}\ \ \underline{2\ 2}\ |\ 1\ \ -\ |$
弟弟妹妹   快快 来，   我们 一起 摘橘   子，

$0\ \ \ \ \ |\ 0\ \ \underline{0\ \dot6}\ 5\ |\ 0\ \ \ \ \ |\ 0\ \ \dot5\ |$
　　　　　　 　来 啦　　　　　　　　　　嗨

$\underline{3\ 3\ 3\ 3}\ \underline{2\ 2}\ |\ 1\ \ -\ |\ \underline{3\ 3\ 3\ 3}\ \ \underline{2\ 2}\ |\ 1\ \ -\ ‖$
大 家 摘 得 真 快   乐，   个 个 脸上 笑哈   哈。

$0\ \ \ \ \ |\ 0\ \ \underline{0\ \dot6}\ 5\ |\ 0\ \ \ \ \ |\ 0\ \ \dot1\ ‖$
　　　　　　 快 乐　　　　　　　　　　哈

中国娃娃

设计依据

　　孩子们在"我是中国人"的主题中,对中国的文化有了初步的了解,获得了具有中国特色的一系列的经验,于是利用歌曲的途径,引导幼儿对自己是中国人的自豪感进行进一步的展现。

作品分析

　　从歌曲内容上看,这首歌曲是描述中国娃娃和别人不同的特点,抒发作为中国人的自豪感,贴合主题;从节奏上来看有一些附点、休止,对于大班幼儿来说有一定的挑战性,符合大班幼儿喜欢在原有基础上有进一步尝试的特点。

活动方案

一、活动目标
初步感受歌曲旋律,理解歌词,体验作为中国好娃娃的自豪。

二、活动准备
钢琴。

三、活动过程
(一)初步欣赏,理解歌词

1. 首次欣赏

T:我们都是中国人,中国人和外国人长得有什么地方不一样?我们听听中国娃娃是唱了什么?

(初步欣赏歌曲,理解歌词。)

2. 再次欣赏

T:中国娃娃长什么样?中国娃娃住在哪?

(引导幼儿说出听到的歌词内容,老师用歌曲乐句进行总结,例如:小朋友说我听到黑眼睛黑头发,老师就唱:$\underline{3\ \dot6}\ \ \underline{1.\ \dot2}\ |\ \underline{3\ \dot6}\ \underline{1}\ \ \underline{\dot6\ 0}\ |$。)
黑眼 睛   黑头 发

（二）寻找旋律节奏

T：中国有很多的宝藏，它们都藏在歌曲里，我们来找找看，每个音代表一个宝藏，听一个音拍一个音。

（引导幼儿根据音乐旋律拍出节奏，例如：3 6 1.2 ｜ 3 6 1 6 0 ｜。）
　　　　　　　　　　　　　　　× × × ×　× × × ×

（三）唱歌曲

1. 初步跟着音乐唱歌曲

T：中国娃娃用歌声来夸夸自己。

（引导幼儿跟着音乐轻声演唱，老师对于歌词做进一步的引导。）

2. 再次演唱

T：中国娃娃站得稳，跟着音乐去介绍中国的特别地方。

（引导幼儿唱准音高。）

3. 动作表现

T：中国有什么值得骄傲的地方？我们用动作来告诉外国朋友，在歌曲的最后一句结束时用动作介绍。

（引导幼儿在歌曲最后创编一个表现的动作。）

操作提示

从音高上看最低音是低音 la，因此老师可根据幼儿实际情况进行移调，找到适合本班幼儿的音区。

老师在幼儿初步会唱歌曲后，可对歌曲进行进一步的处理，用跳音和连音表现歌曲，例如：第一小节中的前半小节 3 6 可用跳音表现，后半小节 1. 2 可用连音方式演唱。

歌曲中有一些是上下跳动的音程，孩子在表现的时候容易出现不稳定。老师可利用情景性的语言，根据幼儿实际操作中出现的问题随时进行调整。例如：中国娃娃要立起来，站得稳不跌倒，引导幼儿控制上下跳动的音。又如：中国娃娃脸圆圆的，个个有精神，暗示幼儿唱歌口型圆，打开。

小贴士

歌唱活动的定位

幼儿歌唱活动中，老师要引导幼儿在歌唱时倾听自己的声音，尝试控制声调的高低，与乐器和同伴的声音保持一致，将自己的声音与自己听到的声音相互靠拢，达到和谐，逐渐获得音准感。因此，老师要从听和唱两方面来支持幼儿建构音准感，同时在集体歌唱中引导幼儿体验歌唱的快乐、合作的快乐，意识到自己是集体中的一员，在调动每个人独立活动经验的基础上，达到集体协同活动的成功。

歌唱活动的总目标是培养幼儿对歌曲作品的感受力、理解力，不断丰富幼儿听唱的音乐经验，并满足其歌唱的欲望，引导幼儿用愉快情绪歌唱，通过听赏、表现歌曲培养幼儿的歌唱表现力，推进幼儿全面素质的提高。

分解成具体的操作目标为：用愉快心情唱歌；在理解歌词基础上学唱歌曲；用自然的声

音听琴声轻轻唱;有感情地唱;唱歌口齿清楚;正确唱出节奏;能参与小组或全班集体中愉快的合作唱歌(齐唱、多层次节奏的合唱、轮唱等);能记住许多熟悉的歌曲并能唱出自己的感情;能识别、听唱音的高低并独唱;能创编短小的曲调(随口唱出)。

附:歌曲《中国娃娃》

1=♭E/D 2/4　　　　　　　　　　儿童歌曲

```
3 6  1.2 | 3 6 1  6 0 | 3 6  1.6 | 1 5  3 |
黑 眼 睛，   黑 头 发，  中国 娃娃  好 娃 娃。

5 35 6 | 6 53  2 | 5.2 321 | 6 6 1 2 |
东海 边，  天山 下，  到处都是  我们 的 家。

3 20 3 20 | 2.3  5 | 3.1 2 6 | 5  — |
是你，是我，  是 他，  都是 好娃  娃，

3.1 2 3 | 6 — ‖
都是 好娃  娃。
```

 逛逛卢湾区

设计依据

在我是中国人主题中我们不仅引导孩子们关注了中国特色的文化,更重要的是启发他们发现我们身边的文化,孩子们住在卢湾区,为让他们对自己所居住地的景观、设施等有进一步的发现,我们通过事先的参观讨论帮助幼儿积累一定的生活经验,然后用歌词创编的形式将这些生活经验转化为艺术手段进行表现。

作品分析

这首歌曲源自《逛逛城隍庙》,在韵律素材中也有用到这首歌曲,是以动作创编为主,而在这里老师根据幼儿的实际经验范围做了改编,变成了《逛逛卢湾区》,并以歌词创编为主,充分体现了一歌多种的灵活变化模式。

活动方案

一、活动目标

在初步会唱歌曲《逛逛卢湾区》的基础上,进一步引导幼儿为歌曲编词并演唱,激发他们热爱卢湾区的情感。

二、活动准备

1. 多次参观卢湾区的景点。
2. 录音带"紫竹调"。

三、活动过程

(一)律动"看卢湾"

T：今天天气真好，我是导游，我们请外国朋友一起去逛卢湾区吧。

（教师鼓励幼儿在具有江南风格的紫竹调音乐中进入想象的意境，将看到的、感受到的，用动作表现。）

T：请外国朋友看看卢湾区到底有哪些好玩、好吃的地方。

（引导幼儿用动作表现，例如：弹簧步向前张望；踮趾小跑步挥手；三人合作抬轿子等。当音乐停止后，幼儿各自摆出不同的动作造型，教师随意选几组让他们说说动作的意思。）

（二）创编歌词《逛卢湾》

1. 语言表现卢湾区的人文景观——说卢湾

T：卢湾区的好地方可真多，外国朋友越看越喜欢，请小导游们把看到的、听到的、玩过的一边拍手一边介绍给大家。

（例如：<u>东方商厦</u> <u>商品</u>｜<u>琳琅</u> <u>满目</u>｜；<u>高架桥的</u> <u>道路</u>｜<u>一条又一</u> <u>条</u>｜；

<u>光明邨</u> <u>沧浪亭</u>｜<u>吃了还想</u> <u>吃</u>｜等等）

2. 歌声表现卢湾区的见闻——唱卢湾区

（1）复习歌曲

T：卢湾区好吃好玩的地方真是说不完，越来越多的外国朋友乘飞机赶来，我们一边唱着歌一边带他们逛一逛。

（复习歌曲，引导幼儿将前面两句"我是上海人"唱出强弱区别，最后那句"逛逛卢湾区"表现出高兴的情绪。）

（2）创编歌词

T：导游经理先来介绍一下。

（教师先编唱一句，例如：淮海路的商店多，商店里的玩具多，引导幼儿把刚才节奏语言装入歌曲中集体演唱。）

T：找个伙伴商量一下每个人编一句歌词介绍卢湾区。（引导幼儿两人合作商量）

T：请编好的小导游上来介绍。

（请几队幼儿唱出自己创编的内容，例如：一大会址真美观，参观的人儿真正多，唱完后，集体跟唱一遍。）

操作提示

此活动需要幼儿事先对卢湾区的人文景观等积累一定的生活经验，才能支持他们通过经验的迁移，将生活经验转化为艺术形式进行表现。

在幼儿创编歌词的时候，老师要给予孩子一定的思考、尝试的空间，不操之过急，适时的给予引导。当孩子创编的内容比较单一时，老师在给予肯定的同时引导全体幼儿进行补充，例如：一个孩子创编"一大会址真美观"老师可发挥集体的智慧，帮助其丰富"一大会址真美观，参观的人儿真正多"，这便是互动共享。

逛逛卢湾区只是创编活动的一个内容，老师可根据自己幼儿园所处的地段以及班级特点进行灵活的调整，如逛逛黄浦区、逛逛七宝老街等。

小贴士

在歌唱活动中培养幼儿的音乐创造
——评创编活动"逛逛卢湾区"

提到音乐创造,许多人自然会联想到作词、作曲家创作音乐作品,因此感到幼儿创作歌曲实在太为难他们了。这种想法实际上是把成人的创作标准搬到了幼儿身上。从"逛逛卢湾区"这一音乐创造活动中,我们不难发现,幼儿的音乐创造应该是最初级的,简单的音乐形式和内容的创造,是幼儿把已掌握的音调、节奏等重新加以组合,形成新的形式和内容。由此活动也可见幼儿的音乐创造并非高不可攀。

在幼儿的音乐创造活动中,教师常常起着巨大的作用。看了活动"逛逛卢湾区",我对如何促进幼儿音乐创造的发展,有了以下几点认识:

一、营造创造兴趣的环境,激发幼儿创造欲望

兴趣是创造的原动力,兴趣能激发幼儿的学习动机,调动幼儿学习积极性,从而促进幼儿音乐创造的发展,而环境是影响幼儿的创造因素之一。换言之,幼儿的创造在一定程度上依赖于环境,所以,教师在每一次音乐活动中,必须为幼儿创设一个宽松、自由自在、无压抑感的氛围来激发幼儿创造的兴趣。

在音乐创编活动"逛逛卢湾区"中,为激发幼儿创造兴趣,老师用语言营造了这样一个环境——我是旅行社的导游小姐,今天接待了一批外宾,我们一起带外宾去逛逛卢湾区。教师创设的氛围宽松、愉快、自由、和谐,激发了幼儿创造的兴趣和欲望。孩子们个个想说,人人能编,活动中不断呈现令人赞叹的"童龄妙句",如一大会址真呀真美观、太平洋百货真呀真热闹等。

二、注重创造活动的过程,引导幼儿探索参与

在音乐的教学过程中,教师不应直接把知识传授给幼儿,而应根据教学目标、内容和幼儿的认知特点及音乐感知规律,引导幼儿通过参与操作、观察倾听、尝试创造等途径去发现、探索、认识。

在"逛逛卢湾区"活动中,教师注意尝试在前,解释在后;探索在前,结论在后;启发在前,指导在后。引导幼儿自己动脑寻找答案。

1. 尝试创编、适度点拨

在活动"逛逛卢湾区"中,教师不做任何示范,直接提出创编要求:我们看见了什么?拍手介绍给大家。启发幼儿边尝试、边探索、边创编。由于教师提出的创编要求,符合幼儿已有的生活经验和认知水平,且形式和内容未作较高的要求,幼儿在无心理负担的状态下敢于尝试、敢于创编。

在幼儿尝试创编的过程中,教师并未单纯地充当听众角色,而是对幼儿创编的内容适时地进行点拨、引导,让幼儿自己寻找答案。如:第一个幼儿在创编时,叙述性地说"我看见益明百货高又高,教师点拨说"能不能直接介绍看到的",经教师这一点拨,第二位幼儿马上创编除了富有韵律感的语句"太平洋百货真呀真热闹"。当一幼儿创编说"大桥上面车子来来往往"由于语句较长,因而缺乏节奏感,这时,老师介入点拨说"车子很多,要挤得紧些",并适当地进行示范,引导幼儿模仿,为幼儿以后的再创造提供了参考。

由于在尝试创编过程中,教师适度的点拨,在师生互动、生生互动中,幼儿主动探索到

创编的要求,将叙述性的语句转化为有节奏的语句,为在以后的活动过程中将创编语句填入乐曲奠定了基础。

2. 适时提供示范,激起再创欲望

在音乐活动中,教师在适当的时候提供前(中、后)示范,能启发幼儿认真观察,积极动脑,主动发现示范要领,掌握创编的方法和规律,引起再度创编的兴趣。

在"逛逛卢湾区"活动中,教师并未一开始就急于进行示范,而是先让幼儿较自由地创编。幼儿对创编的方法在头脑中有了初步表象后,教师适时提供中示范,在示范中教师并未让幼儿进行机械模仿,而是只示范了前一句"淮海路的商店多",然后启发引导幼儿"谁能接着唱下面一句",使幼儿通过探索,掌握了创编的方法和规律。

由于有了前一阶段自由创编的基础和老师适时的示范,幼儿主动将自己头脑中的表象重新加工、组合,产生了再次创编的兴趣。在再次创编的过程中,教师注意面向全体幼儿,为每个孩子提供了创编的机会,让幼儿两人一组,一人一句,使每个孩子都积极参与活动。幼儿创编时,老师仔细倾听,捕捉幼儿创造的火花,并为幼儿搭建展示自己创编成果的舞台,使幼儿体验成功,获得最大限度的满足。

3. 求新求异,提高创编质量

在幼儿的创编中,难免有雷同、相似之处。教师应在肯定幼儿创编、尊重幼儿想法的前提下,激发幼儿的求异思维,将幼儿的创编质量推上更高的台阶。

在"逛逛卢湾区"活动中,教师有意识地请两位能力较弱,但积极性很高的幼儿上前做带头人,展示自己创编的作品。而这两位幼儿展示的是模仿教师示范和同伴创编的"淮海路上商店多,商店里的玩具多"。这时,曹老师引导说:商店里还有什么?幼儿经过思索后回答:衣服多,曹老师捕捉到了幼儿这一瞬间的创造性思维火花后,进一步启发"衣服怎样,人们才来买"。经曹老师的启发引导,幼儿的创造性思维萌芽得到壮大,这两位幼儿最终创编出了"淮海路上商店多,商店里的衣服美"的创造性语句,体验到成功的喜悦,也使创编活动发生了从量到质的变化,提高了创编质量。

在整个创编活动中,由于教师的点拨、引导恰当,幼儿始终有着强烈的创编欲望,也使幼儿非常愉快地完成了活动目标,身心在整个活动过程中得到很大满足。

(陈　怡)

附:歌曲《逛逛卢湾区》

1 = D　2/4　　　　　　　　　曹冰洁词曲

5　1　|　3 2 1　|　5 1 5 3　|　2　—　|
我　是　　上 海 人，　我 是 上 海 人，

3.5 3 2　|　1 2 3　|　3.5 3 2　|　1 2 3　|
上 海 有 个　卢 湾 区，　卢 湾 区 呀　真 热 闹，

6　6 5　|　1.2 3 6　|　5.3 2 3　|　5　—　|
你　也 来，　我 也 来，　逛 逛 卢 湾　区，

5.3 2 3　|　1　—　‖
逛 逛 卢 湾　区。

 八月十五的月亮

设计依据

中国人有属于自己的传统节日,其中中秋节代表着月圆人团圆的含义,因此,以幼儿喜欢的形式——歌唱,借助音乐的语言为中秋营造了更优美的意境。

作品分析

歌曲《八月十五的月亮》是一首五声音阶歌曲,该乐曲共五个音,且重复较多,便于幼儿唱,老师只是根据当前主题,配上了相应的歌词,赋予了熟悉的旋律以新的寓意。

活动方案

一、活动目标

在听听唱唱中感受歌曲旋律、节奏,理解歌词,愿意唱歌曲,体验中秋团圆的情感。

二、活动准备

1. 音块。

2. 钢琴。

三、活动过程

(一)探索歌曲旋律、节奏

1. 听辨旋律

T:中秋节到了,音块朋友想和我们一起过中秋,它们唱着歌来了,听听它们唱了什么?

(老师用音块敲出歌曲旋律,让幼儿模唱听到的乐句。)

2. 拍手表现旋律节奏

T:音符朋友边唱边送来了音乐月饼,一个音代表一个月饼,我们用手数一数,一个月饼拍一下。

(引导幼儿倾听歌曲旋律,拍出旋律节奏。)

3. 手拍旋律,脚踩拍率

T:音符朋友一步一步走着送音乐月饼,走得稳,别把月饼掉了。

(请幼儿听着音乐用踩脚表现拍率,一拍踩一下脚,例如:

$$\underline{1\ 1\ 1\ 1} \quad \underline{5\ 5} \quad \underline{6\ \dot{1}} \quad 5 \quad |$$
$$\times \qquad\quad \times \qquad \times \qquad \times \qquad\ 。)$$

T:音符朋友请我们帮他们一起送音乐月饼,跟着音符朋友,走得稳当,月饼别少送也别多送。

(引导幼儿根据音乐手拍旋律节奏,脚踩拍率。)

(二)理解歌词

1. 初步听赏

T:月饼送到别人家,音符朋友还会唱一首歌,你们听它唱了什么。

(老师唱歌曲,幼儿倾听。)

2. 理解

T:你听到歌里唱了什么?(老师将幼儿说的用歌曲乐句摘唱的形式总结)

T:我们把听到的歌词一起说一说。

(引导幼儿用节奏歌词的形式理解歌词。)

(三)唱歌曲

T:我们和音符朋友一起边送月饼边唱。

(引导幼儿轻声跟音乐唱。)

T:圆圆的月饼才香甜。

(引导幼儿口型圆,打开。)

操作提示

因为歌曲旋律简单,因此可让幼儿自己感受唱出音高。听辨旋律的环节中,老师将歌曲分句敲奏,敲一句幼儿听唱一句,而非完整敲。活动中老师注意层层深入,每个环节在前一个环节基础上进行,并且鼓励幼儿通过听辨自主感受歌曲旋律和节奏。在唱歌环节,老师根据幼儿出现的情况,用情景性语言随机地进行调整,注意幼儿对口型、音高的把握。在幼儿会唱歌曲后,可进一步在区域活动中投放音块操作材料,引导幼儿用音块敲奏出旋律,为歌曲伴奏。

小贴士

用音乐"说话"

上海市二期课改确立了"以幼儿发展为本"的理念,自主性活动成为我们首选的教育内容,但由于在对"某些涉及技能的学习是否也能让幼儿主动探索、自主建构"的问题上存在诸多困惑,很多教师采取了回避的做法,致使教育领域的局限和偏差日益突现。音乐活动因其必然涉及幼儿对音乐知识技能的领会和把握,更使得这种矛盾显得尤为突出。

是回避矛盾还是知难而进,带着对幼儿园应该处处有歌声的坚定信念和对音乐技能把握不应只有被动接受训练这条单行道的追求,我们开始了学习和探索。通过一系列的观摩、讨论、实践、反思,我们发现音乐教育与"以幼儿发展为本的"理念存在着高度的统一,完全可以让幼儿在探索中学习,在发现中成长,关键在于必须调整教师的设计思路和教育对策,借助各种音乐语言,让"音乐材料"说话,让幼儿用"音乐说话",以下借助两个观摩的实例谈谈。

一、让"音乐材料"说话

音乐活动作为课程中的一种有效教育手段,必须利用其特殊的艺术性将音乐的优美旋律、变化的节奏、不同的音色与幼儿生活情景有机整合,最大限度地让"音乐材料"说话,发挥其"审美"功能,引导幼儿在与各种音乐材料的互动中多种途径表达个人体验,从而提升幼儿的审美情感。

实例一:音块合奏《送月饼》

中秋时节,幼儿园洋溢着一派欢度佳节的气氛,老师根据幼儿已积累个人敲音块和会唱歌曲《八月十五的月亮》的经验,创设了招待客人吃月饼的情境,预设了活动音块合奏游戏"送月饼"。

活动开始,先由数位老师演示,每个音表示一种月饼,每人负责一个音(从 do 到 la),当

旋律唱到哪个音,相应的负责人就敲击音块表示送出月饼。在演示后,老师用情境语言"中国娃娃怎么送月饼?"提问,引导幼儿发现游戏方法。

在幼儿了解游戏方法后,教师邀请幼儿由一个到数个的替换教师,加入"送月饼"的队伍,在敲奏中引导大家观察思考:"客人有没有吃到我们送的月饼?合格的服务员应该怎样送?"或针对操作上的问题共同寻找原因"谁送错了月饼?为什么会送错?应该怎么送?"并再次给予这些孩子操作的机会,使得幼儿不断地观察和把握按照音乐节奏适时介入敲奏的方法。最后全班幼儿一人一个音块自如地进行了合奏,借助音乐的语言为中秋营造了更优美的意境。

▲ 设计分析

首先,老师将欢度中秋的生活经验与音乐材料相结合,利用与该主题相关的音乐材料"说话",设计了节奏语言《说中秋》、歌曲《八月十五的月亮》等一系列的活动。这些材料都"来源于生活",能引起幼儿的情感共鸣,音块合奏游戏"送月饼"又使这种体验得到进一步的深化,不但激发幼儿用音乐语言宣泄节日欢乐情绪,更使幼儿对中秋的认识尽在不言中。

其次,歌曲《八月十五的月亮》的曲调共五个音,且重复较多,不但便于幼儿唱,也便于幼儿单独进行敲奏。在本次活动中,教师就将重点落在引导幼儿如何与同伴合作及自我控制等方面,引导幼儿共同探索、共建游戏规则。整个活动中,老师并未直接提要求,而是层层深入地支持幼儿自主学习,操作——讨论——再操作——再讨论的过程,实质上就是一个不断互动共享的过程。由于规则是自建的,孩子们会主动地去遵守,并利用这些规则自我检验。

★ 策略探讨

(1)音乐环境情景化。将音块比喻为月饼,适时敲出音块比喻将月饼递到客人手中,节奏不准比喻为月饼或掉地上或迟迟没有送出,以孩子生活体验解释操作行为,易于让幼儿接受,也增添了游戏的情趣。

(2)材料应用多元化。同一首乐曲采用说歌词、唱歌曲、音块演奏等多种形式灵活变换,产生出不同的效果,为丰富幼儿音乐语言创造了有利条件。

(3)层层递进,乐在其中。从念歌词到唱歌曲,从个人演奏乐器到集体合奏乐器,在幼儿原有水平所能及的范围内,逐步增加音乐材料的投放,避免盲目重复,使每位孩子都乐于尝试新的表现方法,关注每一次的演奏,体会通过努力获得成功的快乐。

二、让幼儿用"音乐"说话

音乐作为一种十分抽象的听觉艺术,其诸多的音乐要素的组合犹如极为丰富的音乐语言,当人们难以用言语表达的时候,音乐时常是最好的方式。而幼儿对音乐的直觉有时比成人更为强烈,并十分乐意运用这样的说话方式来表达个人的体验。要培养幼儿的音乐感就必须让幼儿通过自我发现,以自己的方式用"音乐"说话,进行个性化的表现,这不是靠训练而是靠领悟,要跟着感觉走。因此,教师就应创造各种让幼儿用音乐说话的机会,给予幼儿更大的满足。

实例二:歌曲接唱《老乌鸦》

歌曲《老乌鸦》是一首著名的叙事性歌曲,在"三八"国际妇女节期间,老师选择了这首

歌曲,并贯穿于爱妈妈活动的始终,引导幼儿运用各种音乐语言表达对妈妈的关爱。在此,老师运用了三种表达音乐语言的方式:

(1)为歌曲伴动作。根据音乐材料的特质——每句结尾处有滑音即有趣的声响,感受歌曲旋律节奏,听辨歌曲中"滑音",抓住每个滑音的出现,创编逗乌鸦妈妈开心的动作。借助幼儿间的思维互动,促使孩子们用自己的动作来表达对音乐的独特理解,这即是"孩子的一百种语言"。

(2)利用音乐中不同的变化讲述故事。尝试变化速度、力度和音色表现歌曲中的不同角色,例如:用连音慢速表现老乌鸦因为年纪大而无法自己觅食的艰难处境;用跳音表示小乌鸦年纪小,灵活又调皮,音乐故事的情节随着音乐波动起伏,时而舒缓沉重,时而欢快跳跃。

(3)歌曲接唱赞美小乌鸦。运用小组合作接唱,一组用"啦"伴唱,另一组则要在每句的最后接上解说性歌词,表演森林里的小动物都来夸奖小乌鸦的情境,犹如一首儿童清唱剧。

▲ 设计分析

首先,在将这首歌曲介绍给幼儿之前,教师认真地进行了解读,认为从歌词内容上看是一首表达亲子间关爱和亲情的叙事性歌曲;从音乐效果上看采用了旋律节奏的变化和滑音渲染了两个人物之间亲密的关系和各不相同的个性特征。它更像一个述说小乌鸦爱妈妈的感人音乐童话,容易与幼儿产生感情交流,激起心理上的感动,每时每刻都能感受到妈妈爱我、我爱妈妈的情感。

其次,将这个活动设计不局限在一次活动,而是一个连续的"过程性"活动中,调动幼儿已有的经验,将经验迁移到新的材料中,结合自己对新材料的理解,运用动作、歌唱、接唱等多种方式激发幼儿尽情地用音乐语言表达个人的感受。

★ 策略探讨

(1)充分信任。对以上三种表述音乐语言的方式,老师都为幼儿预留了宽松的时间与空间,引发了大胆的创造,相信每个幼儿都"能行"。例如:在思考表达用什么有趣动作可以逗妈妈乐时,开始幼儿只是用点点鼻子、拉拉耳朵来表示,但是随着活动的深入,幼儿的创意越来越多。他们从脸部表情到身体动作到姿态模仿,就连平时比较内向的孩子也乐此不疲。

(2)积极鼓励。幼儿在接触一种新的材料或新的表达方式时,都会经历从困惑到顿悟的过程。当幼儿发生问题时,教师的角色不是作为评判者来评议对错,也不是作为旁观者视而不见或说些不痛不痒的空洞语言,而是积极鼓励,及时找出问题的症结所在。例如:为歌曲伴动作时,有些幼儿一个接一个地做滑稽动作,出现了混乱;老师并没有加以制止,而是及时分析原因是幼儿过于热衷滑稽动作忽略了音乐。教师一方面肯定了幼儿在动作上的创意,另一方面则引导幼儿关注滑音的出现,逐步控制自己的动作,使动作与音乐更为和谐。

(3)共同分享。交流对话才能体现音乐语言的价值,无论是动作创编、歌曲演唱或分组接唱,都必须是幼儿充分享受自由表达的快乐,又在与同伴交流的过程中得到新的灵感,继而迸发出新的思维火花,使个人的体验与发现演绎成群体的果实,共同分享音乐创造带来的快乐。

附:歌曲《八月十五的月亮》

1=♭E　4/4　　　　　　　　　　　　　　　曹冰洁词曲

$\underline{1\ 1\ 1\ 1}$ $\underline{5\ 5}$ $\underline{6\ \dot{1}}$ 5 | $\underline{6\ 6\ 6\ 6}$ $\underline{5\ 5}$ $\underline{2\ 2}$ 3 |

八 月 十 五　月 亮　天 上　挂，　香 香 甜 甜　月 饼　手 中　拿，

$\underline{1\ 1\ 1\ 1}$ $\underline{5\ 5}$ $\underline{6\ \dot{1}}$ 5 | $\underline{6\ 6\ 6\ 6}$ $\underline{5\ \dot{1}}$ $\underline{3\ 2}$ 1 ‖

你 来 我 来　大 家　一 起　来，　尝 尝 月 饼　团 圆　笑 哈　哈。

 ## 摇到外婆桥

设计依据

随着"我是中国人"主题的开展,一些富有上海乡土气息的文化元素也逐渐与孩子的生活经验擦出火花,于是那些蕴含乡土文化、富有地方方言特色的游戏和歌曲就成了很好的素材。因此,我们借助歌曲让幼儿深入体验富有本土文化特色的音乐。

作品分析

这是一首上海童谣,带有浓郁的乡土气息,吃糖、吃糕等歌词内容生动地反映出孩子们的心理,也反映出长辈们对孩子温存体贴的情态,形象地描绘出外婆是多么喜爱自己的外孙。歌曲是三拍子,正贴合了歌曲中摇船的情景,烘托出歌曲游戏性的本质。

活动方案

一、活动目标

初步感受童谣《摇到外婆桥》,在唱唱玩玩中尝试表现三拍子歌曲,体验带有乡土特色的曲调形式。

二、活动准备

1. 音乐 CD。

2. 上海老弄堂的 PPT。

三、活动过程

(一)激发兴趣

T:你们平时去外婆家做客是怎样去的?需要什么交通工具?

T:今天我们也要去外婆家做客,听听看我们将用什么交通工具?

(引导幼儿初步欣赏音乐。)

(二)欣赏感受歌曲

T:今天怎么去外婆家?

T:外婆喜欢小宝宝吗?从哪里听出来的?

T:这首歌曲和我们以前唱的有什么不一样?

(再次听赏歌曲,引导幼儿理解歌词,发现歌曲是上海话表现的。)

(三)感受表现三拍的旋律

1. 说三拍感觉

T:听了这首曲子有什么感觉?

2. 动作表现三拍感觉

T:请做动作来表现你听到的感觉。

(鼓励幼儿用动作表现三拍子旋律。)

T:我们摇着小船去外婆家,摇船要用力,船才会前进,什么时候力气用得最大?

(引导幼儿用划船动作表现重拍。)

3. 乐器表现三拍

T:摇船的时候请乐器来帮我们鼓劲加油,在划船用力的时候帮忙加油。

(借助乐器区分三拍中的重拍。)

(四)唱歌曲

T:歌曲里的话是上海话,我们用上海话说说你听到歌里唱了什么。

(引导幼儿用上海话念歌词。)

T:我们一边摇船一边唱歌,去外婆家。

(请幼儿边动作,边唱歌曲。)

T:我们划船去外婆家,有的划船,有的站在船上用乐器加油,一起出发了。

(引导幼儿分组合作,部分两两坐地毯上划船唱歌,部分用乐器伴奏,边唱歌边欣赏老上海弄堂 PPT。)

操作提示

为突出上海童谣的乡土特色,老师在指导语中可以穿插上海话,也可用上海话导入。活动中体验三拍的感觉是重点也是难点,老师要从引导幼儿倾听入手,利用多种手段给予孩子感受、表现三拍的机会。在乐器表现环节中,老师可让幼儿从最容易表现强弱的大鼓开始,便于幼儿区分三拍中第一拍为强拍的感觉。在熟悉歌曲后,可以引导幼儿分组装扮,模仿角色,创编简单的情景音乐剧。

老乌鸦(二)

设计依据

这首表达亲子间关爱和亲情的歌曲在中班的时候幼儿已经有所接触,会唱歌曲。大班随着幼儿音乐经验的丰富,音乐表现形式的多样,可变换表现的形式,调动幼儿已有的经验,将经验迁移到新的方式中,用接唱的形式引导幼儿进一步用音乐语言表达个人的感受。

活动方案

一、活动目标

在会唱歌曲《老乌鸦》第一段的基础上,初步尝试用接唱的形式表现歌曲第二段,体验集体合作。

二、活动准备

1. 已经会唱歌曲《老乌鸦》第一段。

2. 钢琴。

三、活动流程

（一）复习歌曲《老乌鸦》第一段

1. 回忆歌名并完整演唱歌曲

2. 再次演唱

T：乌鸦妈妈年纪大，做所有的动作都很慢（唱得慢、弱）；小乌鸦年纪小，很灵活（唱得强、活泼）。

3. 学习歌曲第二段，尝试接唱歌曲

（1）用"啦"表现歌曲

T：动物朋友听说小乌鸦感人的事迹都来赞美它了。

（2）老师示范接唱理解歌词

T：动物朋友是怎么说的？

（3）再次示范，了解什么时候进行接唱

T：动物朋友什么时候出来赞美小乌鸦？

（4）老师和幼儿互换角色，幼儿接唱

（5）幼儿分组接唱歌曲

（6）加上第一段完整演唱歌曲

操作提示

用歌曲接唱形式赞美小乌鸦，老师创设情景，运用小组合作接唱，一组用"啦"伴唱，另一组则要在每句的最后接上解说性歌词，表演森林里的小动物都来夸奖小乌鸦的情景，犹如一首儿童清唱剧。在分组接唱的时候，老师可以请幼儿担任小指挥，多给予幼儿平等的操作机会，鼓励人人参与。

小贴士

音乐活动内容体现层次感——在挑战中学习

在确立了体现活动特质的目标之后，就要在目标导向下，观察分析幼儿的已有经验与可能产生的新经验之间的联系，通过内容材料与幼儿的互动来适度超越原有经验，推动幼儿走进"最近发展区"，让幼儿在挑战中激发学习的积极性和学习的潜能。挑战分为深度挑战和广度挑战，前者主要指原有经验的概括或提升，而后者是对原有经验的横向拓展。

要让幼儿保持这种积极的学习和互动状态，就必须从最直接的经验开始，在不断尝试的过程中，在与内容材料、同伴、老师的直接接触过程中逐步提升已有经验，即内容要体现层次感。这里面有两层含义：一是从教育连续性角度看，每个活动都是前一次活动的经验提升，是层层深入的；二是就每个单独活动而言，活动中的每个环节同样要体现层次感，只有这样幼儿在过程中才会有所收获，才能真正体现出活动的价值。

例如：在分组进行接唱时，老师请小指挥分别帮助伴唱和解说员的两组幼儿合作尝试用接唱的方式表现歌曲第三段。对于幼儿来说小指挥是已有经验，但在此次活动中小指挥并不是原有经验的重复，由于操作材料的不同就需要幼儿自己探索经验的迁移，这个探索的过程便是对已有经验的再次提升。虽然这首曲子是三拍子,孩子还未接触过这种类型的指挥,但这并不影响孩子的表达表现。老师不必将重点落在如何指挥三拍子乐曲上,而要将重点落在动作提升上。提示小指挥的作用是正好在接唱处给予组员动作提醒,并且这只是第一层次的提升。在幼儿达到这个要求后,老师则可进行第二层次的深入推进,把第二次指挥的操作要求建立在前一次的基础上,即要求幼儿变换提示的动作。整个提升都是在小步递进的挑战中自主获得。

因此,老师既把握纵向层次的提升——对同一经验的深入探究,又把握了横向层次提升——挑战性经验与以往经验的链接。

★附:歌曲《老乌鸦》

1＝C　3/4

外国儿童歌曲

	5 1 2 3 4	5 1　1	6 4 5 6 7	i　1　1
第一段	老 乌 鸦	年 纪 老,	跳 不 动	飞 不 高,
第二段	啦 啦 啦 啦 啦	啦 啦 啦,	啦 啦 啦 啦 啦	啦 啦 啦,
	0　0　0	0　1 1　1	0　0　0	0　1 1　1
		老 乌 鸦,		别 担 心,

4 5 4 3 2	3 4 3 2 1	7· 1 2 3 1	2　—　—
在 窝 里	叫 呀 呀,	叫 呀 呀	叫,
啦 啦 啦 啦 啦	啦 啦 啦 啦 啦	啦 啦 啦 啦 啦	啦
0　0　0	0　4 3 2 1	0　0　0	0　2 2 2
	别 担 心 呀		快 休 息

5 1 2 3 4	5 1　1	6 4 5 6 7	i　1　1
小 乌 鸦	年 纪 小,	到 田 里	捉 小 虫
啦 啦 啦 啦 啦	啦 啦 啦,	啦 啦 啦 啦 啦	啦 啦 啦
0　0　0	0　1 1　1	0　0　0	0　1 1　1
	小 乌 鸦		爱 妈 妈

4 5 4 3 2	3 4 3 2 1	2 3 2 1 7·	1　—　—
带 给 妈	妈 吃 个	饱 吃 个	饱
啦 啦 啦 啦 啦	啦 啦 啦 啦 啦	啦 啦 啦 啦 啦	啦
0　0　0	0　4 3 2 1	0　0　0	0　1 1 1
	捉 小 虫 呀		喂 妈 妈

 布娃娃

设计依据

孩子已经积累了很多节奏的经验,也通过听辨游戏对切分节奏有了一定了解。为了进一步

丰富幼儿的节奏型,我们在"三八"国际妇女节主题中,结合孩子们对妈妈的爱,衍生出对家庭成员的爱和对同伴的爱这条线索,设计了活动"布娃娃",换一种方式对切分节奏以及对同伴友爱情感进行巩固。

作品分析

这首歌曲带有一定情景性,讲述了讲卫生的小朋友和布娃娃做朋友的故事,内容贴合幼儿的生活经验。另外,此首歌曲具有的明显特点就是旋律中带有切分节奏,因此在唱歌曲时引导幼儿用动作、歌声等表现这个节奏特点。

活动方案

一、活动目标

初步欣赏歌曲,感受歌曲中的切分节奏,尝试用动作、歌声表现,知道要做个讲卫生的孩子。

二、活动准备

1. 对切分节奏有初步的经验(寻找过生活中类似 × × × | × × × |的切分节奏声音)。

2. 钢琴。

三、活动过程

(一)导入

T:有个小朋友想和布娃娃做朋友,可是布娃娃不愿意,你们听听到底是怎么回事?

(引起兴趣,初步欣赏歌曲。)

(二)欣赏理解歌曲

T:布娃娃为什么不愿意让小朋友抱?

(初步听赏后引导幼儿回答听到了什么,老师按幼儿说的内容用歌曲乐句摘句演唱,加以小结。)

T:布娃娃不要小朋友抱,小朋友很着急,谁能找出歌曲里小朋友着急的歌声?

(再次听赏歌曲,找出歌曲中的切分音,并跟唱此句。)

T:布娃娃决定和我们做朋友,她来找找有多少讲卫生的小朋友,有一个音拍一下手。

(请幼儿听辨音乐,拍打旋律节奏,例如:i̇i̇ 7̇6̇ |♯5̇6̇ 6̇ | 。)

×× ×× | ×× × |

(三)唱歌曲,动作表现切分节奏

T:布娃娃愿意和讲卫生的朋友做朋友,所以希望我们把这个消息告诉其他朋友,我们把布娃娃的要求唱出来。

(引导幼儿跟着音乐轻声演唱,唱清歌词。)

T:布娃娃不要小朋友抱的时候,小朋友心情会怎样?可以用什么动作表示?

(引导幼儿创编动作表现小朋友着急的心情,如跺脚、拍头等,但动作要符合切分节奏。)

(四)节奏游戏

T:布娃娃找到了那么多朋友,下次再来他家做客别迷路,娃娃请我们,一边走路,一边数数他家的台阶,记住他家的路。

(引导幼儿在不断熟悉理解歌曲的基础上,脚踩拍率,手拍旋律节奏进行游戏。)

■ **操作提示**

老师可在幼儿进行过听辨游戏"春天运动会",对切分节奏有初步感受的基础上,让幼儿演唱此首歌曲,换一种音乐的方式再次建构对切分节奏的感觉。

唱歌中拍手表现旋律节奏是一个比较重要的环节。老师要给幼儿充分听辨的机会,让幼儿自己找出旋律节奏,并加以操作。

老师可利用对切分节奏部分的歌词创编动作,调动多方面的感觉,强调幼儿对切分音的感知与表现。在比过程中,老师要鼓励幼儿创编不同动作。

■ **小贴士**

歌唱活动中教师的若干指导

老师在对幼儿进行歌唱活动指导时,一是要把握"歌词",幼儿随着年龄的增长,整体语言水平有所提高,对歌词的咬字吐词日趋清晰准确,并能记住较长的句子,对歌词的理解能力也随之提高。因此,老师在对幼儿咬字吐词进行引导的时候要提示他们嘴唇放松、口型圆,将歌词唱清楚,同时注意字头、字符、字尾的发音。这就需要老师在歌唱活动的整个过程中聆听幼儿、观察幼儿,随时进行调整支持。

二是要熟悉幼儿的"音域",一般幼儿的音域在低音 sol 到高音 la 的范围内,但还存在个体差异。老师可根据自己班级幼儿的特点选择歌曲或对歌曲进行移调,为幼儿提供合适的音域范围。

三是要注意突出歌曲的旋律和节奏。为了帮助幼儿建立准确的音准感,老师可逐渐递进,从唱 mi、sol、la 三个音高组成的乐句开始,逐步增加音高至唱五声、七声音阶音高组成的乐句。音乐是由节奏和音响组成的,老师要重视对幼儿听觉能力的培养。

四是唱歌时呼吸也很重要,随着音量的增加,能自然换气,区分强弱、快慢等变化,并用歌声表现情绪和情感体验。

五是在唱好歌曲的同时,更重要的是挖掘幼儿的创造性表现,如:布娃娃中的切分节奏,如何让幼儿学唱、理解、操作、表现。教师重点启发幼儿从情感上想象体验布娃娃不要自己抱的着急心情,在学唱的基础上进一步思考可以用什么动作表现着急,如:两手一摊,怎么办 怎么办;两手拍腿急得团团转;用食指点鼻子哎呀呀 哎呀呀 等等。

附:歌曲《我有一个布娃娃》

1=B　2/4　　　　　　　　　　　　　　　　　儿童歌曲

我有一个 布娃娃,大大的 眼睛 黑头发,我想去 抱 它,
我有一个 布娃娃,大大的 眼睛 黑头发,我想去 亲 它,

它呀 摇头 啦, 嗳呀呀, 嗳呀呀 嗳呀呀 呀
它呀 噘嘴 啦, 嗳呀呀, 嗳呀呀 嗳呀呀 呀

```
 6 6    7 | i 6 | 2 i 7 6 | 7   3 | 2 2 1 | 7 2 |
手儿    脏  了, 别  抱  它  呀, 手儿   脏  了
脸儿    不  洗, 别  亲  它  呀, 脸儿   不  洗

 i 77   6 #5 | 6 — ‖
别  抱  它。
别  亲  它。
```

母鸭带小鸭

设计依据

在"三八"国际妇女节的主题活动中,孩子们体验了自己和妈妈之间爱的情感。孩子都非常喜欢小动物,因此将母子之爱延伸到了小动物。利用这首歌曲为切入点,让幼儿了解小动物间同样有对妈妈的爱。

作品分析

这首歌曲篇幅短小,旋律欢快活泼,且形象生动,但带有浓郁的游戏色彩和母爱的情感。初步看来这首作品给大班幼儿操作可能略显简单,但实质上不然,如果变换游戏方式,引导幼儿尝试仿编歌词就必须在大班幼儿积累了节奏、旋律等音乐经验的基础上进行。

活动方案

一、活动目标

在初步会唱歌曲的基础上,尝试仿编歌曲,引导幼儿将各种有叫声的小动物编唱到歌曲中,体验妈妈和宝宝之间爱的情感。

二、活动准备

1. 已经会唱歌曲《母鸭带小鸭》。

2. 对动物叫声有一定的经验。

3. 母鸭带小鸭的图片、小动物的图片。

三、活动过程

(一)复习歌曲

T:我们都有爱我们的妈妈,小动物也有妈妈,你们看谁来了?(出示图片,引出歌曲)母鸭带着小鸭来了,他们在干什么? 我们唱一唱。

T:鸭妈妈和小鸭哪个叫声响哪个叫声轻? 鸭妈妈走在前面叫得响,小鸭走在后面叫得轻(引导幼儿用强弱表现"呷呷呷呷")。

(二)创编歌曲

1. 说动物

T:小鸭有爱它的妈妈,别的小动物也有爱它的妈妈,还有哪些会唱歌的动物妈妈和宝宝,我们也把它们请来。你想请什么动物? 怎么唱歌? 它在干什么?

(引导幼儿说说想要创编的动物,例如:喵喵喵,跑来跑去,母猫带小猫,老师根据幼儿说的动物出示图片。)

2. 唱动物

T：我们来唱唱猫妈妈和小猫的快乐生活。

（引导幼儿将刚才说的填充进曲调中，继续引导幼儿说动物，例如：叽叽叽叽，走来走去，母鸡带小鸡；呱呱呱，跳来跳去，母蛙带小蛙等，并鼓励幼儿大胆装入旋律。）

3. 动物表演

T：动物妈妈和动物宝宝一起唱歌还一起跳舞，我们来学学他们，谁排在前面？谁在后面？

（引导幼儿将刚才创编的动物逐一排序，根据顺序边唱边动作表演。）

操作提示

活动重点是仿编，因此老师通过提问让幼儿了解需要改编哪几个关键地方——动物叫声、动物走路或活动的方式、动物的名称，在此基础上支持幼儿将创编的歌词填入旋律。

因为创编涉及动物叫声，因此老师在提出要求创编不同动物时就要强调"会唱歌"的动物，暗示幼儿在有关动物经验中筛选出"会叫的动物"编入歌曲。

小贴士

教育机智和幼儿主体性

我们在实践中时常提到"教育机智"，从理论上说"教育机智"是什么？它是一种教育智慧，通过整个身心表达。"教育智慧"运用在实践中，主要是用来发挥幼儿的"主体性"。教育机智体现在与幼儿相处时主动建立起来的关系方式，主要表现为以下几种：

（1）克制。有时最好的行动是不采取行动，但克制不是无条件的。例如：当幼儿在音乐探索中出现问题，老师需要暂时性克制，留给幼儿发现问题、自我调整的机会。

（2）对幼儿体验的理解。对幼儿保持开放性的理解是不容易的，保持开放意味着努力避用一个标准和方式处理情况，以幼儿的眼光看问题。例如：在音块操作或乐器操作中，老师的评价标准应落在"谁愿意来参与"，而不是"操作正确与否"。

（3）尊重幼儿主体性。例如：每个孩子对于音乐的理解是不同的，因此采用的表现方式也是不同的，在动作创编中有的孩子肢体语汇丰富，有的则比较缺乏，老师要肯定每个孩子的创造，愿意参与对孩子来说就是成功。

（4）对教育情景的自信。老师充满信心迎接挑战，每次活动是预设和生成的结合，老师以积极的心态应对"突发事件"。

（5）表现为临场的发挥。我们经常将与幼儿的互动比喻为"抛接球"，老师对孩子抛来的球进行准确的定位和反应，并将"问题"球抛还给孩子，这便是随机教育。

附：歌曲《母鸭带小鸭》

1 = A   2/4   儿童童谣

5 5 6 5 5 6 | 5 1 1̇ | 6 6 7 6 6 7 | 6 2̇ 2̇ |
呷 呷 呷 呷 呷 呷   呷 呷 呷   呷 呷 呷 呷 呷 呷   呷 呷 呷

5 5 6 5 5 6 | 5 1 1̇ 1̇ 1̇ 7 | 6 2̇ | 6 7 | 1̇ — ‖
游 来   游 去   真 快 乐 这 是 母 鸭 带 小 鸭

 小鸭呷呷

■ **设计依据**

大班幼儿集体合作意识逐步增强,利用音乐活动为契机,通过让幼儿自主探索歌曲轮唱的方式,进一步体验同伴合作的快乐,同时在活动中发展幼儿听觉、自控、专注等能力。

■ **作品简析**

这首歌曲短小,只有四句,旋律简单,对于初次接触轮唱形式的孩子来说比较容易表现。

■ **活动方案**

一、活动目标

在会唱歌曲《小鸭呷呷》的基础上,尝试探索用轮唱的方式表现歌曲,体验集体合作的乐趣。

二、活动准备

1. 会唱歌曲《小鸭呷呷》。

2. 有节奏卡农游戏的经验。

三、活动过程

(一)小鸭来唱歌

T:鸭妈妈有一群可爱的宝宝,他们唱着歌儿在池塘洗澡,小鸭跳下水的时候是跳起来的。

(引导幼儿复习歌曲,暗示幼儿在唱扑通扑通时要跳跃)

(二)探索轮唱

1. 讨论轮唱"有先后开始"的规则

T:小鸭和鸭妈妈边游泳边唱歌,小鸭先唱,妈妈后唱,请你们听听鸭妈妈是什么时候唱的?

(请一名幼儿与老师合作,唱先开始的一声部,其余幼儿发现老师是在幼儿唱完第二小节"小鸭小鸭"之后开始唱。)

2. 尝试轮唱

T:小鸭子爱妈妈想为妈妈捉鱼虾,一群小鸭走在前面,一群走在后面,我们也来试试。走在后面的小鸭什么时候出发?

(将全班分成两半,尝试轮唱,老师指挥。)

T:现在请两只小鸭来带路,先出发的那群小鸭等后面那群。

(请两个幼儿分组指挥,尝试一起结束。)

T:先出发和后出发的小鸭交换一下,再换两只小鸭带路。

(交换幼儿轮唱的先后顺序,重新换两名指挥的幼儿,再次轮唱。)

■ **操作提示**

老师创造机会,让幼儿主动积极地探索,轮唱的规则不是老师说的,而是幼儿自己发现的,通过师幼配合示范,幼儿发现轮唱有先后开始的特点;通过听辨了解后开始的那组在什么时候进入;通过思考找到一起结束的方法(重复最后一小节),在自主探索的过程中孩子逐步了解了"轮唱"。

在初次尝试两组轮唱的基础上,可进一步加大难度,尝试三组轮唱,引导幼儿解决三组轮唱的关键点——第一组重复两次最后一小节,第二组重复一次,以保证三组幼儿同时结束。

在请小指挥的时候,鼓励幼儿创编属于自己的指挥动作,创造性地表现。

教师可选择别的歌曲进行卡农曲式的轮唱,但歌曲不能太长,短小方正的歌曲便于幼儿把握。

附:歌曲《小鸭呷呷》

1 = C 2/4   曹冰洁词曲

| 1 3 1 3 | 5 5 5 5 | 6 5 3 1 | 2 2 2 2 |
| 小 鸭 小 鸭 | 呷 呷 呷 | 清 早 来 到 | 池 塘 边 |

| 1 3 1 3 | 5 5 5 5 | 6 5 3 2 | 1 1 1 |
| 扑 通 扑 通 | 跳 下 水 | 洗 个 澡 儿 | 真 快 乐 |

 清晨

设计依据

在主题"春夏秋冬"中,我们和孩子们在一起已经有了许多的感性认识,了解四季的明显不同以及四季轮换的顺序,感受季节的不断渐变对人们生活的影响。但无论什么季节,"清晨"对于孩子来说总是有着相同的意义,因此利用歌曲引导幼儿体验清晨的美。

作品分析

歌曲旋律优美,时而流畅,时而欢快,配合歌词将春天清晨的美景生动地展现在眼前。其中,有几处音域的大跳,例如:1 3 3 5 1 | 在幼儿唱的时候能引导他们尽量唱准音高。

活动方案

一、活动目标

感受歌曲旋律、理解歌词,愿意与同伴一起演唱歌曲,感受春天清晨的美。

二、活动准备

钢琴。

三、活动过程

(一)初步欣赏,熟悉旋律,理解歌词

1. 首次欣赏

T:春天到了,春天的清晨推开窗户,会看到什么美景呢?我们来听一听。

(初步欣赏歌曲,理解歌词。)

2. 再次欣赏

T:清晨有什么美景?

(引导幼儿说出听到的歌词内容,老师根据幼儿说的内容摘句演唱,例如:幼儿说清晨太阳刚升起,老师就唱:

| 1 | 1 1 | 1 3 5 5 | 6 4 4 2 | 7 2 5 | 。 |
| 当 | 清 晨 | 太 阳 刚 刚 升 | 起 在 东 | 方 |) |

（二）探索旋律节奏

1. 拍手表现旋律节奏

T：春姑娘在窗外轻轻唱，春风吹过花儿开放，一个音代表一朵花，我们听着春姑娘的歌声用手数一数。

（引导幼儿倾听歌曲旋律，拍出旋律节奏。）

2. 手拍旋律节奏，脚踩拍率

T：清晨太阳出来了，我们走出房间一步一步走着去看小花，走得稳。

（请幼儿听着音乐用踩脚表现拍率，一拍踩一下脚。）

T：听着春姑娘的歌声一边走一边数小花。

（引导幼儿根据音乐手拍旋律节奏，脚踩拍率。）

（三）唱歌曲

T：我们和春姑娘一起唱歌，把春的消息带给大家。

（引导幼儿轻声跟音乐唱。）

T：春天露珠一滴滴，花儿一朵一朵开。

（引导幼儿用顿音表现"春天已来临，小花齐开放"。）

T：春姑娘拖着长裙舞蹈。

（引导幼儿将最后一句用连音表现。）

操作提示

老师可根据班级幼儿实际音域，设定适合幼儿演唱的调。在幼儿熟悉歌曲后，可引导幼儿处理歌曲，用跳音、连音进一步表现歌曲情绪，并能对其中的休止有所表现。除了用唱表现歌曲，还可引导幼儿为歌曲配上动作，例如：分组为歌曲创编动作，用其他形式表现歌曲。

附：歌曲《清晨》

1＝C　2/4　　　　　　　　　　　　　　　　　外国儿童歌曲

1　1 1｜1 3 5 5｜6 4 2 1｜7 2 5｜
当　清 晨　太 阳 刚 刚　升 起 在　东 方

1　1 1｜1 3 5 5｜6 4 2 7｜1　—｜
我　听 见　小 鸟 向 着　朝 霞 把 歌　唱

2　3 4｜5 3 1 0｜2　3 4｜5 3 1 0｜
春　光　已 来 临　小　花　齐 开 放

1 3 3 5 1｜7 6 5 4｜3 2 1 7｜1　—‖
美丽的 春 天　来 到 了　我 们 多 欢　畅

 我和娃娃做游戏

设计依据

四季有着不同的季节特征，除了植物、动物等变化是最显性，能直观看到的以外，温度的变化也是四季交替中最重要的因素。结合这个特征,选择了歌曲《娃娃穿上衣服》,调动幼儿生活中最基本的经验——根据气温穿脱衣服,用默唱的形式有趣地表现歌曲,在音乐游戏中增强幼儿的自控能力。

作品分析

歌曲歌词简单只有一句,便于幼儿理解记忆;旋律节奏稍显复杂,有附点节奏,并且歌曲末尾有一个弱起休止。如果用反复练唱的形式引导幼儿准确地表现出歌曲节奏,幼儿会失去操作兴趣。因此,通过游戏的形式。让幼儿在唱唱玩玩中表现歌曲。

活动方案

一、活动目标

1. 用歌曲欣赏、节奏游戏等方式引导幼儿感受并乐意演唱新歌《娃娃穿上衣服》,并尝试准确表现歌曲中的休止节奏。

2. 尝试用默唱的方法表现歌曲,体验默唱活动的有趣。

二、活动准备

1. 穿衣戴帽的娃娃一个。

2. 钢琴。

三、活动过程

1. 听赏新歌《娃娃穿上衣服》

(1)初步听赏(出示娃娃)

T:小娃娃想跟我们一起去郊游,她赶紧穿上衣服戴上帽,一边唱一边跟来了,你们听听她唱了什么?

(2)再次听赏,理解歌词

T:我们再来听一听,她穿了几件衣服?戴了几次帽子?

(3)游戏感受节奏

T:娃娃的衣服帽子上有很多的小花,我们听着音乐一起用手来数一数,不多也不少!(听旋律用手拍出旋律节奏)

T:娃娃的衣服真漂亮,让我们围着她一边转一边数衣服上的小花,脚步要稳。

(手拍旋律节奏,脚踏拍率。)

(4)唱歌曲

T:娃娃邀请我们一起唱歌。(引导幼儿唱出休止节奏)

2. 默唱游戏

(1)默唱一个字(帽或者衣)

T:娃娃穿好衣服赶上我们了,一路走一路赶出汗了,你们平时热了怎么办?

T:那么我们帮娃娃也脱掉帽子,怎么唱才算脱掉帽子?(默唱)

T:我们来试试。(当孩子默唱出现问题时,老师可引导幼儿用动作提示帮助自控)

T:有的朋友很轻松就帮娃娃脱掉了帽子放好了,他用的是什么办法?还可以用什么办法?

(2)默唱两个字(帽和衣)

T:娃娃越走越热了帽子脱了,这回怎么办?

T：我们也来试试

（3）默唱歌词"娃娃"

T：娃娃走到半路和我们玩起了捉迷藏,藏得不见了。我们用歌声和她捉迷藏,把她藏起来。

■ 操作提示

老师可根据实际操作情况以及操作时间,将活动集中一次完成或分成几个活动进行,但前提是孩子们由浅入深,逐渐加大难度。

老师可让幼儿通过倾听,比较老师唱的和以前的唱法有什么地方不同,引出"默唱"的新经验,并选择最简单的一个字让孩子们进行自我尝试,在操作过之后再来讨论"什么办法管住不让帽掉出来?"（即默唱歌词"帽"）,通过分享操作体验,引导幼儿自主学习。

歌曲中的有一个节奏难点——"弱起"老师可利用形象的语言："娃娃穿好衣服不着急,先照照镜子再戴帽",并在弱起节奏时做一个"照镜子"的动作,用"动作"提示幼儿"自我控制"。

■ 小贴士

音乐活动是一个自然经验释放和获得的过程

首先,音乐活动是一个很自然的教育活动过程,这不同于音乐展示,没有"表演"的痕迹,也不是单纯"教授"。老师通过各种游戏,激发幼儿的互动,层层递进。孩子们在探索过程中并不是一帆风顺的,老师通过支持,利用互动解决问题,让幼儿一步步登上目标的阶梯。

其次,生活中到处充满着音乐的元素。音乐是一根纽带,将幼儿生活经验与艺术联系起来。在音乐活动中,孩子们不仅能结合音乐的元素将平时生活中的所看、所想、所感与同伴、老师分享,还能在分享中获得新的生活经验、音乐经验。因此,音乐是一种具有释放和获得双通道的实践操作活动。例如：上述事例中老师设计的活动"我和娃娃做游戏",是借助一个简单好听的儿歌结合幼儿的实际音乐经验水平,在孩子已经积累了一定的歌唱经验的基础上预设的活动。孩子们在活动中通过探索,接触并自行习得了"默唱"的表现形式。这对于他们是新经验,同时感受、观察、合作等能力也得到发展。

因此,音乐活动不仅是幼儿释放已有经验的过程,也是音乐经验、能力获得提升的过程。

附：歌曲《娃娃穿上衣服》

1 = 2/4   儿童歌曲

1. 2 3 4 │ 5   4 │ 4. 5 4 3 │ 2   — │
娃娃 穿 上 衣   服 娃娃 戴 上 帽

2. 3 4 5 │ 6   4 │ 5. 3 3 4 │ 5   — │
娃娃 穿 上 衣   服 娃娃 戴 上 帽

6. 1 7 6 │ 5   3 │ 5   5 │ 3   — │
娃娃 穿 上 衣   服 娃娃 戴 上 帽

1. 5 5 6 │ 5   4 │ 0 3 2 │ 1   — ‖
娃娃 穿 上 衣   服   戴 上 帽

北京，我们的首都

设计依据

京剧艺术是我们中华民族的国粹，是中华儿女引以为豪的独特艺术，京歌既有京剧的韵味，又有歌曲的风格，是引导幼儿了解京剧、喜爱京剧的有效途径。为了弘扬京剧艺术且丰富音乐活动的形式，我们开展了京歌主题系列活动，通过欣赏演唱歌曲、乐器为歌曲伴奏、歌曲表演等不同形式，达到体验感受表现京歌这一总目标。

作品分析

这首歌曲曲调类似京剧，并配有一些锣鼓经的节奏，有着浓郁的民族风味；歌词浅显易懂，使幼儿对首都北京及名胜古迹有一定的了解，在欣赏、演唱过程中孩子们对京腔京韵会有进一步的感受和体会，同时激发热爱祖国的情感。

活动方案

活动一：歌曲欣赏《北京，我们的首都》

一、活动目标

欣赏歌曲《北京，我们的首都》，尝试并乐意演唱歌曲，感受体会京歌的独特的京腔韵味。

二、活动准备

1. 对京剧有初步的了解，知道京剧是中国的国粹。

2. 对首都北京有一定的认知经验，能知道一些著名的风景区。

三、活动过程

（一）欣赏歌曲

T：我们的首都在哪？我们去北京旅游，你最想去什么风景区参观？

T：导游把北京城好玩的地方都放在一首歌里，我们一起听一听，有哪些景点？

（老师示范演唱歌曲，幼儿欣赏，感受歌曲的旋律。）

T：这首歌和我们以前唱的有什么不同？这种有点像京剧的歌叫京歌，京歌中的锣鼓声叫锣鼓经。

（二）演唱歌曲

1. 念锣鼓经

T：歌曲中有几句锣鼓经？每句都一样吗？我们一起学一学。

2. 教师唱歌，请幼儿学锣鼓经伴奏

3. 理解歌词

T：歌中导游带我们去了哪几个地方？各个景点是怎么样的？有谁来做导游来给大家介绍一下。

（再次欣赏歌曲后提问，老师根据幼儿回答摘句演唱。）

4. 尝试演唱

T：我们一起跟着导游去首都。

（引导幼儿将京剧的感觉唱出来——在唱句尾字时转弯。）

活动二：歌曲配器《北京，我们的首都》

一、活动目标

在初步会唱歌曲《北京，我们的首都》的基础上，尝试用不同乐器及替代物为锣鼓经伴奏，探索在一种乐器上敲击出不同音色。

二、活动准备

1. 会唱歌曲《北京，我们的首都》。

2. 各种乐器若干（鼓、钹、小铃、双响筒、响板、锅、盆）。

三、活动过程

（一）复习歌曲

1. 初次演唱

T：上次导游带我们去北京旅游，我们看到了好多景点，今天我们来做小导游，唱一唱，为外国游客介绍首都北京。做个神气的小导游，介绍时嘴巴张得圆圆的，让外国朋友听清楚。

（引导幼儿完整演唱歌曲，注意要字吐词，例如：高、挂、上、煌等。）

2. 再次演唱

T：刚才你们用歌声，现在能不能配上动作更加神气地介绍一下？怎么样的动作能唱出京歌的味道？

（引导幼儿在演唱时头跟着声音转起来，最后一句北京城要有小尾巴唱出拖腔，鼓励幼儿自由创编动作和别人不同。）

（二）复习歌曲

T：在唱锣鼓经的时候，有的孩子用手拍身体，我们请他们来试试，看看怎么拍。（引导幼儿尝试拍击锣鼓经的节奏，要求每个孩子和别人不同）

例如：

乙 台 乙 台 ｜乙 台 匡 ｜仓 仓 才 才 仓｜ 才 才才 仓｜
拍手拍腿 拍手拍腿 拍手拍腿 拍肩 拍手拍手 拍脸拍脸拍手 脸脸脸脸 拍手

（三）探索敲击自选乐器的方法

1. 幼儿讨论哪些地方配乐器

T：你们的歌声非常好听，为了吸引更多外国朋友来北京参观，我们想什么办法再热闹一些？（配上乐器）

2. 讨论第一句乙 台 乙 台 ｜乙 台 匡 ｜用什么乐器

个别幼儿尝试敲奏所选乐器，其余幼儿拍身体不同地方发出不同声音，唱出锣鼓经为其伴奏，如：选双响筒，敲击双响筒两边筒管表示"乙台"，敲击双响筒把柄表示"匡"。

3. 讨论第二句仓 仓 才 才 仓｜才 才才才 仓｜用什么乐器，幼儿也可选择乐器替代物

选择茶叶罐，敲击罐壁表示"仓"敲击罐盖表示"才"；又如：选择脸盆，敲击盆底表示"仓"敲击盆壁表示"才"。

4. 讨论第三句仓仓企仓 乙台仓 ｜仓仓企仓 乙台仓 ｜才 才 才才 ｜仓｜鼓励幼儿有新想法，并请其余幼儿模仿，如：选择鼓，敲击鼓面表示"仓"，敲击鼓边表示"乙台"，敲击鼓架表示"才"；又如：选择钹，两个钹敲击表示"仓"，钹拍击身体表示"乙台"，两个钹摩擦表示"才"

（四）分角色进行表演

T：我们组成一个小小导游团，用京歌的表演形式吸引更多的外国朋友来参观我们的北京城。

（幼儿分组选乐器，为锣鼓经伴奏，其余幼儿唱歌）

活动三：歌曲表演《北京，我们的首都》

一、活动目标

在初步会唱歌曲《北京，我们的首都》的基础上，尝试创编京剧动作，进行京歌表演，进一步体验京剧的神韵，激发幼儿喜欢京剧表演艺术。

二、活动准备

1. 对京剧动作有一定的了解。

2. 京剧表演的DVD碟片。

3. 各种乐器和瓶罐若干。

三、活动过程

（一）导入活动——京歌大奖赛

T：今天我们小导游举行用京歌介绍北京的大奖赛活动，谁想得第一？怎样得第一？

（出示小奖品，引起幼儿兴趣，并达成"要努力"的共识。）

（二）观看碟片

1. 看表演引发讨论

T：让我们一起来看一段京剧表演，仔细听仔细看，京剧和我们平时唱的有什么不同？

（幼儿观看碟片并讨论，重点引导幼儿从京剧演员表情、唱腔、动作上观察，如唱的时候晃头，在幼儿发表自己感受后，让幼儿模仿。）

2. 总结讨论内容，幼儿尝试唱京歌

3. 再次观看碟片，尝试"走圆场、亮相"

重点引导幼儿用眼神亮相，让幼儿通过模仿、比较选择亮相动作。

（三）表演唱京歌

1. 老师引导幼儿在唱"雄伟、光明、高高挂、辉煌"等时注意唱好保持音（可用动作帮助唱）

2. 鼓励幼儿每个亮相动作要做清楚，让大家明白动作代表什么意思，在干什么

3. 随时运用幼儿自己讨论总结出来的好办法进行演唱

（四）京歌大奖赛

幼儿分成四组进行比赛，一组表演时，其他幼儿用小乐器伴奏。

（五）颁奖典礼

激发幼儿对京歌表演的进一步兴趣

操作提示

这是个京歌的系列活动，主要分为三个层次：一是让幼儿欣赏京歌，体会歌曲中京腔韵味，初步会唱歌曲；二是在上一次的活动基础上，尝试用不同乐器为锣鼓经伴奏，在唱唱敲敲中进一步体验歌曲的独特性，同时也探索敲击乐器的不同音色，为之后用几种乐器合奏为一句锣鼓经伴奏打基础；三是观看京剧录像，模仿京剧动作，边唱边配合身体动作，摆出京歌的架势。活动由易到难，层层递进，每个活动也都是为感受表现京歌这一总目标服务。

在第一次活动欣赏演唱京歌的基础上，老师可引导幼儿改编歌词，例如：你们还想到北京什

么景点去参观？我们把它编进歌里。进一步调动幼儿已有经验,推进表达表现。

在区角活动中,老师可创设一定的条件,鼓励幼儿以小组形式自选乐器和乐器替代物为京歌锣鼓经伴奏。孩子还可以探索集中乐器合奏一句锣鼓经,如一种乐器表示"乙",一种乐器表示"台",一种乐器表示"匡",进一步培养幼儿的合作、协调能力。

在最后一个表演活动中的《京歌大奖赛》环节中,老师请暂时不表演的幼儿用乐器伴奏。在此过程中,老师不仅要注意表演组的幼儿,同时还要注意发掘用小乐器伴奏的孩子是否有创新的地方,及时和同伴分享新的办法。

小贴士

京歌系列活动《北京,我们的首都》分析

凡是民族的,都是国际的,京剧作为我国的国粹艺术,已经得到全世界人民的喜爱。让幼儿了解欣赏京剧,从小培养幼儿对国剧艺术的喜爱,无疑是一种有益的尝试。也是对传统文化的传播和延续。京歌作为一种带有独特京腔韵味而又简单易学的歌曲,由此便成为我们在这方面实施教学的良好载体,为幼儿能轻松踏入国剧艺术打开了一扇门。

围绕"我是中国人"主题,孩子们对中国传统戏剧艺术精华的京剧有了初步的涉猎,他们对戏剧人物故事非常好奇,对色彩艳丽和变化多端的戏剧服装、脸谱很感兴趣,形成了一定的认知和经验水平。于是结合"了解首都,热爱北京"的内容产生了一个音乐主题活动。

通过这个音乐系列主题活动,充分体现了一个重要的原则:一切学习活动必须从孩子的认知经验水平和兴趣、爱好、关注、需要出发。否则任何教育活动都必将失败。

音乐系列活动之一:学唱京歌,就是在幼儿对京剧有了一定的认识并产生浓厚兴趣的基础上开展的。活动开始部分,教师以"导游带我们去北京玩"为情景,引起幼儿听歌曲的兴趣,很快帮助幼儿记忆了歌曲内容。但这个唱歌活动中的重点:体验歌曲京腔韵味如何实现呢？于是,老师的范唱起到了十分重要的作用。演唱时,老师每唱道一句歌词的尾音时声音都转了起来,转出了京腔的韵味,同时也转出了孩子们的感受。在教师的带领下,孩子们开始尝试着与众不同的演唱方法和技巧,兴趣盎然。幼儿的歌唱能力在老师的引导下充分发挥。

在音乐教学活动中应鼓励所有孩子主动参与,引导幼儿调动自己身体各部分感官去感受音乐,启发幼儿开启记忆的闸门、插上联想和想象的翅膀,全身心投入音乐世界中,同时把对音乐的感受表现出来。音乐活动中,当孩子们已经能有模有样地演唱京歌时,老师及时推进,引发幼儿已有观看京剧表演的经验,鼓励幼儿边唱京歌边摆京剧动作,把幼儿活动积极性再次推向高潮,使幼儿完全融入表现歌曲的状态中,充分感受我国国粹艺术的魅力。

京歌艺术特色与平时孩子们所唱的歌曲风格大相径庭,因此,在活动设计及开展过程中,老师充分挖掘京歌的音乐元素,突出京歌音乐特点,正确处理"教"与"学"的关系,把教师事先预设的教学目标转化为幼儿的操作目标——幼儿能理解、感兴趣,并促进他们主动积极学习、模仿、探索的过程,把握良好的师生互动关系。例如:在第二个层次的教学活动中,老师通过创设环境,提供大量打击乐器,充分引起孩子对锣鼓经节奏的兴趣和热情,积极主动探索节奏的强弱、快慢,体会戏曲特色。并非是老师手把手示范指导,教会他们。又如:在第三个层次的教学活动中,启发幼儿模仿京剧舞台亮相动作和表演京歌时,教师先通过让孩子看京剧录像,深入观察比较、感性认识,然后开展讨论,生生互动、师生互动中达成共

识:唱出京歌声中有旋转的韵味,而且头也帮助一起转。脸部有表情,眼睛好像会说话。有亮相动作,精神有力。老师预设的教学目标充分让孩子在自我探索学习中领会和理解,学习效果大大提高。

附:歌曲《北京,我们的首都》

1=D 2/4

1232	3	3321	6̇	3 3 2	1235	2162	1

北 京 城　　多 雄 伟　我 们 的 首 都　放 光 明

| 7.7 | 6 .7 | 5356 | 1 | 3. 2 | 1 2 | 5 65 | 3 |
天 安 门　城 楼 上　大 红 灯 笼　高 高 挂
乙 台　乙 台　乙 台 匡　乙 台　乙 台　乙 台 匡

| 7.7 | 6 .7 | 5356 | 1 | 3. 5 | 2 3 | 5 | — |
大 会 堂　多 壮 丽　金 碧 辉 煌
仓 仓　才 才 仓　才 才 才 仓　仓 仓　才 才 仓　才 才 才 仓

| 1232 | 3 | 3321 | 6̇ | 3 3 2 | 1235 | 2162 | 1 |
全 国 哪　小 朋 友　心 心 向 往　北 京 城

| 3 3 2 | 1235 | 2162 | 1 | 3. 5 | 2 3 | 5 — | 5 — |
心 心 向 往　北 京 城 北 京 城
仓仓企仓　乙台仓　仓仓企仓　乙台仓　才 才 才 才　仓

 蔬菜有营养

设计依据

在有用的植物主题中,幼儿已经积累了蔬菜的相关经验,老师借助于这个已有经验,利用自己创作的短小简单的歌曲,引起幼儿轮唱的兴趣。轮唱对于幼儿来说是新的表现形式,因此老师从简单的歌曲入手,支持幼儿主动获得新经验。

作品简析

歌曲是根据主题自己创编的,歌曲中旋律简单,歌词容易理解,音高在五声音阶范围内,易于幼儿唱准音高。

活动方案

一、活动目标

感受学唱歌曲《蔬菜有营养》,初步尝试用轮唱的形式来演唱歌曲,体验集体合作的成功。

二、活动准备

有节奏卡农游戏的经验。

三、活动流程

(一) 节奏卡农游戏

1. 说说广告词

T：蔬菜有营养，我们开车去做宣传，广告词是"**蔬菜 蔬菜 营养 好｜宝宝 吃了 身体 好｜哈哈 哈哈 哈哈 哈｜做个 健康的 小宝 宝｜**"。

T：我们先来说说广告词，连着说三次。

（引导幼儿理解记忆广告词，能有节奏地说。）

2. 节奏卡农游戏

T：我们开着车去宣传蔬菜有营养，一半朋友坐的车先开，一半朋友坐的车后开。

T：交换开车的顺序，听好信号别掉队！

（引导幼儿分两组进行前后相差一句的卡农节奏游戏。）

3. 唱歌曲

（1）听赏歌曲

T：广告词可以变成歌曲，你们听听唱了什么？

（听赏歌曲，理解歌词。）

（2）唱歌曲

T：我们把广告词装进音乐里唱出来。

（引导幼儿轻声演唱，听钢琴，唱清歌词。）

T：我们一边指挥一边唱宣传歌，在宣传车到站后作个动作代表到目的地。

（引导幼儿集体担任指挥，为歌曲创编结束动作。）

4. 轮唱歌曲

（1）老师指挥，幼儿尝试前后相差一句的轮唱

T：宣传车有的先出发有的后出发，边开边唱，有的先唱有的后唱。

（引导幼儿看老师的指挥，分两组轮唱。）

T：怎样让两辆车同时到达目的地？

（引导幼儿发现先开始的那组最后一句重复一次。）

T：两组交换，注意看指挥。

（2）幼儿指挥，再次尝试相差一句的轮唱

T：现在为两辆宣传车请两个领队来帮忙。

（鼓励幼儿做分组指挥。）

操作提示

老师在引导幼儿集体唱歌曲的环节中，可用情景的语言处理歌曲，让幼儿在"哈哈哈哈"时唱出跳音感觉，在其他地方唱出连音感觉，以作对比。

因为是初次接触轮唱的表现形式，因此老师除了为此次活动选择简单材料便于幼儿操作外，在预设难度上也只要求幼儿进行相差一句的轮唱，而不进而进行相差半句的操作。

活动中会涉及让幼儿担任指挥，开始时可让每个孩子都参与操作，然后选择能力强的幼儿，起到带领、示范的作用，最后可扩大幼儿参与的范围，鼓励能力较弱的孩子也来尝试，给予每个孩子均等的参与机会。

小贴士

音乐活动中的"智慧"

我们经常提及教育机智,"机智"是"机会"和"智慧"的融合体,即在与幼儿的共同活动中,老师运用"智慧"把握教育的"机会",激发幼儿主动活动,引导幼儿自我调整,从而使幼儿获得全方位经验能力的提升。结合案例活动"蔬菜有营养",对教师"智慧"简单的说明。

智慧一:活动与音乐元素紧密结合

在以音乐活动为基点的整合活动中,不能忽略音乐元素的发挥和利用。例如:赋予伴奏与指令功能。在轮唱中,两组幼儿由于不同时间开始演唱,因此,结束的时间自然出现先后。如果老师只是按照原来的方式伴奏,第二组的幼儿在场最后一句时就可能会不知所措。老师可在预见问题的前提下,将结束句弹奏两次,通过音乐语汇的暗示,对两组幼儿同时起到帮助作用。

智慧二:抓住个别教育的机会

虽然是集体活动,但集体是由个体组成的,不同的个体会在集体中有个性化的表现。老师便要在面向全体的同时也注重个体的引导,抓住个别教育的契机,不放走任何一个引导的机会。一是要帮助个别幼儿建立自信。由于能力差异,孩子们的自信度总会有所区别,利用各种机会帮助能力较弱的孩子增强自信,对于其今后整体能力的提升会起到很大的作用。例如:在请指挥的时候,老师可鼓励能力较弱的孩子参加,老师站在他的身后,适时支持,使他顺利完成操作,并及时肯定孩子的表现,使每个孩子都能体验"成功",建立自信。二是要在音乐活动中对幼儿常规进行引导。每个班级中总会有几个调皮的幼儿,如果怕个别的幼儿破坏了活动的完整性,在活动后再对其教育引导,就会失去教育的及时性。因此,立刻针对他的行为用游戏背景的语言当场帮助其作自我调整,在特定的游戏角色及场景中,孩子往往就比平时更能接受。三是要引导幼儿在探究中的自我修正。老师要有意识地给予幼儿自我修正的机会。当幼儿出现问题时,老师利用"智慧"指引其发现问题成因,并做出自我调整,对于幼儿来说获得的能力提升可能比达到该活动目标更加有价值。例如:当请幼儿分组指挥时,有个指挥的孩子节拍总是比音乐慢,造成了两组幼儿唱歌速度不一致,老师就机智地将自己的伴奏跟着这个出现问题的小指挥,在这个指挥的带领下,小组成员明显复现唱歌的速度慢了;同时老师再请另一组正确速度的幼儿演唱歌曲,通过对比该名指挥自己发现了"速度慢"这个问题,运用此方法引导幼儿"发现问题",支持他们"解决问题"。

附:歌曲《蔬菜有营养》

1=C 2/4   曹冰洁词曲

$\underline{5\ 5}$ $\underline{5\ 5}$ | $\underline{3\ 4}$ 5 | $\underline{6\ 6}$ $\underline{5\ 3}$ | $\underline{2\ 2}$ 2 |

蔬菜 蔬菜 营养 好 宝宝 吃了 身体 好

$\underline{5\ 5}$ $\underline{5\ 5}$ | $\underline{3\ 4}$ 5 | $\underline{6\ 6}$ $\underline{5\ 5}$ | $\underline{3\ 2}$ 1 |

哈哈 哈哈 哈哈 哈 做个 健康 小宝宝

 快上一年级

设计依据

本次活动是在主题"我要上小学"背景中的一个以音乐为主要表现形式的活动。在参观小学活动后,孩子们都非常希望自己也能很快成为一名背着书包的小学生,大家的情绪都很高涨,于是预设了这次音乐活动,在探索接唱的活动中体验通过努力收获成功以及同伴合作的快乐。

作品简析

这首歌曲是一首积极向上的歌曲,有两个声部组成:一声部是主要的声部,反映出幼儿想要上小学,做小学生的迫切心情;二声部是辅助声部,起到烘托情绪的作用。

活动方案

一、活动目标

在会唱歌曲《快上一年级》第一声部的基础上,初步尝试用接唱的形式来演唱歌曲,表现出想当个小学生的愉快情绪,体验集体合作的成功。

二、活动准备

1. 会唱歌曲《快上一年级》第一声部。

2. 参观过小学,有上小学的愿望。

三、活动过程

1. 复习歌曲《快上一年级》。

T:我们马上要毕业成为一名小学生,我们来把想上一年级的心声唱一唱。

2. 探索接唱

(1)讨论接唱的规则

T:我知道你们快上小学一年级了,给你们加油鼓劲,你们一边唱一边听我是怎么为你们加油的,唱了什么?

(老师幼儿配合,老师唱接唱部分,引导幼儿发现老师接唱的歌词内容。)

T:我唱了什么为你们加油?

(老师将幼儿说的用唱的形式总结。)

T:再请你们听听,你们唱到什么地方的时候,我接唱,为你们加油鼓劲?

(老师幼儿配合,再次示范接唱第二段,引导幼儿发现每一句之后接什么词。)

T:中间有一句是休息的,没有加油,是哪句?

(引导幼儿发现第三句"来呀来呀快快来,大家集合在一起"没有接唱。)

(2)接唱歌曲

T:我们也来为自己加加油,一半朋友上学校,一半朋友加油。

(引导幼儿尝试分组接唱)

T:两组交换一下。

(引导幼儿交换声部继续尝试分组接唱。)

T:请两个组长带领我们去小学、去加油。

（鼓励幼儿担任指挥，分组指挥接唱。）

操作提示

在听辨理解老师接唱内容时，可以反复唱几次，给予幼儿充分听赏的机会，让幼儿感受、记忆说出接唱的内容。老师可请不同层次的幼儿担任指挥，从能力强的幼儿开始，到中等能力的，再到能力稍差的。对于不同能力层的孩子有不同的要求，让每位孩子都有参与的积极性，建立自信。在指挥的时候，老师可鼓励幼儿创编不同的动作，配合节奏起到提示小组成员什么时候接唱的作用，动作尽量和别人不同，发展扩散性思维。

附：歌曲《快上一年级》

1 = A 2/4

佚名词曲
曹冰洁改编

金灿灿的 太阳 照呀照大地 （照大地）
背上我的 小书包 真呀真高兴 （真高兴）
来呀来呀 快快来 大家集合 在一起
我们都像 小学 生 （像个小学生）
快呀 快上一年级 （快上一年级）
快上 一年级 （快上一年级）

151

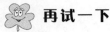 再试一下

设计依据

随着参观小学、学做小学生等系列活动的开展,孩子们日益增强了成为小学生的愿望。而在幼小衔接工作中,养成良好的行为和学习习惯是关键。因此,结合幼儿的兴趣和他们的发展需要,我们通过唱歌曲、创编歌曲《再试一下》的活动,鼓励幼儿逐步树立遇到困难不气馁、勇敢尝试的信心,为接下来的小学生活奠定基础。

作品分析

这首曲子的寓意很好,让孩子遇到困难后不气馁,再试一下,就会成功。能鼓励孩子不怕困难勇于尝试。歌曲旋律音高跳度较大,因此在唱歌曲时,老师要引导幼儿通过倾听、感受,唱准音调。

活动方案

一、活动目标

在初步会唱歌曲《再试一下》的基础上,进一步引导幼儿为歌曲编节奏念词,激发他们不怕困难、勇往直前的信心。

二、活动准备

1. 会唱歌曲《再试一下》。

2. 钢琴。

三、活动过程

(一) 复习歌曲《再试一下》

T:我们即将成为一名小学生,有一句鼓励的话老师、朋友经常会对你们说,是什么话?

(引导幼儿回忆歌名《再试一下》。)

T:我们用歌声把这句有用的话唱一唱。

(引导幼儿用好听的声音唱歌曲,注意唱准旋律中的大跳,例如: 1 5 3 1 。)

(二) 创编节奏歌词

1. 说说自己克服困难的故事

T:你们在平时有没有遇到什么困难?需要再试一下的?

(请个别幼儿介绍自己克服困难的过程,老师帮助梳理:

开始怎么样;接着,我不怕困难再试一下;然后我用了什么办法练习;现在我什么地方进步。)

2. 节奏总结

T:我现在选刚才你们说的一件事来介绍一下,你们看看什么地方不一样?

(从刚才个别幼儿说的故事中挑选一个,老师用节奏语言归纳:

例如:开始我 不会 画图 画|我就 不怕困难|试一 下 |画了 一张 |又一张 |现在我 画出|美丽图 画|。)

T:和你们说的有什么不一样?

(引导幼儿发现是有节奏地说、完整地说。)

T:谁也能来试试?

(鼓励幼儿用节奏语言说克服困难的故事:例如:

<u>皮球</u>　　<u>皮球</u>|我<u>不会</u>　拍|我就　<u>不怕困难</u>|试一　下|<u>学呀</u>　学|<u>练呀</u>　练|<u>现在</u>

我　能拍|<u>一百</u>　下|。)

T:每个人都自己试一试,可以和边上朋友一起商量。

(鼓励幼儿每人尝试创编属于自己的节奏故事。)

2. 完整表现歌曲

(1)发现规则

T:刚才你们说了好多,我们挑一个把它放到歌曲里,听听看什么时候说你的故事(老师选择一名幼儿的节奏语言放入歌曲中,完整表现歌曲,引导幼儿发现,用自己创编的节奏歌词代替乐句:

<u>7</u> <u>7</u> <u>21</u> <u>7</u>|<u>6</u> <u>6</u> 6|<u>6 6</u> <u>176</u>|<u>5</u> <u>5</u> 5|)

这会　使你的　　胆量大　这会　使你的　　本领强

T:把我们编的代替歌曲的哪一句?

T:我们一起来试试。

(引导幼儿集体完整唱歌曲。)

(2)合作尝试

T:还有谁想把再试一下的故事放到歌曲中?

(鼓励幼儿尝试合作,歌唱部分由全体幼儿担任,节奏语言部分由该幼儿说,根据幼儿的实际情况,再次进行创编游戏。)

操作提示

歌曲旋律的跳度比较大,因此在复习歌曲时,老师可重点引导幼儿唱准音调,并听伴奏和同伴的歌声,保持协调。在幼儿创编节奏歌词时,老师可分几步进行:第一,让幼儿用说话的形式描述,老师重点引导幼儿能把前因后果,整个过程说清楚;第二,老师用节奏语言的形式帮助幼儿总结,让幼儿发现节奏语言表述和说话的不同;第三,鼓励幼儿进行尝试,刚开始尝试或许幼儿节奏不稳或说的不完整,老师不必操之过急,可利用同伴间的互助、师幼的互动帮助建构成完整、稳定的节奏语言;第四,通过示范让孩子了解自己创编的节奏语言放在歌曲中的什么位置,如何结合歌曲完整演唱;第五,鼓励同伴合作,唱和说结合,完整表现歌曲。

　　附:歌曲《再试一下》

1=A 2/4　　　　　　　　　　　　　　　儿童歌曲

<u>1</u> <u>5</u> <u>3</u> <u>1</u>|<u>3</u> <u>5</u> 1|5　<u>4</u>.<u>3</u>|2 —|

这是　一句　　好话　再　试一　下

<u>2 2</u> <u>2 2</u>|<u>2 2</u> 2|5　<u>3</u>.<u>2</u>|1 —|

一试　再试　　不要怕,再　试一　下

<u>7</u> <u>7</u> <u>21</u> <u>7</u>|<u>6</u> <u>6</u> 6|<u>6 6</u> <u>176</u>|<u>5</u> <u>5</u> 5|

这会　使你的　胆量大　这会　使你的　本领强

<u>5</u> <u>6</u> <u>7</u> <u>1</u>|<u>2</u> <u>3</u> 4|5　<u>3</u>.<u>2</u>|1 —|

勇敢去试　　不要怕　再　试一　下

 像个小学生

孩子们即将毕业,在主题"我要上小学"中,根据幼儿当时产生的热点,选择了歌曲《像个小学生》,进一步地激发了孩子们上小学的愿望,通过歌曲的形式帮助孩子延续主题内容,挖掘主题内涵。

■ **作品介绍**

这是一首有关于幼儿即将上小学的励志性歌曲,能反映出幼儿对上小学的愿望,配合欢快的节奏,将幼儿想当小学生的愉快情绪表现得淋漓尽致。

■ **活动方案**

一、活动目标

在会唱歌曲《像个小学生》的基础上,初步尝试用轮唱的形式来演唱歌曲,表现出想当个小学生的愉快情绪,体验集体合作的成功。

二、活动准备

1. 会唱歌曲《像个小学生》。

2. 有节奏卡农游戏的经验。

三、活动流程

(一)复习歌曲

T:我们马上要毕业了,看看谁最像个小学生。

T:把歌里的话唱清楚,让大家都知道你是个神气的小学生。

(引导幼儿注意每句话的第一个字的发音。)

(二)节奏卡农念歌词

(1)前后相差一句的卡农节奏

T:你们看校车来接我们了,这一半朋友坐的车先开,这一半朋友坐的车后开。看着信号准备出发。

T:交换开车的顺序,听好信号别掉队!

(2)前后相差半句的卡农节奏

T:这次两辆车间隔距离近了,看好指挥分别是什么时候出发。

T:交换顺序再来一次。

(三)轮唱歌曲《像个小学生》

(1)老师指挥,幼儿尝试前后相差一句的轮唱。

T:小学到了,个个都像小学生,你也像我也像,有的先唱有的后唱,越唱越高兴越唱越热闹,也来唱一唱。

(引导幼儿看老师的指挥,分两组轮唱。)

T:两组交换,注意看指挥。

(2)幼儿指挥,再次尝试相差一句的轮唱

T:现在我请两个小指挥来帮忙。

(鼓励幼儿做分组指挥。)

（3）老师指挥,前后相差半句的轮唱

T:现在我们要有变化了,听后一组在前一组唱到哪句的时候开始唱?

（老师示范 幼儿探索。）

T:请小指挥帮忙。

（特别引导做后一组指挥的幼儿明确哪句开始指挥轮唱。）

T:两组交换,看着小指挥,跟着音乐试试看。

操作提示

由于歌词和旋律相对前面歌曲《蔬菜有营养》都复杂,在轮唱的时候,幼儿容易出现各自唱各自的情况,因比老师需要引导幼儿两组相互听对方的,不"吵架",保持声音的和谐。老师可根据幼儿实际操作情况确定是否要在一次活动中完成"一句间隔轮唱"和"半句间隔轮唱"两个难度层次。老师不需着急,在循序渐进的基础上加大难度。

小贴士

音乐活动是一个蕴涵"互动"的游戏过程

"师生之间的互动"是什么?是老师通过观察幼儿实际操作的情况,选择孩子们能够理解的语言调整要求,通过游戏化的语言、游戏化的过程,让孩子们自己发现问题并尝试解决问题的过程。在这一过程中,老师的作用是通过与孩子的交流互动推进幼儿的发展。不仅推进他们获得新的经验,同时推进他们自省、自己解决问题能力的发展。例如:在集体唱歌曲《像个小学生》时,每次唱"唉……"的时候,音准会有偏差,于是老师通过示范,引导幼儿发现要"舌尖灵活"音高才会到位。当孩子们进行操作后,老师仍发现部分幼儿还是没有改善,就再次运用情景语言进行指导:"有的孩子穿小鞋没跳起来,让我们穿上合适的鞋跳起来。"这下孩子们一下就理解了。

"生生互动"是什么?在集体游戏中,孩子之间出现的思维火花的碰撞,促进了他们经验的相互分享、能力的互补。有时孩子在同伴激励下会为自己设置挑战,这就是在同伴互动中产生的自我激励机制。老师在整个过程中处于"旁观"的位置,为孩子们营造一个主动活动的舞台。例如:请幼儿做分组指挥时,老师可给予不同能力幼儿以均等的机会,促进不同水平幼儿都有所发展。当请到能力较弱幼儿指挥时,会出现创编指挥动作与别人相同的情况,于是老师可发动同伴的力量帮助该幼儿创编新动作。

因此,通过以上例子可反映出音乐活动是一个蕴涵"互动"的游戏过程,孩子在预设的游戏情景下,通过与材料、老师、同伴的思维共享,自主建构属于自己的音乐经验。

附:歌曲《像个小学生》

1=E 2/4

儿童歌曲

5 3 3 1 | 2 2 | 5 3 3 1 | 2 2 | 5 3 5 | 2 3 2 | 6 2 1 6 | 5 5 | 1 1 6 5 | 3 2 3 |

小手放放 好唉 小脚并并 拢唉,眼睛亮,耳朵灵,脑子又活 络唉 老师夸我 好宝宝,

小手放放 好唉 小脚并并 拢唉,学算术、学画画,唱歌又舞 蹈唉 老师夸我 好宝宝,

5 3 3 1 | 2 2 | 5 5 5 6 | 5 5 5 3 | 2 1 6 2 | 1 1 ‖

像个小学 生唉,唉唉唉 唉 唉唉唉 唉 像个小学 生 唉。

像个小学 生唉,唉唉唉 唉 唉唉唉 唉 像个小学 生 唉。

阶段研讨

大班歌唱活动的实践研究

由于幼儿音乐经验十分有限,他们对音乐的感受基本上还处于笼统、单调、模糊、肤浅的水平,因而,在引导幼儿歌唱时,既要使他们对音乐作品的整体形象产生有理解的情绪反应,又要注意引导他们认识音乐中所采用的各种主要表现手段,并能初步体会这些手段与音乐形象、情绪之间的密切联系,才能使他们感受和表现音乐的水平逐步趋向比较清晰、细致、丰富而深刻。在实际教育教学工作中,许多老师提出:如何才能使幼儿的歌声优美和谐?如何才能引导幼儿富有表情地唱歌?在歌唱活动中,老师该给幼儿哪些音乐知识技能?怎样把握教的程度?采用什么样的方法和手段才能使幼儿通过歌唱活动不断提高音乐的感受力和表现力,进而达到推进幼儿全面发展的目的?为此,我选取了大班幼儿歌唱活动,与青年教师一起进行实践研究。

一、大班幼儿(5—6岁)歌唱的基本能力和发展水平

大班幼儿具备了歌唱的基本生理条件,通过小、中班两年的音乐活动,已积累了一些歌唱活动的简单经验,音准感、曲式感、节奏感逐步明显。大多数幼儿喜爱唱歌,表现出对唱歌的积极态度,音乐表现力丰富而有组织。大班以后,随着生理条件的进一步成熟和积极的教育引导,更会主动寻求各种音乐表现的方法去设法更为完善地表现对歌曲的理解。具体表现在以下几个方面:

1. 歌词

随着整体语言水平的提高,对歌词的发音、咬字、吐词日趋清晰、准确,并能记住较长或较为复杂的词句,对歌词的理解力也进一步提高。

2. 音域

基本上可以达到c——c(即c大调1—i),个别幼儿甚至更宽广。教师在幼儿集体歌唱时特别要注意照顾大多数幼儿的音域范围,并为之做好升降调的准备,保护每个幼儿的嗓音。

3. 旋律

已经初步建立了调式感,在中班倾听、感受五声音阶的基础上,再来认识fa和si就不困难,并能达到较为满意的音准感。旋律感发展特别是音准方面的进步异常明显,不仅能较容易地掌握小三度、大三度、纯四度、纯五度音程,较准确地唱出旋律音高,而且对进级、小跳、大跳也不会感到太大的困难。

4. 节奏

幼儿进入大班后,我们惊喜地发现幼儿对节奏方面的感觉能力会有一个较大的飞跃,他们学习新歌的速度很快,对整首歌曲节奏的把握较好。不但能准确地表现4/4和2/4拍的歌曲节奏,同时对三拍歌曲的节奏及弱起节奏也有了一定的理解和掌握,能较准确地掌握附点节奏和切分节奏的演唱。

5. 呼吸

音量有明显的增强,气息保持的时间要比以前长,能够按情绪的要求较自然地换气。

与音乐表现相关的各种能力有较明显的提高,歌唱的声音表情日趋丰富,能够把握同一首歌曲中的强弱、快慢,唱出顿音、跳音、保持音及连音,通过音色、节奏、速度、力度的对比等变化,尽力用歌声来表现不同的情绪和情感体验。幼儿在集体歌唱时的协调一致能力大大提高,不但会听前奏、间奏,与伙伴同时开始和结束演唱,还能有兴趣地参与对唱、小组唱、轮唱、合唱等不同形式的演唱,并在演唱时会试着不断调整自己的歌声与集体保持一致。与此同时,幼儿的注意力、记忆力、自控力、合作协调能力也都得到发展。创编歌词、创编小曲的兴趣和能力进一步发展,有一定的创造性歌唱表现意识,不仅能积极参与创造性的歌唱表现活动,而且努力使自己的表现与众不同。

二、大班幼儿歌唱活动的目标

基于以上的认识,我们认为幼儿园应以集体歌唱活动为重点,在使幼儿体验集体歌唱的快乐中,亲身体验并意识自己是集体中的一员,一方面让幼儿体会自己应与集体共同用音乐来进行自我表现,另一方面又要给幼儿获得积累独立歌唱活动的经验。教师在幼儿的歌唱活动中,应让幼儿学会在唱歌或说话时注意倾听自己的声音,尝试控制自己声音的高低,力图与听到的乐器发出的音高相一致,同时还要发展幼儿发声器官的协调能力,以求达到音色上的和谐。

为此,我们确定大班幼儿歌唱活动的目标是:培养幼儿对歌曲作品的感受力和理解力;不断丰富幼儿听唱的音乐经验,满足他们对唱歌的欲望,引导幼儿用愉快的情绪唱歌;通过学唱过程培养歌唱的表现力;推进幼儿听觉能力、自控能力、协调能力、审美能力等诸方面全面素质的提高。

从以上目标出发,具体的指导目标是:(1)用愉快的心情唱歌;(2)在理解歌词的基础上学唱歌曲;(3)听着琴声用自然的声音唱歌;(4)唱出歌曲的感情;(5)口齿清楚;(6)正确地把握节奏;(7)能参与小组或集体各种形式(齐唱、接唱、轮唱、复合节奏的合唱等)的歌唱活动;(8)能记住许多熟悉的歌曲并有感情地歌唱;(9)能识别、听辨音的高低,并能演唱;(10)能创编短小的歌曲。

三、大班幼儿歌唱教学中值得注意的几个问题

在歌唱活动中,在材料、步骤和方法上都应使幼儿有参与活动的兴趣,并能运用一定的技能来表现自己的感情,将技能与基本素质的培养融为一体。

1. 材料

适应幼儿音乐学习的规律及身心发展水平以及认知的范围,结合教育的要求,选择简单的童谣、简短的儿歌、优秀的儿童民间歌曲、舞曲等。提供成套的有固定音高的音块琴和一般常见的小乐器。教师应提供机会让幼儿对上述材料进行独立操作:通过各种模仿和自由的随乐身体动作使身体动作与音乐相一致,从而产生平衡感、空间感和节奏感;独立地尝试在音块上敲奏熟悉的歌曲,掌握分辨不同的音高、相同音高的匹配、音阶上各音的排列来提高听辨能力,发展幼儿对各种音乐旋律、节拍、节奏以及情绪特点的认识和体验。

2. 步骤

教师可按以下步骤进行具体指导:

(1)从最简单的sol、mi、la曲调歌曲入门,逐步扩展到掌握七声音阶的歌曲,帮助幼儿逐步积累和扩展音乐经验。

（2）创设一定的情景,引导幼儿通过谈话、绘画、观察、游戏、动作等各种方式去理解歌曲内容,让幼儿在听赏歌曲的基础上唱歌曲,以增强其音乐印象。

（3）采取各种唱歌的形式,既有齐唱又有小组唱,既有轮唱又有接唱,既有合唱又有独唱。

（4）愉快时不大声叫喊地唱歌。

（5）正确地唱出歌曲的节奏,会运用气息与休止。

（6）教师经常与幼儿一起唱歌,帮助幼儿建立唱歌发声的成功经验。

（7）运用各种形式复习同样的歌曲:如:游戏歌曲、配乐器自由伴奏、合奏、表演游戏等。

（8）边唱歌编创编,配合节奏自由地动作表演。

（9）改变或创编歌词。

3. 指导方法

（1）整体学唱法。新授歌曲时让幼儿在欣赏、感受的基础上整体学唱,感受歌曲的整体美。

（2）分句练唱法。当幼儿整体学唱后,可运用此法帮助幼儿听音、正音、处理吐字咬词,可让幼儿自由地围在钢琴边听唱,使发音清晰。教师应十分注意,必须结合歌曲的内容,采取情景化的方式进行指导,防止枯燥练唱。

（3）装词学唱法。幼儿在听赏新歌时,通过听辨、感知、初步掌握旋律节奏后,将有节奏的儿歌装配到歌曲的旋律中,以发展幼儿在听辨的基础上快速学习歌曲的能力。

4. 教师的作用

在歌唱活动中,幼儿是歌唱的主体,但是幼儿的歌唱能力又必须在教师的引导下才能充分发挥自己的潜能,因此,必须建立一种合作的师生关系,最大限度地发挥师生双方参与歌唱活动的主观能动性。教师的作用就是既作为教学的主体,引导幼儿逐步掌握一些唱歌的方法,又作为客体顺从幼儿的兴趣需要,接受和实施反馈活动中的各种信息,尊重、理解、发现、激励幼儿,重视师生互动关系在活动中的适时转化,使师生共同参与歌唱活动。良好的师生关系是歌唱活动出效益的前提。

三、韵律活动

韵律活动综述

一、指导思想

在韵律活动中,教师应注重在音乐伴随下引导幼儿随着音乐做相应的动作,用动作解释听到的音乐。应逐步培养幼儿有充分身体活动的经验,并在有一定的听音乐经验的基础上进行,主要让幼儿听着音乐有节奏地动作。动作由幼儿根据对音乐的体会自己表演,而不是由教师一招一式地教,动作比较自由灵活。但教师要有观察、引导、启发,帮助幼儿用自己的动作来解释音乐,表达对音乐的感受。应让幼儿用肢体动作表现有节拍的律动,能随着音乐即兴律动。由于是发自内心的表现,幼儿会很得意,教师应及时给予赞美和鼓励。教师在这样的音乐活动中任务包括:一是引导幼儿人人参与音乐活动,并使幼儿的身体从事"工作",即让幼儿"动"起来;二是激发每个幼儿大胆进行思考,即让幼儿"想"起来;三是必须运用幼儿在运动中吸取的素材,创造一些极其简单的形式,即帮助幼儿"编"起来。让幼儿在快乐的音乐之声环境中,充分展示自己的"童龄妙舞"。

二、总目标

培养幼儿感受音乐的能力;培养幼儿自由优美地转动自己身体,进行艺术表现的能力(表现自己的思想感情及对音乐的体验与感受);对韵律活动产生兴趣;丰富一定的音乐语汇;推进幼儿全面素质的提高(动作协调、大胆、自信)。

三、具体指导目标

1. 能大胆参与活动并和着音乐动起来。
2. 能用身体动作有节奏地把对音乐的反应表现出来。
3. 对优美的动作乐意模仿,并产生美的感觉。
4. 能把在生活中所感受到的,思考的事情用身体动作有节奏地随意表现出来。
5. 愿意创编一些优美的动作。

四、活动指导

(一)创设环境,提供材料

(1)使幼儿生活在优美的旋律中,时常一边唱歌一边游戏,一边游戏一边唱歌。

(2)把幼儿的生活、音乐、身体动作融成一体,满足幼儿的表现欲望,同时促进其身体发展,打好动作节奏的基础,但教师应注意不要倾向于技术拔高指导。

(二)基础指导

(1)培养速度感,区别快慢不同的音乐,并能用身体动作表示。

(2)培养强拍感,区别整体强弱、部分强弱、重音等。

（3）培养节奏感，区别乐曲中的拍率，先从二拍子开始感受，然后是四拍子，最后是三拍子等。

以上活动指导在听辨活动中，幼儿已有感知、探索，并能用身体动作简单表现，为韵律活动做好准备。在此基础上，教师可引导幼儿和着音乐学习一些简单的舞蹈基本步伐，如小跑步、踏点步、交替步、十字步等。

（三）创造性的自由表现

老师在韵律活动中应注重引导幼儿将自己看到、听到、感受到的事随着音乐的节奏自由的进行表现，主要注意以下几点：

（1）让幼儿在具有安全的氛围中自我表现。

（2）不过分急于得到优美的动作结果。

（3）引导幼儿用耳朵倾听音乐。

（4）让幼儿在对音乐感受中自由活动。

（5）尊重幼儿自己的想法和其发明的动作。

（6）老师和幼儿一起参与活动。

（7）一个舞蹈类型和姿势可以各做各的、各想各的动作。

（8）引导幼儿多做舒展的大动作。

（9）给幼儿动作的主题和音乐，激励幼儿进行创造。

（10）既重视幼儿自由表现，又重视合作协同动作。

（11）注重强调自然动作的音乐（走、跑、跳、望、立、来回换方向等）。

（12）引导幼儿探索发现生活中的节奏型（动物、自然界、机械工作等）并用动作节奏表现出来。

（四）指导方法

（1）示范：老师或幼儿示范，引导幼儿观察理解动作。

（2）提问：启发幼儿思考，进一步理解、想象动作的意义。

（3）模仿：引导幼儿在理解、想象的基础上模仿基本动作。

（4）创造：激发幼儿在感受模仿的基础上大胆创造。

例1 "小鸟飞"老师可以分三个步骤：

（1）基本动作——小碎步。

（2）模仿动作——鸟飞（双脚小碎步双臂上下摆动、整理羽毛、捉虫等）。

（3）创编动作——各种动作重新组合的小鸟飞。

例2 小兔的菜园

（1）基本动作——双脚跳（双脚并拢，前脚掌轻轻落地）。

（2）模仿动作——兔跳动作（长耳朵、短尾巴、红眼睛的特征）。

（3）创编动作——各种动作重新组合的兔跳。

例3 采蘑菇的小姑娘

（1）基本动作——弹簧步。

（2）模仿动作——幼儿间相互模仿，各自用简单的动作解释歌曲内容和姿势。

（3）创编动作——根据歌曲内容，选择重点乐句引导幼儿创编，如表现欢乐情绪的乐句，老师引导幼儿进行创编：<u>6666</u> <u>665</u> ｜ <u>332</u> 3 ｜ <u>6222</u> <u>223</u> ｜ <u>221</u> 2 ｜……

塞啰……………………………………………………

运用幼儿已经积累的经验,自己重新组合。可选择前后、左右、自转等方式,如用跑跳步向前四步拍三下手,后退四步拍三下手;也可用踏点步或踏跳步左右走动等动作表示欢乐情绪。

（五）教学程序

（1）老师给幼儿欣赏作品（作品要能与幼儿生活经验相联系）。

（2）幼儿感受理解作品,通过观察思考运用语言讲解表达。

（3）教师引导幼儿欣赏音乐,创编某部分动作,确定探索的方向。

（4）教师引导幼儿经验迁移,引发幼儿间的互动和思维的碰撞。

（5）幼儿将动作编配进音乐,大胆表现。

（6）在教师支持启发下将整个动作串联起来。

（7）鼓励幼儿演出自己的表演（可创设条件提供材料,让幼儿在区角活动中继续活动）。

五、活动内容

（一）小班

1. 模仿简单动作（小动物动作、日常模仿动作）。

2. 听音乐动作（听音乐节奏、速度、强弱做拍手、跺脚、转手腕等）。

3. 听简单的音乐故事（根据乐曲中角色、节奏、速度摆动身体或手臂等,学习用简单动作表示歌的意思）。

（二）中班

1. 听音乐做模仿动作。

2. 简单律动。

3. 听音乐节奏或图形做动作。

4. 简单的指挥动作。

5. 简单的歌表演。

6. 声势动作（五声音阶）。

7. 听音乐自由动作。

8. 基本步伐（小跑步、碎步、踏点步、起踵步等）。

（三）大班

1. 听音乐模仿动作。

2. 听音乐律动。

3. 听音乐乐曲结构动作。

4. 指挥动作。

5. 自编歌表演。

6. 声势动作（七声音阶）。

7. 幼儿简单自由舞（给主题歌曲音乐配动作）。

8. 基本步伐（弹簧步、垫步、跑跳步、交替步、十字步等）。

六、活动评价

1. 是否乐意用身体动作表现节奏。

2. 是否能听到音乐既有面部表情又有身体动作。

3. 是否能配合音乐速度、节奏、强弱做动作。

4. 能否做到大的舒展动作。

5. 能否既考虑集体又自由地用身体动作表现音乐。

七、韵律活动目标阶梯

听音乐模仿简单动作——动物模仿动作——听音乐创编动作——用身体动作及图画表现音乐的重复——尝试做小指挥——听音乐律动——听音乐乐曲结构用动作表现——简单自由舞(给主题歌曲音乐配动作)——自编歌表演。

韵律活动素材与主题、音乐元素的联系

1. **宝宝来做操**

主题:娃娃家。

音乐元素建构:听音乐节拍,简单动作表现。

2. **快乐一家人**

主题:娃娃家。

音乐元素建构:根据音乐快慢,表现家中成员走路的动作。

3. **音乐娃娃**

主题:娃娃家。

音乐元素建构:根据音乐快慢,做简单模仿动作。

4. **超级变变变**

主题:我们的身体。

音乐元素建构:听音乐模仿简单动作。

5. **小木偶的动作**

主题:我们的身体。

音乐元素建构:听辨乐句,根据音乐创编动作。

6. **快乐的小鸟**

主题:春天来了。

音乐元素建构:动物模仿动作。

7. **快乐的小雪花**

主题:冬天。

音乐元素建构:根据音乐创编动作。

8. **春姑娘的舞蹈**

主题:春天来了。

音乐元素建构:用动作表示三拍子音乐。

9. **洗袜子**

主题:我在长大。

音乐元素建构:跟音乐创编动作。

10. 小指挥

主题:我在长大。

音乐元素建构:尝试听音乐进行基本指挥。

11. 泥娃娃

主题:我是中国人。

音乐元素建构:听音乐尝试弹簧步表现。

12. 中国功夫

主题:我是中国人。

音乐元素建构:听音乐创编动作。

13. 逛逛城隍庙

主题:我是中国人。

音乐元素建构:听音乐创编动作。

14. 各族人民大联欢

主题:我是中国人。

音乐元素建构:体验不同民族舞曲,尝试相应动作表现。

15. 江南小镇

主题:我是中国人。

音乐元素建构:听赏江南民族风格的音乐,创编动作表现。

16. 蔬菜汤

主题:有用的植物。

音乐元素建构:根据音乐创编节奏动作。

17. 音乐旅行团

主题:春夏秋冬。

音乐元素建构:感知不同节拍音乐,用动作表现。

18. 老鼠娶新娘

主题:春夏秋冬。

音乐元素建构:根据绘本故事进行律动游戏。

韵律活动素材

宝宝来做操

设计依据

家对于孩子来说有着温暖的感觉,在平时双休日爸爸妈妈也会带宝宝外出游玩,把这个生活经验和音乐的旋律元素相结合,鼓励幼儿根据音乐进行动作创编,帮助小年龄幼儿在模仿的基础上逐渐树立创编意识。

活动方案

一、活动目标

鼓励幼儿创编简单运动的动作,并配合音乐节拍表现。

二、活动准备

1. 对做操运动有一定的生活经验及动作经验。

2. 音乐CD(选择音乐节奏明快,速度适中)。

3. 录音机。

三、活动过程

(一)情景故事导入

T:星期天,宝宝一家开着车出发去公园,他们一路上边听音乐边看着窗外的风景,我们也来听听好听的音乐。

(初步欣赏音乐。)

(二)再次欣赏音乐

T:音乐真好听,我们跟着音乐一起拍拍手。

(鼓励幼儿边听音乐边拍手。)

(三)创编动作

1. 动作铺垫

T:公园到了,宝宝和爸爸妈妈找到一片草地大家一起来做操,妈妈跟着音乐伸伸手臂,我们跟着妈妈一起来试试。

(老师示范伸手臂动作,鼓励幼儿听音乐模仿。)

T:爸爸跟着音乐扭起了腰,我们试试爸爸的动作。

(老师示范扭腰动作,鼓励幼儿听音乐模仿。)

2. 动作创编

(1)集体创编

T:宝宝会跟着音乐做什么动作呢?

(鼓励幼儿进行创编。)

(2)互动分享

T:刚才看到几个宝宝动作和别人不一样,而且是跟着音乐的,我们来看看。

(请能力强的幼儿示范,并请同伴一起模仿。)

(3)再次集体创编

T:我们再来跟着音乐来做操,还有什么和别人不一样的动作。

(鼓励幼儿听着音乐节拍创编和别人不同的动作。)

操作提示

老师要鼓励幼儿听着音乐动起来,特别是对一些胆子较小的幼儿,更要注意引导幼儿大胆参与到音乐活动中,体验音乐活动的愉快。在幼儿都积极参与到活动中,能初步创编一些动作基础上,进一步提高要求:音乐停止动作保持原状不动,等音乐开始幼儿再动。因为小年龄孩子喜欢模仿,因此老师在鼓励创编时从模仿动作开始,为幼儿提供一些动作暗示,然后在此基础上让他们自己创编。

 快乐一家人

■ **设计依据**

"家"对于孩子来说是非常亲切的,出于对家人的了解,孩子们无论在自主游戏还是角色游戏中总喜欢扮演家人。音乐是来源于生活的,因此在家人走路方面也可挖掘音乐的元素——节奏,不同的人走路的节奏不同,有快有慢。例如:爷爷年纪大走路很慢,可用二分音符表现;宝宝年龄小,走路一蹦一跳,可用十六分音符表现等,通过角色扮演游戏,孩子们对节奏的快慢有了一定的感知。

■ **活动方案**

一、活动目标

在"家"的情境中,引导幼儿大胆扮演家人的角色,体验各人走路快慢的不同,初步感知节奏的不同。

二、活动准备

1. 装扮家人的各种道具(如:拐杖、老花眼镜、帽子、公文包、蝴蝶结、妈妈的围裙等)。

2. 大鼓、鼓棒。

3. 代表家人的图片(爷爷、奶奶、爸爸、妈妈、弟弟、妹妹)。

4. 大的筐或盒子(用于道具归类)。

三、活动过程

(一)我的家人

T:我们每个人都有一个家,家里有些谁?

(幼儿说到一个出示相应的图片。)

T:这里有好多东西,请你们看看找找这些都是谁用的?

(出示道具讨论是什么?谁用的?并分别放入与家人图片对应的筐中,进行归类。)

(二)猜猜这是谁

T:我用这些道具来打扮自己,你们猜猜他是谁?

(老师用道具装扮自己,并表演家人走路的节奏,鼓励幼儿猜角色。)

爷爷奶奶 × — | × — |

爸爸妈妈 ×× ×× | ×× ×× |

弟弟妹妹 ×××× ×××× | ×××× ×××× |

T:他们是谁?走路脚步声一样吗?哪里不一样?为什么会不一样?

(引导幼儿发现节奏有快、慢、不快不慢之分。)

T:我们来听听,是不是你们找到的那样爷爷奶奶年纪大走得慢、弟弟妹妹年纪小走得快,爸爸妈妈走得不快也不慢。

（老师将不同角色的走路节奏用鼓声进行表现,进一步强调节奏的快慢不同。）

T:我们用小手来为爷爷奶奶(爸爸妈妈、弟弟妹妹)的脚步声帮忙配音。

（再次表演走路,老师击鼓伴奏,幼儿随鼓声拍手,巩固体验节奏。）

（三）娃娃家

T:我们也来做做爷爷奶奶、爸爸妈妈和弟弟妹妹。听听谁走在前面? 谁跟在后面?

（老师击鼓,幼儿听辨不同的节奏,分辨角色,扮演角色,尝试脚步声和鼓声一致。）

T:挑选你喜欢的道具打扮自己,快乐的一家人要出去郊游了!

（鼓励幼儿自由选择道具扮演角色,听辨节奏走路,如听到 × — | × — |时,扮演爷爷奶奶的幼儿出来随鼓声走路,也可配合歌曲"走路"做游戏。）

 操作提示

老师重点引导幼儿参与活动,注重过程,对于小年龄孩子来说在初次游戏中不要求其节奏完全符和鼓声,只要能听辨出三种节奏的不同尝试表现即可。活动提供道具,利用情景,以发展幼儿听觉能力和动作能力为主,强调享受活动的快乐。集体活动后可将道具放在区域活动中,继续满足幼儿扮演的愿望。

🍀 音乐娃娃

设计依据

娃娃家中孩子们最喜欢做的一件事就是扮演爸爸妈妈的角色,把娃娃当成自己的宝宝,娃娃是孩子们很好的玩伴。在这个活动中,我们尝试将娃娃和音乐相联系,鼓励幼儿扮演熟悉和喜爱的玩具娃娃,用创造性的动作来表现解释音乐,在游戏中体验节奏的快慢和不同,发展动作创编能力。

活动方案

一、活动目标

鼓励幼儿扮演音乐娃娃,根据音乐的快慢节奏,创编动作表现音乐。

二、活动准备

1. 音乐娃娃一个。

2. 小鼓、鼓棒。

3. 有一定的动作创编经验。

三、活动过程

（一）和音乐娃娃做朋友

T:你们听谁在唱歌?

（让幼儿听音乐娃娃发出好听的声音,引起幼儿的兴趣。）

T:原来是会唱歌的音乐娃娃,我们来看看她还有什么本领。

（出示音乐娃娃,进一步观察发现它不仅会发出好听的声音,还会跟着音乐动头。）

T 总结:音乐娃娃会跟着音乐动头,音乐停娃娃也停住不动。

（二）我们来做音乐娃娃

1. 会摇头的娃娃

T：我们也来做可爱的音乐娃娃，跟着音乐动动头，音乐停，娃娃也停。

（老师弹奏音乐，幼儿动头，音乐停，幼儿静止不动。）

2. 会走路的娃娃

T：音乐娃娃想走到草地上找朋友，看看她们是怎么去的？

（老师示范游戏：听鼓声跟着鼓的节奏走，当听到音乐就停下动头。）

T：音乐娃娃听到什么声音出发走走？听到什么声音停下了？停下干什么？

（通过辅助提问帮助幼儿理解游戏规则。）

T总结：娃娃跟着小鼓的声音出发去草地，听到音乐说明来到了草地找到了朋友，停下来，动动脑袋和好朋友打招呼。我们也来试试吧。

（鼓励幼儿操作游戏。）

3. 会跳舞的娃娃

T：娃娃找到了朋友好高兴，和朋友一起跳起了舞，你们听听两段音乐有什么不一样？

（引导幼儿区分快和慢的音乐。）

T：快音乐的时候音乐娃娃会用什么动作跳舞？慢音乐的时候她又会用什么动作跳舞？

（鼓励幼儿讨论快节奏和慢节奏音乐时分别可创编什么动作，听音乐尝试动作表现。）

T：娃娃听着鼓声去找朋友了，听到慢的音乐和快的音乐开始跳舞，音乐停娃娃摆一个好看的跳舞动作，朋友要为她拍张照。

（引导幼儿听鼓声行走，当老师奏出快音乐旋律时幼儿站立原地做出与音乐速度节奏相符的动作，音乐停幼儿摆个造型，然后再随鼓声走，当老师弹奏慢音乐时，幼儿再次用动作表现……）

 操作提示

游戏中鼓励幼儿运用耳朵去听辨音乐的变化，通过想象运用动作表现听到的音乐。老师开始时不要将眼光放在幼儿动作的美观上，而是要让幼儿通过听去体验，并愿意大胆参与想象。

在鼓励幼儿为快节奏音乐和慢节奏音乐创编动作的时候，老师可先请幼儿集体操作，然后观察发现其中动作有创意并且合拍的幼儿，请他们个别示范，同伴模仿。在此基础上再次集体操作，请在集体操作中有亮点的幼儿进行示范，在不断的共享思维互动中提升扩展动作，推进每个幼儿有所发展。

在音乐停止幼儿摆造型的时候，老师可请个别幼儿表述动作的意思，例如：这个娃娃在干什么？引导幼儿用语言解释动作，联系生活经验赋予动作以实际意义。

超级变变变

设计依据

在我的身体主题中，孩子们对身体的各个部分产生了兴趣，并在一系列活动中他们体验到了身体各个部分协同活动达到平衡、灵活的乐趣。在此基础上，通过音乐律动的方式进一步让孩子在音乐韵律中了解方位，增强对身体各部分需协同活动的感受。

■ 活动方案

一、活动目标

1. 在会唱歌曲《我的身体》的基础上,尝试跟着音乐简单律动,并根据节奏在老师相反的方向用动作表现。

2. 在韵律活动游戏中增强身体方位感,体验身体协调灵活性。

二、活动准备

1. 音乐 CD《我的身体》

2. 已经会唱歌曲《我的身体》

三、活动过程

(一)复习歌曲《我的身体》

T:我们身上有很多宝贝,我们来唱一唱。

(引导幼儿用好听声音随伴奏演唱。)

(二)方位小游戏

T:我们的身体真灵活,来动动小手,做个指方向的游戏。

(引导幼儿根据老师的口令,用手指出相应的方向,例如:请你 跟我│上上 上│;请你 跟我│左左 左│;请你 跟我│前前 前│等。)

(三)帮妈妈打扫房间

1. 游戏规则

T:家里要招待客人,请你们帮妈妈打扫房间,让我们拿着扫把,唱着歌来帮忙。

T:唱完歌曲以后,妈妈会用动作告诉我们哪里还没扫干净,妈妈指上面就说明上面没扫干净,我们就要一边指着那个地方一边用一句有魔力的话"变变变"来把那个地方变干净。

(引导幼儿动作表现节奏语言请你 跟我│变变 变│。)

例如:请你 跟我(老师边节奏语言边用手指出上方。)

变变 变(幼儿边说节奏语言边用手指模仿老师的方位。)

2. 随音乐律动

T:唱着歌帮妈妈打扫吧。

(引导幼儿跟着音乐唱歌曲《我的身体》,歌曲唱完后,当听老师说到"请你 跟我"的时候根据老师指出的位置,边说"变变 变"边模仿老师指出的位置。)

(三)打扫游戏

1. 变化方位

T:妈妈边打扫边和我们做游戏,刚才妈妈指什么地方就打扫什么地方,现在妈妈要考考你们,你们需要打扫的地方和妈妈指出的方向是相反的,妈妈指上面,你们打扫什么地方?(下面)

2. 完整游戏

T:再来打扫一次,看看你们的身体灵活吗。

(引导幼儿当老师说到"请你 跟我"的时候根据老师指出的位置,边说"变变 变"边模仿老师指出的相反位置。)

■ 操作提示

首先,引导幼儿游戏时,孩子需要对方位有初步的认知,特别是左右。其次,为让幼儿理解游戏规则,老师可单独抽出游戏规则部分——节奏语言"请你 跟我｜变变 变｜"进行游戏,然后再完成游戏。这个节奏语言的作用是通过语言强调节奏,对幼儿操作起到支持作用。再次,游戏为律动,因此需要有"动感",在活动时引导幼儿跟着语言节奏扭动。

小贴士

韵律活动老师需要注意的方面

韵律活动中,老师应注重在音乐伴随下引导幼儿随音乐做相应的动作,用动作解释听到的音乐,让幼儿积累身体活动的经验。主要让幼儿听音乐做有节奏的动作,动作由幼儿根据对音乐的体会自己表演,而不是老师教,动作较自由灵活。老师则要观察、引导、启发,帮助幼儿做动作解释音乐,表达对音乐的感受。

附:歌曲《我的身体》

1＝C 2/4

曹冰洁词曲

```
1 1 1 | 5 5 5 | 6 5 3 6 | 5 — | 6 6 6 | 3 3 3 | 2 5 3 2 | 1 1 |
我的头 我的肩, 这是我的 胸,    我的腰 我的腿, 这是我的 膝盖,
我的头 我的肩, 这是我的 胸,    我的腰 我的腿, 这是我的 膝盖,

1 1 1 | 3 3 3 | 6 5 3 6 | 5 — | 1 1 1 1 | 5   5 | 5 6 3 2 | 1 — ‖
小小手 小小手 小手真可 爱, 上面还有 我 的 十个手指 头。
小小脚 小小脚 小脚真可 爱, 上面还有 我 的 十个脚趾 头。
```

 小木偶的动作

设计依据

木偶也和孩子们一样有着相同的身体部分,在玩线绳"小木偶"过程中,孩子们对哪些部位可以动的兴趣更加浓厚。因此,结合音乐律动的形式,引导孩子们在玩中对自己的身体进行探索,进一步体验身体各部位都能动的乐趣,丰富孩子们对身体的认知。

活动方案

一、活动目标

1. 引导幼儿听辨乐句,并尝试做个会跳舞的小木偶,创编简单的舞蹈动作。

2. 在编编跳跳中进一步体验身体各部分都能动的乐趣。

二、活动准备

1. 有一定的小碎步的身体动作经验。

2. 有一定的感知乐句的音乐经验。

三、活动过程

(一)木偶音乐会

1. 欣赏音乐

T:在遥远的森林里住着一群快乐的小木偶,他们喜欢唱歌跳舞,你们听他们又在开音乐会了。

（引导幼儿初步欣赏音乐。）

2. 听辨乐句

T:小木偶音乐会好听吗,他们想请你们用好看的动作鼓励他们,在小木偶演奏完一句的时候我们就做一个动作。

（引导幼儿老师在每弹完一句时创编一个动作。）

（二）会跳舞的小木偶

T:小木偶邀请我们也参加他们的音乐会,为他们伴舞,听着音乐跑跑跑跑,当演奏完一句时,我们就摆一个动作停。

（引导幼儿跟着音乐做小碎步或小跑步的动作,在每个乐句结束时停下做一个造型。）

操作提示

在初步欣赏音乐,引导幼儿探索分辨乐句,创编动作时,老师可每弹完一个乐句就稍停一下,一方面暗示幼儿了解乐句结构,另一方面,对于孩子创编的动作可以进行观察,鼓励孩子创编不同的动作。在这个环节中,孩子可坐在座位上进行,帮助幼儿将重点集中在听辨和动作创编上。在此基础上,再引导幼儿走出座位,加上脚的动作。

另外,该游戏主要让幼儿轻松快乐地提高听辨乐句及根据音乐创编动作的能力,因此每次停顿时的造型由孩子自由发挥简单动作。教师要把注意力放在培养幼儿倾听音乐的能力上,并鼓励幼儿大胆自由地做自己想做的动作。

附:乐曲

1 = C 2/4

5653 4542 | 1 1̇ | 1 | 4542 3431 | 25 5̣ |

5653 4542 | 1 1̇ | 1 | 3 16 | 1 64 | 5 | 5̣ |

 快乐的小鸟

设计依据

在"春天来了"的主题活动中,为了让幼儿感受春天到来的气息,我们开展了系列"寻找春天"的实践活动。孩子们通过观察发现了小树发出了嫩嫩的绿芽,小草变绿了,小鸟变多了,因此以此为契机设计了律动游戏"快乐的小鸟",让幼儿运用身体动作表现音乐,培养幼儿对音乐高低变化的感受能力。

活动方案

一、活动目标

1. 感知音乐高低变化,想象各种小鸟的动作,尝试用动作表现。

2. 在根据不同音乐不同动作的过程中,体验动作创编和表现的快乐。

二、活动准备

1. 对小鸟生活习性有初步的了解。

2. 音乐。

三、活动过程

(一)小鸟的故事

1. 完整欣赏

T:春天来了,小鸟也忙坏了,它把一天做的事都藏在音乐里,你们听听小鸟这一天都干了哪些事? 不一样的音乐都代表小鸟在干什么?

(引导幼儿完整欣赏音乐。)

2. 分段欣赏

(1)小鸟睡觉

T:每段音乐都代表小鸟在干什么? 先来听听第一段。

(安静的音乐,引导幼儿想象小鸟在睡觉。)

T:小鸟睡觉是怎么样的,我们来学学(引导幼儿动作表现小鸟睡觉)。

(2)小鸟飞

T:小鸟休息好了准备去干什么了? (听鸟飞的音乐)

T:小鸟飞来飞去想把春天来了的消息告诉伙伴,小鸟是怎么飞的?

(引导幼儿动作表现鸟飞。)

(3)小鸟捉虫

T:小鸟飞累了接着干什么? (听捉虫的音乐)

T:它在什么地方捉虫? 怎么捉? (引导幼儿动作表现小鸟在草地、树上捉虫吃)

(4)小鸟翱翔

T:小鸟吃饱了你们听它去哪了?

(引导幼儿听自上而下、自下而上的音乐,想象小鸟从树顶飞到草地,从草地飞上天空,并请幼儿用动作表现。)

(二)快乐的小鸟

T:让我变成一只快乐的小鸟,把春天来了的好消息告诉更多的伙伴。

(引导幼儿根据不同的音乐,用不同的动作表现小鸟的活动。)

操作提示

老师在游戏过程中要引导幼儿表现小鸟的动作,双脚做小碎步,双臂上下摆动。老师在活动中逐步提出要求,最后完成完整游戏。可根据孩子的实际状况分几次活动进行,例如:第一次活动听小鸟睡觉和小鸟飞的音乐,引导幼儿动作表现这两段音乐;第二次活动在复习鸟飞的基础上再引导幼儿听小鸟捉虫等,循序渐进逐步积累。老师在游戏中加强幼儿听辨音乐能力及记忆方面的培养,鼓励幼儿愉快参与游戏,大胆进行创编,鼓励幼儿用多种动作表现一个场景,例如:用不同的动作表现小鸟捉虫的情景。

　小贴士

韵律活动的指导方法

（1）示范：老师或幼儿示范，引导幼儿观察理解动作。
（2）提问：启发幼儿思考，进一步理解、想象动作意义。
（3）模仿：引导幼儿在理解的、想象的基础上模仿基本动作。
（4）创造：激发幼儿在感受模仿的基础上大胆创造。

🍀 快乐的小雪花

设计依据

　　冬天来了，难得下雪的上海飘起了雪花，令孩子们欣喜若狂。孩子们对下雪产生了浓厚的兴趣，大家纷纷诉说自己的经验：有的说在雪中和爸爸妈妈追逐的快乐情景，有的说走在雪中让雪花飘落在身上的有趣感受，有的说站在高楼上观赏着雪天美景，还有的说品尝到雪冰冰的味道。我们试图通过音乐活动"快乐的小雪花"带给孩子一份对雪景的回忆。孩子们在活动中可变身为一朵与众不同的雪花宝宝，随音乐旋律自由创编动作，跟随雪花妈妈飞舞，孩子的感受力、创造力、合作力、情感的释放力得到充分的发展。

活动方案

一、活动目标

　　在会唱歌曲《小雪花》的基础上，引导幼儿随乐创编各种雪花旋转的动作，进一步感受同伴合作游戏的快乐。

二、活动准备

1. 看过下雪、玩过雪。

2. 会唱歌曲《小雪花》。

三、活动过程

（一）飘雪——碎步律动"快乐的小雪花"

1. 情景导入

　　T：前两天下了场雪，雪花在空中飞舞，太美了，我想变成洁白的雪花妈妈，你们变成雪花宝宝。跟着妈妈一起飘吧。

　　（引导幼儿双手臂伸直上举至头上方，手腕交叉五指张开，双脚小碎步。重点指导：碎步轻柔，两腿夹紧。）

2. 讨论分享"小碎步"的要求

　　T：雪花从天空中飘下来，一大片一大片，美极了！ 怎样使雪花飘得轻松又美丽？

　　（引导幼儿自己总结出动作的要领——脚要踮得高、五个手指要张开、头要抬起来等。）

3. 再次集体尝试飘雪

　　老师观察幼儿是否动作与要求一致。

4. 互动示范飘雪

T：每朵雪花都是雪花精灵，我们一朵朵地飘。我先来做第一朵快乐的雪花精灵。你们看我是什么时候飘，什么时候落下休息。（教师示范听着音乐飘，听着音乐停，最后做一造型）

T：雪花精灵怎么飘？

（引导幼儿总结要点：倾听乐句，每一句乐句开始一位幼儿扮演雪花，动作表现飘落，一朵朵飘。）

例如：歌曲第一句乐句5̲1̲ 3 4̲4̲ 3 ｜开始时第一名幼儿随音乐动作，

唱到2̲ 2̲ 2̲ 3̲ 1 — ｜该句结束时，幼儿定格动作；

歌曲第二句1̲ 4̲ 4̲ 5̲ 6̲ 6̲ 5̲ 4̲ ｜开始时，第二名幼儿随乐动作，

唱到3. 3̲ 4̲ 5 — ｜该句结束时，幼儿定格动作；依次类推。

T总结：雪花精灵首先飘碎碎的、轻轻的、美美的；接着，想好唱到什么地方停下；最后，想好飘在哪里，找空地，也可以找雪花精灵朋友作伴。

5. 幼儿听音乐逐个"飘雪"

引导幼儿依次一个乐句，扮演一朵雪花飘到中间做个定格动作，最后全班形成一个雪花自由创编的整体造型。

（二）舞雪——会旋转的小雪花

1. 发现旋转飘动的"雪花精灵"示范

T：有一朵雪花和你们飘得不一样，看看他是怎样飘的？

（老师通过观察，发现集体操作中能用旋转来表现雪花飘的幼儿，并请该幼儿示范。）

2. 创编雪花旋转的动作

T：雪花精灵在跳舞，除了这样旋转，还可以怎样转？

（鼓励幼儿讨论、归纳旋转舞动的姿态，如：跳着旋转、滑步旋转、单腿旋转、跳步旋转等。）

3. 再次尝试不同的旋转舞动的方法

鼓励幼儿再次跟着音乐伴奏创编各种旋转的动作。发现有创意的幼儿，请他与同伴示范、分享动作，把动作迁移给同伴。然后再次集体尝试，让孩子们发现即使同样的旋转脚步，配上不同的舞动手的方法、在不同方位舞动，效果也会不同。

4. 依次独个舞雪

T：下雪时有时一朵，有时两朵，雪花妈妈点到谁，这朵雪花就旋转着跳舞。妈妈点到另外一朵，另外一朵就旋转跳舞。做一朵会听音乐跳舞的小雪花。

（三）戏雪——和雪花妈妈玩游戏

T：雪花妈妈要和雪花宝宝一起玩个游戏。当妈妈向你们招手时，你们就慢慢的飘到妈妈身边，当妈妈向你们轻轻吹口气，你们就马上旋转着离开妈妈，找到自己飘落的地方（幼儿集体游戏）。

（四）扫雪——在音乐中结束活动

T：下雪路滑，为防止大家摔倒，我来做扫雪的人，让我们把雪花扫在一起吧。

（老师做扫地状，"小雪花"们随着教师手的提示方向碎步回教室。）

操作提示

小碎步律动"小雪花"过程中，让孩子们有一个情绪的准备，悠扬的音乐、轻柔的脚步将孩子

们变成一朵雪花。教师在带领孩子们做律动时,以语言的辅助渲染气氛,使孩子们进入雪天的场景中。

在引导幼儿创编雪花旋转动作时,老师通过观察,挖掘有价值的动作,并帮助幼儿提升,在幼儿原始动作基础上进一步提炼、扩展,形成有艺术美感的动作。同时,鼓励幼儿相互观察学习,在自我经验的迁移中进一步得到发展。

"戏雪"的游戏是对孩子碎步、旋转等动作以游戏的形式加以巩固,这个游戏发展了幼儿的空间方位感,不推也不挤,要从分散的方向集中在一个点上,使幼儿感受到不同的点会有不同的美感,进一步体验需要大家共同合作的和谐美。

整个活动以雪花为主线,最后也以"扫雪"游戏作为活动结束部分,再次巩固练习了碎步,及各种雪花动作,同时也对孩子进行了安全教育,冬天地滑要注意安全。

> ### 小贴士

由律动"小雪花"带来的思考

传统的音乐课上,成人利用记忆教幼儿如何模仿动作、体会动作,却不是理解动作。而对动作的理解应通过动者对事物的认知、观察和尝试锻炼才能获得。幼儿只有通过观察、认知、大胆尝试动作表演才能获得对动作真正的理解。在"快乐的小雪花"中,孩子们人人投入音乐情境中,个个在探索过程中自主积极地舞动肢体,表现雪花飘飘、雪花舞动,创造各种旋转方式,正说明了这一点。

幼儿根据自己的经验和着音乐做出动作反应,这种学习效果最好。创作动作本身是非常有趣的,而且也是一种欣赏音乐的方式。当幼儿听着音乐创编动作时,他们通过自身动作来表达音乐的美感:一朵朵飘动的雪花,能够表达他们在音乐中所感知到的对音乐的感觉、对音乐的理解。在有趣的情境中、在良性的师生互动中,幼儿还经历了"接受——掌握——加工——提高——重新创作"这样一个心理成长的过程。

活动中,音乐和动作的结合(乐句感、力度感)可以促进他们的心理、身体、情感以及语言的发展。如:在练习中,一个幼儿就是一朵雪花,每个乐句飘出一朵雪花,在场中定格造型,这样一朵、二朵……直至全班幼儿相继飘出的雪花相互连接造型;在分享互动中,幼儿又讲述自己是如何舞雪的(滑步旋转、跳着旋转、单腿旋转、跳步旋转等)。这种身体动作发展的活动,能增强幼儿控制大肌肉、小肌肉的能力,增强幼儿的自信。

活动中音乐和动作是紧密相连的。它们相互增强、相互促进。在此活动中,创造性动作作为一种语言的环境而存在,幼儿更能够认识自然环境中的资源。观赏一场漫天大雪,再与适合的"快乐的小雪花"音乐相连接,在整个音乐活动中他们扩展了自己的创造性概念,而且也扩展了如何运用自己身体的概念。要强调幼儿感受音乐,不仅用耳朵听,更是用整个身体吸收音乐(听觉刺激需要肌肉刺激的充实,肌肉刺激是音波振动的影响弥漫全身而产生的生理现象)。

幼儿期律动是最重要的感受音乐的能力,我们要让幼儿用心灵和身体去感受音乐。对音乐的感受应发自内心的,能用肢体表现节拍的律动,能随着音乐即兴律动。

附:歌曲《小雪花》

1 = F 4/4

儿童歌曲

5· 1 3 4 4 3 | 2 2 2 3 1 —|
小 雪 花 小 雪 花 找 呀 找 妈 妈

1 4 4 5 6 6 5 4 | 3· 3 4 5 —|
飘 呀 飘 呀 飘 呀 飘 呀 找 不 到 家

1 4 4 5 6 6 5 4 | 5· 4 5 4 3 |
妈 妈 妈 妈 你 在 哪 里 在 哪 里 呀

4 4 4 4 4 4 4 3 2 | 5 — — —|
难 道 你 真 的 不 要 我 啦!

1 4 4 5 6 6 5 4 | 5· 5 4 3 —|
妈 妈 妈 妈 你 在 哪 里 在 哪 里

4 4 4 4 4 4 4 3 2 | 1 — — —|
看 不 见 你 我 真 的 好 害 怕。

5 — 5· 5 | 4 3 4 5 5 — | 6 6 6 6 5 4 5 4 | 3 — — —|
回 家 我 听 你 的 话 再 也 不 敢 离 开 你 啦。

5 — 5· 5 | 4 3 4 6 5 — | 6 6 6 6 6 6 4 6 | 5 — — —|
回 家 我 听 你 的 话 再 也 不 敢 离 开 你 啦!

5 — 5· 5 | 4 3 4 5 5 — | 4 4 4 4 4 4 3 2 | 1 — — —|
妈 妈 你 带 我 回 家 我 会 做 个 懂 事 的 娃 娃。

 春姑娘的舞蹈

设计依据

　　春天大自然的各种东西都逐渐苏醒,万象更新,是个美丽的季节。结合春天的美,在音乐的烘托下,引导孩子用动作表现春姑娘跳舞的三拍感觉,在听辨强拍的同时进一步加深对春天的美和音乐的美的感受。

活动方案

一、活动目标

尝试用动作表现三拍子的音乐,体验强拍的感觉,进一步感受春天的美。

二、活动准备

1. 感受过春天的美景。

2. 三拍子音乐《红蜻蜓》。

三、活动过程

(一)春雷

T:春天来了,春雷声声,你们听春雷是怎么打的?

(老师击鼓× — ｜ × — ｜,幼儿拍出强拍)

(二)春姑娘

1. 初步欣赏音乐

T:春姑娘穿着绿色的长裙来了,她跟着音乐为春天的到来跳舞,听听音乐有什么感觉。

(完整欣赏音乐红蜻蜓,说说对音乐的感受。)

2. 再次欣赏

T:春姑娘跳舞很稳当,一步步跨出去,她是在什么时候跨一步的呢?在她跨的时候我们用动作表示。

(引导幼儿在强拍上用动作表示。)

3. 拍手表示强拍

T:春姑娘请我们用拍手来帮她伴奏,强拍上拍手。

4. 春姑娘的舞蹈

(1)脚步表现三拍

T:春姑娘邀请我们一起来跳舞,跟着音乐跳,强拍上跨步,跳得稳当。

(引导幼儿在强拍滑出一步。)

(2)手脚配合表现三拍

T:春天有什么美丽的景色?

(引导幼儿说春天的景色用动作表现,例如:春天柳条飘、蝴蝶飞等等。)

T:和春姑娘一起跟着音乐,边跳舞边告诉大家有什么春天的美景。

(引导幼儿跟着音乐动作表现强拍。)

操作提示

整个游戏可以根据自己幼儿的实际音乐经验决定一次活动解决还是分几次活动进行,每一个环节都在前一个环节的基础上进行。老师重视观察幼儿,了解不同发展水平的幼儿,并给予鼓励与帮助,共同达到目标。例如:在幼儿步伐表现强拍时,走步到点子上,老师可用动作暗示加以帮助,拉一下手、托一下腰、摸一下头,引导他们将听觉和运动觉结合。教师在活动中重视启发幼儿参与活动的情趣,引导幼儿积极运用身体动作解释听到的音乐。

小贴士

创造性的自由表现

老师在韵律活动中应注重引导幼儿将自己看到、听到、感受到的事随着音乐的节奏自由地进行表现,主要注意以下几点:

(1)让幼儿在具有安全的氛围中自我表现。

(2)不过分急于得到优美的动作结果。

(3)引导幼儿用耳朵倾听音乐。

(4)让幼儿在对音乐感受中自由活动。

(5)尊重幼儿自己的想法和其发明的动作。

(6) 老师和幼儿一起参与活动。

(7) 一个舞蹈类型和姿势可以各做各的,各想各的动作。

(8) 引导幼儿多做舒展的大动作。

(9) 给幼儿动作的主题和音乐,鼓励幼儿进行创造。

(10) 既重视幼儿自由表现,又重视合作协同动作。

(11) 注重强调自然动作的音乐(走、跑、跳、望、立、来回换方向等)。

(12) 引导幼儿探索发现生活中的节奏型(动物、自然界、机械工作等)并用动作节奏表现。

 ## 洗袜子

设计依据

幼儿进入口班以后,知道自己是哥哥姐姐了,知道自己在不断地长高、长大,变得更加结实了。在过程中,逐步感受到父母长辈的辛苦,增强爱父母的情感,并能帮助他们做一些力所能及的事情,例如:洗袜子。韵律活动洗袜子就是引用了幼儿生活经验,通过音乐表现手段做艺术提升。

活动方案

一、活动目标

尝试随着音乐节奏创编洗袜子的动作,在编编动动中体验自己的事自己做,自己在长大的骄傲感。

二、活动准备

1. 洗袜子的生活经验。

2. 洗袜子的过程图片(擦肥皂——搓袜子——漂洗——拧干——晾袜子)。

3. 音乐(欢快的乐曲)。

三、活动过程

(一)经验回忆

T:我们长大了,自己的事自己做,你们洗过袜子吗?怎么洗的?

(引导幼儿说说洗袜子的过程,老师根据孩子说的出示相应的过程图。)

(二)洗袜子

1. 自由表现

T:自己会洗袜子真能干,为我们长大了感到高兴,听着音乐洗袜子,先干什么后干什么。

(鼓励幼儿听着音乐尝试动作表现。)

2. 重点创编

T:有的朋友洗袜子的动作是不一样的,让我们看看他们是怎么洗的。

(老师请有节奏洗的孩子示范,下面幼儿模仿,例如:× × | × × | ; ×× ×× | ×× ×× |。)

T:我们也来试试和他们不一样的洗袜子的动作。

3. 集体表现

T:我们把自己的袜子洗了,现在把妈妈的袜子也洗洗,她肯定会夸我们是能干的孩子,长大了。用你自己的动作洗。

(鼓励幼儿自己创编动作表现音乐。)

操作提示

老师要注重发掘幼儿的潜在能力,只有幼儿在"洗袜子"经验支持下,才能提升为动作表现。老师在幼儿自由表现的环节要观察了解幼儿的创造情况,及时发现有价值的创造,为接下来的集体分享做准备。当老师将幼儿创编动作介绍给大家时,孩子处在相互学习借鉴的过程中,引起思维的碰撞,将好的动作相互迁移,将个别幼儿好的作品变为大家的作品,从而进一步引发创造的火花,幼儿的创造也会因此不断增多。

老师不断发掘幼儿新的创造,并给予充分的鼓励,以提高他的自信和成功感,同时也激发继续创造的积极性。对于那些能力较差的幼儿,老师也要进行鼓励和支持,使他们也能有兴趣地参与创造活动。

最后,老师可以组织幼儿讨论商量,从全体幼儿创作的动作中挑选出一些动作,变成一个全班共同创作的律动"洗袜子",这便是幼儿自己创作的——童龄妙舞。

小贴士

> **律动教学的基本步骤**
>
> (1) 老师给幼儿欣赏作品(作品要能与幼儿生活经验相联系)。
> (2) 幼儿感受理解作品,通过观察思考运用语言讲解表达。
> (3) 教师引导幼儿欣赏音乐,创编某部分动作,确定探索的方向。
> (4) 教师引导幼儿经验迁移,引发幼儿间的互动和思维的碰撞。
> (5) 幼儿将动作编配进音乐,大胆表现。
> (6) 在教师支持启发下将整个动作串联起来。
> (7) 鼓励幼儿演出自己的表演(可创设条件提供材料,让幼儿在区角活动中继续活动)。

小指挥

设计依据

进行了一个阶段的"我在长大"主题,孩子们对于自己已经长大的感觉变得十分强烈,从对自己的身体有长大的感觉,到自己长大的情感都有了体验,借助音乐小指挥活动,让孩子进一步感觉自己能行,建立自信。

活动方案

一、活动目标

感受三种最基本的指挥动作及相应的演奏方式(探索力度的强、弱变化及演奏和停止的变化),体验做小指挥的自信和快乐感。

二、活动准备

1. 音乐。

2. 娃娃。

3. 乐器若干(小铃、响板、木鱼、串铃、沙球、小鼓)。

4. 会唱歌曲《宝宝要睡觉》。

三、活动过程

(一)《宝宝要睡觉》

T:今天有个朋友来作客,(出示娃娃)这个娃娃不爱睡觉,请小朋友想想什么办法哄娃娃睡觉。

(引导幼儿唱歌哄娃娃睡觉。)

(二)小乐器哄宝宝

1. 讨论指挥动作意义

T:宝宝说还想听,请小乐器来伴奏,请你选你喜欢的乐器为歌曲伴奏。

T:老师当指挥,手向上说明什么?(大声)手向下代表什么?(小声)手放在背后代表什么?(停止)

(引导幼儿讨论了解三种基本指挥动作。)

2. 幼儿指挥

T:换一种乐器玩一玩,谁来做指挥?(鼓励幼儿指挥)

3. 再次游戏更换指挥

操作提示

活动操作前,幼儿需要有相关乐器操作的经验,了解乐器名称,有初步的乐器操作常规。游戏时坐位可呈圆圈形式围坐,以便每演奏完一次孩子可以原地放下手上的乐器,往边上移动一个座位,当幼儿坐到老师的位置就担任指挥,以便每个孩子都有机会担任指挥并操作不同的乐器,通过尝试、体验获得对音乐强弱的感受。这个活动只是指挥的最初模型,在幼儿了解基本指挥动作之后可以自由创编属于自己的指挥动作。

附:歌曲《布娃娃要睡觉》

1 = C 2/4   外国儿歌

```
6 3  6 3 | 6 — | 5 6 | 5 — |
小布  娃 娃    要 睡   觉

5 6  6 3 | 3 — | 5 6 | 6 — ‖
闭上  眼 睛    快 快   睡
```

 泥娃娃

设计依据

泥娃娃是中国传统玩具,带有民族气息,深受孩子的喜爱。本次活动以泥娃娃为引子,借助音乐

动作表现的手段,引导幼儿感受中国传统文化的艺术魅力,同时积累一些音乐律动基本表现步法。

活动方案

一、活动目标

在初步听赏音乐的基础上,再次感受歌曲并尝试用弹簧步及有趣的动作表现泥娃娃。

二、活动准备

1. 初步欣赏歌曲《泥娃娃》。

2. 对无锡泥娃娃有一定的认知。

三、活动过程

（一）看看泥娃娃

T:有几个客人坐着火车来做客? 你们看是谁?

（出示不同的泥娃娃。）

T:泥娃娃来自哪里?（无锡）

T:你最喜欢哪个泥娃娃? 她是怎么样的?

（引导幼儿模仿泥娃娃的表情,如哈哈大笑、做怪样、挤眼等。）

（二）唱唱泥娃娃

1. 再次感受歌曲

T:泥娃娃是真娃娃吗? 她跟我们一样的地方是什么,不一样的地方又是什么? 让我们再来听听这首歌。

（引导幼儿仔细听歌曲一遍。）

T:泥娃娃跟我们一样的地方在哪里?

T:但是她们也很可怜,为什么说泥娃娃可怜?

T:歌里的小朋友做了什么让泥娃娃很高兴?

（老师将幼儿说的用歌曲的句子唱出来。）

2. 尝试演唱歌曲

T:无锡泥娃娃是中国特产,我们用歌声把泥娃娃介绍给外国朋友。

（引导幼儿完整演唱歌曲,歌词清晰。）

（三）我是泥娃娃

1. 自由表现

T:外国朋友都想来看泥娃娃,我们也来做回泥娃娃,看哪个娃娃和别人不一样!

（引导幼儿跟着音乐表演动作,老师观察捕捉幼儿中"弹簧步"的影子。）

2. 弹簧步表现

T:刚才有一个泥娃娃特别可爱,我们来看看她是怎么走路的。

（请走起来有些像弹簧步的幼儿表演,老师进一步示范将幼儿动作提升到弹簧步。）

T:泥娃娃的脚很灵活,一步一弯,弯哪里?

（引导幼儿发现膝盖屈伸似弹簧。）

3. 集体表现弹簧步

T:我们听着音乐来做灵活可爱的泥娃娃。

（集体跟着音乐表现弹簧步,脚走弹簧步,两手自由做解释歌词的动作。）

4. 创编有趣动作配合弹簧步表现泥娃娃

T:泥娃娃边走边做有趣的动作吸引外国朋友来欣赏。

（鼓励幼儿跟着音乐,创编有趣的动作配合弹簧步。）

操作提示

本次活动是在欣赏歌曲的基础上进行的,因此需要幼儿通过听赏进一步理解歌词,老师可在幼儿说出听到的歌词时将该句歌词"唱"出来,或者在幼儿理解出现困难时用"动作"作直观的提示。用"唱歌、动作提示法"帮助幼儿记忆歌词。

在探索"弹簧步"时,老师可通过"挖掘资源法",先让幼儿自由尝试,发现幼儿中"貌似弹簧步"的动作,抓住这个动作将其提升到基本动作"弹簧步",并通过引导幼儿观察,发现动作要领。

在最后创编环节中,老师善于运用挖掘和利用现场资源,通过各种渠道为孩子创设"交往"的机会,让孩子观摩同伴的动作,获取灵感,再次创编,循环往复起到提升动作的作用。

小贴士

探索性和引导性的关系

探索性和引导性紧密相连,"探究性"规定了材料的操作和创造的空间。探究性的材料给幼儿动手操作、动脑思考留出了余地。"引导性"规定了材料的操作范围和创造力边界,向幼儿指明如何将"半成品"制成"成品"。

引导性是对探索性的限制和对话的结果的规定,保证探究活动有预期结果,不会使探究活动流于形式,不会是"为探究而探究",探究性给幼儿的是宽阔的大路,幼儿在这条路上自由行走,每走过一段路程后幼儿面前都会出现岔路,这时幼儿处在矛盾状态,不知走那条路,向哪个方向转弯,音乐材料隐含的引导线索即老师的提示,可向幼儿指明转弯的方向,告诉幼儿向哪条路进发,所以引导性是树立在"转弯处"的"路标"。

探究性则保证了幼儿与材料充分的相互作用,引导性保证幼儿在探索中获得符合教育目标的发展,教育策略调整体现老师的引导性。

中国功夫

设计依据

音乐活动《中国功夫》是大班主题活动"我是中国人"系列活动中的一个,它作为音乐律动可以帮助幼儿对音乐情绪、内容进行体验感受和想象表现,同时又作为爱国主义教育的一个极好题材以激发幼儿做一个中国人的自豪感、萌发幼儿喜爱民族文化的积极情感。

活动方案

一、活动目标

感受音乐雄壮有力的风格,尝试用肢体动作表现音乐的风格,进一步喜欢中国功夫,为自己是个中国人而感到自豪。

二、活动准备

1. 了解了有关中国功夫的知识。

2. 有关中国功夫的图片和媒体资料。

3. 初步欣赏过歌曲《中国功夫》。

三、活动过程

（一）欣赏中国功夫

1. 观看录像,欣赏中国武术。

T:今天给大家带来了一段中国功夫,请小朋友们一起看看,录像中有哪些中国功夫的动作,你看到什么动作?

（幼儿模仿交流各自看到的动作,激励幼儿大胆学做。）

2. 欣赏武功动作图片,模仿并交流动作。

T:今天老师还带来了一些"武功秘笈",大家看一看。

（出示事先准备好的武功动作图片,引导孩子们做图片上的动作,例如:金鸡独立,有的蹲马步等。）

（二）再次欣赏歌曲《中国功夫》感受乐曲雄壮

T:刚才我们练习了中国功夫,现在让我们休息一下,听一首歌。（听歌曲中国功夫）这首歌曲叫什么名字?

（三）在感知理解的基础上自由创编与表演

1. 创编动作

T:有谁发明了新的武术动作?

（鼓励幼儿创编动作。）

2. 为音乐配动作

T:听到慢的音乐时怎样做动作?

（引导幼儿根据第一段音乐表演动作有力、停顿。）

T:听到快的音乐时怎样做动作?

（引导幼儿根据第二段音乐表演动作有力、连贯。）

3. 集体表现

T:请你们做小小武术师把刚才你们表演的动作配上去。动作要有力、精神。

4. 同伴分享

T:有几个小武术师武功高强,我们请他们来表演。

（请两名动作合拍幼儿进行展示。）

T:我们一起做一个神气的中国人,一起来跟他们学学本领。

（请两名幼儿分别带领同伴听第一段和第二段音乐做动作。）

操作提示

整个活动,幼儿是主体。用探索体验的方式进行自主观察、运用多途径的方法感知探索活动的内容,并自由地表达与表现,教师只需要适时、适宜、适度地予以支持、引导。当幼儿创编出动作后,老师要帮助提升,用歌曲中的节奏语言描述动作,对幼儿将动作配上音乐起到暗示作用。例如:

手臂 一直 线 一|握拳 放两 边 一|

音乐艺术教育引起音乐艺术发展价值定位

以前的音乐教育是以知识技能训练灌输为主,比较成人化、概念化,表达整齐划一,注重结果,偏向于功利性要求。例如:通过一次音乐活动教会幼儿一个舞蹈、一首歌曲等,更多的是看到了活动结束后的成果展示。

现在的音乐教育理念有了明显的变化,以幼儿自主表现为主,以幼儿表现与生俱来的艺术感受能力为主,以真切的体验为目标。以上面《中国功夫》为例,它便是来自于幼儿生活,高于生活的一种艺术再创造,孩子们对中国功夫有一定的了解,结合音乐元素进行动作创编,将武术动作和音乐融合,在此过程中幼儿调动已有经验主动获得新经验。

新的音乐教育理念同时也对老师提出了更高的要求,音乐活动由知识技能训练转变为幼儿自主表现,在自主表现过程中老师要不要"教"?"教"什么?怎么"教"?成为关键。这其实是老师角色定位的问题,在音乐活动中老师用"引导"替代"教",引发幼儿探索的兴趣,搭建创造的平台,当幼儿探索出现问题时适时"导",为幼儿指明操作方向。

 逛逛城隍庙

■■ 设计依据

我们居住在上海,城隍庙是上海地标之一,融合了上海民俗文化特征。而在孩子们的眼里,城隍庙是个热闹而有趣的地方,九曲桥、湖心亭、豫园、五香豆,都与他们生活经验息息相关。活动"逛逛城隍庙"通过将幼儿对于城隍庙的经验和音乐表现相结合的方式,进一步帮助幼儿用艺术的手段展现对城隍庙的认知经验、抒发对城隍庙及上海民俗文化的喜爱之情。

■■ 活动方案

一、活动目标

在会唱歌曲《逛逛城隍庙》的基础上,尝试用动作表现逛城隍庙的情景,乐于用不同的动作表达对城隍庙的喜爱。

二、活动准备

1. 参观过城隍庙,对于城隍庙里的景色及小吃等有一定的认知经验。

2. 会唱歌曲《逛逛城隍庙》,已有创编歌曲的经验。

3. 紫竹调音乐 CD。

三、活动过程

(一) 唱唱城隍庙

T:上海有个城隍庙,城隍庙真热闹,让我们用歌声介绍一下。

(引导幼儿演唱歌曲《逛逛城隍庙》,并复习创编过的歌曲内容。)

（二）逛逛城隍庙

T：城隍庙有哪些景点和特产？

（引导幼儿用语言表达对城隍庙的生活经验。）

T：谁能用动作让大家猜猜他在城隍庙看到了什么？

（鼓励幼儿选择城隍庙中的一个"点"创编动作表现，例如：用弹簧步向前张望；碎步兜圈观赏；弓箭步手指上方表示发现城隍庙屋顶向上翘；小跑步走九曲桥；做马步，食指中指当筷子夹小笼包等。）

T：你来我来大家来，外国朋友坐飞机也来上海，看看城隍庙，请你们做小导游跟着音乐带外国朋友去参观。音乐结束表示到达目的地，把你最想介绍给外国朋友的那样东西或景点用动作做出来。

（引导幼儿跟着音乐节奏创编动作，在音乐结束时做一个造型。）

操作提示

在引导幼儿将城隍庙看到的景点及小吃等经验从语言转化为动作时，老师要充分调动互动共享思维，当幼儿思维产生局限无法将说的用动作表现时，老师可用"请同伴帮助"、"老师语言启发"、"老师示范"等方式帮助孩子表现。

在初步创编动作的基础上，要引导幼儿将动作和音乐建立联系，根据音乐的节奏表现动作，当幼儿出现动作和音乐不符的情况时，老师以角色身份介入游戏及时提出问题，例如：旅行社经理发现有两个导游，你们看看哪个能把外国朋友带到目的地，老师分别演示动作合拍及不合拍的表现，让幼儿自己发现问题，提出解决方案。

在整个活动中，老师要发现鼓励有创意的孩子，提供每个孩子自由表达自己独特见解的机会及情感体验。

 各族人民大联欢

设计依据

在我是中国人的主题中孩子们与同伴共同欣赏各地游览的照片录像，领略了祖国山河的秀丽；收集展览的各地特产宝藏，让孩子们知道祖国地大物博；同时也了解了多个民族传统习俗文化，通过这些以音乐为背景的活动，在对不同民族风格乐曲的音乐经验作一梳理的同时，也进一步激发了喜爱各民族的情感，增强了"我是中国人"的意识。

活动方案

一、活动目标

能区分不同民族乐曲，尝试根据乐曲创编动作，体验各个民族是一家的情感。

二、活动准备

1. 对少数民族有一定的认知经验（西藏、新疆、蒙古等）。

2. 欣赏过代表各民族的音乐，有初步的动作创编经验。

3. 有关民族的道具（围巾、新疆帽等）。

4. 西藏、新疆、蒙古图片各一张。

三、活动过程

（一）少数民族来聚会

T：国庆节快来了，各个少数民族都来到了北京为祖国妈妈庆祝生日，你们听先到的是哪个民族？

（播放音乐《赛马》中间段。）

T：哪个民族来了？他们平时都喜欢干什么？我们可用什么动作表示？

（引导幼儿说出音乐代表的民族，并初步创编动作。）

T：跟在他们后面的是谁？

（播放新疆、蒙古音乐，逐一引导幼儿想象他们生活的场景联系动作表现。）

（二）少数民族大联欢

1. 分组创编

T：那么多民族聚到一起联欢，每个民族围起一个圈，在天安门前为祖国妈妈唱歌跳舞，想请你们也参加，你们愿意参加哪个民族就站到他们的圈上去。

（将代表民族的图片贴在地上，引导幼儿自由选择民族围成圈。）

T：想想你们代表的民族准备用什么动作跳舞，跟着音乐试一试。

（鼓励幼儿分组听音乐创编民族舞蹈动作，老师巡回观察指导。）

2. 集体分享

T：让我们打扮起来，到中间舞台表演。

（引导幼儿选择合适的道具装扮，并展示刚才创编的动作。）

T：你们看到他们舞蹈动作代表他们在干什么？

（引导看的幼儿分享动作蕴含的意义。）

3. 集体游戏

T：大家你跳一段我跳一段，真热闹，请你们听好音乐，放到哪段音乐，哪个民族就出来在中间跳舞。

（老师任选两句舞曲中的音乐，引导幼儿听辨是哪个民族的舞曲，扮演该民族的幼儿到中间随音乐动作表现。）

操作提示

在民族音乐的选择上要注意有比较明显特征区别，便于幼儿区分；如选择作品比较长可截取其中一段有代表性的适合幼儿动作表现的音乐。在游戏时引导幼儿仔细听辨，然后动作表现。

在动作创编时，老师可用生活解释动作，赋予动作以实际的意义，例如：新疆盛产水果，采摘葡萄；西藏人问候的方式和别民族不同；蒙古人在草原上骑马射箭等，通过与实际生活相联系的提示引导幼儿抽象动作的创编。如果幼儿的经验不够可让幼儿看图片或视频进行支持。

游戏道具可与幼儿一起准备，如蒙古族道具可用头巾扎在头部或腰部，新疆道具可做一顶小帽戴在头上等，通过装扮进一步引发幼儿的角色兴趣。

可将音乐材料、道具投放入区角，让幼儿进行后续创编，同时还可加入乐器，引导幼儿乐器伴奏。

小贴士

活动过程中的师生互动

在上海二期课改理念指导下,在活动过程中更多的关注了幼儿的自主探索,而这种自主探索的过程也就是师生互动的过程,明确师生关系是平等民主、反复交流的关系,表现为幼儿乐学、老师爱"教"。

社会发展的需要、儿童发展的需要、学科知识与技能为影响幼儿课程的三大因素,在这三大因素的互相作用下,老师立足于"每个人都得到充分全面的发展,将全面发展与个体特性较好的结合",创设环境,提供材料,增强幼儿、材料、教师三者互动性。幼儿园师生互动不是老师与学生单一的由一方影响作用另一方,而是相互影响、相互反馈交流,共同开展活动,包括显性和隐性的教育内容。

首先从由谁引发的活动来看师生互动形式可分为以下几个:由教师发动幼儿预设课程、由幼儿自发生成、由教师幼儿共同发动的。无论由谁发动,老师在活动中既是主体又是客体,作为主体引导师生互动,善于将幼儿的行为提升为共生性活动,作为客体,接受幼儿学习的特点,适时反馈信息。

其次,从学习过程来看可将互动形式分为:自发性学习(幼儿任意摆弄材料,以幼儿作用教师为主,互动方式是观察幼儿以何种方式进行操作)、启发式(幼儿是学习的主体,它包括回答问题,进行操作,解决问题。教师随幼儿的反馈深入提问启发,进一步创设情景)操作式(直接互动,老师示范语言和指导相结合)、引导式(老师由主体变为客体,但仍对幼儿进行引导,参与程度较弱)、接受式(幼儿是客体,是学习的接受者,结构性强,指导明确)。

老师可根据实际需要选择互动的形式,但最终目的是促进、推动幼儿的发展。

江南小镇

设计依据

上海周边有很多古镇,如周庄、朱家角等,充分体现了地区特有的江南韵味,七宝古镇便是离市区最近的古镇,和城隍庙有着异曲同工之妙,从另一个角度反映上海民俗文化特征。因此,通过音乐活动引导幼儿将小镇的景色及特色小吃等用动作表现,用艺术手段对生活经验有进一步的升华。

活动方案

一、活动目标

尝试根据音乐,创造性地用动作表现江南小镇上的风景及特色,表达对七宝古镇的喜爱,并对上海民俗文化感到有趣。

二、活动准备

1. 参观过七宝古镇,对于古镇老街里的景点及小吃等有一定的认知经验。
2. 欣赏过乐曲《茉莉花》,对其旋律有一定的感觉。
3. 《茉莉花》音乐 CD。

三、活动过程

（一）夸夸七宝古镇

T：你们去过七宝古镇吗？古镇上有哪些景点和特产？我们一边拍手一边介绍。

（引导幼儿用节奏语言介绍七宝老街上的景点及特产，帮助幼儿经验回忆。）

（二）逛逛七宝古镇

T：刚才说了那么多，现在谁能用动作让大家猜猜他在古镇上看到了什么，或者做了什么事？

（鼓励幼儿创编动作表现古镇上的景点或特产，例如：碎步兜圈观赏；小跑步走上桥；做马步，勺子吃汤圆等。）

T：上海有那么多好玩的地方，让我们把它介绍给全国各地的朋友，你们做导游跟着音乐带大家去参观。音乐结束表示到达目的地，把你最想介绍给大家的那样东西或景点用动作做出来。

（引导幼儿跟着音乐节奏创编动作，在音乐结束时做一个造型。）

操作提示

活动前要组织幼儿参观七宝老街，回来后进行讨论，帮助幼儿将有价值的相关经验进行梳理，为动作表现奠定基础。（特别是有七个宝：神树、金鸡、玉斧、玉筷、氽来钟、飞来佛、金字莲花经）

在引导幼儿动作表现看到的景点时，老师充分给予孩子思考尝试的机会，不要过分在意孩子的动作是否美观，而是肯定孩子是否愿意参与活动，是否乐意创造出和同伴不同的动作。

蔬菜汤

设计依据

蔬菜是孩子每天接触的一种植物，它们形态各异、味道鲜美、营养丰富深受人们的青睐，对于孩子来说更是成长的健康资源。大班的孩子不仅关注事物表面，逐渐对烧菜的过程也产生兴趣，因此本次活动通过音乐表现整个烧汤过程，让幼儿在生活经验支持下创编动作，经历一个愉悦的主动建构过程。

活动方案

一、活动目标

引导幼儿欣赏理解旋律，并结合音乐用肢体语言表现烧汤的过程，体验合作和创编的快乐。

二、活动准备

1. 对于做蔬菜汤需要的材料及整个过程有一定的生活经验

2. 代表三种蔬菜的即时贴（土豆、洋葱、番茄）

三、活动过程

（一）洗菜、切菜

1. 洗菜

（1）集体探索

T：蔬菜营养好，买了那么多的菜，我们来做小厨师，烧一锅美味的蔬菜汤吧？做蔬菜汤，先要做一件什么事？（洗菜）

T:想一想你洗什么蔬菜,怎么洗?用动作告诉大家。听着音乐试试看。

(幼儿听音乐探索创编洗菜的动作,老师巡回观察。)

(2)个别交流和分享

T:刚才看到有几个小厨师把蔬菜洗的真干净,他们听着音乐仔细的洗,我们请他们来洗给大家看看。

(请能有节奏地表现洗菜动作的幼儿示范,同伴模仿。)

(3)再次集体创编

T:我们一起跟着音乐把蔬菜洗干净,看看谁能用和别人不一样的办法洗。

(引导幼儿在个体分享的基础上自主创编不同的动作,配合音乐动作表现。)

2. 切菜

(1)集体讨论

T:洗完菜还需要做什么准备工作?(切菜)怎么切?

(引导幼儿创编切菜的节奏,例如:切番茄 x xxx | x xxx |、洋葱切丝 xxxx xxxx | xxxx xxxx |等,老师哼唱旋律,引导幼儿配上节奏。)

(2)集体探索

T:我们一起来做切菜的准备工作,看着菜,听着音乐,切得稳当一点,小心手。

(引导幼儿听着音乐自编切菜的节奏动作。)

(二)烧蔬菜汤

1. 感受理解音乐,初步创编动作

(1)欣赏理解音乐(感受强弱)

T:准备工作都做好了,准备烧汤,怎么烧?

T:拿锅子,放上水,放入蔬菜,打开煤气开关就开始煮汤了。

(配合音乐伴奏,不同旋律代表拿锅、倒水、放蔬菜及开煤气的过程。)

T:水滚了锅里的蔬菜会怎样?我们听一听,一开始时候水怎么样?后来有什么变化?开了以后又怎么样了?

(引导幼儿感受音乐的强弱然后到停。)

T:你听到什么变化?音乐轻的时候代表什么?响的时候又代表什么?最后音乐停了代表什么?

(2)创编动作

T:如果你是蔬菜你怎么动,试试看。

(引导幼儿扮演蔬菜,自由创编动作表现蔬菜在锅里煮动时的状态。)

(3)个别分享

T:你们做的是什么蔬菜?

(请创编动作有特点的幼儿展示,例如:洋葱扭来扭去、番茄滚来滚去等等。)

2. 讨论分享

T:我们一起来烧蔬菜汤,想好你要做的蔬菜,听着音乐在锅子里跳舞。

(集体游戏一次,教师跟音乐作打开煤气状,引导幼儿从静止的"菜",随着教师渐强渐弱的音乐,从慢慢地滚起来到最后不停地动,教师关掉煤气,幼儿扮的"菜"慢慢地停下来。)

3. 集体探索

T：我们再来烧一锅美味的蔬菜汤，想好你想扮演哪种蔬菜，上来选蔬菜的标记贴在自己的胸口，在位子上准备。

（出示即时贴的蔬菜标记，幼儿自主选择并粘贴。）

T：（老师根据音乐做放锅、倒水动作）先放番茄，跳到锅里没有声音（扮演番茄的幼儿跳入"锅内"），再放土豆（贴土豆标记的幼儿跳入"锅内"），最后放入一丝丝的洋葱（扮演洋葱的幼儿跳入"锅内"）幼儿创编动作，随音乐的渐强渐弱表现蔬菜在汤里的样子。

▦ 操作提示

这个活动可以分几次进行，例如：在第一次活动中主要解决洗菜、切菜的节奏创编；在此基础上欣赏理解音乐，对音乐做动作的创编。

在创编动作时，老师要在幼儿创编的基础上进行进一步提升，例如：幼儿创编了洗土豆的动作，搓 搓 ｜ 搓 搓｜（幼儿一手握拳放在胸前，另一手也握拳由身体方向往外来回搓动）老师就可以继续引导：土豆两头搓过了，中间再来搓一搓（帮助幼儿补充丰富动作，在从上往下搓的动作基础上再补充两手相对搓一搓的动作）。

在幼儿扮演蔬菜创编动作的过程中，老师要抓住几个关键点对幼儿进行支持：根据音乐强弱表现动作、不同蔬菜在锅中动作不同、同种蔬菜动作也有所不同、遵守游戏规则。

▦ 小贴士

从活动"蔬菜汤"看老师引导性的发挥

1. 有效互动中引导幼儿探索、修正、提升

每个环节中都体现出老师的引导性，有意识地营造有效互动的机会，在互动中为幼儿搭建自主探索的平台，引导幼儿自我调整和自我修正，使经验和能力不断地获得提升。

（1）引导幼儿自主探索

活动中老师为孩子搭建了"探索"平台，例如：洗菜切菜环节中，引导孩子创编出四拍规律的洗菜和切菜的节奏动作，幼儿在这里需要探索的是将已有的生活经验（平时看到爸爸妈妈洗菜切菜的动作）与音乐经验（各种不同节奏型）相结合，综合性地表现出有节奏的洗菜切菜的动作，幼儿需要同时考虑两个条件（生活经验和音乐经验），并将这两个元素有机地融合起来，这便是老师创设的探索平台；而在主要表现烧汤的过程中，幼儿的探索点在于如何扮演各种蔬菜的角色运用动作表现音乐《蔬菜汤》，幼儿扮演的角色不同，蔬菜的形态各异，因此选择恰当的动作是关键，一块块的土豆和一丝丝的洋葱动作表现方式肯定不同。每个孩子还需要创编和同伴不同的动作，动作和音乐配合又是关键，孩子们还要将创编的动作装入到旋律节奏之中。在活动过程中，老师尽可能"站在孩子的背后"，给予他们思考的余地，实践的空间。

（2）支持幼儿自我修正

当幼儿走在探索的大路上遇到岔路时，为了让幼儿掌握自己解决问题的方法，老师选择运用迂回的战术，间接提示幼儿问题所在，支持幼儿进行自我修正。例如：在烧汤的环节中，幼儿需要创编动作随音乐的渐强渐弱表现蔬菜在汤里的样子。老师运用情景语言支持幼儿进行自我调整，当发现幼儿只是关注手上动作忽视脚的动作时，立即说"脚要动，不然就要粘底了"；当发现几名幼儿挤在一起时，老师用"这块土豆和番茄别挤到一起了，粘住不

好吃了",提示幼儿分散做动作,注意调整空间距离;当发现有一位幼儿由于过分关注蔬菜在锅里翻滚的有趣情景而忽视动作和音乐的配合时,影响了其他幼儿的操作,老师立即说:"这块土豆有点烂掉,烂掉的土豆可不好吃,要捞出锅子。"这名幼儿马上知道自己关注点有所偏差,立即调整了自己的行为,开始听着音乐动作。这些例子都说明孩子具有自我调整的能力,老师需要做的是在观察到问题后,间接的点出问题所在,让幼儿尝试自己调整。

（3）推进幼儿不断提升

幼儿的创造可谓是原生态的资源,要使他们在原始的基础上获得进一步的提升,就需要老师适当地给予推进。例如:在创编切菜的环节中,当老师问到还有不同的切法时,有位幼儿出动举手说:我来切番茄 × × | × × |老师根据幼儿的实际情况,觉得该名幼儿有能力创编出更复杂的节奏,于是进一步问:"切番茄能不能有快有慢呢?",该幼儿立刻心领神会,再次进行创编,编出了 × ××× | × ××× |;又如:探索烧汤过程时,在幼儿初步探索不同形态蔬菜用不同动作表示的基础上,老师进一步提示"开关关掉后汤里的蔬菜会不会马上停?"幼儿马上想到"火虽然关了,但蔬菜还会在锅子里动,会慢慢地停下来",于是幼儿表现:蔬菜随音乐的变化,身体动得越来越夸张,然后听到关火的旋律后慢慢地平静下来,孩子都将注意力集中在煮汤蔬菜翻滚的状态,而关火后蔬菜逐步随着沸腾的汤降温而平静是孩子容易忽略的一点,而老师抓住了这个点,进一步推进幼儿获得经验的提升。

2. 挖掘幼儿思维火花,有效地信息传递

老师发挥引导性,使个体经验转化集体经验,在互动中挖掘幼儿思维火花,共同分享,进行有效的信息传递,使个体借鉴别人经验后有更高层次的再创造。例如:洗菜的时候,老师先集体操作创编,然后请了几位节奏比较稳,并且创编出不同节奏的幼儿与大家分享,虽然只挑选了几个节奏型:洗土豆"洗洗 洗洗 | 刨刨 刨 |"和洗洋葱"洗洗洗洗 洗洗洗洗 | 掰开 掰开 |"但示范这三个节奏型给予同伴的启示是:洗不同的菜用不同的节奏和动作并配合音乐,洗菜的动作可以有方向性的变化,于是再次操作的时候孩子们又变化出了很多不同的节奏动作,起到了一成十,十成百的辐射性效果。除此之外,在切菜、烧汤动作创编中,老师也同样将观察到的有价值的信息放到集体面前和大家一起分享,孩子们正是在信息共享的同时,开拓了自己的思路,进一步点燃了思维的火种,迸发出更多的思维火花,产生更多的创意。

因此,音乐活动"蔬菜汤"中,材料、幼儿、老师三者之间拥有的是良性的有生命力的互动。老师把握幼儿发展水平及已有的经验和能力,在幼儿自由表现生活经验及感受的开放性进程中,接纳幼儿的创意,在集体探索和个体创造之间寻找到一个平衡点,给予适时支持提升,使得幼儿在有目的探索中不断地获得成长。

 音乐旅行团

设计依据

幼儿在前面一系列的音乐活动中积累了一定的经验,在此结合春天的主题,引导幼儿调动已有经验,将零散的音乐经验整合在一个游戏中,在更高层次上有进一步的发展。

活动方案

一、活动目标
引导幼儿感知听辨不同节拍乐曲的强弱、高低,尝试用动作表现不同音乐。

二、活动准备
1. 2拍欢快音乐、4拍进行曲、3拍的音乐各一首。
2. 对不同拍子音乐有初步感受。

三、活动过程
(一)走在大路上

T:春天阳光明媚我们一起去旅游吧,今天旅游很特别,我们是音乐旅游团,听着音乐欣赏美丽景色。音乐会告诉我们怎么走请你们听一听。

T:两段音乐有什么不一样?分别可以用什么走路的动作表示?为什么?

T:我们听着音乐试试看。

(欣赏行进曲和快节奏舞曲,引导幼儿发现不同,用不同动作表现,进行曲时幼儿走步行进,快节奏舞曲时幼儿跑步或跳舞前进。)

(二)逛逛旅游景点

T:走着走着停下了,前面可能会看到什么?

(听老师弹奏音乐从低音渐渐到高音,力度由弱到强;再由高音到低音,力度由强到弱,幼儿根据音乐想象爬山。)

T:来到一个旅游景点,接下来可能要干什么?你从哪里听到上山、下山?

(幼儿也可能想象上桥下桥,只要符合音乐特质的想象都可以成立。)

T:我们去爬山,跟着音乐指示走,别迷路。

(引导幼儿根据音乐的变化表现动作。)

(三)过河了

T:爬完山又来到一个景点,这个景点是什么呢?

(欣赏3拍子音乐,引导幼儿想象来到一条小河边。)

T:我们要过河,怎么过去呢?

(鼓励幼儿想办法过河,并用动作表现,例如:划船、游泳。)

T:我们继续跟着音乐指示过河,不快也不慢。

(引导幼儿根据3拍音乐表现动作。)

操作提示

游戏难度不高,但教师应了解幼儿的知识范围与生活经验,听音乐旅游的范围一定要适合幼儿,让幼儿能在音乐中动起来。

老师要创造性地进行教学,激发幼儿的想象力、感受力、表现力,支持幼儿在愉悦的情绪中参与活动,参与互动。

 小贴士

从幼儿生活经验中挖掘音乐材料

　　材料对于幼儿音乐经验、认知经验、能力的获得有着推动的作用,贴近幼儿生活经验的材料往往更能引起孩子的共鸣,参与的积极性,并且他们能运用足够的经验解决新问题。以上个活动"蔬菜汤"为例,来看看什么是贴近幼儿生活经验的材料,这样的材料对幼儿起到什么推进作用。

　　整个活动紧紧把握学科特质,结合音乐元素,运用了不同的音乐表现手段展现特定的生活事件——制作蔬菜汤。买菜、洗菜、切菜、烧汤是一个连续的场景,老师通过唱歌、节奏动作、音乐欣赏动作表现等形式,用音乐的语言述说生活事件,犹如一出儿童音乐剧,特别是活动主体部分"烧蔬菜汤",将音乐欣赏和生活情景相联结,用不同的旋律表现放锅子、倒水、放蔬菜的环节,用强弱表现蔬菜汤从未开到煮沸的过程,引导幼儿感受理解音乐,将煮汤的情景和音乐之间搭起互通的桥梁,充分体现了"艺术来源于生活而高于生活"。

　　另一方面,从材料对幼儿产生的作用来看:摆脱了音乐活动以技能为主的禁锢,以创造想象为切入口,在生活经验和音乐经验的支持下,通过节奏创编、动作创编充分发挥幼儿的主体性。在创编中不仅有音乐元素的再创造,也有动作的再创造。例如:创编切菜的动作属于节奏创造,幼儿需要根据音乐的节奏配上相应的自编节奏,切土豆 ×× ×× | ×× ××;切番茄 × ××× | × ×××;切洋葱丝 ×××× ×××× | ×××× ×××× 不同的孩子创编的节奏都各不相同。而烧蔬菜汤时则主要运用了肢体动作表现,孩子们将他们平时观察到的蔬菜在锅子中翻滚的样子结合自己的理解用动作展现,在现实模拟的基础上进行再创造。

老鼠娶新娘

设计依据

　　《老鼠娶新娘》的绘本不仅蕴含了自然界一物降一物的规律以及同类配同类最适合的道理,还描绘了中国民间婚礼习俗的热闹场面。我们从音乐的角度挖掘绘本中的价值,结合音乐的元素设计活动。

活动方案

一、活动目标

1. 按音乐的节奏继续学走弹簧步,表现老鼠抬轿子的情景。
2. 了解并乐意遵守音乐游戏的规则,在游戏中体验民间娶亲的习俗。

二、活动准备

(一)物质准备

1. 娶亲动画视频、娶亲音乐。

2. 绣球 3—4 个、红头巾 3—4 个、新郎胸花 3—4 个、绳子 6—8 根(两根一对作花轿)。

3. 乐器:鼓 1 个、镲 1 副。

(二)经验准备

1. 熟悉老鼠嫁女的故事。

2. 初步了解民间娶亲的习俗。

三、活动过程

(一)小老鼠学抬花轿

1. 观看动画,丰富娶亲抬花轿的经验。

2. 教师演示抬花轿动作,幼儿观察。

3. 大小老鼠来报名抬花轿。

观察要点:听着节拍有弹性的走步。

4. 请抬轿高手来演示,大家一起学一学。

(二)一顶轿子出发娶新娘——了解游戏方法

1. 新郎找新娘。——进行装扮。

2. 新郎出发请轿夫。——听到语言节奏进行邀请。(两次,每次请两位)

3. 听到音乐搭轿子。——在音乐结束前要搭好轿子。

4. 抬花轿接新娘。——五人共同前进(保持轿子的形状有弹性的行进)。

5. 新娘听到锣鼓声上花轿。

6. 新郎新娘到新房。——六人共同前进(保持轿子的形状有弹性的行进)。

7. 新娘抛绣球。——听到鼓声的最后一拍将绣球抛出;了解继续游戏的规则。

(三)两顶轿子娶新娘——熟悉玩法

1. 提醒幼儿游戏过程。

2. 观察幼儿动作。

教师评价:

1. 新郎听着音乐请轿夫。

2. 轿夫听着音乐抬轿子把新郎新娘送回家。

3. 新娘听着锣鼓声,上花轿,抛绣球。

(四)三顶(或四顶)轿子娶新娘

观察幼儿游戏行为,适时指导(游戏规则)。

这里还有一顶轿子,谁愿意来做新郎?

和刚才接到绣球的小朋友,一起来做游戏。

操作提示

在活动前幼儿有相关的经验,例如:和孩子们一起收集图片,观看传统婚礼的视频,孩子初步了解新娘要抛绣球、带红头盖、坐花轿、轿夫抬花轿等一系列民间娶亲的习俗;幼儿通过观察抬花轿的情景,区别抬花轿的步子和平时走路的样子;初步尝试了走弹簧步等。

通过游戏的语言帮助幼儿理清游戏规则脉络,把握游戏三个关键点:请轿夫、搭轿子、新娘听锣鼓抛绣球,对这三个环节进行分解。

小贴士

音乐游戏中的关键词"规则"、"探索"、"表现"

音乐游戏是以发展幼儿音乐能力为主要目的的游戏活动,是一种综合性艺术形式。在听听、唱唱、跳跳、玩玩等自由愉快的游戏中,幼儿音乐感受力、表现力和创造能力得到提高,是融音乐与游戏为一体的艺术教育形式。一个成熟的音乐游戏从设计到操作任何一个环节都蕴含着契机,并且发现在整个过程中有三个关键词是不可或缺的,即:"规则"、"探索"、"表现",下面就结合上述活动"老鼠娶新娘"具体来谈谈音乐游戏中的三个关键词。

一、游戏"规则"——音乐游戏的灵魂

游戏的规则是游戏的关键,"无规则不成游戏",而作为音乐游戏,其规则比较特殊,是利用音乐信号替代语言指示。在此次游戏中,老师将娶亲分成几个场景(请轿夫、接新娘、抛绣球),分别利用不同的音乐作为不同的音乐背景和信号,起到区分情景和提示的作用,同时在每个场景中还预设了一些规则,例如:音乐结束时用节奏语言请轿夫,一次请两个,请两次;轿夫要在音乐结束前搭好轿子;新娘听到锣鼓声上花轿;到了新房听好音乐抛绣球等等,始终都让孩子在音乐信号提示下做游戏,在活动最后同样呈现了热闹的迎娶新娘的场面,仿佛是一出音乐剧,但在此过程中,是音乐信号发挥作用,引导幼儿表现音乐剧,这就与单纯的音乐表演排练有本质的区别。

因此,游戏规则是音乐游戏的灵魂,老师只有充分考虑了音乐信号的作用,才能设计出一个可操作的音乐游戏,而这也是音乐游戏活动成功的最为基础和关键的所在。

二、自主"探索"——音乐游戏的骨架

以往的音乐游戏中总摆脱不了老师教幼儿学的模式,游戏规则通常由老师"传授"给幼儿,这就局限了幼儿的自主探索。如何让幼儿发挥主动性,将规则自己搭建成形以撑起整个游戏呢? 我们先来看从中截取的一个活动片段:

★ 游戏开始,老师扮演新郎

老师:"我是新郎,谁是我的新娘?"(请了一位女孩扮演新娘)

老师:"新郎接新娘谁来抬轿子?"

幼儿:"轿夫。"

老师:"那你们看看什么时候请轿夫?"(老师示范)

老师:新郎是什么时候请轿夫的? 怎么请的? 一次请几位? 请了几次?

幼儿1:在音乐结束后请。

幼儿2:请的时候要说:请你 帮我 抬轿 子|请你 帮我 抬轿 子|

幼儿3:一次请两个轿夫,要请两次。

老师:轿夫请到了,我们来听听什么时候搭轿子,什么时候抬轿子?

(听音乐,引导幼儿区分搭轿子和抬轿子的音乐信号)

老师:轿子怎么搭得稳?

幼儿:把手搭起来。(幼儿操作,出现问题)

老师:怎么搭呢?

幼儿:前面两个搭在一起,后面两个搭在一起。(再次操作)

……

在这个活动片段中,老师突出了幼儿主体,引导幼儿自主探索发现游戏的规则,由于规则是自己发现的,因此更加会主动遵守。老师在引导幼儿自主探索规则时主要运用了以下几个方法:

1. 感受·观察

游戏开始,老师并未直接告诉孩子应该在什么音乐的时候做什么,而是先抛出问题"新郎是什么时候请轿夫的?怎么请的?一次请几位?请了几次?",让幼儿观察发现请轿夫时的音乐信号是什么,怎么请,运用感受观察的方法支持孩子解决在音乐信号与情景之间建立链接的问题。

2. 讨论·交流

在观察之后,老师没有马上说出答案,而是让孩子回答之前的提问,在幼儿零散经验的基础上,老师将他们的发现进行提炼,总结成规则。对于孩子不清楚的问题,老师留给他们思考的空间,进一步讨论和交流,例如:在说到第二次请轿夫时,幼儿在一次观察后对于音乐结束后站到被邀请轿夫前的规则还不是太明确,于是老师通过再次演示——讨论,引导孩子了解两次请都是同样的规则——音乐结束要站到被邀请者前准备。

3. 启发·操作

通过观察、讨论,孩子们对于"新郎在音乐结束后请轿夫,每次请两位,一共请两次"的规则有了初步的了解,接着就要将规则转化为操作,于是老师和幼儿共同配合,请了四位轿夫,边操作边讨论,把搭轿子这个情景演绎出来。由于这个游戏对于孩子是新的挑战,因此在操作过程中肯定会遇到这样那样的问题,老师就通过启发,引发其他幼儿的思考,共同解决问题。例如:在老师提出如何将轿子搭稳时,有两个孩子提出手搭在同伴肩上,但在实际操作时却出现了不知哪两个同伴搭肩的问题,这时老师将问题抛给下面的孩子:"你们说怎么搭比较稳?"大家一起想办法,最终决定前面和后面的轿夫分别搭,上面的孩子就将大家的办法运用到操作中。在启发——操作——再启发——再操作的过程中,孩子们不知不觉自己解决了问题。

这列举的只是一个活动的片段,老师在整个活动中都通过感受、观察——讨论、交流——启发、操作帮助幼儿了解根据不同的音乐信号完成"请轿夫、搭轿子、接新娘、抛绣球"等一系列情景的关键规则,在看看说说做做中自找规则,逐步递进达成本次活动的挑战性目标:"引导幼儿了解并乐意遵守音乐游戏的规则,在游戏中体验民间娶亲的习俗"。

三、表达"表现"——音乐游戏的血肉

首先,由于音乐游戏是将有关民俗的生活经验和音乐经验相结合,具有民族特色的音乐和道具,以及配合音乐的肢体动作表现,都激发了幼儿表达表现的欲望;其次,由于规则需要他们自主探索发现,因此整个活动孩子们全神贯注,学习兴趣高涨,自建的规则也特别的遵守;再次,老师根据大班幼儿年龄特点,在游戏中加入了合作的要素,不仅有组内合作,还存在小组协调,例如:在最后完整操作游戏时,每组六人,都有各自的角色(新郎、新娘、轿夫),这就涉及到同组内同伴间的沟通和分工合作,这是组内合作,而每组需要确定各自的轿子位子,这就涉及到小组之间的协调。最终,积极参与、大胆表现、成功的体验让孩子获得了愉快的情感。

因此,借用奥尔夫教育理念所说:音乐教育应该是"原本性的",也就是接近本位的、自然的音乐教育。而在本次观摩活动中我看到了音乐游戏中,幼儿不再作为听众和被动的接受者,而是作为一名参与者,与音乐融为一体,让幼儿在玩中学,在欢乐中表现音乐。

阶段研讨

音乐主题背景下的互动与共享

虽然音乐活动从表面上看，主要是发展幼儿的音乐素质，但透过现象看本质时，却发现它还蕴含着很多能力方面的因素。在明确了理论性的概念之后，具体该如何实践操作呢？怎样操作活动才能促进幼儿全面素质的提高？老师的角色地位又该如何把握？也是值得我们思考的问题。

老师和幼儿同时作为活动的主体，二者之间是平等合作的，没有地位高低的区别，有的只是相互激励。有时孩子就像一颗"火种"，在外力作用下会擦出火花并被点燃；在不断的"煽风点火"下，火苗会越烧越旺。因此，老师就要变做一把"芭蕉扇"，通过利用各种方法、策略发挥"煽动性"，将孩子的积极性充分调动起来，将孩子的潜能充分挖掘出来。因此，只有通过充分调动音乐活动中材料、老师、幼儿之间的互动，在共同分享音乐及非音乐方面经验、能力的过程中，才能推进幼儿全面素质的提高，"保持积极的持续性共享思维，使得幼儿全面能力都获得提升"。而如果将这种互动和分享放在一个特定的情境中，就将更大程度地发挥其效能，即在音乐主题背景下引发的互动分享，借助与幼儿生活经验相关的音乐情景，利用情景交融的手段激发孩子们的情感、经验的共鸣，引发幼儿参与互动，分享经验，进一步推动幼儿的全面发展。

一、创设"音乐主题情景"让孩子动起来——在与主题相关的音乐材料、情景的刺激下引发孩子的经验分享及互动

1. 主题性的生活经验与音乐材料相结合

如今在上海市二期课改理念指导下实现了主题课程活动，将原本零散的各种活动用一根主线串联起来，使之联系更为紧密。我们在每个活动的设计时会考虑选取的材料是否贴合主题的大背景。例如：在"春天"主题中，老师就设计了节奏性的语言游戏。孩子们看过、体验过春天，有这方面的经验积淀，很容易引起共鸣，因此能说出很多关于春天的内容。但老师并不仅仅停留在语言说的层面上，同时还结合音乐中的"节奏"要素，将生活经验与音乐经验联系起来，用富有节奏感的语言述说春天。并且老师的"主题意识"很强，使得幼儿始终在主题氛围中互动。在老师鼓励下，每个孩子生成的内容、节奏都不相同，他们通过倾听别人而不重复同伴的节奏语言，同时也在同伴的创编中获得启发，进一步生成新的内容。记得那次活动中还有个很值得回忆的细节，它让我看到了老师很强的主题意识。有个孩子说："春天到，小狗出来玩了。"从字面上看似乎没什么问题，语句完整、与主题也沾边了，但老师却重新拾起他的话题，进一步将幼儿生成的内容联系到春天的主题上说："春天到，小狗出来找春天。"这小小的一个共享思维环节体现出老师紧扣主题的主导思想，在为幼儿提供主题材料的同时，用潜移默化的方式影响幼儿的思维，把幼儿的思路向着主题目标方向牵引。

2. 创设游戏情景，丰富音乐技能

由于音乐具有技能性，如节奏训练、听音练习等，这些都是专业性很强的内容，音乐活动中对幼儿进行这方面的操作会显得有点"专业化"。特别是上海市二期课改提倡主题背

景下的整合教育及综合能力的发展,很多老师都会回避这方面的练习。但这种音乐素质的积累对于幼儿来说又是很重要的。因此,在如今的教育形势下是否要对幼儿进行这方面的素质训练呢? 在曹老师的培训班中得到了肯定的答案,并解决了如何"做"的问题,即运用游戏情景在"玩"中让幼儿自己探索,主动发展音乐素质。例如:在固定节奏创编游戏中,老师选取了世界名曲《玩具兵进行曲》作为主体音乐,为孩子营造了一个玩具的梦幻世界。玩具对于幼儿来说有着特殊的意义,因此孩子们都沉浸在有趣的情景中,全神贯注地投入活动。然后老师通过用游戏的语言:"玩具朋友来做游戏了,你们想为它们编什么样的跳舞动作呢?"引导幼儿创编节奏动作,并将节奏配上《玩具兵进行曲》的旋律。一方面,由于之前老师通过节奏语言游戏、节奏小火车等活动使幼儿对于各种节奏型已有了一定的积累,幼儿在创编节奏时都能有自己的创造,他们需要探索的是如何解决将自编节奏配上旋律的问题;另一方面,由于这是孩子自发生成的节奏型,因此孩子间的互动显得很活跃,一个孩子编,其余孩子模仿并将节奏和音乐配合起来。就是在这种既有经验又有挑战的互动分享中,孩子们的节奏、协调、合作等能力都得到了提升。

3. 创设富含音乐因素的环境

除了常规音乐活动外,还可充分利用在一日活动的时空资源,创设与主题相适应的音乐环境,化零为整,以进一步促进幼儿与音乐间的互动。例如:在角落游戏中开设"音乐角",让幼儿探索利用生活物品自制小乐器、敲击音块、指挥游戏等,既发展了孩子的节奏、听辨音高及不同声响的音乐素质,同时幼儿在交流分享中又获得了合作、交往方面的方法和能力。

二、创设"问题情景"让孩子动起来——通过各种情景性的提问,引发幼儿的思考和交流

1. 将"问题情景"意识贯穿始终

"问题情景"可以引起幼儿的主动思考,老师通过引导幼儿交流自己的想法、分享答案,让孩子的思维"动"起来,活跃起来。因此,老师要将"问题情景"意识贯穿始终,将孩子抛来的问题抛还给孩子,让他们自己尝试解决。在上海市二期课改"引导幼儿主动学习"理念指导下,我们在活动设计时一般都会考虑到让幼儿充分发挥自主性,在活动过程中创设与探索活动内容相关的"问题情景"不易被忽略。但关于游戏的规则则由老师单方面地进行预设,在孩子的眼里往往就是老师"要我遵守规则",而通过本学期的培训我感受到"规则"同样可以通过"问题情景"在幼儿互动中生成,并且其达到的效果是"我要遵守规则"。例如:在复合节奏活动"火车开来了"中,有一环节让幼儿在快慢节奏中自选一种进行表达,老师就创设了问题情景:"去北京的人太多怎么办?"老师提问的目的是让幼儿通过自己思考,自发生成"两边的人数差不多"的规则。在此,老师通过调动孩子们的内省机制,引导孩子逐渐从单纯地遵守老师提出的规则发展到有意识地创建规则,并将这种思维辐射扩散到其他活动中,从而提高孩子的整体规则意识。所以,不仅在活动内容方面可以通过"问题情景"自主探索,游戏规则也可通过"问题情景"自发生成。

2. 把握"问题情景"的层次性

层次分明递进式的"问题情景"就像层层的阶梯,可以帮助幼儿逐步攀登上最高的目标。例如:游戏"春雨沙沙"中,老师就是通过提问,循序渐进地为幼儿提供支持。老师最终

的目标是让幼儿能根据听着音乐脚踩拍率、手拍旋律节奏,这需要幼儿思想的高度集中及手脚的高度协调配合才能完成。老师首先从简单的手拍旋律切入,用情景语言"听听找找音乐里有几朵小花?"引导幼儿自主探索节奏。当幼儿拍后半部分由于节奏较快出现问题时,老师及时地引起幼儿注意"你们听听雨下得快的时候开了几朵小花?"帮助他们再次探索如何将刚才节奏含糊不清的两个乐句拍清楚,为之后的再上一个台阶做准备。接着,老师再引导幼儿探索脚踩拍率。通过形象的语言"我们边看边帮助春姑娘检查吹的春风、撒的春雨"将抽象的要求化为可操作的目标,并且边提要求,边示范,为幼儿操作提供了具体的支持。孩子们通过倾听老师的语言,观察老师的动作示范,领会其中的要领,并通过实践操作达到脚踩拍率的目标。最后,在分别分解了手拍旋律节奏、脚踩拍率的要求后,老师将这两个子要求整合为总目标,即手脚并用,同时协调地表现旋律节奏和拍率。在老师层次分明的支持下,幼儿较顺利地达到了游戏的目标。在此过程中,老师将要求与问题情景相结合,步步递进地为幼儿提供有效、明确的支持,使得幼儿在与老师、同伴的互动中获得提升。

3. 创设明确的"问题情景"

一般,在幼儿操作出现问题时,老师总是利用情景化的语言进行指导,点出问题的症结所在,但这种方法适合小年龄的孩子。当孩子有了一定的自我意识时,老师可以通过创设明确的"问题情景"来帮助幼儿自我检查、自我调整,以主动获得经验。在这一过程中,孩子们发现问题、解决问题的能力都有所提升。例如:在唱"叮铃铃铃,叮铃铃铃"时,老师通过听发现孩子总会少唱一到二个"铃",于是通过示范让孩子比较发现两种不同的方法:动舌尖,还是动舌头,才能将这两句铃声的节奏唱清楚。孩子们在讨论后总结出"只有舌尖灵活,才能唱准这一乐句的节奏"。在这个例子中,老师发现了问题,但没有直接告诉幼儿应该怎么做,而是通过提问,让幼儿比较、发现,主动解决问题,得到经验的提升。

三、创设"动境"让孩子动起来——充分地给予幼儿实践操作的机会

1. 关注与尊重每个孩子的不同能力水平

有人曾经说过"世界上没有两片完全相同的树叶"。孩子是独立的个体,也如同树叶一般,每一个都不相同。因此,为不同能力水平的孩子创设的"动境"不相同,才会真正推动他们在原有基础上有所提升。例如:在"传物仿编"游戏中,大多数孩子出现的是节奏方面的问题,老师通过请朋友帮助、提问、示范等互动策略帮助幼儿一一解决,但惟独一名孩子出现语言方面的问题,她说:"我想请小青蛙。"老师就根据这一孩子的特点先帮助她把话说完整,然后再兼顾到节奏的问题,这样既关注到了每个幼儿的发展,又在集体面前强化了"完整表达"的意识。

另外,互动过程中还允许幼儿从不同的起点发展,尊重他们不同的能力水平,尽可能地为每个孩子找到不同高度,创设适合他们的难点,并提出不同要求。例如:孩子对节奏游戏"春天"已经有一定经验,老师就提高要求请幼儿摆脱"春天到……"的模式进一步扩展内容,大部分孩子都做到了,但有个孩子还是说:"春天到,小燕子飞来了。"同伴们听了都提意见说:"不能说春天到的。"这时这个孩子就显得很尴尬,老师出来解围说:"前面的朋友都没说过春天到,他和你们不一样也是可以的。"老师内心很明白这个孩子是因为能力的局限才

未摆脱先前的模式,但她对这个幼儿的肯定帮助这个孩子增添了自信。

2. 用"要求——检查——操作"的方式增强互动

只有在有明确要求的操作中的互动才是有效的。老师通过关注幼儿的操作情况,检查其表现是否与要求相一致,再次调整,提出有挑战性的要求,幼儿再次操作提升经验。就是在这种螺旋上升的互动过程中,幼儿不断积累新的经验,获得新的能力。例如:在律动"春姑娘的舞蹈"中,老师"要求"幼儿找到强拍创编动作,经过"检查"发现幼儿的动作与节奏虽然很吻合,但还没完全放开,就做进一步推进,再次用具体的情景语言提要求:"我们可不是木头人找春天哦!要大步滑出去找!"然后让幼儿再次"操作"。孩子们在老师有针对性的推进下调动自控机制,使得动作不再僵硬,在原有基础上又有所提高。老师在幼儿操作后,根据他们的现有水平提出进一步的操作任务,给予再次"动"起来的机会,通过实践操作才能切实地推进幼儿发展。

3. 为每个孩子提供表现表达的机会

通常,活动中我们很自然地会关注那些能力强的孩子,他们会被老师树立为榜样,起到示范作用,老师站在"正面引导"的立场上也觉得这样做是理所当然的。但细细想来却发现这样做可能在无意间使得其他孩子会因此受到不同程度的忽略。而在活动"小指挥"中,为每个孩子提供均等的表现机会,使每个个体都在其不同的水平上获得发展。老师相信每位幼儿的能力,让所有幼儿都参与指挥,体现了老师真正地给予每个孩子机会,关注每个个体的观念。又如:在两声部歌曲《真是一对好朋友》选小指挥分别指挥快的及慢的声部时,老师就尽量给予每个孩子操作的机会,在集体练习小指挥时有意识地关注能力较弱的孩子,对其进行个别指导,在之后的独立操作中大胆地让其担任小指挥。老师通过及时鼓励提升他的信心,对他偏差的地方进行纠正,使他在现有的水平上得到推进,从而避免了幼儿发展能力的不均衡。

4. 提供有利于幼儿"动"起来的操作方法

老师预设的操作方法是否有利于幼儿"动"起来,会直接影响到幼儿经验的获得。因此,在创设"动境"时就要尽可能的帮助孩子扫清障碍。如果遇到阻碍,幼儿的表现表达的操作就需要立刻调整。例如:在创编歌词中,有的幼儿说到了:"小鸭子会唱歌。"在唱的时候由于"子"字较难打开嘴型,因此会从某种程度上影响唱歌的整体音色,听起来有点散,老师通过引导,将"小鸭子"变为"小黄鸭","黄"和"鸭"都是有利于幼儿打开嘴巴的音,使得歌声更集中,音色更加好听。

从以上的这些例子中可以看出,在音乐主题背景下引发的互动分享中,孩子们通过广泛的动态信息交流,相互沟通、影响和补充,形成一个"学习共同体",而学习也在互动中变得更为主动和富有个性,最终回到"推动孩子全面素质的提高"的出发点上。同时,师生互动与共享还是一个双向建构的过程,不仅幼儿在中间得到发展,老师也从中汲取了经验和成长的养分,通过不断反思提高自己,不断发展。正如教育家舍吉宁曾说过:"老师的任务是——不要孤立的学生,孤立的教师,而要学生+教师。"这句话点出了师生互动的本质。

四、节奏乐活动

节奏乐活动综述

一、指导思想

在音乐教育活动中,音块、节奏乐器、自制乐器都是最基础的音乐器材,是幼儿操作的工具,是作为听觉训练中视觉方面的辅助材料,让幼儿在游戏活动中能随手取之,自由摆弄敲击,掌握其性能、音色等,在探索尝试中知道用不同的方法敲击能产生不同的声音,在玩弄中掌握操作工具的方法,寻找千变万化的声音奥秘,在敲击、想象、讲述、表演活动中,促使幼儿有兴趣表现自己的音乐——童龄妙音。教师允许幼儿有不同答案,让他们从中自主解决问题和在实验中学习。幼儿大部分时间都是自己活动或在非正式小组中活动,这些交往和活动对发展幼儿自我价值感及学习的积极情感非常有益。在幼儿的节奏活动中,教师应极力主张始终让幼儿主动奏乐,而不是被动听乐。如教师创造机会让幼儿人人能摆弄乐器为熟悉的乐曲伴奏,在音条琴上能敲奏学会的歌曲;让幼儿边唱边作乐,而不是沉闷的一味坐着奏乐;如教师允许不同发展水平的幼儿均能快乐参与奏乐活动,能力强的幼儿能敲奏歌曲的旋律,能力中等的幼儿敲奏节奏,能力差的幼儿敲奏拍率,使之感受到"我也能行";引导幼儿即兴创造性地奏乐,而不是呆板、机械地奏乐,如教师让幼儿在理解感知乐曲的基础上奏乐,还可以运用乐器创编自己生活中的感受和体验,真正体现"乐"(音乐)即是"乐"(快乐)之理。

二、总目标

培养幼儿对乐器的兴趣,发展对音乐的感受能力;满足其想敲奏乐器的欲求,并能一边欣赏音乐一边敲奏乐器,发展其用打击乐器表现音乐的能力;丰富一定的音乐语汇(能运用不同节奏型及音色的各种处理等);促进幼儿全面素质的提高,包括合作能力、自控能力、自信、成功感等。

三、具体指导目标

1. 能愉快轻松地摆弄乐器。
2. 认识乐器并记住名称及使用方法。
3. 学习敲奏各种乐器,并使其发出好听的声音。
4. 能按自己的意愿运用乐器为歌曲或乐器伴奏。
5. 能快乐地参加节奏乐队活动(全班的、小组的、区角活动等)。
6. 学习注意指挥者,并能服从其信号进行合奏。
7. 能大胆轮流做指挥。
8. 能既分担又轮流使用乐器。
9. 能用各种乐器配合乐曲或歌曲即兴伴奏。
10. 养成爱惜乐器的良好习惯。

四、活动指导

在节奏乐活动中,教师应注重幼儿对音乐基础知识的理解,培养其共同合奏的态度和能力,不要过于强调技巧。

1. 创设环境,提供材料

活动室内应配有儿童乐器及音条木琴等,使幼儿人人能随手取之。

2. 指导要点

(1) 让幼儿有兴趣的参与摆弄敲打乐器的活动,能结合听辨音高,敲奏音条乐器;用简单乐器为歌曲伴奏;在合奏中体验个体应负责的部分并懂得协调。

(2) 认识乐器更偏重于辨析各种不同乐器的音色,如引导幼儿想办法使一种乐器发出两种以上的声音。

(3) 组织幼儿利用废旧物品自制乐器,在摆弄制作中产生兴趣及求知欲。

(4) 在自由摆弄敲打乐器的基础上,根据幼儿不同发展程度,教师可引导幼儿用节奏乐器进行合奏练习(小、中、大班使用的乐器应有所区别),帮助幼儿建立使用乐器的经验。

(5) 选择合适的歌曲或乐曲,根据其音乐性质选择乐器配伴奏。可教师选,也可组织幼儿讨论;伴奏时可用节拍、旋律节奏,也可幼儿创编节奏。如:幼儿分别用 x x x x x x | x x | 或者 x x x x x | x x x x |为歌曲《小娃娃跌倒了》配伴奏。

(6) 合奏时注意乐器种类由少到多,节奏由简到繁的过程,演奏情感胜于演奏的技术,重视其合作态度。

(7) 创编自己生活中的故事。丰富幼儿生活,引导幼儿确定主题(可作画表示),选择不同音色的乐器,创编节奏,给幼儿在听众前表现演奏的机会。教师要帮助每个幼儿完成自己的主题,并动脑筋设法用乐器的音乐效果把意思表示出来。

3. 指导方法

(1) 探索,摆弄敲击各种乐器感知音色。

(2) 模仿,探索使用各种乐器的方法,感受对节奏、音色运用的乐趣。

(3) 即兴伴奏,和着音乐大胆操作摆弄乐器,建立自己的经验。

(4) 有意创编,运用乐器围绕主题表现。

4. 教学程序(以节奏乐活动"小马车"为例)

(1) 提出主题,引起兴趣。

(2) 欣赏复习歌曲,寻找节拍与旋律节奏,及其作品的性质、情绪。

(3) 启发思考运用什么音色的乐器表现,如怎样才使大家知道是小马车来了?除了马蹄声,还有什么声音?(铃铛)

(4) 创编节奏,尝试操作,可集体徒手操作,也可逐一递增乐器,如先将主要的马蹄声(双响筒)加入,然后再加小铃,最后扩展到人手一件。

(5) 教师指挥,引导整体齐奏或多声部合奏。

(6) 个别幼儿指挥,集体演奏。

(7) 教师与幼儿可继续提出新方案(或设想),进行再创造的演奏。

1＝C　2/4　　小马车

主旋律　**1 2　3 4｜5 5 5　5　｜6 6　6 6｜5 ― ｜**
　　　　我　的 小 小 马　车　叮 铃 铃 铃 响

串　铃　×× × ×｜× × ×　｜× × × ×｜× × × ×｜
双响筒　×× × ×｜× × × ×｜× × × ×｜× × × ×｜

　　　　4 4 4 4｜2 ―　｜5 5 5 5｜3 ― ｜
　　　　叮 铃 铃 铃 响　叮 铃 铃 铃 响

串　铃　×× × ×｜× × ×　｜× × × ×｜× × × ×｜
双响筒　×× × ×｜× × × ×｜× × × ×｜× × × ×｜

　　　　1 2　3 4｜5 5 5　5　｜6 6　6 6｜5 ― ｜
　　　　我 的 小 小 马　车　叮 铃 铃 铃 响

串　铃　×× × ×｜× × ×　｜× × × ×｜× × × ×｜
双响筒　×× × ×｜× × × ×｜× × × ×｜× × × ×｜

　　　　4 4　2 2｜5 5　3　｜2 2　2 3｜2 1 ― ｜
　　　　叮 铃 铃 铃 叮 铃 铃　叮 铃 铃 铃 响

串　铃　×× × ×｜× × ×　｜× × × ×｜× × × ×｜
双响筒　×× × ×｜× × × ×｜× × × ×｜× × × × ×｜

五、活动内容

（一）小班

1. 摆弄认识简单乐器，如鼓、有把手的碰铃、木鱼。

2. 为儿歌童谣打节奏。

3. 为简单歌曲伴奏。

4. 尝试几个人一起齐奏，节奏是 2/4、4/4。

（二）中班

1. 摆弄乐器，认识乐器名称，如圆午板、鼓、铃鼓、双向筒、蛙鸣筒等，并听辨音色。

2. 探索乐器音色（比较乐器音色的和谐统一）。

3. 敲击音块 do re mi sol la 五声音阶。

4. 即兴伴奏（强拍，旋律节奏）。

5. 编简单的乐器故事（如：大象和小兔）。

6. 简单的图片配音（如：变化的天气）。

7. 自制乐器。

8. 小乐队（简单的成品乐曲）。

9. 探索固定音型及节奏型。

10. 探索两种以上节奏的合奏。

（三）大班

1. 使用更多乐器，认识名称，辨别音色。

2. 探索对比音色与混合音色。

3. 敲击音块 do re mi fa sol la si 七声音阶。

4. 即兴伴奏（固定节奏型，自由乐感）。

5. 电影配音（猴子学样）。

6. 创作乐曲（春游之声、我的一天、草原之声）。

7. 即兴击鼓。

8. 自制乐器。

9. 小乐队演奏（自编的、成品的"瑶族舞曲"或"进行曲"）。

六、活动评价

1. 能否愉快轻松地参与敲奏乐器的活动，对乐器有兴趣。

2. 能否和着音乐敲奏乐器。

3. 能否运用节奏乐器与音条乐器为歌曲伴奏（节奏乐器打节奏或拍率，音条乐器敲旋律）。

4. 能否创造性地运用节奏乐器为乐曲即兴伴奏。

5. 能否运用各种节奏乐器。

6. 在合奏时是否有既注意自己的演奏又注意与伙伴的协作态度。

7. 是否有爱惜乐器的良好习惯。

七、节奏乐活动目标阶梯

认识乐器——区分乐器音色——简单的乐器故事——多种形式的节奏创编（动作、图谱等）——复合节奏——器乐合奏——敲击七声音阶音块——器乐表现（图谱）——探索更多的乐器音色——即兴伴奏——小乐队演奏——回旋曲器乐合奏。

节奏乐活动素材与主题、音乐元素的联系

1. 小乐器做游戏

主题：我的身体。

音乐元素建构：听辨不同乐器音色，用动作表现。

2. 小乐器唱歌

主题：我的身体。

音乐元素建构：进一步认识乐器名称及操作方法。

3. 大象和小兔

主题：可爱的动物。

音乐元素建构：简单的乐器故事。

4. 迷迷转

主题：我的身体。

音乐元素建构:认识新的乐器名称,进行节奏模仿。

5. 沙拉沙拉

主题:秋天。

音乐元素建构:为绘本故事角色选择乐器配音。

6. 逛街

主题:周围的人。

音乐元素建构:合作创编节奏,乐器表现。

7. 去郊游

主题:秋天。

音乐元素建构:简单的分组器乐合作。

8. 变化的天气

主题:秋天。

音乐元素建构:乐器故事,节奏创编。

9. 铃儿响叮当

主题:新年。

音乐元素建构:创编节奏,乐器表现。

10. 电影配音

主题:春天来了。

音乐元素建构:合作创编乐器故事。

11. 幼儿园的早晨

主题:春天来了。

音乐元素建构:合作创编乐器故事。

12. 春游之声

主题:春天来了。

音乐元素建构:合作创编乐器故事。

13. 小青蛙的故事

主题:春天来了。

音乐元素建构:根据图片合作创编三段体的乐器故事。

14. 我的故事

主题:我长大了。

音乐元素建构:创编简单的乐器故事。

15. 一个一个说

主题:我长大了。

音乐元素建构:尝试用乐器表现歌曲角色。

16. 西游记

主题:我长大了(国庆)。

音乐元素建构:根据民间故事,合作创编乐器故事。

17. 猴子学样

主题:我长大了(国庆)。

音乐元素建构:根据民间故事,合作创编乐器故事。

18. 小乐队

主题:我长大了。

音乐元素建构:进一步进行器乐合作。

19. 瑶族舞曲

主题:我是中国人。

音乐元素建构:尝试运用不同乐器分组合作,集体合奏。

20. 木瓜恰恰恰

主题:有用的植物。

音乐元素建构:尝试用图谱的形式表现所创编的节奏,并边看图谱边合作演奏。

21. 蔬菜音乐会

主题:有用的植物。

音乐元素建构:在能听辨七声音阶音高的基础上,用音块集体合作敲奏歌曲。

22. 母鸡萝丝去散步

主题:春夏秋冬。

音乐元素建构:尝试用器乐的形式创造性地表现绘本的故事内容。

23. 小蝌蚪找妈妈

主题:春夏秋冬。

音乐元素建构:尝试用回旋曲的形式表现故事内容。

24. 四季回旋曲

主题:春夏秋冬。

音乐元素建构:尝试用回旋曲的形式表现四季的声音。

25. 小小建筑师

主题:城市的建筑。

音乐元素建构:尝试用回旋曲的形式表现生活场景。

26. 五只鸭子

主题:春夏秋冬。

音乐元素建构:尝试在大鼓和四只小鼓上创造性地随乐即兴敲奏表现。

27. 老鼠嫁女

主题:春夏秋冬。

音乐元素建构:尝试用更多的乐器,选择相应的音色表现故事角色。

节奏乐活动素材

小乐器做游戏

设计依据

乐器能发出不同的声响,是孩子们喜欢的操作材料。我们尝试用游戏方式引导幼儿了解乐

器名称,区分音色,通过有趣的乐器游戏促进幼儿听辨力、注意力、记忆力等的发展。

活动方案

一、活动目标

感受乐器(小铃、沙球、铃鼓等)的声音,了解其名称及玩法,愿意创编不同动作表现不同音色。

二、活动准备

乐器若干(大鼓、小铃、沙球、铃鼓、木鱼等)。

三、活动过程

(一)自主探索乐器声音

T:今天有好几个乐器朋友和我们做游戏,请你们听一听、玩一玩,它们发出什么声音。

(教室周围放置各种乐器,鼓励幼儿自由摆弄操作,观察乐器形状,倾听发出的声响。)

(二)交流分享

T:你刚才和哪个乐器做游戏,它是什么样子的?会发出什么声音?

(引导幼儿把自己操作的乐器介绍给同伴,例如:我玩的是一条鱼,敲上去是笃笃笃笃响。)

(三)老师引导幼儿认识各种乐器名称

(四)和小乐器做游戏

1. 创编动作

T:小乐器唱歌,我们来跳舞,小铃唱歌我们用什么动作伴舞?

(引导幼儿为不同乐器配上不同动作,例如:听到小铃拍拍手,大鼓跺脚,铃鼓拍肩,沙球拍腿,木鱼转手腕等。)

2. 听乐器做动作

T:听到不同乐器的歌声我们为它们伴舞。

(老师敲奏乐器,引导幼儿听辨不同音色做相应动作。)

操作提示

老师应在幼儿充分操作乐器的基础上,再让他们认识乐器名称,尽量使每个孩子都能说出来。

游戏中为不同乐器设计动作可由老师和孩子共同完成。开始时,如幼儿创编不出,老师可以适当示范,例如:大鼓跺脚、小铃拍手可由老师预设,为之后幼儿自编动作提供引领,在此基础上鼓励幼儿想不同的动作。

在听乐器做动作环节中,老师可不断提升,开始时由老师敲奏乐器,幼儿听辨不同音色做动作;然后让个别幼儿敲奏乐器,全体幼儿听辨乐器音色做动作;最后幼儿背对乐器,听辨乐器音色做动作。

在此次游戏的基础上,老师可根据幼儿的发展水平,继续增加乐器种类,并将乐器放在区角中让幼儿自主探索操作。

 小乐器唱歌

设计依据

在幼儿对各种乐器不同的声响以及正确的玩法有了初步的自主操作体验后,此活动以小乐器唱歌为切入点,进一步巩固幼儿对不同乐器的声响以及正确的玩法的认识,体验自主操作的趣味性,同时也为之后一系列的乐器操作游戏奠定基础。

活动方案

一、活动目标

1. 听辨乐器(小铃、沙球、铃鼓、小鼓)的声音,巩固乐器名称及玩法。

2. 尝试模仿及创编简单节奏。

二、活动准备

乐器若干(小铃、沙球、铃鼓、小鼓)。

三、活动过程

(一)介绍乐器朋友

T:今天有几个乐器朋友来做客,它们会唱歌,请你们听一听。

T:小铃唱歌是什么声音?

(引导幼儿声音模仿,例如:叮叮叮叮叮,老师节奏提升 ×　×｜×　×　×　× ×｜,幼儿再次模
　　　　　　　　　　　　　　　　　　 叮　叮 叮叮叮叮 叮
仿。同样方法依次出示沙球、小鼓,用乐器角色语言与小朋友打招呼,并告诉名称,模仿节奏。)

(二)游戏歌曲《小乐器唱歌》

T:用歌声邀请小乐器来唱歌(老师示范歌曲第一段)。

$$5 \quad 3 \mid 6\ 6 \quad 5 \mid 5 \quad 3 \mid 6\ 6\ 6\ 6 \quad 5 \mid$$
小　铃　来 唱 歌 叮　叮　叮叮叮叮 叮

T:邀请沙球来唱歌,怎么唱?

$$5 \quad 3 \mid 6\ 6 \quad 5 \mid 5 \quad 3 \mid 6\ 6\ 6\ 6 \quad 5 \mid$$
沙　球　来 唱 歌 沙　沙　沙沙沙沙 沙

(引导幼儿与老师合作创编第二段及铃鼓、小鼓唱歌的段落。)

(三)乐器操作

1. 初步游戏

T:请你们找自己喜欢的乐器做朋友,听到乐器朋友的名字就请它出来唱歌。

(引导幼儿唱歌曲,在乐器声响部分操作乐器。)

2. 再次游戏

T:换个乐器朋友做游戏(交换乐器再次游戏)。

操作提示

活动中幼儿由于自身经验限制,在探索中容易产生偏差。这时老师应站在支持者的立场上,先鼓励孩子的发现,保护其探索的积极性,然后引导他们进一步往正确的方向发展。例如:在介绍乐器这一环节中,老师要求孩子用语言模拟小乐器发出的声音,并尝试唱出来,在介绍到铃鼓时,大多数孩子说它的声音是"咚咚咚",而忽视了铃鼓的另一声音特性。老师不必急于纠正,在肯定的基础上请幼儿再次操作,体验并提出问题:"除了这个咚咚声还有什么声音?"孩子们通过摇铃鼓会发现,还会有"铃铃铃"的响声,于是很自然"小铃鼓,来唱歌,咚咚,铃铃铃铃"的歌词就能创编成功,这些都是孩子们自己生成的。老师尊重他们的点滴发现,站在孩子们的背

后稍稍拨一拨,推一推,就会使他们在获得相对准确知识的同时,自信心和成功感及探索的兴趣也得到提升。

由于活动是初次进行,因此重点放在引导幼儿发现不同乐器声响以及了解名称玩法上。在幼儿会唱歌曲后,老师可进一步引导幼儿变化乐器唱歌时的节奏,例如:

```
5    3 | 6  6  5 | 5 5    3 | 6 6    5 | ;
小    铃  来 唱 歌  叮叮    叮  叮叮    叮

5    3 | 6  6  5 | 5 5    3 3 | 6 6 6    5 |
小    铃  来 唱 歌  叮叮   叮叮  叮叮叮    叮
```

 小贴士

乐器操作活动的目标及指导方法

1. 乐器操作活动目标

乐器操作活动主要培养幼儿对乐器的兴趣,发展对音乐的感受能力,满足其想操作乐器的需求,能一边欣赏音乐一边敲奏乐器,发展幼儿用打击乐器表现音乐的能力,丰富一定的音乐语汇,推进幼儿全面素质的提高。

2. 乐器操作活动指导方法

(1)探索,摆弄敲击各种乐器感知音色。

(2)模仿,探索使用各种乐器的方法,感受对节奏、音色运用的乐趣。

(3)即兴伴奏,合着音乐大胆操作摆弄乐器,建立自己的经验。

(4)有意创编,运用乐器围绕主题进行表现。

🍀 大象和小兔

设计依据

动物对于幼儿来说很有亲切感,他们平时就很喜欢模仿各种动物。由于幼儿受到直接经验的影响,因此特别乐于扮演身边的小动物,如小兔、小狗、小猫等。为了帮助幼儿做进一步知识经验的拓展,选择了一个离幼儿生活较远但又很有特点的动物,借助音乐游戏为工具,结合幼儿喜欢听故事的特点,将故事形象地用乐器展现。

活动方案

一、活动目标

1. 在听听、说说中感知大象和小兔的不同音色,并尝试创编简单节奏,选择乐器为故事配器。

2. 鼓励幼儿大胆地表达自己想法,体验乐器故事的乐趣。

二、活动准备

1. 小兔和大象的图片及春天景色图。

2. 对大象和小兔的外形特征有初步了解,如笨重的或灵巧的,为创编简单节奏铺垫。

3. 对乐器有一定的操作经验。

4. 鼓、小铃。

三、活动过程

(一)故事《大象和小兔》

1. 出示图片,讲述故事

T:春天来了,小动物们都苏醒了,森林里又变得热闹起来。大象和小兔约好了一起来找春天。小兔在草地上蹦蹦跳跳,它看见树枝上冒出了嫩芽,草地上开出了五颜六色的小花。大象也甩着长长的鼻子来到草地上,看见小溪的冰融化了,觉得春天的太阳暖洋洋。春天真美呀,两个朋友在草地上晒太阳做游戏,不知不觉太阳落山了,该回家了。大象走在前面,小兔走在后面,他们约好明天再来找春天。

2. 理解故事

T:故事里有谁?他们在干什么?看到了哪些春天的美景?

(二)为故事配器

1. 为小兔配器

T:今天请来了小乐器为故事配音,小兔怎么走路?

(引导幼儿动作表现,感受小兔的形象。)

T:什么小乐器代表小兔?为什么?

(引导幼儿选择小铃为小兔配音,例如:×××× ××××│×××× ××××│。)

2. 为大象配器

T:大象怎样走路?发出什么声音?

(引导幼儿用动作和声音表现。)

T:什么乐器代表大象?为什么?

(引导幼儿选择大鼓为大象配音,例如:× ─│× ─│。)

3. 初步为故事配音

T:你想为什么小动物配音,找适合它的乐器朋友,故事说到哪个动物代表它的乐器就出来配音。

(老师讲述故事,引导幼儿听故事用乐器表现。)

4. 选择乐器表现不同角色

T:除了小铃还能为小兔选择什么乐器?

T:除了大鼓还能为大象选择什么乐器?

(引导幼儿选择不同乐器表现角色,所选乐器必须有明显的音色对比。)

5. 创编节奏为故事配音

(1)创编小兔的节奏

T:刚才草地上的是一只小白兔,它跳的节奏是 ×××× ××××│×××× ××××│,这次又来了一只小灰兔,它跳的节奏是不一样的,会怎么跳?

(引导幼儿创编不同的兔跳的节奏,例如:× ×│×× ×│;×× ××│×× ×│等。)

(2)创编大象的节奏

T：大象走路的节奏也是不一样的，还能怎么走？

（引导幼儿创编不同的节奏，例如：× × ｜×× 0 ｜。）

（3）完整配音

引导幼儿用新创编的节奏为故事配音，在故事最后，用乐器表现大象和小兔越走越远的减弱感觉。

操作提示

老师耐心引导幼儿在感知体验的基础上，编讲出自己的故事。强调在操作过程中对幼儿进行点拨引导，不急于得到一个完美的故事，重在引导幼儿参与，使其获得成就感。老师注意讲清要求，层层推进，支持幼儿最终较顺利地完成任务，获得成功感，并鼓励幼儿用不同节奏表现角色。

老师可分几次进行游戏，每次在前次基础上有所推进。第一次游戏让幼儿自主选择乐器，对于节奏方面只要求有快慢的明显区别；第二次则提高要求，让幼儿变换所选择的乐器，这个环节注意引导幼儿选择的两个乐器音色有强烈的对比才能反映出角色特征；第三次游戏时可作进一步推进，让幼儿尝试变换小兔和大象的节奏并表现强弱。老师可在情景语言"大象和小兔越走越远"引导下让孩子们有意识尽量控制轻响，表现渐弱。

老师可将抽象的节奏用形象的语言进行解释，例如：将节奏× × ｜×× 0 ｜解释为"大象走走，一下子把鼻子甩起来了"。孩子们一下子理解了此节奏型，同时在下次创编时他也会用老师这种形象思维方式去表现大象的形象。

在此基础上，老师可鼓励幼儿分组合作表现故事，部分幼儿操作乐器，部分幼儿动作表现，部分幼儿讲述故事，让每个孩子根据意愿挑选"任务"，参与活动。

延伸活动中还可继续分层进行游戏，例如：初次活动是老师编故事，幼儿选择乐器配音，在此基础上，可让幼儿尝试创编故事，培养幼儿的反应能力、合作能力。例如：一部分幼儿边讲故事边配乐器，另一部分幼儿边听故事边用动作表现，进一步拓展角色及乐器音色。接着继续提高难度，鼓励人人创编故事，为故事配上即兴表演及乐器，并在区角活动中作进一步延续，通过录音、摄像等形式记录回放，进行分享，在互动过程中提高编故事、配乐器、合作、表演等能力。

小贴士

乐器故事的概念

乐器故事指幼儿运用不同音色的乐器表现故事角色和情节。幼儿在此过程中边操作乐器，边运用语言表述、肢体表现，是师生互动、生生互动、生材互动的过程。互动中，幼儿人人参与，在平等、理解、接纳的基础上达到交汇交融，是一种致力于和睦相处、相互激发和共同创造的活动，深受孩子喜欢。

在上海市二期课改理念指导下，我们进一步认识到幼儿教育目标是不仅给幼儿知识，更注意幼儿情感、价值观、学习方法的培养，关注幼儿学习过程，发挥幼儿的自主性。在乐器故事中，每个孩子都有自己的"乐器故事"梦，都能用自己的方式实现自己的梦，引发每个孩子的思考，提供给每个孩子表现自己想法和愿望的机会。

乐器故事是幼儿自我发展的过程,也是社会化发展的过程,体现了积极的自我理念、自我效能、自我调节能力、规则意识等,充分发挥幼儿的主动性、创造性,促进幼儿的整合发展。

 迷迷转

设计依据

在"我的身体"主题中,孩子们通过各种形式的活动了解身体各部分的名称及相应的动作,本次活动以他们最喜欢的材料——乐器为中介,利用集体活动的方式,将智力因素和非智力因素发展融合,促进音乐经验、合作能力等多方面的发展。同时,也借助音乐活动的形式让幼儿进一步体验身体协同活动的作用,对主题认知方面有进一步提升。

活动方案

一、活动目标

1. 在听听玩玩中感受沙球及串铃的声音,了解名称及玩法,通过游戏"迷迷转"进一步熟悉玩法。
2. 在游戏中进一步体验感官及身体各部分的协同活动的作用。

二、活动准备

1. 乐器若干(铃鼓、响板、小铃)。
2. 沙球及串铃若干。
3. 会唱歌曲《迷迷转》。

三、活动过程

(一)耳朵的本领——游戏"猜乐器"

T:猜谜语:东一片,西一片,隔着一座山,永远不见面。(耳朵)

T:耳朵的本领大,我们用耳朵听听是谁在敲门?

(幼儿对唱,听辨乐器的声音,依次请出铃鼓、响板、小铃。)

(二)听听玩玩动动

1. 听听玩玩

(1)幼儿自由探索

T:今天有两个乐器朋友来做客,请你们去玩一玩怎样让它们唱出好听的声音,听一听它们的声音像什么。

(2)集体分享

T:你刚才玩了什么? 怎么玩的? 它唱歌的声音像什么?

＊ 沙球

T:这个东西看上去像什么? 摸上去什么感觉? 怎么玩?

T:它唱歌的声音像什么?

T:它的名字叫沙球。

(请幼儿让沙球唱唱歌,鼓励幼儿打出不同节奏。)

＊ 串铃

T:它叫什么名字？为什么叫它串铃？

T:它唱歌的声音像什么？

（请幼儿让串铃唱唱歌,鼓励打出不同节奏。）

2. 动动——游戏"迷迷转"

（在操作中进一步熟悉乐器名称及音色。）

T:我们邀请沙球、串铃也来参加游戏。

（把沙球和串铃加入游戏中,变化节奏,引导幼儿准确把握节奏,并与同伴保持一致;同时邀请两个乐器参加歌曲游戏,引导幼儿听清要求,灵活作出反应。）

操作提示

在"听听玩玩动动"环节中,包括自由探索、集体分享及游戏"迷迷转",幼儿根据要求自主探索乐器的音色及玩法,将自己找到的答案与同伴一起分享,并联系实际经验说说新乐器的声音像生活中的哪些声音,最后通过将新乐器加入到已经做过的游戏"迷迷转"中,尝试新一层次的游戏。在这个环节中,他们不是被动的,而是主动地提取自己以往的知识经验和生活经验,把旧经验与新材料相结合,在不断提高的目标中获得新的挑战。

整个活动由一根主线"我的身体"串联,使孩子在已有经验的支撑下探索新经验,并始终能积极有趣地投入到每个环节中。

小贴士

教师在乐器操作活动中的作用

1. 示范者、支持者、主动参与者和资源提供者

以上面介绍的游戏"迷迷转"为例,老师在设计活动时仔细考虑了为幼儿提供合适的资源。她为幼儿提供的材料有已经认识的乐器,如小铃、打棒等,也有新的乐器,如沙球、串铃等,对幼儿来说是在已有音乐经验上的提升。老师在介绍新乐器时,使用节奏语言与幼儿问好,一方面,拟人化语言可以引起孩子的兴趣;另一方面,由于问好时使用的节奏与之后游戏歌曲中的节奏一致,因此提前帮助幼儿解决了把乐器名称唱入歌曲的难点。

2. 帮助幼儿成为主动学习者

老师在活动中通过与幼儿的直接互动或引导幼儿间进行互动,使孩子们能在积极的智力活动中倾听别人的想法,与别人分享自己的经验,对自己的答案有所补充,促使他们思考,产生新的答案。这一系列思维过程是主动且持续不断的,最终使幼儿在原有基础上有所提高。老师如果每次活动都与幼儿保持长时间的持续性共享思维,潜移默化中会帮助幼儿形成一种创造性的思维模式,并且,幼儿会将这种思维模式扩展到其他活动中。

3. 有效的评价者,关注个体,为幼儿提供合适的经验

例如:游戏"迷迷转"中,当请幼儿做邀请乐器角色活动时,幼儿会出现因没事先想好邀请什么乐器而停顿的情况,影响游戏的流畅性。老师可以针对性地提出这个问题进行讨论:"在什么时候想好请哪个乐器? 歌曲唱到哪一句时乐器站在中间",对幼儿有所指导,又让其他幼儿知道正确的方法,以便在下次轮到他们游戏时有所借鉴。

附:游戏歌曲

迷迷转

1 = D　2/4　　　　　　　　　　　　　曹冰洁词曲

<u>1 3</u>　<u>1 3</u>|<u>1 5̇</u>　<u>5̇</u>|<u>1 3</u>　<u>1 3</u>|<u>1 5</u>　　<u>5</u>|

迷　迷　转　呀迷　迷　转迷　迷　转　呀迷　迷　　转

5　　6　|<u>5</u>　3|5　　6　|5　　3　|

听　　听　想　想听　　听　猜　猜

<u>5 6</u> <u>5 3</u>|<u>5 6</u> <u>5 3</u>|<u>5 4</u> <u>3 2</u>|<u>1 1</u>　1　|

听听想想听听猜猜什么乐器中间站

 沙啦沙啦

■ 设计依据

　　秋天来了,在孩子们的身边发生了很多变化,我们利用秋游活动和午餐后的散步活动,引导孩子们观察秋天的树以及树叶在风中翩翩起舞,孩子们对秋天有了感性的认识。同时,结合绘本故事《沙啦沙啦》,将孩子们的生活经验与文学作品有机地结合起来,通过声音的模拟配音来展现富有创造力的音乐活动。

■ 活动方案

一、活动目标

尝试用日常用品模拟故事中的声响,与同伴合作表演故事,体验合作游戏的快乐。

二、活动准备

　　1. 绘本故事书籍及PPT。

　　2. 自制乐器若干(如:盒子、布、塑料袋、玩具听诊器、玩具铃鼓、玩具沙球、眼镜盒、黄豆罐子、望远镜、喜蛋等)。

　　3. 小乐器:音块、蛙鸣筒。

　　4. 孩子对秋天有一定的认知经验。

三、活动过程

(一)回忆故事《沙啦沙啦》

T:金色的秋天,美丽的森林里发生了一个有趣的故事,是什么故事?

(引导幼儿回忆故事名称。)

T:你们还记得故事里小熊遇到几个小动物? 第一个遇到谁,听到什么声音? 第二个是谁,听到什么声音? 第三个呢?

(初步回忆故事内容,突出三个声音。)

(二)合作讲故事

T:我们一起来讲讲这个故事,当故事里出现声音的时候,请你们用嘴巴来学一学。

(观看PPT,与幼儿一起讲述故事,引导幼儿用嘴模拟声音。)

(三)为故事配音

　　1. 分组自由探索

T：我们为有趣的故事配音（出示各种生活物品），这里有那么多会发出声音的东西，等会你先选一个故事里的小动物，然后在那么多的东西里听听找找，为你选的小动物找一样能代表它声音的东西。

（幼儿先选择角色，然后操作日常物品，感受物品发出的不同声响，为角色选择合适的配音物品。）

2. 交流分享

T：我们来看看你们都为小动物们选了什么？

（请幼儿介绍自己为动物选了什么物品，并发出声响，请同伴一起验证是否合适，能力强的幼儿介绍自己选择该物品的理由。）

T总结：平时这些我们看到、用到的东西可以发出不一样的声音，可以为故事配音，不一样的东西可以为相同的小动物配音！

3. 合作配音

T：我们大家一起来讲故事，每个人都要仔细听哦！故事讲到哪个小动物，就请你用手里的这些东西为它配音！

（看PPT，完整讲述故事，幼儿操作自己找到的物品为故事角色配音。）

操作提示

在开展这个活动前，老师需要有意识地帮助幼儿积累相关的经验，例如：观察秋叶，了解秋叶会飘落到哪些地方，展开联想小秋叶在做什么；孩子们有拾落叶、画秋叶、唱秋叶和踩落叶等生活经验，在此基础上孩子们才能进一步展开想象。

让孩子寻找与故事里发出声音相似的日常用品是活动的关键，在活动前期老师可结合区角活动帮助幼儿对这些日常用品发出的声响有初步的感受。老师在区角中有意识地投放一些材料引导幼儿发现其声响，如：玩具听诊器会发出咳嗦咳嗦的声音；然后鼓励幼儿自己寻找一些生活中会发出声响的物品，和同伴一起筛选，如：孩子带来了闹钟，虽然它能发出滴答滴答声，但声音很轻，需要耳朵贴着才能听见，因此大家决定放弃这个物品；另一个孩子带来了塑料袋能发出很响的沙啦沙啦声，大家一致同意把它留下。

这次集体活动中需要解决的是声音与角色配合的问题，因此，老师在集体活动中和孩子们一起对这些声响进行讨论提升，为故事角色选择合适的物品。活动中，教师应尽量使用孩子带来的物品进行游戏，这样可以鼓励更多的孩子积极主动地参与下一次类似的探索活动。

在分组活动中，老师注重个别差异，有意识地让一些能力强的孩子们带动同组内能力相对较弱的孩子们一起参与，使每个孩子都在活动中感受操作的乐趣，体验合作游戏和成功的快乐。

附：故事《沙啦沙啦》

小熊在树林里慢慢地走，他听见——"沙啦、沙啦、沙啦……"

多好听的声音啊，小熊想，它是从哪里来的呢？

"沙啦、沙啦、沙啦……"

一只灰松鼠躺在树洞里，他的嘴巴动个不停。

"咳嗦、咳嗦、咳嗦……"

"灰松鼠，你有没有听到一种很好听的声音？"小熊问。

"当然听到啦！"灰松鼠说，"这是我咬碎硬硬的果子，嘴里发出的声音！"

"咳嗦、咳嗦、咳嗦……"灰松鼠满足地嚼着香香的果仁。

"这个声音是很悦耳,但是,不是我想要找的声音。"小熊继续慢慢地向前走。

"沙啦、沙啦、沙啦……"

一只红嘴雀站在树枝上,他抬起头看着天空。

"扑刺、扑刺、扑刺……"

"红嘴雀,你有没有听到一种很好听的声音?"小熊问。

"当然听到啦!"红嘴雀说,"这是我的朋友从远方飞来扇动翅膀的声音!"

"扑刺、扑刺、扑刺……"两只鸟儿幸福地依偎在一起。

"这个声音是很美妙,但是,不是我想要找的声音。"小熊继续慢慢地向前走。

"沙啦、沙啦、沙啦……"

一只青蛙在池塘里伸懒腰,他把腮帮子鼓得圆圆的。

"滴答、滴答、滴答……"

"青蛙,你有没有听到一种很好听的声音?"小熊问。

"当然听到啦!"青蛙说:"这是雨珠儿落进池塘里的声音。"

"滴答、滴答、滴答、咕呱、咕呱、咕呱……"青蛙跟着雨珠儿一起唱起了歌。

"这个声音是很有趣,但是,不是我想要找的声音。"小熊继续慢慢地向前走。

"沙啦、沙啦、沙啦……"

咦,声音明明是从脚下传来的嘛。

小熊低下头,看见黄色的、绿色的、红色的落叶厚厚地铺满大地。

小熊轻轻地抬起脚:"沙——"又轻轻地放下脚:"啦——"他高兴地叫起来:"噢,我知道了。我知道啦。我知道啦!"然后,他飞快地跑回家去。

小熊和妈妈一起在树林里散步。

"沙啦、沙啦、沙啦……"

"沙啦、沙啦、沙啦……"

这好听的声音,和着他们的心儿一起跳动。

逛街

设计依据

通过主题"周围的人",孩子们对给我们生活带来方便的人有了一定的了解,进一步通过音乐活动逛街,知道社会成员的各种工作,体验自己与他们的关系,在生活中感受到人与人之间的感情,萌发爱的情感。

活动方案

系列活动一

一、活动目标

在逛逛看看的基础上发现周围能发出声响的小店,尝试用节奏语言表现,体验逛街的快乐。

二、活动准备

1. 去周围逛过小店。

2. 理发店、超市、干洗店等图片或简笔画。

三、活动过程

（一）猜猜你发现的小店

T:我们幼儿园周围有很多小店,你们散步时发现了什么有声音的店?把它会发出的声音说出来让我们猜猜。

(引导幼儿说小店的声音,同伴通过发出的声响猜测是什么小店。)

（二）进一步观察有声音的店

(在交流分享的基础上,引导幼儿有针对性地再次去小店观察,如理发店、超市、干洗店。)

（三）有节奏地介绍有声音的小店

T:我们又去逛街,发现理发店、超市和干洗店都有声音,理发店有什么声音呢?

(引导幼儿表现剪刀的声音,老师进行节奏提升,例如:理发店的　剪刀│嚓嚓嚓嚓　响│,幼儿集体模仿节奏。)

T:超市有什么声音?

(引导幼儿表现门铃的声音,老师进行节奏提升,例如:超市的　音乐门铃│真好　听│,幼儿集体模仿节奏。)

T:还发现什么店?有什么声音?

(根据幼儿表现干洗店电熨斗的声音,老师进行节奏提升,例如:干洗店的　电熨斗│滋滋│,幼儿集体模仿节奏。)

（四）分组开店

T:我们也来开小店,找你愿意去的小店,人们逛到哪,哪个小店就来介绍,介绍三次。

(出示图片,老师指到哪,哪个小组就用节奏语言介绍自己的店。)

系列活动二

一、活动目标

尝试用乐器表现代表各个小店声响的节奏,分组合作跟着音乐进行演奏,体验合作乐器操作的快乐。

二、活动准备

1. 具备有关小店节奏的经验。

2. 乐器若干(小铃、沙球、响板、串铃)。

3. 音乐。

三、活动过程

（一）为小店做广告

T:上次我们开了哪三个小店,是哪三个?

T:我们给三个小店做广告。

(引导幼儿用节奏语言介绍小店。)

（二）乐器配音

T:今天我们用小乐器为理发店配音,理发店的剪刀声用什么乐器表示?

(引导幼儿用沙球为嚓嚓嚓嚓配音,同样的方法为超市、干洗店寻找合适的乐器。)

（三）逛街

T:我们带着小乐器一起去逛街,边走边唱,(后附歌曲)逛到哪,哪个小店就用乐器介绍,介绍三次。

（连念三遍做广告,如:超市的　音乐门铃｜真好　听｜超市的　音乐门铃｜真好　听｜超市的音乐门铃｜真好　听｜。）

操作提示

活动必须基于有相关的生活经验,因此第一次逛街寻找有声音的店可以是随便看看,在此基础上和同伴用猜谜的方式来分享观察到的内容。老师在此过程中要发现并对幼儿的观察有所分类和提升,挑选出有价值的小店,并再次有针对性地去看,同时进行节奏提升。用节奏语言表现,为接下来的乐器操作奠定基础。

在乐器操作时,可根据幼儿的实际水平进行配器,提供适当的乐器。

例如:理发店的　剪刀｜（沙球）嚓嚓嚓嚓　响｜;也可以提高难度（小铃）理发店的　剪刀｜（沙球）嚓嚓嚓嚓　响｜。

小贴士

乐器操作活动中“音乐性和综合性”的关系

以乐器操作活动“逛街”为例,整个活动呈现以下几方面的特点:

1. 在活动中能看到幼儿潜能得以发挥

孩子们将在主题内容“周围的人”中看到的、听到的、想到的运用音乐材料创造性地加以表现,他们能把已获得的知识经验在新的情境中创造性地运用。

2. 在活动中展现了教育教学中“教、扶、放”的共建互动过程

既有教师引导又有幼儿生成,幼儿经历了一系列探索感受的过程,从乱到不乱,从无意识观察到有意识观察（例如,开始时是在老师的引导下寻找小店的声音,后来是主动发现会发出不一样声音的小店）,从摆弄乐器到寻找模拟音色,从满足个体敲击乐器到小组协调配合,从个体创造到集体合奏,其中通过无数次的师生、生生、生材互动实现“对话、交流、沟通”,强调了有效教学,共建出全班乐队演奏的自创节奏作品“逛街”。在此环节中,老师层层推进,目标步骤清晰。

3. 在师生互动中更注重切题的支持性引导

如:为理发店的声音找寻相符合的乐器——“沙球”配音。配器中一方面引导幼儿将生活经验与对乐器的操作经验相联系,找到最合适的乐器为小店的声响配音;另一方面通过小组展示、同伴倾听比较、集体讨论等环节交流信息,进一步“切题”,提升作品,使操作者、倾听者与讨论者共同参与,相得益彰。

附:歌曲《逛街》

　　1＝C　2/4　　　　　　　　　　　　　　　　　　　　　曹冰洁词曲

3 3 3 3	2 2	1	—	3 3 3 3	2 2	1	—
弟弟妹妹	快快	来		我们一起	去逛	街	
3 3 3 3	2 2	1	—	3 3 3 3	2 2	1	—
走呀走呀	看呀	看		大街上面	真热	闹	

 去郊游

■ 设计依据

《郊游》是一首节奏清晰、旋律优美的 2/4 拍曲子,适合打击乐演奏。歌曲风格欢快和抒情,有利于引起幼儿对乐器演奏的兴趣,同时在优美乐曲的烘托下,更能引发幼儿对春天的喜爱之情。

■ 活动方案

一、活动目标

通过引导幼儿用乐器表现音乐,培养幼儿的节奏感,感受乐曲中的欢快和抒情,激发幼儿对打击乐的兴趣和对春天美的感觉。

二、活动准备

1. 会唱歌曲。

2. 乐器(小铃、串铃、木鱼)。

三、活动过程

(一)歌曲《郊游》

T:秋天来了,让我们出去走走,去郊游,用歌声告诉大家你看到了什么?

(引导幼儿回忆歌曲,唱出欢快和抒情的对比感觉。)

(二)动作表现《郊游》

1. 集体动作表现歌曲节奏

T:郊游真开心,有时拍手有时拍腿,看到悠悠白云时手伸得高高的指给大家看。

(引导幼儿配合旋律,用动作表现节奏。)

(拍手) X X	(拍腿) XX X	(拍手) X X	(拍腿) XX X
(拍手) X X	(拍腿) XX X	(拍手) X X	(拍腿) XX X
(拍手) X X	(晃手) X —	(拍手) X X	(晃手) X —
(拍手) X X	(拍腿) XX X	(拍手) X X	(拍腿) XX X

2. 分组动作表现歌曲节奏

T:去郊游要请老师走在前面,小朋友跟在后面,导游为我们介绍风景。老师在前面拍手,小朋友跟在后面拍腿,导游带我们去看白云(拍手和晃手)。

(幼儿分组担任角色,动作表现属于自己角色的节奏。)

(三)乐器表现《郊游》

1. 为角色配器

T:小乐器也想和我们一起去郊游,有小铃、串铃和木鱼,听听它们唱歌的声音,为老师选一个乐器? 为小朋友和导游也选一个乐器。

(引导幼儿根据音乐为老师、导游和自己选择合适的乐器。)

2. 乐器表现

T:带上你的乐器跟着音乐去郊游。

（听音乐分组操作乐器，老师指挥。）

T：换一个角色，换一种乐器试一试。

（交换乐器再次演奏。）

操作提示

为三个角色找乐器时，老师可引导幼儿根据角色需要配上合适的乐器。例如：老师走在前面用小铃让后面的小朋友知道前进的方向，在郊游时跟着老师不迷路；为小朋友选择木鱼，因为木鱼的声音"的笃的笃"就像在走路；为导游选择铃鼓，摇奏的时候就好像白云在天上飘过。用生活经验解释配器，为抽象的声响赋予情景，既便于幼儿操作，又能增强幼儿的想象力。

变化的天气

设计依据

在幼儿生活经验的基础上，帮助幼儿了解自然、环境与人类生活的关系。与孩子时时刻刻都在亲密接触着的自然现象就是天气。孩子充满着探索自然奥秘的渴望，因此结合音乐的元素表现变化的天气，让孩子在真实的生活环境中通过与环境的互动自主地建构知识与经验。

活动方案

一、活动目标

尝试创造性地用不同音色的乐器表现变化的天气，体验合作创编、操作乐器的乐趣。

二、活动准备

1. 若干张天气变化的图片。

2. 观察过天气的变化，有相关的生活经验。

三、活动过程

（一）说说最近的天气

T:最近的天气怎么样？有什么样的变化？

（引导幼儿讨论黄梅季节的天气变化,并用相应的图片表示。）

（二）乐器预报天气

1. 为晴天选择乐器

T:做小小气象预报员,用小乐器来预报天气,太阳高照的时候我们选择什么乐器？怎么预报？

（自由讨论,引导幼儿选择乐器和节奏为晴天配音。）

2. 分组讨论为天气配音

T:和你的朋友一起选择乐器预报天气,每组 4 个人。

（引导幼儿分组讨论为雨天、多云、小雨等变化的天气选择乐器,老师巡回观察指导,鼓励幼儿创编节奏。）

3. 我是气象预报员

T:刚才大家都选择了自己的乐器和节奏来预报,我们来听听。

（引导幼儿合作展示配器方案,老师强调不同的乐器不同的节奏可以表现同样的气象。）

操作提示

老师在引导幼儿表述变化天气后,作相应的总结,例如:天气真好,红红的太阳升得高高的,把大地照得亮堂堂。忽然飘来一片云,遮住了太阳。不一会天空布满了乌云,下起了小雨。接着雨越下越大,又打雷又闪电。过了一会雨又小了,最后雨停了。红红的太阳又从云缝里钻出来照亮了大地。

在配器时,老师鼓励幼儿用自己的方式进行操作。例如:同样为太阳配音,有的幼儿用小铃表现,有的用三角铁表现,还有的用木琴敲出上行音阶。老师及时发现幼儿的点滴创造,并加以肯定,同时鼓励胆子较小的幼儿积极参与。

小贴士

乐器故事对幼儿音乐方面发展的促进作用

1. 提高幼儿的角色创编能力

通过自身的尝试体验角色节奏的不同,在游戏的背景下创编出符合角色特征的节奏,充分展现孩子创编节奏的能力。例如:在大象和小兔游戏中,老师在引导幼儿为角色选择乐器后,引发幼儿思考"小白兔和小灰兔走路的节奏是不一样的",鼓励用不同的节奏表示同一个角色;又如:在变化的天气中,有的幼儿用 ✗ — | ✗ — |表现太阳出来金灿灿的感觉,有的则用 ✗✗　✗✗ | ✗✗　✗✗ |配上音高代表太阳升起的感觉,每个孩子的想象和对音乐的理解表现都是不同的,老师要善于发现、鼓励和肯定。

2. 提高幼儿对音色的理解能力

这是配乐故事指向的显性目标。游戏中,老师可根据幼儿的生活经验在角色和音色之间建立连接。例如:在大象和小兔故事中,老师选择了两个对比明显的角色,小兔灵巧而大象笨重,有助于幼儿将角色特征和音色联系起来。因此,老师预设提问:小兔、大象分别怎么走路？选什么乐器？之后,孩子就为小兔选择了小铃,为大象选了大鼓,这便是幼儿自己做的经验迁移。

在找到了基本音色后,老师则可以更进一步引导幼儿探索其他可替代基本音色的乐器。例如:在为大雨小雨配音中,同样用沙球,有的幼儿握住沙球的柄使劲摇动,发出 <u>×× ×× ×× ×</u>|,表现大雨;有的幼儿握住沙球的球部,轻轻地摇动,发出 <u>×× × ×× ×</u>|,表现小雨。在此过程中,答案不是唯一的,幼儿创造性地用同种乐器发出不同的声音,进一步扩展他们对音色的理解能力。

铃儿响叮当

▰ 设计依据

《铃儿响叮当》作为一首广为流传的圣诞歌曲,有其独特的文化内涵。全曲欢快、风趣并有律动感,速度稍快,带有活泼喜悦的情趣,洋溢着美国式的风趣幽默。根据本歌曲的特点,借助各种形式来感受歌曲情绪;然后在理解歌曲内容的基础上为歌曲伴奏,让孩子尽情地感受,大胆地创编。

▰ 活动方案

一、活动目标

在会唱歌曲《铃儿响叮当》的基础上,尝试用肢体和乐器表现音乐,体验圣诞节的欢乐气氛及与同伴合作的快乐。

二、活动准备

1. 会唱歌曲《铃儿响叮当》。

2. 有关极地动物的知识经验。

3. 驯鹿、爱斯基摩狗等图片以及道具。

4. 各种乐器。

三、活动过程

(一)歌曲复习《铃儿响叮当》

T:快过新年了,我们一起坐着雪橇参加圣诞晚会,把你们的快乐唱出来。

(引导幼儿集体演唱歌曲。)

T:雪橇上系着小铃,跑起来铃声传得很远,让我们的歌声也传得远一些。

(幼儿再次演唱歌曲,教师用划过几座雪山的情景鼓励幼儿移调演唱。)

(二)乐器演奏

1. 创编节奏

T:圣诞老人送礼物忙不过来,请小朋友帮忙坐上不同的雪橇车一起去送礼物,老师先坐上一辆雪橇车,示范创编节奏,引导幼儿跟着老师的雪橇车试一试。

(例如:<u>×× × ×× ×</u>)
　　　　拍膝　盖　拍手

T:谁也来试试造一辆雪橇车。

（引导幼儿尝试创编新的节奏，集体模仿，并跟着音乐用创编的节奏拍手。）

2．小铃演奏

T：拉车的驯鹿脖子上系着小铃，雪橇车一跑铃声就响了，我们用小铃来伴奏。

（集体尝试用小铃演奏，引导幼儿前后节奏速度保持一致。）

T：小铃还能扮演谁？他们可能在干什么？用什么样的节奏表示？

（引导幼儿赋予乐器角色。）

3．乐器合奏

（1）乐器角色讨论

T：怎样让坐雪橇变得更加热闹？用什么乐器什么节奏表示？

（引导幼儿想象坐雪橇的人在唱歌，爱斯基摩狗、驯鹿奔跑等，并为其选择乐器创编节奏，例如：用小铃、铃鼓、串铃、三角铁等扮演坐雪橇的人，表示坐在雪橇上唱歌；沙球、双响筒、圆午板扮演驯鹿、爱斯基摩狗拉雪橇等。）

（2）分组用乐器尝试伴奏

T：小朋友雪橇上坐得稳；驯鹿和狗一直奔跑。

（引导幼儿坚持自己小组的节奏，不受对方影响。）

（三）游戏"欢乐雪橇"

T：现在我们真的要坐雪橇了，雪橇由几头鹿几头爱斯基摩狗拉？怎么拉？

（出示图片，看看真的雪橇怎么拉，请幼儿动作表现。例如：一位幼儿请两位同伴做驯鹿，在前并排拉；一位幼儿请三位同伴，一位在前做鹿，两位在后做狗一起拉等。）

T：找你的朋友坐稳了雪橇准备出发。

（引导幼儿分小组商量扮雪橇，跟着音乐前进，在这里容易出现情况：幼儿相互搭肩拉得太紧，使得前面的幼儿无法跑起来。）

T：怎么样雪橇才能跑得又稳又快？

（帮助幼儿解决操作中出现的跑不起来的问题，让幼儿思考，尝试找出解决方法——不能拉得太紧，后面幼儿轻轻碰到前面孩子的肩，或搭着腰。）

（四）分组合作表现

T：有的坐上了雪橇，有的用乐器伴奏，我们一起去参加圣诞晚会。

（一半幼儿自由结伴扮演雪橇，另一半幼儿选择乐器进行伴奏，强调雪橇组幼儿能听着音乐跳，乐器组跟着音乐稳当地表现自己的节奏。）

T：还有一半也赶紧坐上雪橇。

（引导幼儿交换操作。）

操作提示

活动中，老师注重幼儿的观察、提问、设想、创新，以及体验运用歌声、语言及肢体动作表现表达音乐的过程，发展幼儿的创新能力、表现能力、审美能力以及合作学习能力。

老师要积极引导幼儿互动过程中积极合作进行建构活动，给幼儿提供大量的时间、空间去收集信息、材料，获得一定的经验。例如：在讨论"怎样坐雪橇"时，老师引导幼儿结合数的经验，表现出各不相同的排列组合，并用语言表述、用动作操作。又如：当孩子听音乐拉雪橇的时候会出现"雪橇散架"的情况，老师不急于给答案，而是为幼儿提出几个关键点——听音乐跑、不撞车、不拥挤、雪橇搭住不散架,让幼儿自己发现问题、解决问题。

小贴士

当雪橇散架以后

一、生成与预设

圣诞节刚过,在《铃儿响叮当》的乐曲声中即将迎来元旦,幼儿由新年老人为什么不乘坐马车,引发了探究极地动物的兴趣。为此,我们试图通过"铃儿响叮当"等一系列活动,引导幼儿运用歌声、乐器、肢体语言等呈现冰天雪地的冬季雪景和节日愉快的气氛,满足幼儿探究极地动物的兴趣。为使幼儿逐步把握音乐要素,运用合作方式再现音乐情景,体验游戏的乐趣,我们将内容分为三个层次,逐步递进:一是学唱歌曲,理解歌词,把握旋律,引导幼儿想象翻过一座座雪山的情景,将歌声越送越远;二是乐器演奏,幼儿根据节奏变化,选择小乐器,模拟乘坐雪橇的人们,以旋律和节奏表现人们的欢乐心情和驯鹿、爱斯基摩狗等动物,由幼儿自由结伴,按乐器的不同种类分成乘客和动物两组,伴随音乐进行演奏;三是欢乐雪橇,全体幼儿分成两大组,一组幼儿担任伴奏,另一组幼儿伴随音乐运用肢体语言,模拟乘坐雪橇参加节日宴会的情景。

二、片段实录

最令人向往的欢乐雪橇音乐游戏开始了,只见幼儿三五成群、自由结伴,协商讨论:商讨分配演狗、鹿、雪橇和乘客的角色;尝试选择合适的道具,如装扮爱斯基摩狗耳朵的手套、装扮鹿角的扭扭棒、装扮乘坐雪橇人们的毛绒帽等。音乐响起,各队"雪橇"在乐队伴奏下出发了,随音乐节奏的变化,"雪橇"开始加速度奔跑起来。此时意外发生了,一个小姑娘先摔倒,随之,一位小男孩的鞋子飞了出去,接着,一架架雪橇在哈哈大笑中散了架,乱作一团,一旁的乐手们也大受感染,停止了敲击,融入这快乐的笑声中。

当雪橇散架以后,活动无法正常进行,老师该怎么办?通常教师会有以下三种处理方式:一是直接介入,教师告诉幼儿错在哪里,进行示范演示,然后带领幼儿一起练习,使幼儿迅速把握正确方法,游戏继续进行;二是及时终止游戏,教师对幼儿说,今天大家玩得很开心,就是雪橇拉得不稳,我们以后有空的时候再来游戏;三是及时调整计划,教师与幼儿共同讨论,寻找原因,重新开始游戏。

老师采用了第三种方案,与幼儿一起探讨"雪橇散架"的原因,幼儿找出的原因如下:

幼(扮演驯鹿者):他们拉着我的衣服,我感觉拖着一个很重的包裹,走不动,累得我满头大汗。

幼(乐器演奏者):我们都在笑,音乐也听不见,没法敲乐器,只好乱敲。

幼(扮演坐雪橇者):我们的雪橇不停转圈,翻到沟里去了。

幼(扮演坐雪橇者):我跑得慢,后面的人跑得快,踩住我的鞋子,鞋子就飞了。

幼(扮演爱斯基摩狗者):我们原来奔跑得很好,结果对面来了一辆车,来不及躲,就撞了。

至此,幼儿在教师的引导下采用了以下调整对策:

幼:同一辆车的朋友相互搭着肩,跟着音乐跑得一样快慢,就像坐在同一辆雪橇上。老师提升:相互配合才能保证游戏完成,如乐器伴奏要清晰,雪橇奔跑时要听着音乐节奏,前

后关照，相互协调。

幼：跑的时候尽量走大路，这样不容易翻车。老师提升：选择适合行驶的路线，走大路不容易相互碰撞。

幼：大家同时朝一个方向跑，注意别的雪橇。老师提升：学习判断空间位置，即游戏时顺着一个方向、雪橇间保持一定距离。

找到了问题症结所在，孩子们重新拉起了"雪橇"。尽管那些"雪橇"摇摇晃晃仍然不稳，但孩子们最终都达到了目的地。

三、感悟与思考

（一）等待设疑，引导探索

幼儿的学习方式日趋主动，但不可否认，教师引导幼儿在自然、科学领域的主动探索较多，而对于艺术、数学等领域则有些力不从心，在教学方式上或"放羊"或灌输。

雪橇散架后，如果教师采用第一种方法直接演示，虽然在短时间内可能会取得较好的教学效果，但幼儿往往知其然而不知其所以然，被动模仿，缺乏思考，充其量只能获得简单的知识技能。长此以往，对幼儿的后续发展极为不利。我们认为，自主探索学习的方式同样适用于艺术活动。有关艺术的学习，教师同样可以采用引导幼儿观察、提出疑问和设想等多种方式，帮助幼儿通过尝试和体验，以自己的方式建构知识，获得多方面的发展。

（二）关注生成，参与调整

集体教学活动一般结构化程度较高，在集体教学活动中，老师要正确把握好关注活动生成与原有计划之间的关系。许多教师活动前精心准备，希望幼儿在活动中能按预期方案发展，一旦幼儿没有按计划活动，往往会手忙脚乱。

当雪橇散架之后，如果我们采用第二种方法，表面上看似乎很尊重幼儿，满足了幼儿的兴趣，其实是敷衍了事。由于幼儿知识经验有限和具体形象思维的特点，如果教师随意让幼儿到区域活动中自主探索，即便他们发现问题，也不知问题产生的原因，很难做出有效调整。案例中教师的适时介入和参与调整，帮助幼儿形成了解决问题的具体策略，提高幼儿发现、分析、解决问题的能力，保证了活动的顺利进行。当然，活动的有效生成和调整，应建立在教师明确的教学目标和过硬的教学技能上。

（三）归纳提升，推进发展

在讨论雪橇为什么会散架时，教师发现幼儿只是罗列产生问题的现象，便及时引导幼儿进一步讨论，寻找有效的解决方法，并归纳和提升为可操作的方法和规则。幼儿在欢乐的氛围中，按照共同制定的规则，协作完成了"欢乐雪橇"的游戏。幼儿不但为顺利完成游戏感到高兴，更重要的是体验了合作努力、克服困难后的成功喜悦。

尽管雪橇仍然跑得不那么顺当，但我们相信，幼儿会以更大的热情继续探索雪橇，因为幼儿不仅掌握某种技能，更获得一种智慧，即发现、分析和解决问题的智慧以及同伴协作的智慧。在教育活动中，教师如能用等待问题、发现问题的平实心态面对幼儿的学习，那么幼儿活动的探索空间一定更为宽广。

电影配音

设计依据

春天是一个万物复苏的季节,到处都是一片春意盎然的景色,而孩子们被这些变化激发起强烈的好奇心,也渴望通过观察在大自然中寻找答案。于是,结合乐器、节奏等音乐的手段设计了本次活动,希望通过活动进一步激发幼儿的探索欲望。

活动方案

一、活动目标

通过操作感知各种乐器的音色,为图画配上相应的音色和节奏,体验合作创编的快乐。

二、活动准备

1. 图片(火车出山洞、草原马群、春雨、钟表店)。

2. 若干小乐器。

三、活动过程

(一)看图讲述

分别出示四张图片(火车出山洞、草原马群、春雨、钟表店)。

T:你看到图片上说了什么?

(引导幼儿用语言描述图片内容。)

(二)有趣的声音

T:图片上会有什么声音?

(引导幼儿想象说出每幅图上会发出的声音,老师帮助提升,例如:火车出山洞喀嚓 喀嚓│喀嚓 喀嚓│。)

(三)电影故事

1. 声音配音

将四张图联起来组合成一个故事情节,请幼儿用声音表现。例如:

图一:我坐着火车去春游,火车开出山洞(幼儿用"喀嚓 喀嚓│喀嚓 喀嚓│"的节奏配音)

图二:一路上景色好美,绿绿的草原上许多马儿在奔跑。

图三:火车到站了,突然乌云密布春雷一声响,下雨了。

图四:我赶紧找地方躲雨,刚巧边上有个钟表店,就进去了,店里有各种各样的钟表。

同图一的操作方式,请幼儿依次用提升过的节奏为图画配音。

2. 乐器配音

T:我们来做配音演员,用小乐器来讲故事,放电影,请你们想一想什么乐器代表火车、马儿、春雨以及钟表店里的大钟和挂表。

(引导幼儿分别为四幅图挑选乐器,鼓励幼儿用不同乐器表现同一内容,如:火车喀嚓声能用大鼓表现,也能用铃鼓表现。)

T:选你喜欢的乐器来给电影配音。

(老师幼儿合作讲述故事为电影配音。)

操作提示

活动分层次进行,先是看图用语言简单讲述,然后梳理出图片能发出声响的地方,最后用乐器替代语言节奏表现图片场景。其中,第二个层次需要老师支持用节奏语言进行表现。例如:

xx xx │xx xx │或xxx xx │ xx   x │表现马蹄声,为之后的乐器操作节奏做铺垫。

另外,要相信孩子的能力,鼓励幼儿自己参与体验,开始可能有些乱,但别着急,给孩子一定的思考时间和空间,给予正确、适当的评价,支持幼儿自主探索。

在创编钟表店的声音时,老师可有意识引导幼儿区分大钟和表的节奏,选择相应的乐器。例如:大钟(三角铁)x — │ x — │;挂表(双响筒)xx xx │ xx xx │。在乐器表现时,老师可引导幼儿两种钟一起响,那就是复合节奏的雏形。

小贴士

乐器故事对幼儿非音乐素质方面能力的发展

德国教育家奥尔夫认为:音乐教育中,音乐是手段,教育人才是目的,乐器故事不仅可以促进幼儿音乐方面的发展,更可促进幼儿的认知、倾听、控制、想象、思维、创作、合作等能力的发展,最大限度地释放幼儿潜在能量,最终达到全面发展。

1. 想象力、创造力

乐器故事中开始幼儿编的故事可能不完美,情节可能不符合逻辑,但是幼儿自己想象创造的故事,整个过程充分发展了孩子的想象能力和创造力,例如:电影配音活动中除了四张图片,可以不断增加图片和情节,让幼儿创编故事,操作乐器,孩子在不知不觉中展开想象进行创作。又如:"我的一天"中的事讲述后用乐器音色加以表现,一个幼儿说:我去学琴,他用 xx xx │ xx x │表示妈妈拉着他的手走向车站,坐上汽车他用 xxxx xxxx │xxxx xxxx │表示很快到了音乐学院,妈妈和我就 xx xx │ xx   x │走向教室学琴。幼儿可先根据生活经验选取一件事,先画,再讲,然后选择乐器,最后创编节奏,他们会乐此不疲地玩着"自己的故事"。

2. 探索能力

在乐器故事中,老师的作用不是教,而是鼓励幼儿不断参与游戏,在探索实践中发现角色和乐器、节奏之间的联系,同时在与同伴的互动中发现操作的问题,进行自我调整。

3. 记忆力、口语表达能力

幼儿在为故事角色配器时,需要牢记自己创编的节奏,对于部分暂时没有操作的孩子来说他们必须要注意、记忆、倾听同伴的操作,这对于孩子来说是一个良好学习习惯的养成过程。另外,乐器故事开始时可由老师讲述故事,但随着活动的深入,可由幼儿担任故事员,这时他们的有意记忆、有意创造能力都得到培养,在讲述故事的同时也促进了幼儿口语表达能力。

4. 合作能力

乐器故事是群体活动,需要幼儿间相互合作才能完成。游戏中,有的幼儿讲故事,有的幼儿敲击乐器,每个人都有任务,每个幼儿都是团体中重要角色,相互协调,合作完成整个故事。

5. 自控能力

当幼儿共同用乐器为故事配器时，需要做到不受其他幼儿节奏的影响，记住自己的节奏，在相应的时候演奏乐器，在不演奏的时候控制好乐器不发声音，有助于培养幼儿的自控能力。

6. 个性情感

游戏中老师鼓励孩子表现自己的节奏，培养了幼儿独立的个性。活动中幼儿当看到自己创作的成果时，能体验成功的喜悦。当操作遇到困难时，在老师的支持下敢于挑战，与同伴相互分享，共同进步，积极的个性情感得到激发。

幼儿园的早晨

设计依据

在我们的生活中，节奏无处不在，而幼儿园的早晨对于孩子来说是一个熟悉的快乐场景，在这个场景中也充满着节奏的元素。因此，将幼儿生活经验结合音乐表现手段，用乐器表现生活场景，进一步发展幼儿的创造力和表现力。

活动方案

一、活动目标

在说说、议议、看看、学学、编编等活动中，回忆幼儿园早晨的一幕，尝试创编各种节奏型和音乐故事，体会寻晨来园时的快乐和动感。

二、活动准备

1. 幼儿早晨来园活动的录像。

2. 各种乐器若干。

3. 人物贴饰、背景图。

三、活动过程

（一）情景感受，回忆讨论

1. 回忆

T：你每天早晨到幼儿园都会干些什么？你喜欢幼儿园的早晨吗？为什么？你最喜欢幼儿园早晨的哪个活动？

（引导幼儿用语言节奏表达自己喜欢的活动，例如：我最　喜欢　│拍皮　球│。）

2. 看录像

T：幼儿园的早晨真热闹，你看到了什么？

T：录像里没有声音，你猜猜幼儿园早晨会有哪些声音？

（共同讨论　老师可请全体幼儿用动作、声音模仿部分幼儿的创编成果。）

（二）游戏体验，创编节奏

1. 师生共同创编音乐故事

（1）老师和幼儿一起挑选道具，幼儿边看边讲故事，创编节奏。

（2）集体一起将创编的节奏进行模仿。

（3）分角色扮演，挑选合适的乐器。

2. 幼儿个别创编，老师提出创编要求

T：讲讲自己幼儿园早晨的故事，做了几件事？它们的节奏是怎样的？连起来讲讲试试。

3. 个别幼儿挑选乐器，大胆表演

（三）合作商量，交流展示

1. 幼儿分组商量，创编早晨的故事

2. 教师观察指导，提供乐器

3. 幼儿边试边创编

4. 交流展示

操作提示

活动重点是幼儿创编不同的节奏型及在音乐故事中对它的应用及记忆。老师在指导活动中，可根据幼儿当时的反应，适当调整教学节奏，特别注意给幼儿留下可操作的时间，并提供充足的材料，耐心地关注。注意在音乐活动中对幼儿语言规范性的培养，鼓励幼儿大胆表达、完整表达、正确表达。在此活动基础上，老师还可以变化情景开展"上海的早晨"活动，例如：寻找马路上的声音、点心店的声音、公园里的声音并用乐器进行配音。

小贴士

有滋有味，变化无穷

打击乐器是幼儿喜爱的一种乐器，它简洁、明快、富有童趣。然而在有些教师眼里却觉得打击乐器很难操作，没有旋律，幼儿难以掌握，因此一直得不到足够的重视。

世界著名瑞士音乐家达尔克罗斯曾说过：人无不具有天生的节奏本能，不过需要诱发、培养，进而为音乐所用。在我们的生活中，节奏无处不在，例如：放小鞭炮噼哩啪啦是均衡的八分音符节奏；放大鞭炮"嘭"空"啪"是有休止的节奏。又如：拔河的加油声"加油呀│加油呀│"；叹气声"哎呀呀│哎呀呀│"是切分节奏。节奏是音乐的骨骼，利用节奏对幼儿进行音乐的启蒙及创造力的培养是最合适的。

"幼儿园的早晨"这一活动抓住了幼儿喜欢摆弄乐器的特点，通过钟表店、多变的天气、草原上的马、马路上的声音、火车钻山洞等一系列活动做铺垫，幼儿在说说、议议、看看、学学、编编等活动中，回忆幼儿园早晨的一幕，体会感受早晨来园时的快乐与动感，并尝试创编各种节奏型，创编音乐故事。幼儿喜欢的东西，经过老师的细心引导，活动开展得有滋有味，变化无穷。

活动一开始，老师用会议讨论法，以一个有趣的话题"每天早晨到幼儿园干什么？"引导幼儿说说早晨来园时的快乐感受。接着以一连串的提问，层层递进地启发幼儿用语言节奏表达自己喜欢的活动。在这里，老师既注意了个别教育，也不忽视集体效应。一位幼儿想出一句语言节奏其余幼儿一起模仿，这样及时分享了孩子的作品，也提高了每个孩子的参与度，他们必须倾听别人的说话，然后思考自己怎样说。活动中，老师还穿插了一段"无声"

录像,引起了幼儿的极大兴趣。教师故意说:"老师忘了录声音了,请小朋友想想可能会发出什么声音。"这引出了幼儿的无限遐想,拓展了幼儿的创造性思维。

在为录像配音的过程中,老师设置了小步递进,先让幼儿用嘴巴模仿声音,再选择乐器配音。幼儿用小铃敲击表示拍球,用响板表示跳绳,用两根小棒快速交替敲击木琴表示笑声。当一位幼儿敲击锣表示滑滑梯 ×× ×××│×× ×××,其余幼儿觉得不像,哄堂大笑,老师马上肯定了这个孩子,并为她设想了一个情景:"这是个大胖子在滑滑梯,身体很重,所以断断续续。谁能想想小瘦子滑滑梯怎样呢?"老师的提问让幼儿再次展开了丰富的想象,有的幼儿在铝板琴上用滑音表示,有的孩子用串铃表示,想法五花八门,各抒己见。老师让幼儿分角色扮演活动内容(拍球、玩圈、跳绳、滑滑梯),挑选合适的乐器配上声音。先是由老师讲故事,然后请能力强的幼儿尝试,讲讲幼儿园早晨的故事。(做了几件事,节奏是什么)

活动中培养了幼儿的口语表达能力、音乐节奏能力、团体合作能力、创编想象能力。最重要的是,教师激发了幼儿的学习兴趣,让他们享受了成功的快乐,从而把幼儿的情绪推向了高潮。教师不断挖掘孩子的创造潜能,通过各种各样丰富有趣的形式把孩子引入一个展开想象、思维创造、有滋有味、变化无穷的境界,让他们从中体验学习的快乐。

春游之声

设计依据

春游是孩子们很喜爱的活动,春游回来后,老师往往会借助谈话活动的形式对春游的过程及见闻做一个回顾。而在活动"春游之声"中,老师尝试在语言梳理的基础上进一步用乐器、音乐的形式对春游的过程进行再创作。

活动方案

一、活动目标

引导幼儿尝试用不同乐器音色及节奏,创造性地表现春游的过程,进一步激发幼儿热爱大自然的情感。

二、活动准备

1. 进行过春游活动,对春游活动所见所闻有一定的认知经验。

2. 木琴、铝板琴各一。

3. 各种小乐器若干。

三、活动过程

(一)回忆春游情景

T:我们前几天去春游了,去了哪儿? 看见了什么?

(鼓励幼儿用语言表述春游过程中看到的景色,老师对于幼儿的回答进行适当的梳理和补充。)

(二)自编乐器小故事

1. 编故事画故事

T:今天我们用乐器把公园里找到的春天表现出来,自己编一个"春游之声"的乐曲。

T:我们把春游先看到什么后看到什么画下来,变成一个故事。

(老师启发幼儿用语言描述春游的全过程,并将幼儿说的画下来,例如:先画太阳——春游这天天气晴朗,太阳从东方升起,照亮大地;画汽车——小朋友们坐着汽车去春游;小鸟——小鸟叽叽喳喳告诉朋友们春天到了;嫩绿叶——春天的小树冒出了嫩芽;美丽的花、蜜蜂、小河、春风等,最后坐上汽车回家,太阳落山了。)

2. 乐器表现故事

T:现在我们用乐器给故事配音,太阳出来用什么乐器呢?公共汽车用什么乐器,什么节奏?

(引导幼儿按照图画顺序,依次为图画情节选择乐器配上节奏,例如:太阳用钢片琴由低到高自由敲奏;公共汽车用大鼓敲击 ×× × ×× |表示,小鸟用小铃表示等。)

T:现在分成四组,和朋友一起商量,用乐器配音。

(分组探索,幼儿自由选择乐器操作,为情节配音。)

3. 集体分享

T:我们把自己编的表演给大家。

(引导幼儿推选小指挥,老师当伴奏员,师生共同合作演奏春游之声。)

操作提示

活动要在幼儿对春游有丰富的感性经验基础上进行,启发幼儿把春游过程中的感受用音乐的形式加以表现,使每个孩子都投入到活动中。

活动过程要有层次递进,通过:说——春游见闻,画——春游过程,演——春游之声,使幼儿由浅入深,由易到难,在玩中学、学中创,充分展示幼儿的创造潜能。

活动中老师要充分尊重幼儿,重视过程性评价,当幼儿选择乐器不合适时耐心引导,不是简单地用对或错评价,注重激发幼儿运用感官,动手操作,共同讨论,寻找合适的答案,使幼儿成为活动的主人,真正将自身潜能表现出来。

小青蛙的故事

设计依据

小青蛙是小朋友非常喜欢的一种小动物。在春天主题活动中,小朋友对小青蛙产生了浓厚的兴趣。在孩子们对三段体音乐有初步感受的基础上,借助于小青蛙天真活泼、幼稚可爱的形象,设计了这个乐器游戏,让小朋友通过听、说、乐器演奏等形式来表现小青蛙活泼的一面,在轻松、快乐的气氛中体验音乐的美,享受音乐所带来的乐趣。

活动方案

一、活动目标

在初步感知三段体曲式的基础上,尝试用乐器创编表现三段体故事,体验合作进行乐器游戏的乐趣。

二、活动准备

1. 表现小青蛙生活情景的三幅图(荷叶上唱歌、跳下水游泳、荷叶上唱歌)。

一　　　　　　　二　　　　　　　三

$\underline{××}$　×　$|$　$%$　　　×××$|$×××$|$　$%$　　　$\underline{××}$　×　$|$　$%$

2. 录音机、小鸟捉虫的音乐 CD。

3. 小乐器若干、木琴、铝板琴各一。

三、活动过程

(一)池塘边的歌声

T:春天来了,池塘边又热闹起来了,你们听谁来了?

(引导幼儿听"小鸟捉虫"的三段体式乐曲)

T:他们是谁? 在干什么? 我们也和他们一起捉虫吧。

(引导幼儿用动作表现三段体式音乐,分别为第一段和第三段创编一个相同的动作,为第二段创编一个动作,听音乐表现。)

(二)池塘里的小青蛙

1. 看图讲述

T:池塘里的小青蛙听到了小鸟的歌声,也来了,他们在干什么?

(出示三幅图片,引导幼儿逐一看图画讲述故事:一只青蛙蹲在荷叶上呱呱呱快乐地唱起了歌;青蛙跳到水里欢快的游泳;青蛙又跳到荷叶上呱呱呱地唱起了歌。)

2. 乐器表现

T:森林里要开春季音乐会,小青蛙请我们用乐器为他进行伴奏,当小青蛙在荷叶上唱歌的时候,我们用什么乐器什么节奏为他伴奏呢?

(引导幼儿为第一幅画面情节选择乐器和节奏。)

T:除了双响筒,还能用什么乐器表示小青蛙唱歌? 用什么节奏为他伴奏?

(鼓励幼儿用不同的节奏和乐器为情节配音。)

老师引导幼儿逐一根据图画选择乐器和节奏,鼓励幼儿创造性地用乐器表现三段体故事,重点在于引导幼儿理解第一段和第三段是相同的。

3. 合作表现

T:正式的音乐会要开始了,小青蛙和伴奏员、解说员准备好了吗? 谁愿意做小青蛙动作表演? 谁做伴奏员乐器表现? 谁做解说员语言解释? 伴奏员请一起商量谁伴奏第几段? 用什么乐器,什么节奏?

(幼儿自由选择角色、乐器,创编节奏进行合作表现。)

操作提示

整个游戏在理解、感受、想象、创造中进行,老师要抓住三段体乐曲的特点,即第一段和第三

段相同,第二段有明显变化,对幼儿的操作有一个引导。

在此次活动基础上,老师可让每个幼儿自己创作一段三段体结构的故事,并选择乐器创作节奏,请同伴一起合作表现,例如:

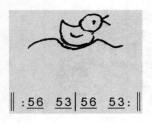  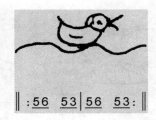

小鸭白天游泳捉鱼虾——天黑了回家休息——第二天又出来捉鱼虾;早上爸爸送我上幼儿园——在幼儿园学本领——晚上爸爸来幼儿园接我回家等。创设环境,提供幼儿自己作品展示的机会,激发幼儿相互交流,讲述自己创作内容,帮助幼儿相互配合,即兴表演。

延伸活动中,教师鼓励幼儿自己创作,并请幼儿参与即兴演奏或表演。

我的故事

设计依据

一直以来都是孩子们听成人讲故事、看别人的故事,其实孩子们本身就有无数个故事,他们自己也能讲述故事并且演绎自己的故事。乐器配音"我的故事"将孩子们的故事与乐器的音色有机地结合起来,让孩子们有机会通过系列活动成为活动的主体:编故事——画故事——演故事,层层激起孩子们的兴趣点。孩子们在"我的故事"活动中积极地寻找生活中的素材,倾听生活中的声音,操作生活中的音乐。活动中幼儿从个体的编故事到合作的演故事,对孩子的合作性有了很大的提升。

活动方案

一、活动目标

在感知乐器音色的基础上,为"我的故事"配音创编简单的节奏,并能边讲述边操作乐器,感受合作操作的快乐。

二、活动准备

1. 前期经验准备:引导幼儿做有心人发现自己身边的故事,能在集体面前大胆地讲述自己的故事;画出自己的故事;前期有过"逛街"活动的基础,有协商开展乐器活动的经验。

2. 各种乐器若干:沙球、铃鼓、大鼓、圆舞板、低音音块、三角铁、铝板琴、齿木、蛇鞭、多音响筒等(以供幼儿在配乐时根据生活中声音的音色配乐器)。

3. PPT"老师的故事"。

4. 幼儿的绘画作品"我的故事"(根据当天班级人数选出几幅画,如 26 人参与活动即出示四幅图,让幼儿自愿选择,每幅一组约六人)。

5. 纸和记号笔、黑板架。

三、活动过程

（一）老师的故事

1. 教师 FPT 示范"好朋友"。

T：今天我来编一个"我的故事"，名字叫"好朋友"，这是我的一天中发生的事。请你们边听边想想在这个故事中会有什么声音呢？

（教师打开 PPT，开始讲述故事：中午休息时间小朋友们在自由活动，只听"咚"地一声一把椅子倒了下来，碰到了宁宁的脚背，宁宁"哇哇"哭了。我走过去轻轻地把椅子扶起来问："疼吗？"宁宁摇摇头："不疼了。"我轻声说："你真勇敢。"宁宁呵呵呵笑了说："老师你是我的好朋友。"）

2. 教师提问

T：故事里有哪些声音？（幼儿自由讲述）

3. 乐器配音故事

T：请你们想想可以用什么乐器替代这种声音？用怎样的节奏？

（鼓励幼儿尝试完整表述：我用某某乐器替代某某的声音，并拍出自己创编的节奏。）

4. 分角色操作乐器

T：请你们用乐器来帮我讲述"好朋友"的故事。

（引导幼儿选择故事中的角色——讲故事的人以及操作相应乐器的人。）

5. 完整操作乐器并讲述——老师的故事

教师与幼儿合作演绎乐器配音故事，为之后孩子们自己乐器配音故事作铺垫。

（二）孩子们的故事

1. 讨论为故事配音的规则

T：你们都把自己的故事画下来了（出示几幅幼儿的画）。等会和你们的朋友一同来分享故事。我们分成几个组，先把你的故事讲给你小组的人听，然后大家一起找出故事里的声音，为这些声音找出乐器朋友，最后拿乐器配音。

（引导幼儿巩固编故事的过程中的注意点、过程。讲故事的人要记住自己的故事，故事前后要一致，打击乐器的幼儿要记住自己的节奏，并且使幼儿知道这是需要大家齐心协力才能成功的。）

2. 幼儿分组操作，用乐器配音故事

教师倾听观察，了解幼儿情况，重点支持能力较弱的小组配乐。

3. 请幼儿小组分批进行即兴表演，集体倾听，教师帮助提升

T：同种乐器不同的节奏可以表现不同的故事内容操作提示。

（三）延伸活动：我的一天

1. 记录故事中对应的乐器

T：今天朋友一起为故事设计乐器，每个人记住自己的，如果一个人为故事里所有声音设计乐器，怎样才能记住那么多乐器的名称呢？

（幼儿自由讲述方法。）

2. 记录乐器节奏的变化

T：每种乐器都会有不同的声音，怎样记录声音？可以用什么方式记录？

（幼儿自由讲述。）

3. 老师总结

T:我们一起动脑筋解决了这些难题,下次的区域活动中你就是大导演,可以把你设计的"我的故事"记录下来,让大家来表演。

(教师根据幼儿所说的方法进行记录:在图画下方画上乐器,并用不同图形表示不同声音。)

操作提示

在引导幼儿为老师的故事配音时,可以让孩子在表达看法后操作相应的乐器,让其余幼儿听听乐器的声音与故事中的声音是否匹配。这样不仅有乐器与材料的互动,而且还有幼儿与幼儿间的互动。如果大家觉得不合适还可邀请别的孩子发表自己的看法。

在幼儿为自己故事配音前,教师讲述一遍规则后让幼儿再自由说说活动的规则,能进一步巩固幼儿对活动要点的把握。此过程主要是:个别幼儿编讲故事;寻找故事中的声音;寻找对应的乐器;幼儿用乐器完整创编故事。

因为每个故事有五幅画面,因此每组最多可有六人,其中一人讲述故事,其余五人操作乐器。如果出现人数少于六人的情况,教师可提示幼儿想办法解决难题,如一人边说边操作乐器或一人操作两种乐器。

在分组即兴表演的环节中,老师要重点引导集体发现小组的亮点。通过师幼互动、生生互动、材料与幼儿的互动,支持幼儿共同总结出一些解决问题的方法。

最后的延伸环节是对本次活动的再次难度提升,一个人为故事配器对于孩子来说是对其个体能力、布控全局能力的新挑战。本次活动是群体合作的结果,是集体的力量。在此基础上,老师进一步启发引导,鼓励幼儿独自为故事配乐器、编节奏,用自己个人的力量完成创编,并在区域活动中组织小组演绎个体的杰作,为幼儿个体决断能力、组织能力等提高搭建平台。

附:幼儿自编故事"我的一天"

1. 幼儿自编故事《幸运的一天》

星期天我和妈妈吃过早饭,妈妈在厨房搞卫生。突然发现了两只蟑螂,一只爬在胡萝卜上、一只爬在桌子上。我和妈妈"哇"地叫起来。爸爸赶快拿起了拍子"啪、啪"两下把蟑螂消灭了!我和妈妈一起唱起来:"除四害啦啦啦!"

2. 幼儿自编故事《运动的一天》

星期天早上,我一清早起来就去游乐园玩滑滑梯,我快乐地爬上去滑下来爬上去滑下来;然后我又去划船,划呀划呀划得满身是汗;接着我去登山,虽然小山坡有点高,我还是一步一步往上爬;最后我去滑雪场滑雪。这一天我过得真快乐!

小贴士

首先要强调的是,在"我的故事"教学活动中,孩子们所有的想象、创意和表现都是源于他们平日的基础和积累。这不是老师训练出来的,也不是老师事先安排好的,是孩子们即兴所为,是孩子学习最真实的表现。老师们要想完成这样一个教学活动,必须注意以下几点:

(1)孩子要有生活经验。在我们一天当中会发生很多的事情,老师要提示孩子着重选择一天当中的某个点,必须要与声音有关,突出声音的元素,然后再转化为音乐元素。

(2)孩子要有语言经验。故事画下来以后,需要讲述、讨论和表达给其他同伴听的,所以孩子必须具备基本的语言表述能力。

(3)孩子需要有一定的音乐经验。这个活动包含了孩子对声音、对节奏、对音乐等处理的一系列综合能力,不是一般的孩子就能操作和探索的。孩子必须接受过音高、力度、曲式、节奏等方面的训练,这里主要解决的就是孩子在音乐活动中的探究性和引导性的问题。

(4)孩子要有创造性经验。在活动中,孩子们要把自己的故事画下来,找到有声音的地方,用乐器创造性地表现出来。这就是孩子们思维、想象的过程,也是孩子在创造中发展的过程。

(5)孩子要有合作经验。这个经验是支持孩子完成此活动的重要基础,活动中孩子们三三两两的合作、讨论,并分角色分任务把整个故事用乐器演绎出来。可以说,正是因为有了合作的体验,孩子们在活动中更全神贯注,更具有规则意识,更愿意参与到活动中来。

(6)孩子要有解决问题能力的经验。在这个活动中,孩子随时会碰到问题,那么碰到问题以后,该怎么解决?这必须要求孩子有解决问题的能力和经验。那么孩子的经验又是如何增长的呢?最初的经验就是来源于教学活动"大象和小兔",解决乐器和动物形象的配对及节奏的演奏问题;接着扩展到教学活动"逛街"的创编(歌词和动作的创编);最后再发展为教学活动"我的故事",它要求每个幼儿都去尝试,都去找一找并画下自己找到的一天。

整个活动无处不体现了孩子们独立的思考和探究,但探究并不是说孩子动手操作就是探究了,还必须要求孩子们有独立用脑思考的过程;另外,我们强调的探究性也不是一味地放任孩子自由探索,教学活动中也包含有教师的引导。这之间的关系又该如何理解呢?其实很简单,探索性与引导性是紧密相连的:

探索性规定了材料的空间,材料给幼儿动手操作、动脑思考留出了余地。引导性规定了操作的范围和创造力的边界,向幼儿指明了方向,如何用这些材料制成我的作品。引导性是对探索性的限制,对活动结果的规定,保证了活动的结果不会流于形式,让孩子不会是为了探索而探索。探索性是给了幼儿一条宽阔的大路,幼儿在此路上自由行走,每过一段路后,幼儿面前都会出现好几条岔路口,这时候幼儿出现矛盾,不知道该走哪条路,不知道自己的路在何方,材料在此就隐含了指导的作用,它给幼儿指明了方向,告诉他们该怎么走,走哪条路,所以,引导性就是竖在拐弯处的路标。探究性则保证了幼儿与材料相互作用,引导性保证了幼儿在探究中获得符合教育目标的发展。

所以,教育策略的调整其实就是体现了引导性,老师提供的乐器材料正好为孩子寻求声音提供了支撑的点,让孩子更愿意参与到活动当中。而且,此活动并不是孩子探究发展

的终极活动,它还有更进一步的延伸,这次的展示只不过体现了四个小组的孩子合作的过程。在"我的故事"教学活动结束之后,教师可以让每个孩子都去找一找,然后把找到的故事里的某个点画下来、讲出来,然后想一想选择什么声音、创编什么样的节奏、选择哪些伙伴进行合作……这些都是综合多方面的能力而进行的。

大家都去画,大家都去找,大家都去试,能力强的幼儿在这次活动中起到了榜样作用,能力弱的孩子在能力强的孩子影响下,也逐步参与得以发展。要让每个孩子都能够真正参与到活动中来,体现人人参与、人人创编、人人演出的原则。

一个一个说

设计依据

这个活动是在"我长大"的主题背景下生成的一个活动,一方面歌曲本身带有一定的"常规"引导意义,让孩子了解生活中不随便插嘴是个好习惯;另一方面,我们不单纯用"唱"的艺术表现形式,在唱的基础上进一步挖掘其他的表现形式——乐器操作,通过幼儿自主探索,让孩子们将乐器音色和角色叫声配对,分角色操作乐器,鼓励幼儿尝试多种表现形式。

活动方案

一、活动目标

在会唱歌曲《一个一个说》的基础上,鼓励幼儿分角色演唱,并尝试为不同角色配上不同乐器,引导幼儿不随便插嘴的意识。

二、活动准备

1. 小动物的家(鸭、青蛙、小鸡、小羊)。
2. 圆舞板、串铃、木鱼、碰铃若干。

三、活动过程

(一)复习歌曲《一个一个说》

1. 看节奏卡学小动物叫

T:有小动物来做客,看看谁来了?它们是怎么唱歌的?(教师出示动物节奏卡)

(1) 呷呷　　呷　　呷呷　　呷

(2) 呱呱呱　　呱　　呱呱呱　　呱

(3) 叽叽叽叽　　叽　　叽叽叽叽　　叽

(4) 咩　　　　咩

2. 分角色演唱歌曲

(1)分组

T:这么多小动物都来了,我们给小动物们安个家吧。

(老师弹《一个一个说》的旋律,幼儿听音乐将座位变成集合的四组,教师将动物家标志分别放于四组的前方。)

(2)分组小动物叫

T:小动物们都是怎么唱歌的?

(用拍手形式,逐一模拟动物叫声的节奏。)

T:歌曲里哪个动物先说话?是怎么说的?

(幼儿根据歌词内容按顺序学小动物唱歌。)

3. 集体演唱歌曲

T:我们按照歌里的顺序来唱唱小动物的歌,轮到谁,谁才唱,当别的动物在唱时我们要怎样?做个会听别人唱歌的文明的小动物。

(重点指导:幼儿连起来唱,要求一个小动物说话时,其他小动物就要安静听。)

4. 幼儿指挥

T:每家小动物选出一个代表带大家唱,轮到唱歌的时候,请代表用指挥动作提醒大家唱。

(老师伴奏,请个别幼儿指挥,幼儿完整唱。)

(二)为角色配器

1. 引导幼儿选择乐器,为歌曲配器。

T:这里有四种乐器,为小动物们找到合适的乐器配音吧。

(教师分别敲击四种乐器,幼儿倾听并分辨声音的不同,为动物叫声选择对应的乐器。)

2. 分组配器

T:用乐器为动物配音,轮到哪种动物唱歌那这种乐器就一起唱。

(教师清唱动物叫声的乐句,指挥幼儿分角色演唱并操作乐器,重点观察指导:四组小动物同时唱歌时乐器的操作。)

3. 幼儿集体唱并操作一遍

4. 幼儿再次操作乐器

(重点指导:教师根据幼儿现场的情况指导幼儿听着音乐、唱着歌进行乐器操作。)

5. 交换角色,乐器配音

(1)小组交换,扮演另一种动物操作摆弄另一种乐器。

(引导幼儿先徒手操作乐器,再跟着音乐操作乐器。)

(2)自由交换位置扮演小动物

T:选你喜欢的小动物家。

(熟悉自己的角色节奏,徒手操作乐器,然后听着音乐伴奏集体合作进行演奏。)

6. 听音乐将乐器送回

操作提示

利用节奏图卡使幼儿能通过形象的动物造型理解各种节奏型,使节奏视觉化、形象化、生动化。出示图卡后,老师根据幼儿的操作情况进行摘句讲评,例如:青蛙叫——呱呱呱呱,嘴巴放松,灵活地反应。

在为角色配器的环节中,老师要给予幼儿充分听辨比较的机会,引导幼儿在听辨中区分乐器的声音,为动物选择合适的声音。

配器过程中,老师预设层次的递进,从选择乐器——幼儿分组摘句尝试——幼儿集体演唱乐器操作——交换扮演角色,让幼儿在变化中提升。

在交换角色环节中,老师首先引导幼儿进行小组交换,在此基础上进一步鼓励幼儿更自由

地选择扮演角色。老师用形象生动的情景性语言交代交换位置的规则,让幼儿在明确规则的情况下进行有目的、有序的交换。

小议:从歌曲《一个一个说》到乐器操作"一个一个说"

《一个一个说》是一首歌曲,一般老师拿到这样一个素材,就会从其本身出发,考虑如何操作,通常也就是将其设计成唱歌活动。但我们进一步对这个素材进行了拓展,从唱到乐器操作,挖掘了操作的多面性。以这个活动为例,起一个抛砖引玉的作用。

在我们平时的日常教学活动中,会碰到各种不同的素材,老师们拿到一个材料(歌曲素材)以后,首先要思考的是可以用哪些方式方法进行处理。以上活动"一个一个说"中,老师主要借助乐器作为艺术表现形式。除此之外,表现方式绝不局限这一种,还可以是更多的,如歌表演、律动等。而每次活动都应有一个落点,这次活动,我们主要落在"乐器操作"上。活动中,幼儿并非完全模仿节奏,教师通过乐器操作这一载体,鼓励幼儿观察、思考、探索,从中自主获得发展。他们对乐器节奏的感知和经验积累并不是一蹴而就的,需要通过教师预设系列活动达成。乐器节奏最初的源泉始于乐器故事"小兔和大象",幼儿在活动中通过对声音的分辨、对故事的想象、对乐器和动物结合的思考与观察,积累了节奏和乐器操作的经验,合作能力、协调能力得到发展。此次活动中幼儿调动了已有经验,轻松用乐器来表现动物的声音。

通过"一个一个说"活动,我们可以从中找到一些教学方法、归纳一些教学规律,得到以下这些启示:

(1) 情景性。整个活动贯穿于情景中,情景的完整保证了活动的实效,幼儿参与欲望得到激发。

(2) 难点的直观性。教师在活动中出示的节奏卡能帮助幼儿解决歌曲里不同节奏变化的困难。节奏卡片不仅能让幼儿更快地解决困难,也让教师能够达成此次活动的教学目标。但始终强调的是耳先于眼的观点,幼儿能用耳朵感知的尽量不要用眼睛去感知。

(3) 问题的开放性。在选择小乐器和动物配对的时候,老师问到"什么乐器像什么小动物唱歌?"孩子们回答是踊跃的,有倾听、思考和观察的。

(4) 材料的探索性。正是由于有了老师开放性的提问,孩子们才得以在倾听和分辨中充分与材料进行互动和探索,而不是由老师指定乐器,限制了他们想象的空间。

(5) 过程的互动性。老师与孩子的互动就是孩子成长的土壤,教师善于发现活动中孩子的表现,及时鼓励和正面引导是对所有孩子的学习都有发展意义的。例如,一个小朋友扮演的小鸡得到老师的肯定,结果大家都像他学习。可见,活动中教师正面的引导很重要,成人化的语言不要出现在活动中。

(6) 操作的渐进性。在整个活动中,教师需要孩子先做什么,再做什么,最后做什么,必须是由易到难递增的。例如在这次活动中,教师先是让孩子徒手地练习各角色的演唱,接着到管好自己乐器的表演,最后是自由交换乐器的演奏。在这个过程中,我们看到了渐进的发展,看到了前面的学习是为后面的发展服务的。

（7）引导的正面性。活动的引导要以正面为主，多找孩子好的地方与所有孩子共享，多说一些鼓励的话，而不是一味地谴责孩子。例如，活动中交换器乐的环节，教师的提示就是眼睛和脚帮忙，嘴巴管住不说话，结果孩子的表现很好地回答了老师，他们是完全可以让老师相信的。

由此看见，音乐教学是面向所有孩子的教学，能力发展是面向所有孩子的发展。我们强调在活动中人人参与、人人探索、人人体验，从而使孩子的能力得到多方面的发展。

附：歌曲《一个一个说》

1＝F　2/4　　　　　　　　　　　　　　　　　　　　　　　　　儿童歌曲

```
1  5 | 3  1  5 | × ×   × | × ×   × | 1  5 | 3 1 1  2 |
鸭  子   呷 呷 呷   呷 呷   呷   呷 呷   呷   青  蛙   呱呱呱   呱

× × ×   × | × × ×   × |
呱呱呱   呱   呱呱呱   呱

3  5 | 3 1 3 1  6 | 5 1 2  3 | 1 — | 1  5 | 3  1  5 |
小  鸡   叽 叽 叽 叽   叽   小 羊 咩 咩   咩，      如  果   抢  着  说

0  0 | 0     0 | 1 5 3  1 | 2 — | 3  5 | 3  1  6 |
呷呷   呷 呷呷     呷   声 音 像 打   架，      一  个   一  个  说
呱呱呱  呱 呱呱呱    呱
叽叽叽叽 叽 叽叽叽叽 叽
咩     咩

5 1 2  3 | 1 — | × ×   × | × × ×   × | × × × ×   × | × — |
才 能 听   楚，   呷 呷   呷，   呱 呱 呱   呱   叽 叽 叽 叽   叽 咩

3  5 | 3  1  6 | 5 1 2  3 | 1 — ‖
一  个   一  个  说 才 能 听 清   楚。
```

操作图片

小动物的家

小动物节奏卡片

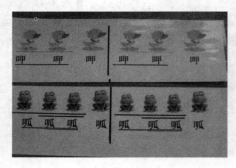
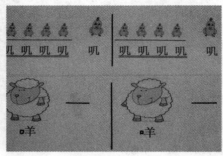

 西游记

■ **设计依据**

国庆将至,为了让孩子在系列的活动中体验国庆节欢乐的情绪,进一步激发孩子爱祖国、爱家乡的情感,以具有中国民族特色而且深受幼儿喜欢的儿歌故事《西游记》为切点,运用乐器故事的形式对我国民族文化有所体验,从而让孩子为自己是一个中国人感到骄傲和自豪。

■ **活动方案**

一、活动目标

感知儿歌《西游记》中语言节奏,尝试寻找儿歌中的不同节奏及复合节奏,感受具有中国传统元素儿歌的有趣。

二、活动准备

1. 唐僧取经的PPT。

2. 对西游记中的主要角色有所了解。

三、活动过程

(一)儿歌《西游记》

1. 出示唐僧取经的PPT。

T:画面上有谁?是什么故事?谁走在前面?谁跟在后面?孙悟空的本领是什么?

2. 老师用儿歌总结

T:唐僧骑马咚那个咚,后面跟着个孙悟空,还有八戒沙和尚,孙悟空跑得快,走在前头打妖怪。

3. 幼儿有节奏地用儿歌表现

(二)找故事中的声音

1. 情节声音

T:唐僧和徒弟们一起去取经,做了什么事会发出什么声音?

(引导幼儿发现情节中的声音,例如:唐僧骑马马蹄声 x x　x x｜ xx　x x｜,孙悟空跑
　　　　　　　　　　　　　　　　　　　的 笃 的 笃　的笃 的笃

得快 x　—｜x　—｜等。)
　　飓　　　飓

2．角色声音

T：唐僧骑马怎么有节奏地走？

（引导幼儿为唐僧创编节奏，例如：x xx　x ｜x xx　x ｜。同样的方式引导幼儿用节奏

　　　　　　　　　　　　　　　唐僧骑　马　唐僧骑　马

语言表现沙和尚和八戒。）

（三）节奏配音

1．两个节奏型的复合

T：谁愿意做唐僧，骑马发出什么声音？谁做孙悟空，走路发出什么声音？

（将唐僧和孙悟空的节奏进行复合，例如：

x x　x x ｜xx　x x ｜x x　x x ｜xx　x x ｜
的 笃 的 笃　的 笃 的 笃　的 笃 的 笃　的 笃 的 笃

x　—　｜x　—　｜x　—　｜x　—　｜
飒　　　飒　　　飒　　　飒

2．三个节奏型的复合

T：八戒沙和尚也跟在后面，谁来做八戒沙和尚？

（x x　x x ｜xx　x x ｜x x　x x ｜xx　x x ｜
的 笃 的 笃　的 笃 的 笃　的 笃 的 笃　的 笃 的 笃

x　—　｜x　—　｜x　—　｜x　—　｜
飒　　　飒　　　飒　　　飒

x　x　｜x x　x ｜x　x　｜x x　x ｜。）
八　戒　沙 和 尚　八　戒　沙 和 尚

3．四个节奏的复合

T：孙悟空为了保护师傅，变身一前一后两个，谁来做跟在后面的那个孙悟空。

（x x　x x ｜xx　x x ｜x x　x x ｜xx　x x ｜
的 笃 的 笃　的 笃 的 笃　的 笃 的 笃　的 笃 的 笃

x　—　｜x　—　｜x　—　｜x　—　｜
飒　　　飒　　　飒　　　飒

x　x　｜x x　x ｜x　x　｜x x　x ｜
八　戒　沙 和 尚　八　戒　沙 和 尚

x　x　｜x　—　｜x　x　｜x　—　｜。）
孙　悟　空　　　孙　悟　空

操作提示

这个游戏很有趣，老师需要由浅入深，引导幼儿在理解基础上进行想象和节奏创编。以上的节奏只是举例，可以根据孩子的实际水平进行调整。但复合的节奏不宜太复杂，在进行节奏复合时，也要由简到繁，不断扩充节奏。

在幼儿熟悉复合节奏的基础上,老师可启发幼儿用乐器演奏,如马蹄声用双响筒,孙悟空跑得快用钹,唐僧骑马用串铃,八戒用鼓表现笨重,沙和尚用铃鼓,孙悟空用三角铁表现腾云驾雾。当然这里的配器仅做参考,要与孩子共同商量,创造出属于自己班级的乐队演奏方案。

在幼儿乐队操作的基础上,可加上指挥、运用力度的强弱表现,那么幼儿的兴趣会更加浓。整个游戏发展了幼儿的注意、记忆、想象、思维、合作、自控等能力。

▨ 小贴士

乐器故事操作中老师的作用

乐器故事目标不仅指向音乐技能的获得,而是更广泛地指向培养人的性格、才能和创造性。实现这些目标关键是如何把握幼儿的主体性和教师的主导性。

(1)创设环境。宽松的环境能提高幼儿操作积极性,包括材料游戏氛围的创设和心理环境的创设。相信每个孩子都能行,对于活动中孩子的想法不霸道做裁定,而是在对幼儿学习态度进行肯定的前提下对不够确切的地方商讨解决,鼓励幼儿在宽松的气氛中大胆发言、大胆创造。

(2)设置阶梯。每个活动都是有递进的,孩子的创造表现都是建立在经验思维的基础上。老师预设目标阶梯,层层推进不能急于求成,让孩子在一次次活动中自己探索、自己积累,活动从开始的无意识到有意识为故事配乐、根据节奏为故事配动作等,都是符合幼儿最近发展区和小步递进理论。

(3)适时引导。乐器故事操作过程是多变的过程,老师的应变和调控能力就显得尤为重要,例如:幼儿的故事说得太啰嗦,老师要适时提示又不能打击幼儿的积极性;孩子听故事时没有及时表现节奏,老师要及时暗示;发现幼儿闪光点,老师要学学做做起到隐形的示范和指导作用。当幼儿遇到困难时,老师要提出问题所在,给幼儿实践的空间,鼓励他们自我调整,发挥每个孩子的积极性。

猴子学样

▨ 设计依据

"猴子学样"是我国传统故事之一,其幽默之处在于猴子的模仿,而模仿也正是幼儿的天性,能引起幼儿的共鸣。在语言活动了解故事情节的基础上,本次活动借助乐器,用音乐的语言再次展现故事情节,帮助幼儿拓展艺术表现的形式。

▨ 活动方案

一、活动目标
在自主探索乐器音色的基础上,尝试创编节奏,用各种乐器表现故事"猴子学样"。

二、活动准备
1. 了解故事"猴子学样"。
2. 猴子学样的 PPT 及相应的图画四幅。

3. 乐器若干。

三、活动过程

（一）故事回忆

1. 出示 PPT 回忆故事名称及主要情节

T：这是什么故事？故事发生在什么地方？

T：故事里有谁？在干什么？

T：后来发生了什么？

T：最后老爷爷想了什么办法取回草帽？

（二）乐器配音

1. 布置小任务

T：今天我们来做小小配音师，为猴子学样的四幅图配音。

（出示乐器，说说乐器的名称。）

2. 集体讨论

T：故事里的小猴是怎样的？选什么乐器？

（引导幼儿用串铃等轻巧的乐器表现调皮灵活的小猴形象。）

T：小猴走路又是怎样的？

（引导幼儿创编比较活泼的节奏型。）

T：老爷爷走路又有什么特点？用什么乐器？

（引导幼儿用木鱼等乐器，稳重的节奏表现老爷爷走路。）

T：老爷爷从远处走来或走向远处时会有变化吗？有怎么样的变化？

（引导幼儿运用渐强或减弱与力度来表现。）

3. 分组表现

T：现在让我们分成四组，和朋友们一起商量画面上有谁？发生了什么事？用什么乐器和什么节奏配音？一边说故事一边用乐器配音。

（每组负责一幅图画，让幼儿合作边讲故事边演奏，开始时语言部分可以重于演奏，等幼儿熟悉操作后，逐渐过渡到少用语言或直接用乐器将图片情节表现。）

4. 集体分享

T：让我们用乐器讲讲"猴子学样"的故事。

（老师可作为总的解说，将四组幼儿的作品串联起来。）

操作提示

活动重点是帮助幼儿解决用合适的乐器和节奏表现猴子学老爷爷各种动作的过程。

在活动中老师的任务是让幼儿大胆尝试，鼓励人人参与，老师则仔细观察，耐心倾听每个幼儿的音乐想象，引发幼儿间的互动分享，使每个孩子都认识到自己的价值。

老师在电影配音的关键提问处要引导幼儿探索，例如：猴子学样时老爷爷用什么节奏，小猴用什么节奏；老爷爷搔搔头时用什么节奏滑稽地表现等。

老师给了幼儿探索的任务后，尽可能地让他们按自己的条件、方式、意愿去做，这样才能发挥想象和独创性。重视做的本身，重视幼儿间的合作，不过于注重配音的结果，而要将注意力集中在如何一步步引导幼儿进行电影配音的操作。

游戏可不断延续进行,此活动可以延伸到表演区中进行,还可以引导幼儿在美工区中制作相关的道具材料,以丰富表演。幼儿通过改变所选择的情节、改变创编的节奏等,将同一个故事表现出不同的效果,使同一个故事处于不断深化的过程中。

附:故事《猴子学样》

有位老公公挑着一担草帽,到城里去卖。他走累了,坐在大树下"呼噜呼噜"睡着了。一群猴子看见老公公戴着草帽,就学他的样子,都拿起草帽戴在头上。

猴子在树上又叫又跳,把老公公吵醒了。他睁开眼睛一看:哎呀,草帽不见了!老公公抬头一看,原来,草帽都给猴子拿走了。

老公公急得伸出双手说:"快把草帽还给我!"猴子也学老公公的样子,伸出手来"吱吱喳喳"地叫着,就是不肯把草帽还给他。老公公急得脱下草帽,搔起脑袋来,老公公看到猴子又在学他的样子,忽然想出一个好办法!他把草帽往下一扔,猴子见了,也都把草帽往地下扔。老公公赶快捡起草帽,挑起担子就走了。

 小乐队

设计依据

幼儿能用语言、动作、乐器等表现节奏,主要来自于日常生活中的感受和积累。在此基础上,鼓励幼儿大胆地尝试为乐曲配器,组织属于自己的小乐队,让幼儿用合作的方式来表现节奏。在合作中进一步体验与同伴相互商量、协同活动的乐趣,从而深切体会"我长大了"。

活动方案

一、活动目标

引导幼儿感受寻找乐曲的旋律节奏和拍率节奏挑选乐器为曲子配器,体验合作打击乐活动的乐趣。

二、活动准备

1. 一组打击乐器。

2. 音乐。

三、活动过程

(一)找节奏旋律和拍率

1. 找节奏旋律

T:今天阳光明媚,让我们去草地上数数开了多少朵小花,听到一个音拍一下。

$$\underline{1.}\ \underline{3}\ \underline{2}\ \underline{5}\ |\ 1\ \ 3\ |\ \underline{5.}\ \underline{5}\ \ \underline{5}\ \underline{6}\ |\ 5\ \ —\ |$$
$$\underline{×.}\ \underline{×}\ \underline{×}\ \underline{×}\ |\ ×\ \ ×\ |\ \underline{×.}\ \underline{×}\ \ \underline{×}\ \underline{×}\ |\ ×\ \ —\ |$$

2. 找拍率

T:我们一步一步走着去欣赏美丽的花,听好音乐走得稳。

$$1 \cdot \underline{3} \ \underline{2} \ \underline{5} \ | \ 1 \ \ 3 \ | \ \underline{5 \cdot 5} \ \ \underline{5 \ 6} \ | \ 5 \ \ — \ |$$
$$\times \quad \times \ | \times \ \times | \times \quad \times \ | \times \quad \times |$$

（二）小乐队演奏

1. 挑选乐器

T：草地上有一个小乐队在演奏，邀请我们也加入，你们想为小花挑什么乐器？

（出示乐器，鼓、铃鼓、小铃、响板、木鱼引导幼儿配器。）

T：为走路的节奏挑什么乐器？

2. 小乐队演奏

T：小乐队演出正式开始，听着音乐想好你们的节奏。

（幼儿分组用乐器为旋律配器。）

3. 小指挥

T：请两个小指挥来指挥两组，你想用什么动作指挥。

（引导幼儿创编指挥动作。）

操作提示

在操作游戏时，寻找乐曲中的节奏旋律和拍率是关键，之后的活动是在此基础上进行的，因此引导幼儿听辨感受乐曲中不同的节奏是首要解决的问题。老师在选择乐曲的时候选择节奏明显的音乐，便于幼儿操作。在幼儿积累了一定的音乐经验后，再尝试旋律复杂的作品，如《拉德斯基进行曲》让孩子不断地有挑战和递进。另外，拍率有快和慢两种，除了上面活动中出现的，拍率还可以为：

$$1 \cdot \underline{3} \ \underline{2} \ \underline{5} \ | \ 1 \ \ 3 \ | \ \underline{5 \cdot 5} \ \ \underline{5 \ 6} \ | \ 5 \ \ — \ |$$
$$\times \quad — \ | \times \ — | \times \quad — \ | \times \quad — |$$

在引导幼儿挑选乐器的环节中，也要做适当的指导，如大鼓、铃鼓等适宜敲击拍率，木鱼、小铃、响板等乐器则适合敲击旋律节奏。

这个游戏不在于立即能形成一个高质量的乐队，只是为幼儿在寻找到拍率和旋律节奏的基础上，大胆运用乐器并尝试做小指挥，实现表现欲望，对打击乐活动产生兴趣。

小贴士

老师幼儿——"学习共同体"

教学的实质是"交往"，在交往过程中师生、生生、生材积极互动，共同发展。只有教学形式表现而无实质性交往的教学是"假教学"。在教学中强调动态信息交流，从而实现师生相互沟通、补充、影响达到共识、分享、共进。因此，老师和幼儿应该是互教互学的"学习共同体"。

（1）对教学而言。交往意味着对话、参与和相互建构，不仅是教育活动方式，更是弥漫、充盈于老师幼儿间的教育情景和氛围。例如：活动中，老师预设了一系列的问题情境"数数音乐中有几朵小花"、"跟着音乐边走边数小花"等深入浅出地支持幼儿感受音乐的旋律和

拍率,并用动作表现。

(2)对学生而言。交往意味着心态开放,主体性突现、个性彰显、创造性的解放。例如:在探索拍率、旋律时,每个幼儿都投入到"玩"的过程中,跟着音乐,拍手表现旋律节奏,踩脚表现拍率,他们需要手、脚、耳、脑高度协调统一。这是一项对幼儿有一定挑战的任务,但孩子们在游戏情境中轻松地完成了。

(3)对老师而言。上课不是传授知识,是分享、理解,是生命活动、专业成长、自我实现的过程。老师必须转换角色从教学的主角变为"平等中的首席",从知识的传授者变为"现代学生发展的促进者"。例如:在以上的活动中,老师并未强占主导地位,告诉孩子应该怎样做,而是给予幼儿充分探索的机会,鼓励孩子感受音乐,并用身体的动作解释音乐,将抽象的音乐概念转化为孩子能够操作的创造游戏。

 瑶族舞曲

设计依据

在"我是中国人"主题中,孩子们已经知道中国是一个多民族的国家,了解了藏族、维吾尔族、蒙古族等一些少数民族的民族风情。《瑶族舞曲》是一首富有瑶族民族特色的舞曲,幼儿在本次活动之前对乐曲有一定的感知,也了解了一些有关瑶族的民族风情。本次活动尝试分组合作用小乐器合奏的形式来展开活动,通过分组合作初步尝试与同伴合作演奏,体验活动的快乐。

活动方案

一、活动目标

1. 自主探索瑶族舞曲的配器方式,尝试用打击乐器表现,体验合作游戏的乐趣。
2. 通过游戏进一步培养幼儿的节奏感及同伴配合合作奏乐的能力。

二、活动准备

1. 欣赏感受过乐曲《瑶族舞曲》。
2. 乐器若干(三角铁、小铃、木鱼、双响筒、响板、铃鼓、大鼓)。
3. 瑶族舞曲配器音乐。

三、活动流程

(一)瑶族叔叔阿姨来演奏

1. 欣赏配器乐曲

T:你们看瑶族叔叔阿姨来到了我们的教室,为我们表演节目,你们仔细地听,仔细地看,她们演奏了什么曲子,用了哪些乐器。

2. 探索发现配器方式

(1)找找哪些乐器在唱歌

T:你们发现瑶族叔叔阿姨用了哪些乐器?

(当幼儿说到哪个乐器,老师就把乐器举起并打出乐曲中的节奏,引导幼儿依次发现乐器说出名称。)

（2）再次欣赏

T：我们来听一听是不是这些乐器呢？

（3）找找哪两个小乐器在对话（第一段完整欣赏）

T：这么多乐器，它们是怎么唱歌的呢？谁和谁对唱？

（当幼儿说到该乐器时，老师示范演奏一次，帮助验证。）

T：我们再来听一听，乐器谁先唱谁后唱。

（再次欣赏，引导幼儿发现乐器演奏的先后顺序。）

T：哪种乐器在中间出来唱了几句？（双响筒）那种乐器唱歌多？（大鼓）

（4）听听小乐器用什么节奏对话（第一段分段欣赏）

T：乐器是怎么唱歌的？

（老师利用游戏化的情景性语言帮助幼儿总结听到的节奏，例如：小铃和铃鼓在说话：你唱歌｜我 跳舞｜我们 一起｜来 表演。）

（5）乐器一起来演奏（第二段完整欣赏）

T：第二段节奏快的时候哪些乐器来唱歌？

（引导幼儿发现所有乐器一起唱歌，节奏相同跟着音乐。）

（二）我们来演奏

1. 自选乐器集体演奏

（1）初步演奏第一段

T：现在瑶族阿姨邀请我们来演奏，请你选一个喜欢的乐器，跟着指挥听着音乐开始演奏。

（老师用指挥动作提示节奏，并根据实际操作情况调整幼儿的节奏及乐器出来的顺序。）

（2）分解演奏

T：我们再来一次，想想你的乐器和谁对话，用什么节奏。

（老师随机把握幼儿的操作问题，如果发现哪两个乐器节奏或顺序有问题，就将这两个乐器抽出来再次分解操作。）

（3）完整演奏

T：瑶族的小朋友现在开始演奏，听着音乐想好节奏。

2. 交换乐器再次演奏

T：找个朋友交换乐器再来玩一玩。

（请能力强的幼儿尝试做指挥。）

操作提示

通过让幼儿听配器版的瑶族舞曲，听辨音乐中的乐器和节奏，为幼儿搭建自主探索的平台。

在幼儿初步探索发现乐曲中的乐器时，老师可适当对乐器如何发出好听声响进行引导，例如：你们听木鱼会发出两种声音，怎么回事？哪个好听？老师示范在木鱼孔的正面敲和侧面敲，引导幼儿发现不同操作方式发出不同声音。

在最后环节——交换乐器，对于初次操作乐器的孩子来说有些难度，换了乐器相应的顺序和节奏就会变化，因此可以根据幼儿的实际情况决定是否需要，或者可让幼儿自主选择，想要交换的去找朋友，不想交换的可仍然操作原来的乐器。在此过程中，老师对于幼儿的要求不能太高，不是严格的乐队演奏，而是"玩"，在乐器操作中体验音乐表现的乐趣，体验同伴合作的乐趣。

★ 附：配器谱：

1＝C　2/4

前奏　（6 33 | 6 33 | 6 33 | 6 　33 |）

主旋律　63 36 | 2. 1 | 72 | 17 | 6. 5 | 3 | 6. 7 | 12 | 3. 5 | 32 | 123 | 21 | 6 — |

碰　铃　× 0 | × 0 | × 0 | × 0 | 0 | 0 | 0 | 0 | 0 | 0 | 0 | 0 | 0 0 |

圆午板　0 xx | 0 xx | 0 xx | 0 xx | 0 | 0 | 0 | 0 | 0 | 0 | 0 | 0 0 |

三角铁　0 0 | 0 0 | 0 0 | 0 × | 0 | × | 0 | × | 0 × | 0 |

铃鼓　0 0 | 0 0 | 0 0 | 0 0 | xx | 0 | xx | 0 | xx | 0 xx |

双响筒　0 0 | 0 0 | 0 0 | 0 0 | 0 | 0 | 0 | 0 | 0 | 0 0 |

大　鼓　× xx | × xx | × xx | × xx | × | × | × | × | × xx | × xx |

钹　0 0 | 0 0 | 0 0 | 0 0 | 0 | 0 | 0 | 0 | 0 | 0 0 |

主旋律　556 16 | 112 | 32 | 335 235 | 3 — | 63 | 63 | 62 | 62 | 123 | 21 | 6 — |

碰　铃　0 xx | 0 xx | 0 xx | 0 xx | 0 | 0 | 0 | 0 | xx | 0 xx |

圆午板　0 0 | 0 0 | 0 0 | 0 | 0 | 0 | 0 | 0 0 | 0 |

三角铁　× 0 | × 0 | × 0 | × 0 | 0 | 0 × | 0 × | 0 |

铃鼓　0 0 | 0 0 | 0 0 | 0 | 0 | 0 | 0 |

双响筒　0 0 | 0 0 | 0 0 | 0 xx | xx xx | xx | 0 | xx | 0 xx |

大　鼓　× xx | × xx | × xx | × xx | 0 | 0 | 0 | 0 |

钹　0 0 | 0 0 | 0 0 | 0 | 0 | 0 | 0 |

主旋律　63 36 | 2. 1 | 72 | 17 | 6. 5 | 3 | 6. 7 | 12 | 3. 5 | 32 | 123 | 21 | 6 — |

碰　铃　× 0 | × 0 | × 0 | × 0 | × | × | 0 × | 0 × | 0 |

圆午板　0 xx | 0 xx | 0 xx | 0 xx | 0 xx | 0 xx | 0 xx |

三角铁　× 0 | × 0 | × 0 | × 0 | × | × | 0 × | 0 |

铃鼓　0 xx | 0 xx | 0 xx | 0 xx | 0 xx | 0 xx | 0 xx |

双响筒　0 0 | 0 0 | 0 0 | 0 | 0 | 0 | 0 |

大　鼓　× 0 | × 0 | × 0 | × 0 | × | 0 | 0 | 0 |

钹　× — | 0 0 | 0 0 | 0 × | × — | 0 0 | 0 0 |

主旋律　5̲5̲6　1̲6｜1̲1̲2　3̲2｜3̲3̲5　2̲3̲5｜3 —｜6̲3　6̲3｜6̲2　6̲2｜1̲2̲3　2̲1｜6　—｜

碰　铃　C　x̲x̲｜0　x̲x̲｜0　x̲x̲｜0 x̲x̲　0｜0　0｜0　0｜x̲x̲｜0　x｜

圆午板　C　x̲x̲｜0　x̲x̲｜0　x̲x̲｜0 x̲x̲　0｜0　0｜0　0｜x̲x̲｜0　x｜

三角铁　x̲　0｜x　0｜x　0｜x　0 0｜0　0｜0　0｜x　0｜x　0｜

铃　鼓　C　0｜0　0｜0　0｜0　0 0｜0　0｜0　0｜x̲x̲｜x　x｜

双响筒　C　0｜0　0｜0　0｜0 x̲x̲　x̲x̲｜x̲x̲　x̲x̲｜0　0｜x̲x̲｜0　x｜

大　鼓　x̲　0｜x　0｜x　0｜x　0 0｜0　0｜0　0｜x　0｜x　0｜

钹　　　x̲　—｜0　0｜0　0｜0　0 0｜0　0｜0　0｜0　0｜0　0｜

主旋律　6̲3　2̲3̲2̲1｜6̲1　6̲3｜6̲3　2̲3̲2̲1｜6̲1　6̲3｜6̲6̲1　2̲2̲1｜2̲5　3｜2̲3̲2　1̲2̲1｜6　—｜

碰　铃　x̲x̲ x̲ x̲｜x̲x̲　x｜x̲x̲ x̲ x̲｜x̲x̲　x｜x̲x̲ x̲x̲ x̲x̲｜x̲x̲ x̲x̲｜x̲x̲｜x̲x̲｜

圆午板　x̲x̲ x̲ x̲｜x̲x̲　x｜x̲x̲ x̲ x̲｜x̲x̲　x｜x̲x̲ x̲x̲ x̲x̲｜x̲x̲ x̲x̲｜x̲x̲｜x̲x̲｜

三角铁　x̲x̲　x｜x̲x̲ x̲x̲｜x̲x̲　x｜x̲x̲ x̲x̲｜x̲x̲　x｜x̲x̲ x̲x̲｜x̲x̲｜x̲x̲｜

铃　鼓　x̲x̲ x̲ x̲｜x̲x̲　x｜x̲x̲ x̲ x̲｜x̲x̲　x｜x̲x̲ x̲x̲ x̲x̲｜x̲x̲ x̲x̲｜0̲x̲｜x｜

双响筒　0　0｜0 x̲x̲｜0　0｜0 x̲x̲　0｜0　0｜x̲x̲　0｜0　0｜x̲x̲｜

大　鼓　x　x｜x　0｜x　x｜x　0｜x　x｜x　0｜x　x｜x　0｜

钹　　　x　—｜0　0｜x　—｜0　0｜x　—｜0　0｜x　—｜0　0｜

主旋律　2. 1｜2. 1 6. 1 6. 1｜2. 1｜2. 1 6. 1｜6 —｜6̲3 2̲3̲2̲1｜6̲1　6̲3｜

碰　铃　0 x̲x̲｜0 x̲x̲　0　0｜0　0｜x̲x̲　0 x̲x̲　0｜0　0 0 0̲x̲ 0̲x̲ 0̲x̲　x｜

圆午板　0　0｜0　0 x̲x̲ 0 x̲x̲　0｜0　0｜0　0 x̲x̲ 0 x̲x̲ 0̲x̲ 0̲x̲ 0̲x̲　x｜

三角铁　x　0｜x　0 x　0 0　0｜x　0｜x　0 x　0 0̲x̲ 0̲x̲ 0̲x̲　x｜

铃　鼓　0　0｜0　0 x 0 x 0　0｜0　0｜0 x 0 x 0̲x̲ 0̲x̲ 0̲x̲　x｜

双响筒　0　0｜0　0 0　0 0　0｜0　0｜0　0 0　0 0̲x̲　x｜

大　鼓　0　0｜0　0 0　0 0　0｜0　0｜0　0 0　0 0̲x̲　x｜

钹　　　0　0｜0　0 0 0 0 0　0｜0　0｜0　0 0 0 0　0 0｜

主旋律　6̲3̲ 2̲3̲2̲1̲ | 6̲1̲6̲3̲ | 6̲6̲1̲ 2̲2̲1̲ | 2̲5̲ 3 | 2̲3̲2̲ 1̲2̲1̲ | 6 — | 2̲3̲2̲ 1̲2̲1̲ | 6̲ 6̲6̲ | 6̲ 6̲6̲ | 6 — |

碰　铃　0x̲ 0x̲ | 0x̲ × | 0x̲ 0x̲ | 0x̲ × | 0x̲ 0x̲ | 0x̲ × | 0 0 | × x̲x̲ | 0 0 | 0 0 |

圆午板　0x̲ 0x̲ | 0x̲ × | 0x̲ 0x̲ | 0x̲ × | 0x̲ 0x̲ | 0x̲ × | 0 0 | × x̲x̲ | 0 0 | 0 0 |

三角铁　x̲x̲ × | x̲x̲ × | x̲x̲ × | x̲x̲ × | x̲x̲ × | x̲x̲ × | 0 0 | × x̲x̲ | 0 0 | 0 0 |

铃鼓　0x̲ 0x̲ | 0x̲ × | 0x̲ 0x̲ | 0x̲ × | 0x̲ 0x̲ | 0x̲ × | 0 0 | × x̲x̲ | × x̲x̲ | 0 0 |

双响筒　0 0 | 0 x̲x̲ | 0 0 | 0 x̲x̲ | 0 0 | 0 x̲x̲ | 0 0 | × x̲x̲ | 0 0 | 0 0 |

大　鼓　0x̲ 0x̲ | 0x̲ × | 0x̲ 0x̲ | 0x̲ × | 0x̲ 0x̲ | 0x̲ × | 0 0 | × x̲x̲ | 0 0 | 0 0 |

铙　0 0 | 0 0 | 0 0 | 0 0 | 0 0 | 0 0 | 0 0 ‖ × x̲x̲ | 0 0 | 0 0 |

（重复第一段）

木瓜恰恰恰

设计依据

目前我们正在进行的主题是"有用的植物"，而"好吃又有营养的植物"是与孩子们生活最密切相关的，因此我们选择以"蔬菜、水果"作为切入点，开展一系列活动。在活动中，孩子们不仅了解了蔬菜和水果的营养价值，还知道了它们对人体健康的作用，明确了这些有用植物与人之间的关系。"木瓜恰恰恰"是在这一系列活动中的一个，是一个连续性，以音乐为主线的活动。孩子们运用已有的音乐经验（积累了一定的节奏型），在低结构的区域活动中为歌曲创编节奏并设计符号图谱加以记录，并在高结构的集体活动中分享交流。这有利于促进幼儿创造、合作、自控等全面能力的提升，使他们的成功、愉悦的情感也得到满足。

活动方案

一、活动目标

在会唱歌曲《木瓜恰恰恰》的基础上，与同伴分享交流自己创编的节奏图谱并尝试用乐器表现，体验集体合作为乐曲伴奏的快乐。

二、活动准备

1. 经验准备

会唱歌曲《木瓜恰恰恰》，对歌曲节奏规律有所感知；在区域中个别探索歌曲节奏，尝试创编节奏并用节奏图表示。

2. 材料准备

《木瓜恰恰恰》的音乐；幼儿自制乐器（沙球）、响板、小铃。

三、活动过程

（一）歌曲《木瓜恰恰恰》

1. 回忆歌曲名称及歌词

T：水果大卖场开张啦，卖场里还有音乐呢，真热闹！你们听是什么歌？

(弹奏歌曲旋律,引导幼儿回忆歌曲名称。)

2. 集体演唱歌曲

T:请你们把水果稳稳地、轻轻地运到大卖场。不放错水果,而且保证它们又大又新鲜。

(引导幼儿把每一种水果唱清楚,口型圆。)

(二)节奏律动《木瓜恰恰恰》

1. 分析律动的节奏规律

T:水果运到大卖场了,现在要请你们把水果摆到柜台上了,一次摆几个?

(引导幼儿根据音乐节奏拍手,例如:

$$\underline{5\,5} \mid \underline{1.1} \quad \underline{1\,1} \quad \underline{7\,1} \mid 2 \quad \times\times \quad \times \quad \underline{5\,5} \mid \underline{2.2} \quad \underline{2\,2} \quad \underline{1\,2} \mid 3 \quad \times\times \quad \times$$
$$\quad\quad\quad \times\,0 \quad \times\quad 0 \quad\quad \times \quad 0 \quad \times\quad 0 \quad\quad \times\,0 \quad \times \quad 0 \quad\quad \times \quad 0 \quad \times)$$

2. 幼儿集体操作

T:我们一起来整理水果摊

(引导幼儿用第一段拍手,第二段拍腿的动作表现音乐节奏。)

3. 找出"恰恰恰"的节奏

T:放好水果要做广告,在"恰恰恰"的时候做广告

(幼儿集体操作用拍腿表示,用语言帮助幼儿稳定节奏,例如:仔细　看|轻轻　挑|真好吃|等。)

(三)乐器表现《木瓜恰恰恰》

1. 分享交流图谱

＊ 图谱一:葫芦型　苹果　葫芦型　苹果　葫芦型　苹果　葫芦型

T:柜台上放了各种各样的水果,我们来看看都是怎么放的。

(出示一张幼儿创编的节奏图谱。)

T:这个是哪位营业员的柜台?你来介绍一下代表什么?

(引导幼儿说明形状的含义,例如:葫芦型代表拍手,苹果代表休息,并请幼儿演示,然后老师哼唱,幼儿操作。分别挑选三四个幼儿的图谱进行分享。)

＊ 图谱二:梨　香蕉　梨　梨　梨　香蕉　梨

T:柜台上放了各种各样的水果,我们来看看都是怎么放的。

(再出示一张幼儿创编的节奏图谱。)

T:这个是哪位营业员的柜台?你来介绍一下代表什么?

(引导幼儿说明形状的含义,例如:梨代表拍手,香蕉代表休息,并请幼儿演示,然后老师哼唱,幼儿操作。分别挑选3—4个幼儿的图谱进行分享。)

2. 分组合作表现节奏图谱

T:运到大卖场的水果越来越多了,我们一次放两排,你们组负责第一个摊位,按这种办法整理(出示第一位幼儿介绍的节奏);你们组负责第二个摊位,按这种办法整理。(出示第二位幼儿创编的节奏)上半场第一组放(a 段乐曲),下半场第二组放(b 段乐曲)。请刚才两位介绍的营业员帮忙指挥。另外再请你们一组负责做广告。

(引导幼儿跟音乐,分组分段按不同的图谱合作表现节奏。)

3. 乐器合作表现图谱

T:水果大卖场开门营业了,选择什么乐器做广告?

（引导幼儿分组在"恰恰恰"的时候用自制沙球表现节奏。）

T：水果不断被人买走，不断需要营业员放，所以还有两组还是负责放水果，按照你们自己柜台的方法放。请两位指挥帮忙。

（引导两组幼儿跟音乐，分别按照刚才的图谱，用响板和小铃表现节奏。）

T：还有谁来帮助经理整理柜台。

（更换幼儿创作的图谱，再次乐器合作表现，并请创作该图谱的幼儿指挥。）

4. 延伸

T：今天水果大卖场真热闹，生意非常好，营业员用了不一样的方法整理柜台，我们回去想想看，还能用什么其他的方法整理，把它记录下来，下次我们再一起来帮忙。

操作提示

在回忆歌曲时，幼儿会出现水果名称不清晰的情况，老师可用情景语言帮助调整。例如：买水果的人好多，营业员忙不过来，经理请我们去帮忙！看看有哪些水果？这些水果是怎么摆放在柜台上的？帮助幼儿解决歌词中水果排列次序的问题。

在初次分组演奏时，幼儿容易受对方小组节奏的影响，因此老师要及时提示，例如：刚才有的营业员在整理的时候，这个柜台的水果放到对面柜台去了。你们这个柜台水果是怎么放的？放几个休息？（引导第一组幼儿修正节奏）你们的水果是怎么放的呢？（引导第二组幼儿修正节奏）然后再次合作操作，引导幼儿不受对方节奏影响，边看图谱边操作乐器。

在幼儿进行合作表现后老师及时发现问题并帮助调整，例如：刚才有好几次广告漏做了，听着音乐，别漏做广告哦！（引导幼儿在"恰恰恰"的节奏时操作沙球。）你们柜台用什么方法放水果？（引导操作小铃、响板的小组调整节奏）然后再次给予幼儿修正的机会，再次跟音乐合作用乐器表现。

附：演奏队形

第一组：	第二组：	第三组：
节奏：× ○ × ○ × ○ ×	节奏：×× ×	节奏：× ○ × × × ○ ×
音乐：a 段音乐	音乐：每个乐句中的"恰恰恰"	音乐：b 段音乐
乐器：自选	乐器：自制或成品沙球	乐器：自选

指挥

 蔬菜音乐会

设计依据

在"有用的植物"主题活动中，孩子们参观菜园、菜场，了解了蔬菜与人们的关系，也对各种蔬菜的不同营养价值有所了解，并尝试用不同方式表达各自的体验，"蔬菜音乐会"就在这时应运而生。

活动方案

一、活动目标

1. 运用音乐语言再现对蔬菜探究的体验,体会参加蔬菜音乐会的快乐。

2. 尝试与同伴合作演奏,体验手眼协调、集体合作奏乐的乐趣。

二、活动准备

1. 蔬菜的实物,如马铃薯、胡萝卜、番茄、青菜、黄椒、茄子,以及对蔬菜名称及营养价值有一定的经验。

2. do、re、mi、fa、sol、la 六个音块。

3. 会唱小星星的旋律。

三、活动过程

（一）各种各样的蔬菜

T:你知道哪些有营养的蔬菜?

（老师逐一出示蔬菜实物,引导幼儿说说名称、营养价值及颜色。）

（二）蔬菜音乐会

1. 蔬菜的歌

T:蔬菜来开音乐会,每种蔬菜负责一个音,先来帮马铃薯找个音符朋友。

（引导幼儿听辨音高 do。）

T:马铃薯负责哪个音?

（依次引导幼儿为蔬菜找到相应的音高,re——胡萝卜;mi——番茄;fa——青菜;sol——黄椒;la——茄子。）

2. 蔬菜音乐会

（1）个别操作

T:蔬菜邀请你们来参加音乐会,选择一个你喜欢的蔬菜,轮到它唱的时候敲奏音块（请6名幼儿分别负责 do——la,唱到哪个音负责相应音高的幼儿敲音块）

T:下面的观众帮他们一起唱,找找你最喜欢哪个蔬菜的演奏,为什么?

（老师给不同幼儿不同的"任务",引导暂时不参加敲奏的幼儿发现规则。）

（2）集体操作

T:蔬菜朋友邀请更多的人来参加,谁愿意?

（鼓励幼儿选择蔬菜,负责相应的音高,加入蔬菜音乐会的队伍）

（3）再次操作

T:怎样蔬菜才能正正好好唱出它的音?

（进一步讨论游戏规则,引导幼儿眼看音块,耳听音乐,心里唱旋律,配合一起演奏）

操作提示

选材贴近幼儿最近发展区,老师在选择这个游戏时考虑到孩子的已有经验,选择了《小星星》的旋律,其中从 do 到 la 一共六个音,重复较多。它的熟悉度及材料本身的技术度都便于幼儿操作,以此类歌曲作为音块合奏游戏的切入口很合适,使得孩子们会主动将操作重点落在如何与同伴合作及自控等方面。

在分角色负责音块进行合奏环节中,老师可先让少数幼儿参加演奏,逐渐增加人数,直到全班参加。

老师给予每个角色的孩子"任务",部分暂时未参与音块合奏的幼儿,不是单纯的观众,而是帮助唱旋律、发现参与合奏的幼儿怎样才能跟上旋律达到整齐。

当幼儿对于音块合奏的游戏形式有一定了解后,老师可进一步增强难度,选择七声音高的旋律或节奏较为复杂的旋律进行游戏。

▌ 小贴士

合作演奏中如何引导幼儿自主学习

合作演奏是一个长期以来被认为是只能由教师训练,不可能让幼儿自主学习的活动。其实不然,只要老师给予幼儿操作的机会,他们在合作中从困惑、尝试到不断发现问题,然后调整自己行为,最后合作演奏成功。老师在此过程中要做什么?

首先,已有经验是基础。这个活动前,幼儿已经开展了一系列有关蔬菜的活动,积累了相当多的直接或间接经验,于是老师选择与幼儿相关的生活场景——蔬菜音乐会,满足幼儿再现经验的表现欲望。同时以幼儿熟悉的旋律为支撑,使他们的表现欲望很自然地流露,加深他们的情感体验。

其次,再现情景是动力。在蔬菜乐队中,老师运用实物和音高配对,并作为标记,消除音高的抽象感,使幼儿很快进入角色,明确自己扮演的角色,找到相应的位置。幼儿始终兴致勃勃地沉在角色的扮演中。

再次,互动交流是途径。由于活动中每个孩子一个音块,就要求幼儿必须把握自己所选的音在旋律中出现的时机,才能做到整齐合奏。老师没有直接告诉幼儿该怎么做,也不是让幼儿机械练习,而是抓住听辨这个关键经验,循序渐进地引导幼儿通过操作、讨论、再操作、再讨论,从正反两个方面寻找原因和解决的方法。例如:当幼儿跟不上节奏时,老师引发讨论:怎样才能跟上大家?讨论中,孩子们积极调动自己的操作经验,提出:耳朵听,轮到自己立刻敲;眼睛不能东看西看,要专心;跟着大家一起唱,轮到自己就敲,等等。孩子们在发现问题、解决问题的过程中把握了合奏的关键要领。

最后,培养能力是目的。幼儿在活动中经历从易到难、从陌生到熟悉的过程,激发探究愿望,使学习始终处于积极主动的状态。当幼儿出现问题时,老师不要急于指出,而是给予孩子自我调整的过程,目的并不局限在合奏是否整齐,更重要的是鼓励幼儿掌握一种学习方法,使他们注意、记忆、听辨、动作协调、合作等诸能力得到发展。

母鸡萝丝去散步

▌ 设计依据

母鸡萝丝去散步是一个有趣的绘本故事,在这个故事中有许多声响,通过预设活动引导幼儿在乐器和声响中寻找联系点,用艺术的手段表现故事,增强幼儿的想象力,进一步拓展他们的表现方式。

活动方案

一、活动目标

1. 能用不同的乐器或用相同的乐器不同演奏方法来表现故事里的各种声音,并尝试完整表演故事。

2. 在游戏中体验合作表演故事的快乐。

二、活动准备

1. 各种小乐器若干、各种故事图片等。

2. 幼儿已听过故事,并探索过部分环节的声音。

三、活动过程

(一)引出主题

T:今天天气真好,母鸡萝丝准备出门去散步了!

(幼儿听音乐学母鸡萝丝散步。)

T:还可以怎么做,表现出母鸡萝丝很高兴?

T:母鸡萝丝在散步时,发生了些什么事情呢?我们一起来听听故事。

(二)讲述故事,组织讨论

T:狐狸的坏主意得逞了吗?你觉得这只狐狸是怎样的狐狸呢?

T:看来我们可不能学坏狐狸,这样只会搬起石头砸自己的脚。

T:母鸡萝丝去散步时,去过哪些地方?先去哪里再去哪里?

(共同探讨其中一个环节的声音。)

T:你们最喜欢哪段故事?在这段故事里,你能听到什么声音?这些声音是怎样的呢?什么声音在前,什么声音在后呢?

(尝试用小乐器表演。)

T:你为这些声音配上什么小乐器呢?

(请部分幼儿表演。)

(三)交流分享,共同游戏

分别请幼儿选择乐器尝试游戏。

教师巡回指导,了解幼儿探索情况。

T:请你仔细看看,这组小朋友表演得像不像,用了什么好方法?

(请一幼儿做母鸡萝丝,共同游戏。)

T:今天的天气真好,母鸡萝丝打算出门去散步……

(开始完整游戏。)

操作提示

配器环节是整个活动的重点和难点,老师要把握引导选择合适的乐器,保证音色和音乐性质的契合,让孩子在操作中尝试选择,例如:用"响板"、"镲"可表现狐狸撞到锭钯的"嘣棒"声;用"高低音棒子"、"齿木"、"响板"来表现狐狸掉进池塘小青蛙"呱呱"的声音;用"海鼓"和"雨声筒"来表现狐狸被面粉袋砸到头"哗啦啦啦"的声音;用"多音滚筒"、"齿木"和"摇杆"来表现狐狸撞倒蜜蜂房后车轮"咕噜咕噜"的声音。在充分操作、倾听、比较的基础上,幼儿才能做出合适的

选择。

在初次合作基础上,可引导幼儿交换乐器,但第一次尝试时会比较困难,可在下次活动中进行。活动可分为几次完成,如第一次讨论一到两个情节的配器,第二次再进行后面情节的配器。可将乐器放入区角,引导幼儿进行再创编,选择不同乐器、节奏配音。

小贴士

从故事绘本到音乐活动的演变

一、关于"母鸡萝丝去散步"的故事

"母鸡萝丝去散步"是一个故事绘本,讲的是母鸡萝丝在农场里散步时和一只狐狸之间发生的事。其情节简单,画面精美,所设计的语言只讲述了母鸡萝丝散步时所经过的地方,而它和狐狸之间发生的事则通过画面来表述,让孩子们在听听、看看、想想、猜猜的过程中了解故事的内容,猜测故事情节的发展,使孩子们产生了浓厚的阅读兴趣。

二、关于"母鸡萝丝去散步"的教育价值

在仔细阅读故事之后,我们发现了"母鸡萝丝去散步"这个故事的教育价值。

1. **故事创编**

故事"母鸡萝丝去散步"情节很简单,字数也很少,仅仅介绍了母鸡所经过的地方,但是画面精美丰富,能让孩子们根据每个场景的画面展开充分的想象。让幼儿尝试编讲故事,有助于丰富孩子们的语言表达,开拓幼儿的思维。

2. **器乐的探索**

在每个故事场景中,虽说情节简单,但是整个过程中的音响却十分丰富,为孩子们提供了尝试用小乐器模仿各种音响的机会。

3. **合作表演**

虽说故事中只有两个角色——母鸡萝丝和狐狸,但是模仿故事场景中的声音,却为我们提供了许多配音角色,使班级中的孩子们都有任务,都需为表演的成功而努力合作。

三、关于"母鸡萝丝去散步"乐器表演游戏的音乐选择

"母鸡萝丝去散步"的游戏和回旋曲式的(ABACADA)结构有相同之处:回旋曲式A段不变,完全反复,BCD段各不相同;而音乐游戏中A段表示萝丝在散步,BCD段则表示在每个场景中发生的事。BCD段由小组幼儿合作用乐器表演。A段则需为幼儿选择短小、节奏鲜明,并能表现母鸡散步的乐曲,于是我们选择了乐曲——《稻草中的火鸡》。

四、关于"母鸡萝丝去散步"的活动设计

在发现了绘本中的教育价值,选择好音乐之后,我们尝试进行了以下几个活动:

活动一:语言活动"母鸡萝丝去散步"

在这一活动中,老师和孩子们共同在看图书的过程中,了解故事内容,根据每个场景的画面展开想象,共同尝试编讲故事。

每一个故事场景都采用这种模式帮助幼儿来创编故事:观察画面——猜测狐狸的企图——预测能否成功——最后会发生什么事——验证猜测。通过几个提问来支持幼儿,母鸡萝丝散步来到哪里?除了母鸡萝丝在散步,还有谁跟它来到这里?它想干什么?发生了什么事?还有没有别的可能?狐狸得逞了吗?使故事创编能紧扣主题,并能拓展幼儿的思路。

教师在帮助幼儿熟悉故事,创编故事的同时,需把握好母鸡萝丝散步所经过场景的顺序,为下一步教学进行铺垫。

活动二:器乐活动"母鸡萝丝去散步"

在语言活动"母鸡萝丝去散步"的基础上,我们就故事的某一场景进行了一次器乐探索活动。在整个活动过程中,鼓励幼儿运用不同的小乐器或不同的演奏方法来表现故事场景中某一种声音。尝试小组共同合作表演某个故事环节。

在教学中,教师把握住以下几点为以后的活动埋下伏笔:

一是紧扣音乐元素。这次活动中,我们音乐元素体现在用乐器模仿故事中的音色。通过几个提问层层推进:故事中会出现什么声音?哪些声音在前,哪些在后?你用什么乐器来表示这个声音,像吗?使幼儿在寻找——模仿——改进的过程中,在表演了故事环节的同时,掌握了音乐技能。

二是紧扣合作方法。大班的器乐活动比中班有了深入。就合作而言,从以前的共同商讨语言节奏进行演奏提升为轮流演奏。这就对幼儿提出了更高的合作要求。为了避免孩子之间的纷争,我们在探索过程中,通过讨论、选择、尝试的过程后,幼儿自然就完成了合作。

三是紧扣故事情景。在整个探索过程中,我们始终在故事中,用故事形象说话,不问孩子们行不行?而问孩子们像不像?如:当陈斯睿选择小鼓的声音代替狐狸跳入木车的声音,他轻轻地敲了一下小鼓,孩子们马上提出了意见:声音太轻了,狐狸很胖,跳进木车声音肯定很响。陈斯睿接纳了大家的意见,马上重重地敲了一下鼓。

紧扣故事情景使探索过程中音乐技能与知识变得不再是机械训练,而成为有趣的创编故事表演。幼儿也能轻易地理解这样演奏乐器的目的,掌握演奏乐器的方法。

就音乐活动的本体性而言,这次活动使孩子们掌握了某种乐器的演奏方法,而就合作表演"母鸡萝丝去散步"而言,孩子们知道了怎样商量合作表演某一场景的过程。

活动三:区角活动"母鸡萝丝去散步"

在区角活动中,我们为孩子们准备了各个场景的图片,以及各种小乐器。鼓励幼儿运用小乐器尝试和同伴共同表演故事中的某一场景。

一天区角活动时,有三位小朋友在音乐角进行《母鸡萝丝去散步》的游戏,她们共同选择了"磨坊"这一场景商量了起来。区角讲评时,教师请三位小朋友来表演,请其他小朋友猜猜她们各自表演的是什么声音:

幼儿 a(选择圆舞板)　　幼儿 b(选择铝板琴)　　　幼儿 c(选择沙球)

×　　×　　×× 　　×　　　　×　　　0　　　　　　　×　　～～

孩子们七嘴八舌地猜测起来:王旭然用圆舞板代表母鸡的脚步声,杜荟茗用沙球表示米撒下来的声音,而徐颖娴敲铝板琴"叮——"的声音孩子们却始终猜不出。当徐颖娴公布答案后——是"狐狸趴下来时的声音",却引起了孩子们的争议。

争议一:豆豆提出:当米撒下来时,狐狸才会被压趴下,而不是先趴下,让米压在身上。孩子们建议:两个同伴换一个位置表演就行了。争议二:有人提出:铝板琴"叮——"的声音不像狐狸趴下来的声音。孩子们建议:换一种乐器来表演,如木制乐器(木鱼、双响筒等)会更好。

孩子们的建议幼儿 b 欣然接受,改动后"演出"圆满成功。

幼儿的讨论为表演者表演的合理性和选择乐器的适宜性作出了评论,通过讨论,使"演出"的幼儿得以提高,使参与讨论的幼儿了解了"表演"的方法,同时也让幼儿尝试了教学活动中没有尝试过的故事场景。

活动四:表演游戏"母鸡萝丝去散步"

当孩子们掌握了用乐器合作表演某一场景后,我们开始尝试完整表演游戏"母鸡萝丝去散步"。

在回忆了母鸡萝丝散步的路线图,尝试用肢体动作表现母鸡萝丝散步的动作之后,我们开始完整地表演游戏"母鸡萝丝去散步"。将器乐活动与儿童文学作品欣赏相融合。

五、"母鸡萝丝去散步"的操作体会

1. 器乐表演与儿童文学的充分结合

"母鸡萝丝去散步"故事情节简单,字数很少,但是却留给孩子充分的想象空间,十分有利于幼儿对各种乐器音色以及演奏方法的探索;而回旋曲的曲式与表演游戏的巧妙结合,使得音乐技能的要求自然而然地融入到故事的情景中了。

2. 利用各个环节鼓励幼儿大胆想象自信表达

在活动的各个环节中,充分利用每个机会,让幼儿大胆表达自己的想法,如肢体动作表现母鸡散步的环节、讲故事的环节、合作探索音色的环节……都鼓励幼儿大胆表现,与别人不一样,只要幼儿的表现合理,马上给予鼓励。长此以往,孩子们的想象力、创造力会有所提高。

3. 人人都有角色,个个都能成功

在区角活动中,幼儿自由组合,虽然没有能力强的幼儿,幼儿也能成功,这说明人数是关键。四五个人一组,幼儿最易商量讨论,而且每个人都有任务,容易成功。所以在表演游戏活动中,可选择部分幼儿用肢体动作做母鸡散步,剩下的幼儿分组用乐器表演各个场景,控制了合作幼儿的人数,为幼儿合作成功提供了保障,使游戏中人人都有角色、人人都能成功。

(黄　琳)

附:绘本故事《母鸡萝丝去散步》

母鸡萝丝出门去散步,狡猾的狐狸跟在身后。

咚!棒!

狐狸被钉耙撞倒在地。

母鸡萝丝绕过池塘,狡猾的狐狸跟在身后。

扑通!呱呱!

狐狸一下掉进池塘。

母鸡萝丝经过磨坊,狡猾的狐狸跟在身后。

哗啦啦啦!哗啦啦啦!

狐狸被面粉袋砸到了头。

母鸡萝丝穿过篱笆,狡猾的狐狸跟在身后。

咕噜!咕噜!咕噜!咕噜!砰!!!

狐狸跳到滑下山的车,撞倒了一大片蜜蜂房。

嗡嗡嗡嗡！

蜜蜂追着狐狸跑，狐狸吓得赶快逃。

母鸡萝丝散完步，高高兴兴回了家。

 # 小蝌蚪找妈妈

设计依据

在"春夏秋冬"主题中，大班的孩子们已经对季节特征有了一定了解，经典传统故事"小蝌蚪找妈妈"自然成为孩子们非常喜爱的故事之一。老师便借助于音乐手段创设自主探究的环境，让孩子们在音乐要素的推动下，各方面能力处在不断积极建构中。游戏中，老师以"节奏"作为主要切入口，引导孩子尝试使用各种打击乐器创造性地表现"小蝌蚪找妈妈"故事中的各个角色，以音乐的方式再现故事情节，在有趣的游戏中不知不觉培养了幼儿的节奏感、表现能力及同伴合作等能力。在整个活动中，孩子们围绕节奏，利用各种乐器在反复的共享思维互动中创造性地表达表现，最终获得全面能力的提升。

活动方案

一、活动目标

1. 尝试根据不同动物特征选择乐器、创编节奏表现故事情节，体验合作游戏的乐趣。

2. 通过游戏，进一步培养幼儿的节奏感及合作创编奏乐的能力。

二、活动准备

1. 感受过故事"小蝌蚪找妈妈"，会唱游戏歌曲《小蝌蚪》。

2. 各种乐器若干、头饰（鸭、鱼、乌龟、白鹅、青蛙、蝌蚪）。

三、活动过程

（一）复习歌曲《小蝌蚪》

T：有只小蝌蚪在池塘游来游去，脑袋圆圆，尾巴细细，真可爱。

（引导幼儿在唱歌词"黑溜溜"时舌头卷一卷。）

（二）乐器游戏——小蝌蚪找妈妈

1. 故事回忆

根据故事情节，依次出示小鸭、大鱼、乌龟、白鹅图片，并引导幼儿说出动物的特征。

T：小蝌蚪找妈妈先遇到谁？走路怎么样？乌龟走路又是怎样的？（慢吞吞的）

2. 引出新角色——青蛙

T：最后小蝌蚪找到的妈妈是谁？（出示图片青蛙）青蛙长得怎么样？叫声是怎样的？有什么本领？选什么乐器表示青蛙？它可能在干什么？

（引导幼儿根据青蛙的特征和情节选择乐器为青蛙配音，例如：一名幼儿选蛙鸣筒 ×× ×× ｜ ×× ×× ｜表示青蛙在唱歌；另一幼儿为青蛙选响板 × 0 ｜ × 0 ｜代表它从这片荷叶跳到那片荷叶。）

3. 幼儿分组用乐器表现动物角色

幼儿自由分组选择角色（青蛙、小鸭、大鱼、乌龟、白鹅），一起商量用什么乐器和节奏表现动

物。老师巡回观察指导,丰富小鸭、大鱼、乌龟、白鹅组的节奏,鼓励幼儿合作表现;重点指导选择表现"青蛙"的小组。

4. 分享交流

选择2—3组幼儿展示刚才讨论的成果(包括本次探索重点——青蛙组,以及本次活动节奏或乐器有变化且有创意的小组),并引发其他组幼儿的想象。例如:听着他们的音乐感觉青蛙在干什么? 有的幼儿说:叉的声音好像青蛙扑通跳到池塘里;有的说:蛙鸣筒代表青蛙的叫声等等。

5. 集体表现:回旋曲《小蝌蚪找妈妈》

老师扮演小蝌蚪起到指挥及串联作用,引导幼儿集体操作回旋曲。

操作提示

这个乐器操作游戏是一个过程性、延续性的活动。本次活动的重点是为青蛙选择合适的乐器和相应的节奏,并用乐器完整表现整个故事。在此活动之前,老师需要逐一地为角色(小鸭、大鱼、乌龟、白鹅)选择乐器和节奏,因此可分几次活动进行(方法同本次活动相同)。

在引导幼儿选择乐器时要让幼儿通过倾听为角色配上合适的声响,在鼓励幼儿创编节奏时老师要将抽象节奏与情景相结合,支持幼儿用节奏解释情景。

可将乐器材料放入区角活动中,鼓励幼儿不断创编新的节奏,或用自制乐器替代已有乐器进行合作游戏。

小贴士

借助音乐元素,创设充满音乐要素的环境,快乐探索

一、多元化的表现认知经验

在游戏前,孩子们已经熟知了"小蝌蚪找妈妈"的故事情节。在此基础上,老师根据幼儿的生活经验,选择各种乐器尝试将不同动物特征展现出来。孩子们自由结伴组成小组,分别为自己小组选择一种"动物角色"——小鸭、大鱼、乌龟、白鹅和青蛙,借助乐器将这些动物的特征转化为声音和节奏。孩子们联系自己对动物的认知和理解,有的用串铃敲出十六分节奏代表小鱼游来游去滑水的声音;有的用蛙鸣筒刮奏出四分音代表青蛙叫的声音;还有的在木琴的高低音区跳跃敲奏出白鹅摇摇摆摆走路的声音。在孩子们相互合作下,一个热闹的小池塘仿佛展现在眼前,这个春天的池塘充满着音乐的美感。老师通过变换不同的表现方式,将语言故事转化为音乐游戏,让孩子们多元地对已有经验表现表达,从不同角度得到体验的满足。

二、个性化的表现音乐形象

由于每个人的生活经验、音乐经验各不相同,因此活动中孩子们结合自己对动物角色特征的理解,对音乐形象进行个性化的表现,并相互分享创造成果,使他们的潜力发挥到极致,在舞台上展现出惊人的实力。

在分组讨论及操作中,孩子们放开思维的束缚大胆想象,在乐器声响与动物特征之间建立起一定的联系,结合已有音乐经验——各种节奏型,在与小组同伴的互动中不断产生思维的火花。例如:在讨论用什么节奏和乐器表示小鱼时,有的孩子建议用串铃敲奏十六

分音符代表小鱼连续向前游;有的孩子则建议用小铃敲奏八分音符代表小鱼摇尾巴;还有的孩子建议用响板表示小鱼吐泡泡,由此可见他们每个人都有着属于自己的答案,这便是"孩子的一百种语言",是属于孩子自己的"音乐语言"。最终,孩子们相互商量决定采纳大伙的意见,在串铃十六分音符独奏之后加上响板和小铃的合奏,表示小鱼游来游去然后停下边摆尾边吐泡泡。整个过程都是孩子们自发参与的,因此积极性非常高。在主动操作的状态之下,在与材料、同伴、老师不断的互动中,孩子们的表现潜能不断地被激发出来。

三、各方面能力的主动建构

这个探索性活动最具突破性的特点,即是将音乐活动局限技能训练的偏差观念彻底扭转过来。在这个活动中,音乐元素只是作为一种工具,借助于这个手段推进孩子各方面能力的发展,从"能力发展"角度看,在整个操作过程中主要体现出了"五个建构"。

一是经验的建构。这个活动是基于已有经验基础上的,其中包括生活经验(对故事及动物生活习性及特征的认知)及音乐的经验(对节奏、乐器的认知),这些经验通过新材料重新组合获得提升,对已有经验的迁移能力也在不断提升建构中。例如:小鸭、大鱼、乌龟、白鹅是已经探索过的,而青蛙则是最新生成的,孩子们通过讨论"青蛙的本领有哪些? 可以选择哪些乐器?"将"青蛙"这个角色结合音乐经验,根据不同特征运用已有经验,使节奏的重组有了更进一步的提升。

二是积极情感的建构。当孩子们听到最后的整体效果时,操作的成功感及过程的愉悦感都油然而生,情感方面也处在积极建构状态中。他们通过自己的努力层层攀登达到最终的目标,从他们最后小组配合音乐共同演绎回旋曲《小蝌蚪找妈妈》时脸上专注的表情及在操作结束后露出的笑容,不难看出他们尝到了成功的甜头而发自内心的喜悦,自信心得到了充分的提升。另外,在此过程中,老师也参与到了幼儿之中,担任了一个表演的"角色",在每次的歌曲回旋部分用舞蹈动作事先提示哪组幼儿开始操作,孩子唱歌老师舞蹈,孩子乐器表演老师钢琴伴奏,你应我和,整个活动气氛达到了高潮,师生共同演绎了器乐版的"小蝌蚪找妈妈",用音乐的语言重新诠释了这个故事。

三是专注性的建构。由于幼儿的年龄特点决定了他们的操作是"边做边想,同时容易受到周围无关刺激的影响",老师通过这个活动有意识地让幼儿确立明确的任务意识,通过完成"任务",使得孩子们能逐渐形成"先想后做"的习惯,提高幼儿的专注性。例如:老师在请组长时有意识地分别提问各位组长各自选择的"角色",然后再请组长找自己的组员。老师运用了"分层管理"的方式帮助幼儿明确了自己的任务,使得他们自己理清了操作方向。在此过程中,孩子们必须将思维围绕一个思考点发散性地进行,在共同目标的凝聚下他们的专注性不知不觉地得到了建构。

四是想象力的建构。操作者需要充分发挥想象,并能在与同伴的分享下获得新的灵感,这时他们的想象力就会处在不断的互动建构中。例如:在分组操作后的集体交流部分,老师不仅请每组都展示了自己组的创造成果,还请有创意的孩子做了示范,通过"猜猜木琴在高低音区跳跃代表什么动物在干什么?"等提问,丰富孩子们想象的火花。这种铺垫看似细微,并且在此活动中未必能即时的展现新的创意,其结果具有一定的延迟性,但相信在下次活动中定会出现更丰富的表现形式。

五是自控与合作的建构。活动中每组成员注意力必须高度集中,相互配合,根据音乐

提示信息完成游戏。与之相适应的合作和自控能力处在不断的自我建构中。例如:在游戏中孩子们从选择与动物相对应的乐器——设计合适的节奏型——将这些零散的节奏组合在一起——配合音乐旋律表现,这里的每个环节都需要成员之间通过协商和互动而达到意见的统一,孩子们可以从中了解如何表达自己的意见;如何使别人接受自己的建议;在遇到分歧时用什么办法、怎样的态度与同伴协商等,这些交往的技巧、方法都自然地蕴涵在其中。又例如:在最后老师弹奏回旋曲《小蝌蚪找妈妈》时,五组不同任务的孩子要轮流跟上音乐,从个体角度出发,既要控制自己的节奏,使自己操作乐器的节奏型符合音乐的旋律和节拍,同时还要注意到小组成员之间的协调,并保持操作的整齐性(一起开始一起结束);立足于小组来说,则必须在前一组操作完之后适时地进入下一段的乐曲将自己的节奏表现出来,这里不仅存在个体的配合还有集体的配合,最终达到统一中多样、多样中统一的状态。

附:幼儿器乐表现具体操作实录

A 段:歌曲《小蝌蚪找妈妈》

B 段:大鱼

海鼓:　　　　× 　　0 　｜ × 　　0 　｜

沙球:　　　　0 　×××　｜ 0 　×××　｜

铝板琴:　　　1 3 5 6 ｜ 5 3 1— ｜

A 段:歌曲《小蝌蚪找妈妈》

C 段:鸭子

蛇鞭:　　　　　× 　　0 　｜ × 　　0 　｜

木鱼、圆午板:　0 　× × ｜ 0 　× × ｜

A 段:歌曲《小蝌蚪找妈妈》

D 段:乌龟

大鼓:　　　　× 　　0 　｜ × 　　0 　｜

木琴:　　　　0 　　× 　｜ 0 　　× 　｜

A 段:歌曲《小蝌蚪找妈妈》

E 段:白鹅

铃鼓、小铃:　××× ×× ｜ × 　　× 　｜

三角铁:　　　××× ×× ｜ ×— ×— ｜

A 段:歌曲《小蝌蚪找妈妈》

F 段:青蛙

蛙鸣筒、圆午板:××× ×× ｜ ×××× × ｜

鼓、钗:　　　× 　　0 　｜ × 　　　0 　｜

A 段结束:歌曲《小蝌蚪找妈妈》

附:歌曲《小蝌蚪找妈妈》

1 = C 2/4

儿童歌曲

3 3 2 3	1 0	5 5 5 6 #4	5 ——	i 5	6 3
小呀 小蝌	蚪	黑呀 黑呦 呦	来 来	去 去	

2 2 2 2 6	5 0	3 2 3	1 0	5 5 5 6 #4	5 ——
水呀 水里	游	找 妈 妈		快快 找妈 妈	

i 5	6 3 3	21 23	1 0
我的	好 妈妈	在 哪	里

 ## 四季回旋曲

设计依据

近期的主题是"春夏秋冬",孩子们了解到动植物的生长变化与四季的轮回有着密切的联系。为了进一步让幼儿体验四季不同的美,我们选择了引导幼儿用音乐的手段表现代表季节特征的一些景物,将春夏秋冬直观的美和音乐听觉的美融合起来。

活动方案

一、活动目标

1. 引导幼儿尝试用打击乐器、创造性地表现夏天的情景,进一步激发幼儿对夏天的喜爱。

2. 在《四季回旋曲》的游戏中,进一步培养幼儿的节奏感以及相互之间的合作创编奏乐的能力。

二、活动准备

1. 对四季特征有一定的了解,知道每个季节独特的景色,已经积累了一定的节奏型,初步尝试过"春、秋、冬"乐器回旋游戏。

2. 各种乐器若干(现有乐器和自制乐器),图片(春、夏、秋、冬)。

三、活动过程

(一)复习歌曲《四季歌》

1. 集体演唱歌曲一遍

T:一年中有四个美丽的季节,每个季节都有它特别的地方,让我们用歌声来告诉大家吧。

2. 重点指导

表现小鸟时欢快、雷声时有力、树叶飘时轻、雪花落时柔和,以区分四季不同特征。

3. 幼儿集体演唱歌曲第二遍

启发幼儿用肢体动作表现四季特征的动作。

(二)乐器游戏"四季回旋曲"

1. 经验回顾(分别出示春、秋、冬的图片)

T:我们上次已经用乐器为美丽的春、秋、冬姑娘伴奏过了,春天是怎么样的?什么声音最能代表春天?(春风)

T:秋天是怎样的?什么声音能代表秋天?(树叶飘落)

T:冬天是怎样的?什么声音能代表冬天?(雪花飘)

(分别出示这些图片。)

2. 集体讨论

T:现在正是夏天,正是夏姑娘想要舞蹈的季节,她也想邀请我们为她伴奏,夏天是怎么样的?

T:夏天里有什么特别的声音?(雷声、青蛙、雨声、知了等等)

T总结:夏天的池塘里小青蛙正在荷叶上呱呱呱呱的开着音乐会,池塘边的大树上知了在给小青蛙伴奏,突然天空亮闪闪,轰隆隆,闪电了打雷了,夏天的雷雨哗啦啦地下着,给我们带来了一丝凉爽。

T:用什么乐器为小青蛙配音?(请个别幼儿演示)小青蛙怎么唱歌?(引导幼儿创编节奏)

T:用什么乐器、什么节奏为知了、雷声、雨声配音呢?请你们等一会和朋友一起去动脑筋。

3. 分组讨论

T:现在我们分组配音,先选出四位组长,谁愿意做"夏天组"组长?哪些朋友愿意参加这组?

T:春天、秋天、冬天组的朋友想一想除了我们上次找到的特别的季节的声音,还有什么其他的能代表你们一组季节的声音,可以用什么乐器和节奏来伴奏。

(依次选出其他几组,分组选择乐器、讨论节奏。老师巡回指导,重点指导小溪组,同时观察发现别组新的创造和表现。)

4. 分享交流

T:我们请"夏天组"表演一下他们的作品。

(引发幼儿互动,猜猜乐器代表什么声音。)

T:再请××组也来表演一下,你们听听他们和上次有什么不同。

(选择有创新的小组,引导幼儿发现新的节奏或乐器。)

5. 集体表现:四季回旋曲

T:让我们唱着歌带着大家一起欣赏四季不同的景色。

(三)延伸

T:春夏秋冬除了有春风、雷声、树叶、雪花还有什么呢?可以还能用什么乐器和节奏为它们配音呢?找你的朋友商量一下,下次再用乐器告诉大家。

附:歌曲《四季歌》

儿童歌曲

```
5 5 4 | 3 3 1 | 2 3 4 2 | 3 4 5 |
春天 到   春风 吹   小鸟 枝头   喳喳 叫

5 5 4 | 3 3 1 | 2 3 4 2 | 1 3 1 |
夏天 到   闪电 了   轰隆 轰隆   雷声 起

2 3 4 | 3 4 5 | 2 3 4 4 | 3 4 5 |
秋天 到   树叶 飘   冬天 来了   白雪 飘

5 5 4 4 | 3 3 1 | 2 3 4 2 | 1 0 |
春夏 秋冬 是四季   四季 多美 好
```

操作提示

活动应该是承前启后的过程性活动,因此乐器操作过程可以分为几次活动完成,每次的侧重点不同,逐一解决难点。在为角色选择乐器时还是要把握"合适"的关键点,将角色特点和音色特点相联系,在集体合作时,引导幼儿听音乐、控制乐器、表现节奏,与同伴保持和谐。另外,可将乐器材料投放入区角游戏,引导幼儿尝试不同的乐器,进一步满足幼儿操作的兴趣。

小贴士

早期阶段有效教育,突出持续性共享思维

持续性共享思维是指两个或更多个体以一种智力性方式一起工作,阐明一个概念,评价互动,扩展一段叙述,表现一个动作等,所有参与者都必须能促进思考,使思考发展和延伸。它是一种信息交换式的教育,在这个过程中,老师相信幼儿的能力,推进支持幼儿的发展。

利用持续性共享思维使幼儿获得有效教育,支持他们自主学习主要注意以下几点:

(1) 认知结果与老师计划和引发关注的群体活动有关,也和成人、幼儿之间持续性共享思维的次数有关,共享思维次数越多,获得提升就越有效。

(2) 有效教育既是"教学"也是有指导性的学习环境和常规的生成和提供。

(3) 积极回应幼儿的个别需求,会评价幼儿的成就,保证为幼儿提供既具挑战又能达到的经验,也就是幼儿最近发展区。

例如,在活动"四季回旋曲"为夏天声音配器环节中,老师首先提出讨论的点——夏天有什么特别的声音,让幼儿自由想象,孩子们一方面在思考中调动已有经验,另一方面在听同伴讲述的过程中对自己的答案经验进行补充,在互动中幼儿的经验不断得到扩充和提升。

因此,好老师不仅可提供最佳的指导,还可提供最佳类型的互动和引导,不会支配幼儿的思维,而是激励他们思维更加活跃。

 小小建筑师

设计依据

在"城市的建筑"主题中,孩子们了解了周围建筑的外观,并逐步关注起房子的建造过程。老师便以此为契机,借助音乐手段创设自主探究的环境,使孩子们在音乐要素的浸润和支持下,表现能力获得进一步提高。游戏中老师以"节奏"作为主要切入口,引导孩子尝试使用肢体动作、打击乐器等手段创造性地表现建造房屋的热闹场景,激发幼儿做建筑师的愿望,同时也进一步培养幼儿的节奏感及同伴合作能力。整个活动孩子们围绕节奏,利用各种乐器在反复的共享思维互动中创造性地表达表现,最终获得全面能力的提升。

活动方案

一、活动目标

1. 尝试用打击乐器、创造性地表现建造房屋的情景,激发幼儿做小建筑师的愿望。

2. 在游戏中,进一步培养幼儿的节奏感以及相互之间的合作创编奏乐的能力。

二、活动准备

小乐器若干、中音琴、木琴。

三、活动过程

(一)复习歌曲《大家一起造房子》

T:曲水园到了,我们能帮建筑工人叔叔什么忙呢?让我们用歌声来唱一唱,学做小小建筑师。

(二)乐器游戏"建筑回旋曲"

1. 集体演唱

T:造房子的时候,因为要搬砖头,搅拌水泥,所以要用很多力气。我们一起来做拉拉队,为小小建筑师加油鼓劲。

2. 教师引导幼儿边做节奏动作,边演唱歌曲。

3. 请一名幼儿用木琴伴奏,教师插奏,其他幼儿边唱歌边做节奏动作。

4. 教师引导幼儿分组用乐器表现建造房子时的场景。

(例如:让幼儿分组讨论,在建造房子时会有哪些声音,选用什么乐器,运用什么节奏,并让他们尝试操作。)

5. 集体表现"建筑回旋曲"

操作提示

这个活动与"小蝌蚪找妈妈"、"四季回旋曲"有异曲同工之妙,两者表现形式相同,但选择的内容不同,前者是为故事角色配音,后两者是为生活中的声响配音,因此需要有相关的生活经验。在引导幼儿分组用乐器表现建造房子的场景时,老师通过引导孩子分组讨论,确定建造房子时会有哪些声音,选用什么乐器,运用什么节奏表现,然后进行集体展示,将小组探索结果汇总。

小贴士

借助音乐要素提高幼儿的表现能力

音乐是把乐音按一定的规律组织起来,给人以美感的听觉艺术。音乐的要素包括:旋律、节奏、音色等等。孩子在与音乐互动中,不仅积累了音乐经验和音乐素养,更促进了其思维能力、合作交往、自制力等非音乐素质的提高。

建构主义理论认为:在学习过程中,人脑并不是被动地学习和记录输入的信息,而是主动地建构对信息的解释,学习是建构内在的心理表征的过程,是以已有的经验为基础,通过与外界的相互作用来建构新的理解。因此,在音乐活动中幼儿同样不能被动接受训练,而应通过提取已有经验促进认知结构重组,提高表现能力。

下面将通过对"器乐集体探索活动——建筑回旋曲"的案例分析,阐述教师如何借助音乐要素引导幼儿将外界客观事物内化为其内部的认知结构;幼儿如何在音乐活动中发挥自主性,主动促进自我表现能力的提高,在音乐中快乐成长。

一、活动背景

在"城市的建筑"主题中,孩子们了解了周围建筑的外观,并逐步关注起房子的建造过程。老师便以此为契机，借助音乐手段创设自主探究的环境，使孩子们在音乐要素的浸润和支持下，表现能力获得进一步提高。游戏中老师以"节奏"作为主要切入口，引导孩子尝试使用肢体动作、打击乐器等手段创造性地表现建造房屋的热闹场景，激发幼儿做建筑师的愿望，同时也进一步培养幼儿的节奏感及同伴合作能力。整个活动孩子们围绕节奏，利用各种乐器在反复的共享思维互动中创造性地表达表现，最终获得全面能力的提升。

二、案例描述

活动有两个目标，通过三个环节落实。目标一：尝试用打击乐器、节奏、肢体动作创造性地表现建造房屋的情景，激发幼儿做小建筑师的愿望；目标二：在游戏中，进一步培养幼儿的节奏感以及相互之间的合作创编奏乐的能力。

第一环节：老师用为新建筑做宣传的形式进行了节奏卡农游戏，引导幼儿为新房子创编广告语，并分组有节奏的轮念。

第二环节：孩子们来到了建筑工地，帮助工人叔叔造高楼，根据音乐引导幼儿用不同的动作表现。

第三环节：引导幼儿分组用乐器表现建造房子的场景。孩子们通过分组讨论，确定建造房子时会有哪些声音，选用什么乐器，运用什么节奏表现，然后进行集体展示，将小组探索结果汇总。整个活动中孩子们的角色定位是"建筑师"，将建造房屋的情景运用乐器的方式表达表现，体验着合作的快乐。

三、案例分析

1. 自主的表现生活经验

建筑的建造过程对于幼儿是已有经验，在此基础上，老师引导幼儿选择各种乐器结合音乐要素将"建筑工地"上的声音加以表现。孩子们自由结伴组成小组，分别为自己小组选择一种"工种"，例如：敲钉子、挖泥、刷墙、搅拌车等等，借助乐器将这些造房子的动态转化为声音和节奏。孩子们联系自己对建筑工种的认知和理解，有的用小铃敲出四分节奏代表钉钉子的声音；有的用木琴刮奏出滑音代表在砖头上刷水泥的声音；还有的用双响筒和铃鼓同时配合奏出两分节奏代表铲水泥的声音。在孩子们相互合作下，一个热闹的建筑工地仿佛展现在眼前，这个建筑工地充满着音乐的美感。

由此可见，"艺术来源于生活而高于生活"，音乐每时每刻与我们的生活融为一体。这一活动中孩子们根据生活的真实感受表现出来的是朴实而又与众不同的"艺术"。老师要善于做有心人，提取幼儿已有生活经验，创设充满音乐元素的生活场景，为他们充分表达表现提供机会。

2. 个性化的表现音乐形象

由于每个人的生活经验、音乐体验各不相同，因此活动中孩子们根据自己对建造房屋的了解，选择音乐形象进行个性化的表现，同时相互分享创造成果，使他们的潜力发挥到极致，在自己的舞台上展现出惊人的实力。

在分组讨论及操作中，孩子们运用发散性的思维方式，在声响与建筑声音之间建立起一定的联接，结合已有音乐经验——各种节奏型，在与小组同伴的互动中不断产生思维的火花，例如：在讨论用什么节奏表示钉钉子时，有的孩子建议用十六分音符代表工人连续的钉钉子；有的孩子则建议用四分和八分音符交替，代表工人时快时慢的钉钉子，由此可见他

们每个人都有着属于自己的答案,这便是意大利教育家瑞杰欧所说的"孩子的一百种语言",是属于孩子自己的"音乐语言"。

整个过程孩子们自发参与,具有非常高的积极性。他们在自主操作状态下,与材料、同伴、老师不断发生互动,表现的潜能也更进一步的被激发出来。

3. 自信地表现积极情感

活动中孩子们的想象力被充分挖掘出来。集体分享交流时,老师请每个小组展示自己的创造成果,同时请有创意的孩子做了示范,并利用提问引发其他孩子的思考,例如:"猜猜木琴的刮音代表什么?",在此互动过程中,幼儿不仅与同伴分享经验获得新灵感,同时自信心获得进一步提高。

另外,在活动的最后环节,孩子们将自己的配器方案与旋律相配合,这对于孩子他们来说是更高的挑战,每个个体都需要集中精神耳听音乐、脑记节奏、手控乐器,小组配合达到统一。从他们集体演绎《建筑回旋曲》时脸上专注的表情及在操作结束后露出的笑容中,显现出他们成功的喜悦,自信再次得到提升,情感处在积极状态中。

由此可见,器乐探索活动——《建筑回旋曲》给我们的启发是:认知结构的形成并非单纯的习得,音乐活动也并非单纯的技能训练,教师要做的就是借助音乐元素这一工具,为孩子们创设充满音乐元素的环境,利用情景性、支架式的教学方法推进孩子表现能力的发展,使他们在音乐中"快乐探索,愉快成长"。

附:歌曲《大家一起造房子》

1 = C   2/4   曹冰洁词曲

3 3 3 3   2 2 | 1   — | 3 3 3 3   2 2 | 1   — |
弟弟妹妹   快快   来   我们一起   造房   子

3 3 3 3   2 2 | 1   — | 3 3 3 3   2 2 | 1   — ‖
嘿哟嘿哟   嘿哟   嘿   房子造得   真漂   亮

 五只鸭子

设计依据

新《纲要》提出:要让幼儿喜爱参加艺术活动,并能大胆地表现自己的情感和体验,强调创造性的表现。通过这个活动,让幼儿尝试在音乐的伴奏下进行即兴的表演,让幼儿在快乐的敲打中巩固了节奏,培养了幼儿的创造能力。通过交接鼓棒,培养了幼儿之间的合作能力。

活动方案

一、活动目标

1. 在会唱歌曲《五只鸭子》的基础上,尝试在五只鼓上自由随乐即兴敲奏。

2. 注意倾听音乐的间奏,及时传递鼓棒,体验合作完成即兴演奏的成功。

二、活动准备

1. 会唱歌曲《五只鸭子》。

2. 录音机、音乐磁带。

3. 打击乐器(大鼓一面、腰鼓四面)。

三、活动过程

(一)歌曲复习《五只鸭子》

T:鸭妈妈家发生了什么事？有几只小鸭？后来怎么样了？我们用歌声把小鸭子的事告诉大家。

(二)即兴击鼓

T:小鸭子能跟着妈妈回家真棒,让我们用鼓声来表扬他们吧,老师先来表扬一下。(老师在《五只鸭子》的旋律伴奏下演奏一遍,激发幼儿的兴趣)

T:谁也来试试？让每一面鼓都跳起来表扬小鸭子。(请一幼儿来跟音乐演奏一遍)

T:还有谁用不一样的节奏来夸夸小鸭？(请六名幼儿上台,每人演奏一段)

T:一个接一个表扬小鸭,怎么样连起来？

(老师指让幼儿鼓棒的交接问题,并让幼儿尝试想办法来解决。)

T:再请六名幼儿上来,每人演奏一段。

操作提示

此活动主要培养幼儿的乐感,活动过程中需要灵敏的耳朵、灵活的动作,因而老师鼓励幼儿大胆参与,在操作中获得体验、发展能力。幼儿如有紧张状态,双手握鼓棒就容易僵化,所以开始游戏时老师重点不是放在哪个敲得好,而是每个幼儿是否都敢于上来在五只鼓上敲击。

即兴击鼓时,幼儿敲的鼓点没有规定的模式,不同基础的幼儿会有不同的水平,能力弱的幼儿可能敲击乐由的节拍,中等能力的幼儿可能会敲击乐曲的旋律,能力强的幼儿可能创造性地发挥,老师都应给予充分的肯定,根据不同水平进行适时指导。教师、幼儿、同伴相互合作、迁移、启发,在欢乐宽松的气氛中完成任务,使幼儿产生"我能行"的感觉,增强自信,获得成功感。

小贴士

由"即兴击鼓"带来的思考

一、适宜的选材

好的音乐往往能引起共鸣、激发灵感。在即兴击鼓这个活动中,教师选取了一首符合主题教育内容以及幼儿年龄特点、心理特点的歌曲作为背景音乐,歌词朗朗上口,旋律活泼明快,使得这一素材一呈现就以其幽默诙谐的风格牢牢地抓住了幼儿的心。同时,歌曲《五只鸭子》中等速度又让幼儿"跳一跳"就能掌握歌曲,从而为幼儿即兴击鼓提供了条件。

二、融洽无间的互动

整个活动自始至终呈现高度的动态性、灵活性和开放性。

思考一：从孩子中来,回孩子中去

为了让幼儿更好地掌握歌曲,能随着音乐创造性地即兴击鼓,老师通过生动的表情,夸张有趣的手势让幼儿在一边笑一边想一边做中学习。音乐活动不是表演,不是灌输,而是

真正从孩子中来回孩子中去。这就需要老师在接受来自幼儿的反馈时,能根据幼儿的特点及时调整与应付。

思考二:在音乐活动中重过程评价,重幼儿自信、勇敢等非智力因素培养

活动任务是让幼儿即兴敲鼓,毋庸置疑这对于能力强的孩子很容易获得成功和满足而对于能力弱的孩子来说就有些困难,但如果老师调整好"心态",是可以让每个孩子都获得成功体验的。在活动中,当能力弱的孩子说"我不会"时,老师没有用"你能行"生硬的话去鼓励,而是对孩子说:"大家都不会,上去玩一玩,让每面鼓都跳起来表扬小鸭子";在孩子紧张地完成敲击后,老师又及时地带头为他鼓掌,老师没有去评价哪个孩子敲得好,而是哪个孩子敢敲。在这样的氛围中,孩子们觉得很有安全感,每个人都愿意尝试,并产生"我也能行"的自信。

思考三:及时抓住新异性,把孩子引向新一轮的学习,让孩子学会协调合作

歌曲共分六段,当六个孩子一组听音乐每人轮流敲击其中的一段时,大家发现了一个问题,即孩子手中的两根鼓棒如何才能及时地传给下一位朋友。老师没有直接给出解决方案,而是请幼儿自己想办法,如再找几根鼓棒、把鼓棒往后传等,面对孩子这么多方法,老师不急着定夺,而是让孩子自己试一试,把孩子引向新一轮的学习。老师没有代替幼儿解决问题,而是通过巧妙地创设问题情景,让幼儿自己思考、实践和解决问题。同时也让幼儿在新的合作中学习,学会协调与合作。这需要老师去聆听、观察、了解幼儿,并能接收到幼儿的反馈,及时做出调整。

思考四:原来我们的孩子那么聪明

四面腰鼓,一面大鼓,两根鼓棒,如此简单的乐器在老师和孩子的手中变得格外神奇,对于孩子的表现无法预估,除了鼓面还能敲击鼓边,孩子们创造了无法想象的奇迹。其实孩子们的潜力无限,关键需要老师捕捉、探寻及合适的引导。"用心追随孩子,用智慧记录孩子。"

老鼠嫁女

设计依据

老鼠嫁女是一个经典绘本故事,之前我们已经预设了两个音乐活动,一个是侧重歌曲表现的"音乐剧",另一个是侧重动作表现的音乐游戏"老鼠娶亲",这次我们进一步寻找音乐元素和故事的联系,尝试从乐器操作的角度对这个经典故事做更深入的挖掘,让幼儿感受多种音乐手段表现的多样性。

活动方案

一、活动目标

在初步熟悉乐曲的基础上,尝试为故事不同角色挑选乐器,创编节奏,体验乐器合奏的快乐。

二、活动准备

1. 熟悉故事《老鼠嫁女》,初步熟悉乐曲《新年新禧新气象》(可在区域活动中作为背景音乐播放),积累了一定的节奏型经验。

2. 各种乐器若干(大鼓、铃鼓、锣、叉、小铃、串铃、双响筒、沙球、三角铁、木琴等),录音机,CD。

三、活动流程

(一)儿歌导入——老鼠招亲

T:(出示老鼠嫁女书本封面)拍手有节奏地念书后的儿歌。

(引发幼儿对经验的回忆。)

(二)器乐创编《老鼠迎亲》

1. 欣赏乐曲

T:老鼠村里可热闹啦,老鼠乐队敲锣打鼓来迎亲!我们也去看看吧。

(听配上念白的音乐《新年新禧新气象》。)

T:一边敲锣打鼓一边说故事,故事里老鼠村长想把女儿嫁给哪些人?

(引导幼儿按顺序说出角色。)

2. 集体讨论配器

T:他们(太阳、云、风、墙)也敲锣打鼓唱着歌来庆贺了,他们请你们帮忙找一种小乐器代表他们。

(依次为这几个角色寻找相应乐器。)

T:哪种乐器代表太阳,为什么?用什么节奏为他伴奏?(引导幼儿创编节奏)

(例如:可为太阳选择叉和铃鼓,用长的节奏表示阳光普照。)

请一名能力较强的幼儿用乐器进行示范,并集体模仿。

T:太阳在音乐伴奏下出场了!

(引导幼儿根据音乐打节奏。)

T:伴奏几遍?

(引导幼儿发现一个四拍的节奏跟着音乐反复操作5遍。)

T:还可以为太阳选择什么乐器?

(鼓励幼儿选择不同乐器。)

请一名能力较强的幼儿重新选择乐器示范,并集体模仿。

3. 分组讨论

T:云、风、墙和小老鼠说他们出场的时候也要好听的音乐伴奏,也请你们帮忙选乐器设计不一样的节奏,等会我们分组和你的朋友一起为他们设计。

T:(出示角色图片作为确定位置的标签)太阳在这里,风儿在这里……每组不超过5个人,和你的朋友一起商量用什么乐器为你们选的东西伴奏。

T:商量好了吗?请太阳(太阳、云、风、墙、老鼠依次)拿乐器。

T:和你的朋友一起商量设计什么节奏。

(幼儿分组创编节奏,放背景音乐引导幼儿将设计的节奏合上音乐。)

4. 分角色演奏

T:婚礼正式开始了,来宾准备进场。

(引导幼儿分角色,表现刚才创编的节奏。)

（放音乐《新年新禧新气象》。）

T：（出示抛绣球的画面）婚礼最后新娘要抛绣球了，选什么乐器来配音？

抛完绣球我们参加婚礼的来宾一起祝贺新郎新娘！

（引导幼儿在最后集体用乐器欢呼。）

操作提示

故事中的角色较多，因此为角色配器过程可以放在几次活动中解决，每次活动集中解决一个角色，这样可以让幼儿比较深入地对乐器声响、节奏进行探索和创编。在为角色选择乐器时还是要把握"合适"的关键点，将角色特点和音色特点相联系。同样可将乐器材料投放入区角游戏，鼓励幼儿不断丰富角色节奏。

小贴士

幼儿在音乐活动中获得什么

在音乐活动中，幼儿不仅在音乐经验、认知经验方面有所发展，同时在非智力因素上也有所发展。

- 使用大小肌肉运动的机能。在律动中孩子的大肌肉得到舒展，乐器操作中孩子的小肌肉得到锻炼。

- 表达情感。通过不同的音乐题材，孩子的各种情感得到体验、抒发、表现，以上述乐器操作游戏"老鼠娶新娘"为例，孩子在操作中感受到娶亲的热闹、快乐，通过乐器将这种情感体验表现出来。

- 发展感知觉。在听辨、歌唱、韵律、乐器、欣赏不同形式的音乐活动中，孩子的手、眼、脑协调能力得到充分的发展，各个感官都被调动起来协同活动。

- 交流分享自己的观点。音乐活动也是分享交流的过程，例如：孩子们以小组为单位，围绕为一个角色选择乐器创编节奏时，每个人都说明自己的想法，在集体中得到统一的答案，既有分享又有交流。

- 集中注意力，扩展注意，兴趣范围越来越广。音乐活动是协同活动的过程，例如集体歌唱中孩子们需要倾听钢琴、同伴的声音，控制自己的声音与同伴保持一致，这就需要孩子们注意力高度集中。

- 智力活动和解决问题的能力得到增强。音乐活动同样是探索性的活动，在对音乐概念的探索中肯定会遇到各种问题，在遇到困难时，老师用支持的方式鼓励幼儿运用已有经验解决现有问题。

- 想象力和创造力。歌词仿编、节奏创编、动作自由表现、音乐欣赏每种音乐表现形式都和想象、创造紧密联系。

- 联系各种类型的行为。在音乐活动中不仅仅关注音乐认知，同样关注幼儿在活动中表现出的各种行为，当幼儿表现出的行为不合适时，老师则要引导幼儿认识到自己的问题并自我修正。

- 形成积极的自我概念。通过活动，孩子们获得了快乐的体验、成功的喜悦，自信油然而生。

附：节奏儿歌

一月	一	年初	一	一月	二	年初	二
年初	三	早上	床	今夜	老鼠	娶新	娘
大小	老鼠	来帮	忙	抬花	轿	搬嫁	妆
新郎	新娘	早拜	堂	早	拜	堂	

附：节奏配器乐谱

 拍手点头

1 = C 2/4

主旋律	6 6 6	5 6 i 7	6 6	6	6 i 6 5	3 6 5
碰铃	0	0	× ×	×	0	0
圆午板	0	0	0	0	0	0
三角铁	0	0	0	0	0	0
铃鼓	0	0	0	0	0	0

主旋律	3 3	3	5 3 2	1 2 3 5	2 2	2
碰铃	0	0	0	0	0	0
圆午板	× ×	×	0	0	0	0
三角铁	0	0	0	0	× ×	×
铃鼓	0	0	0	0	0	0

主旋律	5 3 2	1 3 2 1	6 6	6
碰铃	0	0	0	0
圆午板	0	0	0	0
三角铁	0	0	0	0
铃鼓	0	0	× ×	×

注：适合小班，第一遍分奏，第二遍齐奏

看星

1 = C 2/4

主旋律	1 2	3 4	5	5	6	i	5	—
碰铃	×	×	×	×	×	×	×	0
三角铁	×	×	×	×	×	×	×	0
圆午板	0	0	0	0	0	0	0	0
铃鼓	0	0	0	0	0	0	0	0
大鼓	0	0	0	0	0	0	0	0
钹	0	0	0	0	0	0	0	0

主旋律	6 6	6 6	5	i	3	2 1	2	—
碰铃	0	0	0	0	0	0	0	0
三角铁	0	0	0	0	0	0	0	0
圆午板	×	0	×	0	×	0	×	0
铃鼓	×	—	×	—	×	—	×	—
大鼓	×	0	×	0	×	0	×	0
钹	×	×	0	0	×	×	0	0

主旋律	1 2	3 4	5	5	6	i	5	—
碰铃	×	×	×	×	×	×	×	0
三角铁	×	×	×	×	×	×	×	0
圆午板	0	0	0	0	0	0	0	0
铃鼓	0	0	0	0	0	0	0	0
大鼓	0	0	0	0	0	0	0	0
钹	0	0	0	0	0	0	0	0

主旋律	6 6	6 6	5	i	3	2	1	—
碰铃	× ×	× ×	×	×	×	×	×	0
三角铁	× ×	× ×	×	×	×	×	×	0
圆午板	×	0	×	0	×	0	×	0
铃鼓	×	—	×	—	×	—	×	0
大鼓	×	0	×	0	×	0	×	0
钹	×	—	0	0	×	×	×	0

注：适合中班

🍀 小马车

1 = C　2/4　　　　　　　　　　　　　　　　　　　韩之云　词曲

主旋律	1 2　3 4	5 5　5	6 6　6 6	5　—
	我的　小小	马　车	叮铃　铃铃	响
串铃	× ×　× ×	× ×　× ×	× ×　× ×	× ×　× ×
双响筒	× ×　× ×	× ×　× ×	× ×　× ×	× ×　× ×

主旋律	4 4　4 4	2　—	5 5　5 5	3　—
	叮铃　铃铃	响	叮铃　铃铃	响
串铃	× ×　× ×	× ×　× ×	× ×　× ×	× ×　× ×
双响筒	× ×　× ×	× ×　× ×	× ×　× ×	× ×　× ×

主旋律	1 2　3 4	5 5　5	6 6　6 6	5　—
	我的　小小	马　车	叮铃　铃铃	响
串铃	× ×　× ×	× ×　× ×	× ×　× ×	× ×　× ×
双响筒	× ×　× ×	× ×　× ×	× ×　× ×	× ×　× ×

主旋律	4 4　2 2	5 5　3	2 2　3 2	1　—
	叮铃　铃铃	响	叮铃　铃铃	响
串铃	× ×　× ×	× ×　× ×	× ×　× ×	× ×　×
双响筒	× ×　× ×	× ×　× ×	× ×　× ×	× ×　×

注:适合中班

 娃哈哈

1 = F　2/4

主旋律	6̲ 3̲	3 3	4̲ 4̲ 6	3	2 2 2̲ 1̲	2̲ 2̲ 3	6̇
碰铃	×̲ 0̲	×̲ 0̲	×̲ ×̲	×	0	0	0	0
三角铁	0	0	0	0	0	0	0
圆午板	0	0	0	0	×̲ 0̲	×̲ 0̲	×̲ ×̲	×
铃鼓	0	0	0	0	0	0	0
大鼓	0	0	0	0	0	0	0
钹	0	0	0	0	0	0	0

主旋律	2̲ 2̲	2̲ 6̣̇ 7̣̇	1 1	1̲ 7̣̇ 6̣̇	7̣̇ 7̣̇	7̣̇2̣̇1̣̇7̣̇	6̣̇ 6̣̇	6̣̇
碰铃	0	0	0	0	0	0	0
三角铁	×̲ 0̲	×̲ 0̲	×̲ ×̲	×	0	0	0	0
圆午板	0	0	0	0	0	0	0
铃鼓	0	0	0	0	×̲ 0̲	×̲ 0̲	×̲ ×̲	×
大鼓	0	0	0	0	0	0	0
钹	0	0	0	0	0	0	0

主旋律	2̲ 2̲	2̲ 6̣̇ 7̣̇	1 1	1̲ 7̣̇ 6̣̇	7̣̇ 7̣̇	7̣̇2̣̇1̣̇7̣̇	6̣̇ 6̣̇	6̣̇
碰铃	×̲ 0̲	×̲ 0̲	×̲ ×̲	×	×̲ 0̲	×̲ 0̲	×̲ ×̲	×
三角铁	×̲ 0̲	×̲ 0̲	×̲ ×̲	×	×̲ 0̲	×̲ 0̲	×̲ ×̲	×
圆午板	×̲ 0̲	×̲ 0̲	×̲ ×̲	×	×̲ 0̲	×̲ 0̲	×̲ ×̲	×
铃鼓	×̲ 0̲	×̲ 0̲	×̲ ×̲	×	×̲ 0̲	×̲ 0̲	×̲ ×̲	×
大鼓	×	0	×	0	×	0	×̲ ×̲	×
钹	×	0	×	0	×	0	×̲ ×̲	×

注：适合中班

洋娃娃和小熊跳舞

1 = C　2/4　　　　　　　　　　　　　　　　　　　　　　韩之云　编配

主旋律	1 2	3 4	5 5	5 4 3	4 4	4 3 2	1 3	5
小铃	C ×	0 ×	0 ×	0 ×	0 ×	0 ×	0 ×	×
木鱼	C	0	0	0	0	0	0	0
沙球	C	0	0	0	0	0	0	0
铃鼓	C	0	0	0	0	0	0	0

主旋律	1 2	3 4	5 5	5 4 3	4 4	4 3 2	1 3	1
小铃	0	0	0	0	0	0	0	0
木鱼	0 ×	0 ×	0 ×	0 ×	0 ×	0 ×	0 ×	×
沙球	0	0	0	0	0	0	0	0
铃鼓	0	0	0	0	0	0	0	0

主旋律	6 6	6 5 4	5 5	5 4 3	4 4	4 3 2	1 3	5
小铃	0	0	0	0	0	0	0	0
木鱼	0	0	0	0	0	0	0	0
沙球	0 ×	0 ×	0 ×	0 ×	0 ×	0 ×	0 ×	×
铃鼓	0	0	0	0	0	0	0	0

主旋律	6 6	6 5 4	5 5	5 4 3	4 4	4 3 2	1 3	1
小铃	0	0	0	0	0	0	0	0
木鱼	0	0	0	0	0	0	0	0
沙球	0	0	0	0	0	0	0	0
铃鼓	0 ×	0 ×	0 ×	0 ×	0 ×	0 ×	0 ×	×

注:适合大班

老师也可自己开动脑筋自编节奏,使用其他乐器

 **小燕子**

1 = C   3/4

主旋律	5	6	3	5	—	—	1̇	6	6	5	—	—
碰铃	0	×	×	0	×	×	0	×	×	0	×	×
沙球	0	×	×	0	×	×	0	×	×	0	×	×
大鼓	×	0	0	×	0	0	×	0	0	×	0	0

主旋律	5	6	1̇	6	—	—	5	3	2	1	—	—
碰铃	0	×	×	0	×	×	0	×	×	0	×	×
沙球	0	×	×	0	×	×	0	×	×	0	×	×
大鼓	×	0	0	×	0	0	×	0	0	×	0	0

主旋律	3̲5̲	5	5	6̲1̲̇	1̇	1̇	6̲1̲̇	6	5	3̲3̲	2	—
碰铃	0	0	0	0	0	0	0	0	0	0	0	0
沙球	0	×̲×̲	×	0	×̲×̲	×	0	×̲×̲	×	0	×̲×̲	×
大鼓	0	0	0	0	0	0	0	0	0	0	0	0

主旋律	3̲5̲	5	5	6̲1̲̇	1̇	1̇	1̲2̲	3	5	2̲2̲	1	—
碰铃	0	0	0	0	0	0	0	0	0	0	0	0
沙球	0	×̲×̲	×	0	×̲×̲	×	0	×̲×̲	×	0	×̲×̲	×
大鼓	0	0	0	0	0	0	0	0	0	0	0	0

主旋律	5	6	3	5	—	—	1̇	6	6	5	—	—
碰铃	0	×	×	0	×	×	0	×	×	0	×	×
沙球	×	×	×	×	×	×	×	×	×	×	×	×
大鼓	×	0	0	×	0	0	×	0	0	×	0	0

主旋律	5	6	1̇	6	—	—	6	5	6	1̇	—	—
碰铃	0	×	×	0	×	×	0	×	×	0	×	×
沙球	×	×	×	×	×	×	×	×	×	×	×	×
大鼓	×	0	0	×	0	0	×	0	0	×	0	0

注：适合大班

阶段研讨

音乐活动设计及操作中应注意的问题

一、音乐活动设计注意点

（一）通过活动促进幼儿全面和谐发展

老师通过音乐活动，使幼儿的生理、心理、行为、知识、社会情绪各方面得到和谐、平衡的发展，因此老师引导幼儿掌握音乐经验的同时，更应注意幼儿的能力、个性、素质的培养及人格的建构。

老师应十分重视通过音乐活动促进幼儿有阶段性的发展，应使幼儿在本阶段充分发展的基础上，自然向下一阶段过渡。教学递进的速度应照顾各种不同发展水平的幼儿，使每个幼儿都能走进音乐活动，参与到活动中去。如在音乐活动中，老师可先引导幼儿探索听辨生活中各种长短不一的声音，再让幼儿通过感知、模仿、操作音乐节奏，然后再启发幼儿做节奏火车游戏，调动创造性，激发幼儿在模仿节奏基础上进行创编。每个阶段经历的时间不是教师决定的，而在师生双向作用过程中，根据幼儿发展水平决定的。

（二）创设环境，提供材料，指导幼儿

老师应重视创设环境，利用环境，提供充分材料，促使幼儿通过音乐活动及延伸活动得以发展。教师要起到以下作用：

第一，教师能为幼儿创设良好的教学环境，能充分利用环境，促使幼儿主动活动，发掘幼儿内在潜能。如教师为幼儿提供音乐操作材料，如各种乐器、木琴、铝板琴等，不但要注意种类的配备，更应注意数量到位，使幼儿人人有机会摆弄操作。如音块操作，可以一人敲奏一只琴，也可发展到一人一个音块，合作敲奏歌曲《小星星》，轮到哪个音就由哪个幼儿敲。幼儿积极参与游戏，通过操作尝试发展其各方面的能力，如注意力、听辨力、记忆力、动作协调能力、思维反应能力、合作能力等。教师特别要重视在区角活动中，引导幼儿与所提供的材料发生作用，真正做到让幼儿按自己的方式与发展速度得以提高，从知识转化为能力。如让幼儿通过无数次的摆弄敲奏音块，内化对音高、节奏的认识，提高幼儿对音高、节奏的听辨能力、创编能力及动作协调能力。

第二，教师应引导幼儿如何与周围环境发生交互作用。周围的环境是指自然环境、人工环境、人际环境、文化环境等，要使幼儿在与这些环境互动过程中获得发展。如教师应引导幼儿在观察一年四季季节变化中，感受大自然的美，并在了解四季变化的基础上，用音乐艺术来表现，学唱歌曲《春天》，创编乐曲《变化的天气》、《夏天的雷雨》，用身体动作表现"秋天的落叶"、"雪花飘飘"等。又如在爱祖国主题中，进行"逛逛城隍庙"活动，老师引导幼儿观察城隍庙的景观、品尝土特产，在幼儿充分感知的基础上，引导幼儿用体态动作表现——看城隍庙；用节奏语言创编——说城隍庙的见闻；最后在学唱歌曲基础上改编歌词——唱城隍庙，使幼儿通过音乐活动充分感知、体验、表现、创造培养幼儿爱祖国的情感。又如教师在组织幼儿进行全班乐队演奏过程中，使幼儿在实践中学会相互合作、配合、协调，使之从他律性逐渐转化为自制性，即使是顽皮幼儿也能在"玩"乐器过程中控制自己行为，使乐队获得演奏成功。

（三）通过活动，促使幼儿逐渐实现主动性的发挥

教师应预设一系列有序的、不断递进的音乐教学活动内容，促使幼儿学习能力的提高，使他们从模仿、探索、迁移到创造，从跟学、愿学、会学到乐学（主动学）。要真正促进幼儿主动性发挥，应注意以下几点：

1. 活动设计内容有序

活动之间相互连接并具有整体性，其实活动设计就是不同音乐游戏的组合，组合时一定要考虑幼儿发展水平，教育目标要与教育内容相对应，内容有结构，是小步递进的台阶式，构成现实的外在结构与幼儿的内在结构相切合。这样才能使幼儿通过自己的努力达到目标，主动性只有在教师创设的"最近发展区"内才能得以实现。

2. 活动类型选择合理

一是教师主导活动。有些教学内容多为幼儿不能自发习得的，所以需要老师在先导入，幼儿在后活动，即老师可通过发问引导幼儿经历感知事物、形成概念、巩固知识、运用知识的全过程。如在引导幼儿认识力度强弱的探索中，教师先创设环境引导幼儿听击鼓声、辨析两次鼓声的不同，并尝试自己操作。然后引导幼儿寻找到声音有强弱区别，并激励幼儿到生活中寻找强弱声音，接着就唱歌曲《回声》，发展到幼儿创编《有趣的回声》，最后引导幼儿听乐曲中的强拍拍手、滑步。用身体动作来表现音乐中的强拍，这类活动虽有共同的目标、内容、进程，但在很多方式、认知策略上、难易程度上，老师应做到四个允许：允许幼儿有限度地选择；允许幼儿围绕学习主题从多角度进行思考和回答；允许幼儿采用实现自己认知策略的方法去主动创造和学习；允许每个幼儿按自己的步调行动，使每个幼儿都能在自己的认知水平、操作水平上进行学习，按自己的速度进行学习，幼儿会建立自信，获得成功，逐步从"要我学"到"我要学"。

二是师生共同设计的活动——师生互动。老师根据音乐教学目标，提出活动任务（教育课题）、具体的学习内容（活动主题）、活动方式，由幼儿集体协商做出决定，并在教师启发下，幼儿自己动手布置情景，准备材料，确定程序，开展活动。如乐曲创编活动时，老师只是对幼儿提出任务，我们一起想办法把春游的事用乐器演奏出来；又如在欣赏乐曲《水族馆》过程中，场景布置全部由幼儿承担，在幼儿欣赏乐曲对其有一定的理解感受后，发挥想象，布置小草、鱼儿等，然后自己扮演各种水生生物，随音乐自由表现。在此过程中，老师也应参加表现，共同游戏。

三是幼儿自选活动。幼儿在前，教师在后，由教师根据教学目的、幼儿的学习能力、教学内容的特点，选择准备各种材料，提出学习任务。幼儿区角活动、分组活动中，其选用什么乐器、材料、如何操作，全由幼儿自己决定，由他们完成对物体或经验的适应。幼儿必定会经过探究（是什么）、操作（试探性摆弄）、实践（大胆运用）、重复（熟练性操作）的全过程。教师只是在幼儿需要时才支持他们。如幼儿操作音块敲奏熟悉的歌曲时总是敲错，教师这时才可帮助他寻找操作中出现的问题。或是当幼儿停滞某个阶段不能前进时，教师可通过启发性提问，引起幼儿思索，帮助他完成学习动作。

二、音乐活动操作中应注意的问题

（一）树立正确观念，全方位引导幼儿

整个音乐活动，虽然不强求老师有超高的技能或完美的艺术修养，但对老师的整体素质要求很高,特别要求老师树立正确的教育观、儿童观、发展观、整体观。要相信每个幼儿都有潜能和不同天赋,老师为幼儿充分搭建舞台,让各种不同层次的幼儿尽情舒展自己的潜能,发展自己的天赋。

(二)关注差异,鼓励创造

在音乐活动操作过程中,老师要以极大热忱关心、鼓励、重视不同幼儿的不同发展需要,采用不同要求和不同指导方式,尤其要重视幼儿大胆、自由、创新与自我认可的心理品质,使之潜移默化地形成一种创造性状态,并把这种状态放射到整个生活中。

(三)循循善诱

幼儿操作时,老师用启发性提问辅助幼儿操作,以鼓励幼儿积极思维,不要把自己的观点强加或暗示给幼儿,以造成"似懂"的假象。幼儿在操作中暂时没发现什么,老师不应着急失望,更不能让别人代替,给幼儿充分的时间,让他们"试一试"、"想一想"、"问一问",在此基础上根据实际情况适当点拨,使幼儿感到我也能行,从而增强自信心。

(四)创设自由探索的氛围

活动中老师创设条件让幼儿在操作中自言自语,或小组讨论评论。由于伙伴水平相近,讨论更容易碰撞出新的火花,而且语言伴随操作,更能调动幼儿的多种感官积极参与活动,使每个幼儿在不同水准上得到整体发展和提高。

(五)遵循规律,创造性选择材料

音乐活动中的系列框架有一定规律,基本不变。如音高由 sol、mi、la 逐渐扩展到五声音阶;节奏由二分、四分、八分、十六分节奏逐渐发展到复合节奏。但其内容可根据各班各阶段主题自有变动。如教师可用 sol、mi、la 三个音编唱爱妈妈的歌曲,用复合节奏编唱自己需要的内容。这样可使材料更好地为我所用,使音乐活动内容的生命力更旺盛。

五、欣赏活动

欣赏活动综述

一、指导思想

让幼儿从小喜爱听赏音乐,会静静地听、认真地想,并能在欣赏过程中想象作品的音乐形象,在欣赏的基础上能运用语言表达,用笔绘画,用身体动作将音乐自由地表现出来。鼓励幼儿在听、想、讲、画、跳的过程中有自己的独特见解,真正感受理解音乐。引导幼儿用自己的童龄妙语、童龄妙画、童龄妙舞来展示其对音乐的想象。儿童是一个整体,发展也是一个整体,他们在实践中获得经验也是一个整体,因此在欣赏活动中可以引导幼儿将音乐经验与其他文学经验、绘画经验结合起来,使这些经验相互影响,使音乐欣赏的目标涉及智力(音乐与创造性思维)、情感(音乐情感、社会性情感)、个性(自信心、自我认知能力、独立性、自我调控能力等)、社会性(守纪律、责任感、合作交往意识及能力、公平竞争意识及能力)。

二、总目标

在音乐欣赏活动中,初步萌发幼儿审美情趣;引导幼儿乐意参与听赏活动并感到快乐;能听赏各种不同性质的音乐,发展幼儿感受、理解音乐的能力;引导幼儿通过自己的理解、想象,创造性地运用各种形式对音乐加以充分表现,培养其感受美、表现美、创造美的能力,以及对音乐的探索、参与意识;推进幼儿全面素质的提高。

三、具体指导目标

第一阶段:

在音乐欣赏活动中培养幼儿爱听、爱想、爱动、爱说的能力,能初步区分不同性质的音乐并想象简单的音乐形象。

爱听——有兴趣地听声响、音响、歌曲、乐曲,培养幼儿的注意力和听辨能力。

爱想——对听赏内容进行简单的思维、想象,培养幼儿的记忆力、思维力和想象力。

爱动——在欣赏音乐过程中敢于用身体动作及简单的图画表现音乐,发展幼儿运动觉,培养幼儿的自信心。

爱说——在欣赏音乐活动中能用完整的语句表达自己对音乐的感受,培养幼儿的创造思维力及口语表达能力,初步获得美感和成功感。

第二阶段:

在音乐欣赏活动中培养幼儿会听、会想、会动、会说的能力,能区分各种不同性质、结构的音乐,并能运用多种形式对音乐形象加以充分的表现。

会听——乐意参加音乐欣赏活动,能安静关注地听音乐,进一步培养幼儿的注意力及听辨能力。

会想——会欣赏各种音乐进行思维想象,并有自己的独立见解,培养幼儿的想象力和创造思维能力。

会动——会根据不同音乐形象,用身体动作、图画、打击乐等形式把想象的内容表达出来,培养幼儿大胆自信地表现自己的感受,发展操作能力、运动感觉及合作能力。

会说——会根据不同的乐曲,创造性的运用语言(完整、连贯的语句)表达自己的感受,培养幼儿口语表达能力及创造力。

四、活动指导

(一)创设环境给予幼儿各种听赏音乐的经验

(1)欣赏优美的歌声。

(2)听赏各种磁带、CD中适合幼儿的音乐。

(3)通过图画、录像、谈话更好地欣赏音乐。

(4)愉快地参与演奏。

(二)选择适合幼儿年龄的各种音乐欣赏材料

(1)使幼儿感到快乐的舞曲。

(2)安静的摇篮曲。

(3)优美的抒情曲。

(4)活泼精神的进行曲。

(三)运用各种形式鼓励幼儿表现对音乐的感受

要让幼儿有尽可能多的机会参与音乐欣赏过程,在老师的引导下进行创造性活动。

(1)通过幼儿听、看、想、动、说的多维度操作活动,发展其听觉、视觉、运动觉、言语觉等统感能力。

(2)运用文学、音乐、美术、体态动作等多种手段,进行各学科综合的渗透性教育。

(四)指导方法

(1)听辨辨析法,注重引导启发幼儿运用耳朵亲自听辨音乐作品,辨析其速度、力度、音色及曲式结构等,在已有的音乐积累中寻找作品的音乐形象。

(2)统感参与法,引发幼儿在运用多种感官参与欣赏的过程中(听觉欣赏、视觉"图谱、图片感受"、运动觉"动作表现"、言语觉"语言表述"),通过听听、看看、想想、动动亲自获得音乐的体验。

(3)综合创作法,运用文学、音乐、美术、体育、动作等多学科整合的手段,激励幼儿充分表达自己对音乐的感受。

(五)欣赏活动的程序

(1)导入,即通过儿歌、故事引出欣赏的主题。

(2)引导幼儿仔细听赏音乐作品。

(3)运用辅助材料帮助幼儿感受理解音乐作品(图片、语言、舞蹈等)。

(4)幼儿参与创编,在已有音乐经验基础上,创造性地运用语言、动作、图画等形式,充分表现自己对音乐作品的感受和理解。

五、活动内容

(一)小班

(1)听懂简单儿童歌曲内容。

（2）听简单的音乐故事，区别明显音乐形象，体现音乐的开始和结束。

（3）参与简单音乐故事的表演。

（二）中班

（1）听不同性质的音乐（舞曲、进行曲、摇篮曲）。

（2）辨认熟悉的旋律，并知道接触过的曲调名称。

（3）发现音乐主题（音乐形象、性质）。

（4）简单讲述自己听音乐的感受。

（5）简单绘画听音乐后的想象。

（6）用简单的身体动作表达听音乐的想象。

（7）听音乐找画面（集体听音乐，看找各种画面）。

（8）看画面，选音乐（人手一幅画，各不相同，听了音乐后配上画面）。

（9）听赏回旋曲，寻找重复的音乐。

（三）大班

（1）听赏各种不同风格的音乐、名曲、优秀儿童歌曲、古典音乐等。

（2）辨认出更多熟悉的旋律，并能说出曲调、乐曲名称。

（3）发现音乐主题（围绕主题想象）。

（4）听赏乐曲，即兴讲述。

（5）听赏乐曲，即兴绘画。

（6）听赏乐曲，即兴用身体动作表现。

（7）听到生活中的音乐即兴表现。

（8）听各种不同音乐进行比较。

（9）听赏三段体乐曲。

六、活动评价

（1）是否喜欢听赏音乐：是否能集中注意力听音乐，能否在家有兴趣听音乐。

（2）能否对音乐自由反应：是否能听到音乐后做出各种姿势。

（3）能否用图画、语言表达对音乐的理解。

（4）能否区分不同性质的音乐（安静的、快乐的等）。

（5）能否有静听音乐的习惯，能否不为周围事物分散注意力，能否不受他人干扰静听音乐。

七、欣赏活动目标阶梯

感受不同性质的音乐——简单讲述对音乐的感受——寻找旋律中相同的音乐（回旋曲）——用多种方式表现音乐主题（歌声、动作、画面、木偶表演等）——感受音乐结构——围绕主题想象（动作、绘画等方式表现）——即兴配乐朗诵——听赏不同风格的乐曲。

欣赏活动素材与主题、音乐元素的联系

1. 小鸟捉虫

主题：可爱的动物。

音乐元素建构:感受不同性质的音乐,动作表现。

2. **秋叶飘飘**

主题:秋天来了。

音乐元素建构:用动作表现音乐。

3. **可爱的兔子**

主题:可爱的动物。

音乐元素建构:寻找旋律中相同主题,用身体动作及图画表现音乐的重复。

4. **老乌鸦**

主题:三八妇女节。

音乐元素建构:寻找音乐中装饰音,创编动作表现。

5. **小小巡逻兵**

主题:周围的人。

音乐元素建构:感受不同音区音色,用动作表现。

6. **彼得与狼**

主题:春天来了。

音乐元素建构:感受不同乐器的音色,理解乐曲情节,尝试用木偶表演。

7. **瑶族舞曲**

主题:我是中国人。

音乐元素建构:感受乐曲结构,找出乐曲节奏型。

8. **赛马**

主题:我是中国人。

音乐元素建构:感受民族风格的音乐,尝试用语言动作等表现对乐曲的理解。

9. **采茶扑蝶**

主题:我是中国人。

音乐元素建构:感受民族风格的音乐,大胆创编舞蹈动作表现乐曲。

10. **美丽的春天**

主题:春夏秋冬。

音乐元素建构:即兴配乐朗诵。

11. **小鸭的舞**

主题:春夏秋冬。

音乐元素建构:感受音乐,想象角色情景。

12. **天鹅**

主题:春夏秋冬。

音乐元素建构:感受不同音色,用语言、动作及图画的形式表现乐曲。

13. **舒伯特摇篮曲**

主题:春夏秋冬。

音乐元素建构:感受摇篮曲安静优美的风格,想象音乐的内容。

欣赏活动素材

 小鸟捉虫

■ **设计依据**

在可爱的动物主题活动中,幼儿积累了许多有关小动物的经验,其中鸟和人类的关系十分密切,它是和平的象征、人类的朋友和环保使者。因此,在孩子已有生活经验的基础上通过音乐欣赏、动作表现小鸟捉虫的故事,进一步萌发幼儿爱护动物的情感。

■ **活动方案**

一、活动目标

理解乐曲基本结构,根据音乐想象小鸟活动的音乐形象,尝试大胆用动作表现。

二、活动准备

1. 小鸟飞、捉虫的PPT。

2. 音乐CD。

3. 小鸟头饰若干。

三、活动过程

(一)小鸟飞

T:清晨小鸟醒来了,跟着妈妈飞到树林里去。

(老师扮演鸟妈妈,引导幼儿听3拍的音乐,模仿小鸟飞的动作。)

(二)小鸟捉虫

1. 完整欣赏

T:小鸟飞累了休息一下,鸟妈妈请小鸟听一段音乐,听听想想音乐里的小鸟可能在干什么。

(完整欣赏音乐,鼓励幼儿想象音乐的情景,尝试用语言表达。)

2. 再次完整欣赏

T:音乐里的小鸟在告诉我们她做了三件事,捉虫、自由飞翔、高高兴兴飞回家,你们听听哪段音乐代表哪件事?(再次完整欣赏)

3. 分段欣赏

(1)听赏第一段(自由飞翔)

T:这段音乐小鸟在干什么?(出示相应图片)

(2)听赏第二段(小鸟捉虫)

T:这段音乐有变化吗?小鸟在什么地方干什么?(出示相应图片)

T:小鸟怎么捉虫的?(引导幼儿创编小鸟捉虫的动作)

T:我们和小鸟一起去捉虫(幼儿跟着音乐动作表现)。

(3)听赏第三段(小鸟高兴地回家)

T:小鸟学到捉虫本领后发生什么事?(出示相应图片)

（4）完整欣赏

再次完整欣赏，老师配合音乐解说。

4. 动作表现

T：我们听了乐曲，里面的小鸟在干什么？我们跟它一起去捉虫吧。

（鼓励幼儿带上头饰，用动作表现三段音乐。）

操作提示

老师可赋予音乐游戏的情景，在分段欣赏后配合音乐用语言对音乐进行描述，一方面对分段欣赏时的零散想象做一个梳理和总结，另一方面为幼儿将音乐转化为动作表现提供具体的情景。例如：春天到了，树叶发芽了，花儿开放了，小鸟放声歌唱，歌唱春天多美呀，唱着唱着飞出了鸟窝。小鸟想：它要学习捉虫的本领，它在地上轻轻地跳着找着，哟，找到了一条虫子。小鸟学会了捉虫的本领，它要赶快回去告诉妈妈。小鸟张开翅膀飞回自己的鸟窝去了。

在鼓励幼儿根据音乐进行动作表现时，老师要做个有心人，及时发现幼儿创编的好的和别人不同的动作，将这些动作在集体面前展示，与同伴分享，引发不断创新的思维火花。同时，老师对幼儿的动作要做适当的提升，引导幼儿配合节奏，注意方向，让动作来自幼儿、返回幼儿。

小贴士

什么是幼儿音乐欣赏活动

音乐欣赏能让幼儿从小喜爱听赏音乐，静静地听，认真地想，在欣赏过程中想象作品的音乐形象，在想象的基础上运用语言表达、用绘画和身体动作将音乐自由表现，在此过程中展现自己独特的见解，真正感受理解音乐。引导幼儿用自己的童龄妙音、童龄妙语、童龄妙画、童龄妙舞展示其对音乐的想象。在欣赏活动中，可引导幼儿将音乐经验与其他文学经验、绘画经验结合，使这些经验相互影响，使音乐欣赏的目标涉及智力（音乐与创造性思维）、情感（音乐情感、社会情感）、个性（规则意识、责任、合作交往等）。

小年龄幼儿的音乐欣赏活动不强调安静地、呆呆地坐着，被动地听，要注重创设一定的游戏情境，通过幼儿的动作参与，全身心地投入音乐想象，从而热爱音乐，理解音乐。音乐欣赏活动的任务是引起幼儿对音乐的兴趣和爱好，培养音乐理解能力，使其有机会稍稍了解声音的世界，逐步把幼儿引入音乐，给其介绍音乐。应当让幼儿听多少东西？听什么材料？以什么方式听？是教师重点要考虑的，当然要选形象鲜明的音乐，让幼儿把音乐和周围的世界联系在一起，使音乐合乎兴趣，明白易懂。

附：乐曲《小鸟捉虫》

A 段

| 5 | — | 1 | 3 | — | 6 | 5 | — | — | 5 | — | — | 3 | — | 4 | 3 | — | 2 | 3 | — | — | 3 | — | — |

| 5 | — | 1 | 3 | — | 6 | 5 | — | — | 5 | — | — | 3 | — | 4 | 3 | — | 2 | 1 | — | — | 1 | — | — |

B 段

A 段

```
5 — 1 | 3 — 6 | 5 — — | 5 — — | 3 — 4 | 3 — 2 | 3 — — | 3 — — |
5 — 1 | 3 — 6 | 5 — — | 5 — — | 3 — 4 | 3 — 2 | 1 — — | 1 — — |
```

 ## 秋叶飘飘

设计依据

秋天来了,树叶变黄了,秋风一吹,一片片叶子从树上落下来的情景就像一只只蝴蝶飘落。秋游时,孩子们追逐飘舞的树叶,把拣到的落叶握在手中左看右看,舍不得扔掉,对落叶如此感兴趣,于是结合幼儿的生活经验,以音乐的方式表现落叶主题,鼓励幼儿尝试探索、大胆想象和表现,并有初步创新的意识。

活动方案

一、活动目标

通过倾听、图谱等方式感受不同风格的三段体音乐,并尝试用动作表现小树叶飞舞的情景,体验秋天的美。

二、活动准备

1. 音乐 CD。

2. 有关于秋天的初步经验。

3. 小树叶胸饰、小书包、帽子等道具。

4. 铅画纸、记号笔、树叶和小脚的符号。

三、活动过程

(一)初步欣赏

1. 完整听赏音乐

T:秋天到了,小树叶马上要离开妈妈的怀抱,你们听听小树叶会发生什么事?

2. 讨论音乐情景

T:你听到了什么? 看到了什么?(鼓励幼儿想象音乐内容)

T 总结:秋天树叶从空中飘落,小朋友背着书包戴着帽子在树林里走走。

3. 再次完整欣赏

T:听听哪里是小朋友走? 哪里是树叶飘?

(引导幼儿发现活泼和柔和的不同乐段的不同感受,鼓励幼儿在座位上创编简单动作,如拍腿表示小朋友走路,晃手表示树叶飘。)

(二)图谱表现

分析图谱

T:我们把小朋友捡小树叶的故事画下来,看看什么地方表示小朋友走,什么地方表示树叶飘。

(老师听音乐画图谱,引导幼儿将脚、树叶的符号贴在相应段落符号前。)

（三）动作表现

1. 初步动作表现

T：我们听着音乐大森林看树叶飘飘的美景，当小树叶飘的时候，我们和树叶一起跳舞。树叶怎么跳舞？（引导幼儿创编树叶跳舞的动作）

2. 分角色动作表现

T：谁愿意做小朋友，其他朋友都是小树叶，小树叶在什么时候跳舞？

（道具装扮进一步跟音乐动作表现，引导幼儿明确角色，根据音乐提示动作。）

操作提示

老师通过创设情景为幼儿提供一个想象的方向，利用不同的方式（听音乐、看图谱、动作表现）逐步引导幼儿探索音乐的不同风格及不同的动作表现方式。在此过程中，音乐情景和故事情景配对是基础，因此老师要充分提供幼儿听的机会，鼓励他们通过自己的探索进行想象。

在集体尝试为小树叶飘创编动作的过程中，老师可以从集体创编、个别提升、再次集体表现，在反复的思维共享中，不断扩展幼儿的动作。

在分角色表现环节中，老师可根据孩子的实际情况决定是否在一个活动中进行。另外，可从一个幼儿扮演小朋友逐渐发展到一半幼儿扮演小朋友，但老师需要强调游戏的规则——根据音乐的变化，用动作表现出树叶飘落及停顿的情景。

小贴士

达尔克罗兹动态律动体系在音乐教育中的运用

达尔克罗兹的"体态律动"体系主要以即兴创作为标志。他把节奏作为教育中的一种特殊力量，把人体的运动看作是节奏的外在表现，从音乐入手，先让学生去聆听音乐，引导学生通过身体运动去接触音乐的各个要素，特别强调即兴创作是基础音乐教育中必不可少的因素。

达尔克罗兹教育体系中主要有三方面的课程内容，即合乐动作、即兴表演和视唱练耳。在实践活动中是交融在一起的，即听音乐，创造性的即兴用动作表现对听到音乐的感受。

我们可将这一理念运用到幼儿音乐教学活动中，特别是在音乐欣赏活动中可充分地引导幼儿在听赏体验音乐的基础上，运用肢体创造性地表现自己对音乐的理解。例如：在上述活动"秋叶飘飘"中，幼儿就通过倾听、图谱等方式感受不同风格的三段体音乐，并尝试用动作表现小树叶飞舞的情景，体验秋天的美。孩子们有的用旋转身体代表秋叶被秋风吹落到地上，有的用甩手表示树叶在秋风中摇摆，他们将看到的秋叶飘的生活经验在音乐的衬托下转化为动作表现。每个孩子表现的都是不同的秋叶飘飘的状态，因此这不是单纯的技术练习，也不是脱离音响的理论知识和规律的传授，而是建立在对音乐感受及情感体验基础上的表达。

 可爱的兔子

设计依据

喜欢小动物是幼儿的天性,幼儿园饲养的小兔深深地吸引了孩子们的注意力,孩子们经常模仿小兔蹦蹦跳跳的动作以及小兔吃东西的样子。根据主题和幼儿兴趣,预设了该律动活动,让幼儿在音乐伴奏下进行动物模仿活动,自主探索重复出现的旋律,感受乐趣,同时结合游戏进一步表达对小兔的喜爱。

活动方案

一、活动目标

1. 初步欣赏音乐,寻找重复出现的旋律,尝试用身体动作及图画表现音乐的重复。

2. 通过小兔的韵律模仿游戏,体验音乐律动的快乐,增进对小兔喜爱的情感。

二、活动准备

1. 对小兔的习性有一定的认知经验。

2. 音乐。

3. 蜡笔、纸。

三、活动过程

(一)森林音乐会

1. 初步欣赏

T:森林里开音乐会,请你们听听这个乐曲有什么感觉,有什么特别的地方。

(引导幼儿完整欣赏音乐,说说听到音乐的感受,如快的、跳跃等。)

2. 再次欣赏

T:听听这首曲子有什么特别的地方。

(引导幼儿再次欣赏,发现有重复的音乐。)

3. 动作表现重复音乐

T:森林乐队的指挥说这首曲子有重复的地方,请你们在重复的地方设计一个跳舞的动作为他们伴舞。

(引导幼儿用动作表现重复音乐,例如:听到重复旋律就拍手表示。)

4. 图画表现重复音乐

T:森林乐队想找人代替他们的指挥,谁能把音乐画出来就找他做指挥,一样的音乐用一样的符号表示,不一样的地方设计不同的符号。

(引导幼儿用图画的方式表示重复的音乐,例如:○△○☆○□○。)

(二)可爱的小兔

1. 小兔的音乐故事

T:这个音乐讲的是一个小动物的故事,可能是谁?

T:听听小兔好像在干什么?

(引导幼儿听不同的音乐想象小兔的生活,例如:采蘑菇、休息、跳小沟。)

2. 可爱的小兔

T：我们跟着小兔一起去采蘑菇（鼓励幼儿用不同的动作表现各乐段）。

操作提示

主旋律可运用：31 5̣ | 31 5̣ | 72 2 | 27 5̣ | 27 5̣ | 13 3 |
　　　　　　　31 5̣ | 31 5̣ | 72 2 | 27 5̣ | 27 5̣ | 13 1 |

采蘑菇：5555 　3 | 4444 　2 | 3333 　1 | 1327 　1 |

休息：1 3 | 5 1̇ | 7 6 | 5 4 | 3 2 | 1 — |

跳沟：71 　71 | 11 　1 | #12 　#12 | 22 　2 |

老师耐心引导幼儿听辨音乐旋律，自己寻找出音乐的重复。

此活动可分几次进行，如第一次活动听辨重复音乐用动作表现，第二次可听辨 abacada 的音乐结构在纸上作画，然后，在理解音乐的基础上设计情景做游戏，通过听、画、动表现对音乐的感受。

在最后动作表现的律动游戏中，能听辨小兔旋律及用动作表现为赢者，反之为输，输者请他做大树（即第二次游戏不能做小兔，站着不动，两臂上举做大树，第三次游戏再继续参与）。

 老乌鸦

设计依据

从歌词内容上看是一首表达亲子间关爱和亲情的歌曲；从音乐效果上看采用了旋律节奏的变化和滑音渲染了两个人物之间亲密的关系和各不相同的个性特征。它更像一个述说小乌鸦爱妈妈的感人音乐童话，容易与幼儿产生感情交流，激起心理上的感动，每时每刻都能感受到妈妈爱我、我爱妈妈的情感。

作品简析

歌曲《老乌鸦》是一首著名的叙事性歌曲，在"三八"节期间，老师选择了这首歌曲，并贯穿于爱妈妈活动的始终，引导幼儿运用各种音乐语言表达对妈妈的关爱。

活动方案

一、活动目标
1. 感受歌曲旋律的优美，理解歌词，愿意演唱歌曲。
2. 尝试寻找装饰音创编动作表现，体验宝宝对妈妈的爱和关心。

二、活动准备
音乐磁带。

三、活动过程
（一）音乐故事（欣赏旋律，理解歌词）
T：在森林里流传着一个关于小乌鸦的故事，今天森林合唱队把这个故事唱给你们听！
T：音乐是几拍子的？故事有几段？音乐故事里有谁？

第一段说的是谁？说老乌鸦怎么样？

第二段说的是谁？它为妈妈做了什么？

（老师在幼儿回答提问后用节奏歌词总结。）

（二）逗乐老乌鸦

T：小乌鸦为了逗妈妈开心，在滑稽音的时候都会做一个滑稽动作。

（引导幼儿在装饰音的时候创编动作。）

有节奏地念歌词。

（三）唱故事

1. 跟着音乐轻声跟唱

引导幼儿耳听音乐并与同伴保持一致。

2. 分角色演唱

T：乌鸦妈妈年纪大，身体不好，唱的时候怎么样？

小乌鸦年纪小，活泼，唱的时候可以怎么样？

（引导幼儿尝试改变速度表现两者的不同特征。）

3. 分组演唱

引导幼儿用歌声表现角色，并尝试与同伴的合作。

操作提示

操作活动主要抓住两个关键点：

一是为歌曲伴动作。根据音乐材料的特质——每句结尾处有滑音即有趣的声响，感受歌曲旋律节奏，听辨歌曲中"滑音"，抓住每个滑音的出现，创编逗乌鸦妈妈开心的动作。借助幼儿间的思维互动，促使孩子们用自己的动作来表达对音乐的独特理解，这即是"孩子的一百种语言"。

二是利用音乐中不同的变化讲述故事。尝试变化速度、力度和音色表现歌曲中的不同角色，例如：用连音慢速表现老乌鸦因为年纪大而无法自己觅食的艰难处境；用跳音表示小乌鸦年纪小，灵活又调皮，音乐故事的情节随着音乐波动起伏，时而舒缓沉重，时而欢快跳跃。

此材料每个年龄段都可运用，但运用的方式不同，例如：小班单纯欣赏歌曲第一段，理解歌曲情景；中班在欣赏乐曲找出滑稽音的基础上，创编动作并学唱歌曲第一段歌词；大班学唱三段歌词，并用接唱的方式表现歌曲。

小贴士

小乌鸦爱妈妈活动策略探讨

一是充分信任。对以上三种表述音乐语言的方式，老师都为幼儿预留了宽松的时间与空间，引发了大胆的创造，相信每个幼儿都"能行"。例如：在思考表达用什么有趣动作可以逗妈妈乐时，开始幼儿只是用点点鼻子、拉拉耳朵来表示，但是随着活动的深入，幼儿的创意越来越多，他们从脸部表情到身体动作再到姿态模仿，就连平时比较内向的孩子也乐此不疲。

二是积极鼓励。幼儿在接触一种新的材料或新的表达方式时，都会经历从困惑到顿悟的过程。当幼儿发生问题时，教师的角色不是评判者来评议对错，也不是旁观者视而不见或说些不痛不痒的空洞语言，而是积极鼓励，及时找出问题的症结所在。例如：为歌曲伴动作时，有些幼儿一个接一个地做滑稽动作，出现了混乱，老师并没有加以制止，而是及时分析原因。幼儿过于热衷滑稽动作却忽略了音乐,教师一方面肯定了幼儿在动作上的创意,另一方面则引导幼儿有兴趣关注滑音的出现,逐步控制自己的动作,使动作与音乐更为和谐。

三是共同分享。交流对话才能体现音乐语言的价值,无论是动作创编、歌曲演唱,都必须是幼儿充分享受自由表达的快乐,又在与同伴交流的过程中得到新的灵感,继而迸发出新的思维火花,使个人的体验与发现演绎成群体的果实,共同分享音乐创造带来的快乐。

附:歌曲《老乌鸦》

1＝C 3/4

外国儿童歌曲

 小小巡逻兵

设计依据

在周围的人主题中,幼儿更加关注周围的人和事。解放军这个响亮的名字令孩子们崇拜、好奇。解放军为什么这么勇敢?坏人为什么怕解放军?等等。这些问题孩子们都想知道、想了解,它吸引着孩子们去模仿学习解放军。这次活动,不仅通过游戏的情景让幼儿以巡逻兵的角色体验听辨不同音区,同时也进一步体验解放军的精神抖擞、遵守纪律的优秀品质,满足他们的兴趣爱好。

活动方案

一、活动目标

引导幼儿听辨进行曲,区分乐曲中高音、中音和低音的变化,并根据不同音区做出不同动作,体验解放军有精神、遵守纪律的品质。

二、活动准备

1. 玩具枪或小木棒。

2. 钢琴。

3. 对巡逻兵这个职业有一定的了解。

三、活动过程

(一)听赏音乐

1. 听辨不同音区

T:巡逻兵的本领很大,保护我们的国家,今天我们也来做小小巡逻兵,保护我们的幼儿园。我做司令员,用音乐发信号,我们来听听音乐信号有什么不一样。

(欣赏不同音区弹奏的相同音乐,区分高、低、中三个音区。)

2. 讨论用不同巡逻动作表现不同音区

T:不同的音乐代表巡逻兵做不同的走路动作,高音代表怎么走路?(踮脚走)中音代表怎么走路?(自然走)低音代表怎么走路?(蹲着走)

(引导幼儿听不同音区音乐相应动作表现。)

(二)创编动作表现音乐

1. 创编动作

T:解放军在巡逻的时候会干些什么?

(握枪、扛枪、举旗、开飞机、用望远镜眺望等,引导幼儿用动作表现。)

2. 音乐表现

T:我们听着司令员的音乐信号出发去巡逻,不同的信号做不一样的动作。

(鼓励幼儿创编更多的解放军动作。)

操作提示

欣赏活动的表现形式多样,对于小年龄的孩子来说,在感受乐曲的基础上,更多的是借助于身体动作,在游戏情境中来表现对乐曲的理解。老师可任选一个进行曲,分别在高、中、低音区展现,引导幼儿感受。

乐曲较为简单,老师可逐渐对幼儿提升要求,如操作规则有三条,但三条规则不是一次活动能完成的,而是在反复游戏中,根据幼儿发展水平而逐一提出要求,因此虽然游戏简单,但游戏过程中对幼儿倾听能力的培养要求高,随着多次游戏,幼儿各方面能力也将得到整体发展。

随着幼儿能力的发展,老师还可与幼儿共同商讨,变化场景变化动作,例如:高音区——小鸟飞、低音区——大象走、中音区——小猫走等,这就变成了森林里的巡逻队,对不同的音区音乐进行想象上的扩展。

彼得与狼

设计依据

《彼得与狼》是一部音乐童话剧,剧中采用不同乐器的音色,如长笛(小鸟)、圆号(狼)、弦乐(彼得)、木管小号(猎人)等来表现故事中不同的动物和人物的形象,赋予幼儿无尽的想象,适合幼儿欣赏。根据幼儿音乐经验的实际水平,将重点落在引导他们听辨音色的区别上,激发幼儿对音乐欣赏的兴趣。

活动方案

一、活动目标

1. 听辨乐曲中表现不同角色的音色,初步想象故事情节,能大胆表述自己的想法。

2. 尝试用道具表现音乐故事,体验合作表演音乐故事的趣味性。

二、活动准备

1. 配有故事的音乐。

2. 蜡笔、纸。

3. 大森林的PPT。

4. 对乐器有一定的了解。

三、活动过程

(一)欣赏音乐故事

1. 初步欣赏

T:在遥远的大森林里发生了一件大事,你们听听里面有谁? 发生了什么事情?

(出示大森林PPT,完整欣赏音乐,引导幼儿想象。)

2. 再次欣赏

T:听到里面有谁?

3. 找音色

T:有哪些乐器代表这些人和动物?

(出示乐器PPT了解名称,引导幼儿将角色和音色配对。)

(二)初步表演音乐故事

1. 做故事角色的道具

(在了解故事里不同音色代表不同角色基础上,和老师一起制作角色道具,如头饰、面具、指偶等。)

2. 观摩老师表演

看老师用与幼儿一同制作的道具进行表演,加深幼儿对故事的印象。

3. 分组分角色表演

幼儿分为三四组,每组中都包含完整的故事角色(彼得、狼、爷爷、小鸟等),自主挑选角色道具,与同伴一起听音乐故事参与表演。

操作提示

同样的作品可提供给不同年龄段幼儿操作,例如:"彼得与狼"给中班幼儿欣赏的切入点落

在乐器音色听辨及故事情节想象上,大班幼儿欣赏的切点可进一步提高,在此两点上让幼儿合作扮演角色,用动作表现音乐。

活动可分几次进行,初步听赏故事中代表不同角色的乐器音色、与老师一起制作道具、看老师表演、自己参与表演,逐步深入对音乐故事的感受和理解。另外,老师在和幼儿一起制作道具的时候,可提供多种表现形式的道具,例如:手偶适合幕后操作表演,头饰胸饰适合形体动作表演,前者比较简单只需要听相应角色出示相应手偶,后者需要加上一定的身体辅助动作,因此老师可循序渐进,根据幼儿实际情况提供。

可结合区角活动,将道具材料和音乐投放入非正式学习活动中,让幼儿自己听着音乐摆弄角色道具,感受表现音乐。

 瑶族舞曲

设计依据

在"有趣的乐器"板块中已经出现了瑶族舞曲的活动,那个是基于欣赏的基础上,利用乐器表现的手段对《瑶族舞曲》进行再次展现,因此,引导幼儿感受乐曲,了解结构在先,乐器表现在后,步步递进。

作品简析

《瑶族舞曲》是一部颇具民族风味的作品。此曲以瑶族的民间歌曲为素材,生动地描绘出瑶家人欢庆节日的喜庆场面。其中乐曲结构呈 ABA 特点,既有重复又有变化,利于幼儿欣赏。

活动方案

一、活动目标

通过听听、说说、动动感受《瑶族舞曲》的音乐形象,引导幼儿找出乐曲结构。

二、活动准备

1. 对少数民族瑶族有一定的了解。

2. 瑶族叔叔阿姨跳舞唱歌的场景 PPT。

3. 配乐朗诵录音磁带《瑶族舞曲》。

三、活动过程

(一)完整欣赏(理解乐曲内容找出主要音乐形象)

1. 初步完整听赏

T:我们的祖国有 56 个民族,是个大家庭,今天有一个民族的叔叔阿姨边跳舞边来做客。

(引导幼儿完整听赏乐曲)

2. 再次完整听赏并想象

T:这首乐曲的名字叫《瑶族舞曲》,是什么少数民族的?

我们再来听一听,音乐中瑶族叔叔阿姨在干什么?

(再次完整欣赏,引导幼儿想象音乐中的情景)

3. 看图片完整听赏

T:(出示 PPT)叔叔阿姨们唱歌跳舞,我们边看边听,乐曲有什么变化?

(引导幼儿看瑶族人民唱歌跳舞的画面,有长鼓、芦笙、小河、树、竹楼、晚霞等等,同时感受乐曲速度是否有变化。)

4. 再次完整欣赏,配乐朗诵

(边看画面、边听配乐朗诵。)

5. 再次完整欣赏,看瑶族舞蹈

T:瑶族的舞蹈真美,老师也来学一学。

(再次完整欣赏音乐,边看画面边听音乐,边看老师自编瑶族舞蹈,让幼儿整体欣赏。)

(二)分段欣赏(引导幼儿在欣赏乐曲中熟悉乐曲结构)

1. 第一段

T:这段音乐速度怎么样? 这段音乐叔叔阿姨会跳怎样的舞?

(再次欣赏第一段,引导幼儿发现音乐是慢的,跳着优美的舞蹈。)

2. 第二段

T:这段音乐有什么变化? 叔叔阿姨又会怎样跳舞?

(再次欣赏第二段,通过比较鼓励幼儿发现音乐变快,跳着欢快的舞蹈。)

3. 第三段

T:这段音乐是怎样的,和前面那段一样吗? 叔叔阿姨在干什么?

(再次听赏第三段,引导幼儿发现第三段和第一段相同。)

(三)完整欣赏音乐

T:我们再来听听看,边听边想瑶族叔叔阿姨在干什么。

(四)动作表现(引导幼儿找出节奏型)

1. 找出 a、c 段的节奏型

T:瑶族叔叔敲着长鼓为阿姨伴奏,他们会敲着怎样的鼓点为阿姨舞蹈伴奏?

(鼓励幼儿为不同乐段创编动作,例如 a 段: ╳　　╳　╳　│╳　　╳　╳　│。)
　　　　　　　　　　　　　　　拍手　拍腿拍腿　　拍手　拍腿拍腿

T:我们和瑶族叔叔一起敲着长鼓为阿姨伴奏,分两组,一组先敲,一组后敲。

(引导幼儿分角色,如弟弟朋友拍一下手,妹妹朋友拍两下腿共同表现节奏。)

2. 找出 b 段的节奏型

T:这段音乐叔叔阿姨越唱越开心,越跳越快乐,我们用什么样的鼓声为他们伴奏呢?

(鼓励幼儿为该段节奏型 ╳╳ ╳╳ │ ╳╳ 　 ╳ │设计动作,如拍肩等。)

3. 完整表现

T:我们听着音乐敲起长鼓加入到叔叔阿姨唱歌跳舞的队伍中。

(引导幼儿分别用不同的动作表现三段不同的节奏型,用动作区分乐段。)

操作提示

老师在活动前让孩子事先对瑶族有一定的了解,知道他们生活的风俗(住竹楼),能歌善舞,在劳动之余、欢度节日、迎送客人时都会欢聚一起,为幼儿在欣赏音乐过程中塑造音乐形象打下良好基础。

老师要注意在活动中运用听音乐、看图片、想象情节,以及再次听配乐朗诵、尝试朗诵、看舞蹈等方式积极调动幼儿各个感官,将音乐、文学、舞蹈有机糅合,在欣赏活动中感受美。

配乐朗诵的内容可以是事先准备录制好的,也可以是老师根据幼儿的反馈即兴组织的语言。例如:第一段配上:风景优美的瑶家寨,住着许多勤劳的叔叔阿姨,这天,晚霞映红了天边,他们结束了一天的劳动,来到了小河边,唱着动听的歌,跳着优美的舞。第二段配上:听,他们越唱越欢乐;瞧,他们越跳越带劲;啊,他们在唱歌,歌唱我们的生活多美好,歌唱我们的祖国多美好。在欣赏了老师的配乐朗诵后,可鼓励幼儿也加入,有的玩乐器,有的舞蹈表现,还有的配乐朗诵,人人参与其中。

小贴士

《瑶族舞曲》实践分析

《瑶族舞曲》是一个系列化的活动,从欣赏乐曲、感受节奏、打击乐演奏的过程中,教师进行了连续性的活动,每次活动是前一次活动的延伸,同时又是后一活动的基础。在这系列活动后,孩子们完成了一个"大型的作品"——乐器演奏《瑶族舞曲》。

在活动过程中,老师始终以情景贯穿其中,即参观瑶家寨的情景,以上活动是系列活动中的第一个,欣赏乐曲的环节。在这个活动中,幼儿了解了瑶族人们的生活、文化,感受到了瑶族青年围着篝火时而优雅舞蹈时而热情奔放欢歌的情景,不知不觉中对瑶族舞曲的结构有所了解。

在欣赏活动中主要有三个环节:

第一个环节:欣赏乐曲,理解乐曲内容,找出主要的音乐形象。幼儿在充满瑶族风情的环境背景中欣赏音乐,如边听音乐边欣赏幻灯片;有瑶族村寨吊脚楼的画面;有瑶族叔叔敲长鼓,瑶族阿姨跳舞的场面;还有大家开篝火晚会热闹欢快的画面;又如边听音乐边观看瑶族阿姨(老师扮演)的舞蹈;边听音乐边欣赏朗诵。

第二个环节:分段欣赏,熟悉乐曲结构。幼儿通过分段欣赏感受乐曲ab段不同的风格,在一次次的欣赏过程中,孩子分辨出a段的音乐是慢的,优美的,b段音乐是欢快的,孩子想象着a段瑶族阿姨优美的舞蹈,b段是歌声越唱越欢,舞蹈越跳越有劲,人也越聚越多,一片欢腾的场面。

第三个环节:反复欣赏乐曲,寻找节奏型。"长鼓"是瑶族特有的民族乐器,老师在引导幼儿欣赏乐曲的过程中,启发幼儿想象瑶族叔叔是敲着怎样的鼓点为阿姨舞蹈伴奏的,在听辨中找出a段节奏型× ×× | × ×× |,b段节奏型×× ×× | ×× × |

在活动中,老师通过这样几个环节层层深入:一是幼儿跟着音乐按照a段节奏拍一下手,拍两下腿来模仿长鼓演奏。二是分角色,如弟弟朋友拍一下手,妹妹朋友拍两下腿共同演奏。在不断感受音乐的过程中,在不同形式操作中,孩子们越来越积极地参与到活动中。在此基础上,老师将幼儿引入到下一个活动"乐器表现《瑶族舞曲》"中。在该活动中,了解配器方案,尝试乐器演奏。

为幼儿的操作搭建了几个阶梯:一是欣赏老师的完整表演,并辅助提问:"瑶族阿姨用了哪些乐器?"引导幼儿有意观察。二是激发再次欣赏的意愿,深入提问:"你发现哪些小乐器在对话?"引导幼儿发现演奏中不同乐句哪两种乐器配合演奏。当幼儿说出自己的发现时,老师马上用情景语言加以引导。如:幼儿发现第一句是三角铁和小铃在对话时,立刻说:三角铁和小铃的声音就像瑶族阿姨跳舞时裙子上银锁片发出的声音,好像在说:"银 闪 闪 | 真 漂 亮 |。三是请幼儿自由选择乐器,在老师的指挥下尝试两种乐器合奏,要求幼儿看指挥,无音乐伴奏下分句初步合奏。四是在老师指挥下,听音乐完整演奏。五是请幼儿交

换乐器,在老师指挥下完整演奏。六是幼儿做小指挥,完整演奏,并请"瑶族阿姨"跳舞、朗诵,开篝火晚会。在一层层的环节后,孩子们自然而然地完成了演奏。整个系列活动老师十分注重为幼儿搭建支架,帮助幼儿层层提升,鼓励帮助幼儿在已有经验的支撑下,逐步获得成功。

 赛马

设计依据

孩子们在"我是中国人"的主题中对中国的民族有了初步的了解,感受到了中国的民族文化博大精深,从音乐的角度出发,选择民族音乐为切入口,通过欣赏、想象进一步引导幼儿感受民族乐曲的美。

作品简析

这首单一形象的钢琴小曲,音乐形象欢快、热烈,较生动地表达了愉快的节日景象。用复倚音、同音反复及跳音,形象地模仿了马铃声,表达了活泼、欢快的情绪。

乐曲前 10 小节,左手用纯四度、纯五度跳进的音调,统一的节奏型,描绘了马蹄声。乐曲第11 小结开始,月 <u>32　32</u> ｜ 6. —｜的音调,在不同音区(中音区、低音区)的再现,形成了音色的对比。左手用空心和弦及力度不断增强的手法,模仿欢快的锣鼓声,烘托出热烈的气氛。乐曲最后用了宽广的音区(左手低音区,右手在高音区)达到高潮而终止。

注:乐谱附后

活动方案

一、活动目标

初步感受乐曲《赛马》,大胆想象乐曲中的音乐形象,了解乐曲名称,感受民族乐曲的美。

二、活动准备

1. 有铃铛的玩具马。

2. 草原赛马的 PPT。

3. 配有朗诵的赛马音乐录音。

三、活动过程

(一)欣赏《赛马》

1. 初步欣赏

T:今天带了一首曲子叫《赛马》,我们来听一听。

2. 再次欣赏

T:刚才听到的曲子叫什么名称?再听一次想想曲子什么感觉?可能说的什么事?

3. 自由讨论

T:听了音乐好像来到什么地方?看到些什么?

4. 多感官欣赏

T:我们来看看到底在哪发生了什么?(出示 PPT、听配乐朗诵《赛马》)

5. 分段欣赏

T:(老师弹奏两个复倚音,引导幼儿想象情节)这个音乐告诉我们什么?

(引导幼儿想象牧民在马脖子上系上了铃铛,出示铃铛玩具马弹复倚音再次欣赏。)

T:(听乐曲后面 10 小节)发生了什么事?

(引导幼儿感受激烈的乐句,想象马儿越跑越快,你追我赶,紧张激烈。)

T:(听乐曲 11 小节—18 小节)这好像在说什么?

(引导幼儿想象马儿跑到终点胜利,赛马结束。)

6. 完整欣赏

T:让我们去看一场赛马,为他们加油。

(老师放 PPT、朗诵录音并配上舞蹈动作,让幼儿全方位地进行欣赏。)

(二)动作表现

T:我们也一起上大草原,骑上马儿参加赛马。

(鼓励幼儿根据音乐自由配动作。)

操作提示

欣赏活动前,幼儿对蒙古族有一定的了解,知道他们生活的环境以及民族的特点,对于之后的欣赏想象起到支持的作用。

老师提供多样化的欣赏方式调动幼儿多种感官进行欣赏,例如:听赏乐曲——听觉感官,PPT 图片——视觉感官,边看图边听配乐朗诵——语言加音乐的视听觉美的感官,舞蹈欣赏——肢体动作感觉等等。一种材料用多种方式进行刺激,各角度挖掘乐曲的美。

最后有一个幼儿动作表现赛马的环节,在活动之前老师可了解幼儿现有的水平,适当对相关动作进行一些铺垫,让幼儿有一定动作表现的经验。在实际操作中,孩子只需调动已有经验将动作与音乐建立连接即可。

小贴士

为促进幼儿创造力,老师要做到什么?

在幼儿进行创造的时候,老师起到支持、鼓励等关键的作用,主要包括以下几点:

(1)尊重每个幼儿的创造。

(2)认识到做事的方式无对错之分。

(3)所有幼儿都拥有某种程度的创造力,有强有弱。

(4)提供充足的时间让幼儿探索和创造。

(5)为幼儿提供足够空间,允许他们把他们未完成的任务留到第二天。

(6)当幼儿操作材料或玩游戏时,鼓励他们创造但不苛求他们最后的结果。

(7)向幼儿介绍新材料或新"技能",为他们积累经验奠定基础。

(8)提供丰富的材料,可以是买的也可以是自制的,必须能激发幼儿的想象和创造。

(9)鼓励认可幼儿一定程度上的"脏乱、吵闹、自由"。

（10）不断探索和实践,调整适合本班的方式。

（11）认识到所有课程领域都注意发挥、培养幼儿的创造力。

附:乐曲《赛马》

快速（♩=126）跳跃地　　　　　　　　　　　　　　　　　　　彭先诚曲

 采茶扑蝶

设计依据

大班幼儿积累了一定的主题经验以及生活经验,在此基础上,让孩子进一步欣赏一些民族民间的乐曲,结合优美动听的音乐,通过自己的创编,体会民族音乐的美,体验劳动的乐趣,同时进一步拓展想象、抽象思维的发展。

活动方案

一、活动目标

初步感受具有民歌特点的乐曲《采茶扑蝶》,知道名称及主要音乐形象,乐意用语言、动作表现。

二、活动准备

1. 小道具：围裙、扇子、篮子、头巾等。

2. 音乐《采茶扑蝶》CD。

3. 茶园的PPT。

三、活动过程

（一）初步听赏

1. 初步完整听赏

T：春光明媚，有一群采茶姑娘在音乐伴随下开始了一天的劳动。我们跟她们一起去看看（听音乐放茶园的PPT）。

T：采茶姑娘们听的音乐是用什么乐器演奏的？（钢琴）

2. 再次完整听赏

T：她们劳动了一天结束了采茶工作，准备回家了，在路上看见了美丽的蝴蝶，会发生什么事呢？我们来听一听，想一想。

3. 自由讨论

T：曲子听上去感觉怎么样？

（引导幼儿说出乐曲风格，例如：活泼、欢快、有跳音等。）

T：可能发生了什么事？

（引导幼儿大胆表述自己听到的内容。）

T：最后音乐有什么变化？（渐轻）代表什么？

（蝴蝶飞走了，渐渐看不见，采茶姑娘追着蝴蝶远去了。）

4. 再次完整欣赏

T：我们再来听一听，找一找什么时候扑蝴蝶？什么时候追蝴蝶？最后怎么样？

（老师可边听边用插问的方式引导幼儿将情景和音乐相联系。）

T：这首曲子名称叫《采茶扑蝶》。

（二）动作表现

1. 集体讨论

T：扑蝴蝶、追蝴蝶用什么动作表示？

T：我们和采茶姑娘一起去扑蝶。

（引导幼儿将想象的内容用动作表现。）

2. 分组创编

T：和你的好朋友一起商量，用动作配上音乐告诉大家采茶姑娘扑蝶的故事。

（根据幼儿人数引导幼儿分成4组或6组，尝试运用道具，创编动作。）

3. 集体展示

引导幼儿分组展示自己创编的舞蹈，同伴间相互欣赏。

　　操作提示

老师在幼儿自由讨论环节中要善于抓住幼儿的思维亮点，鼓励幼儿大胆想象，并再次欣赏音乐，边听边用插问的形式进一步引导幼儿想象。例如：采茶姑娘看见蝴蝶时的惊喜，追逐时的快活情绪，扑呀、追呀时的活泼，最后蝴蝶飞走了等等，把具体情景和音乐建立联系，为之后的动作创编奠定基础。

在动作创编环节,老师可利用集体讨论将主要的情景动作先抽出来进行表现,例如:深入讨论"扑蝶"的动作,什么动作表示扑蝶?——配上音乐片段试试——还有什么不一样的扑蝶动作?在集中讨论一个动作的过程中让孩子了解动作跟音乐的关系,用各种动作表现扑蝶,为之后自由创编提出暗示要求。

在音乐结束后,引导幼儿各自摆出一个动作造型,引导幼儿用相关的语言情景解释动作。例如:幼儿一手翻转放于头顶,一手叉腰走步定格动作表现蝴蝶飞走了,采茶姑娘顶着篮子回家等。

小贴士

什么是音乐活动材料的探索性

音乐活动有其特定的音乐元素,这些抽象的元素是否也能让幼儿进行探索?答案是肯定的,什么才是有探索性的材料?有探索性的材料要有可操作性,不同于一般意义上的动手操作。探索不仅是幼儿动手操作,而要在动脑思考的基础上动手操作,例如:操作音块就是动手动脑交织进行。探索活动和机械训练的区别如下:

从探索的目标来看:探索活动是培养幼儿解决问题的能力,帮助幼儿理解事物;而训练则是培养幼儿生活习惯和机械操作的技能。

从探索的过程来看:探索活动是有层次的将问题推向深入,幼儿从易到难,从身边事物到较远的经验,不断地探索世界;训练就没有这样的特性,一般只停留在形成某行为、养成某习惯的层次上,难以走向深入。

从探索的结果来看:探索活动是不同个体对同一事物的探究可能得出不同的结果,是开放式的、因人而异的;训练是形成习惯和简单技能,结果是封闭、单一、千篇一律的。

从探索动机来看:引发幼儿探索的是幼儿对音乐活动的兴趣,是幼儿自身内在需要;而训练是外界迫使或与老师奖惩有关。

从效果来看:探索是积极主动的;训练是消极被动的。

因此,探索是动手动脑的过程,是使幼儿思维活跃的过程,是不断激发幼儿灵感,发挥创造性的过程,是一个连续不断深入的过程。探索是更尊重幼儿个体差异,重视自主性的过程,重在帮助幼儿理解而不让幼儿机械记忆练习,尊重多样性和个性。

附:歌曲《采茶扑蝶》

小快板

福 建 民 歌
黎英海编曲

 美丽的春天

设计依据

春天是美丽的季节,在幼儿的经验范围中有用歌声表现春天,也有用语言描述春天的美。配乐朗诵的形式是立足于感受美表现美的基础上,将音乐美和语言美进行进一步融合。另外,春天这个主题中的内容,孩子们可以找到很多发挥的点,能挖掘很多情感的线索,为配乐朗诵奠定意境基础。

活动方案

一、活动目标

鼓励幼儿大胆用语言表达自己找到的美丽春色,尝试配乐讲述,进一步激发幼儿热爱春天、热爱大自然的情感。

二、活动准备

1. 对春天美丽景色有生活经验。

2. 柔和的音乐背景。

3. 春天景色的 PPT（小花、发芽的树、春天的太阳等）。

三、活动过程

（一）找春天

T：春天到了，春天里有哪些美丽的景色？

（引导幼儿大胆表述自己看到的春天的美景，老师出示相关的 PPT，例如：孩子说到春天花儿开放，老师就出示花园中五颜六色小花的画面。）

T：春天小花开放了，我们看看有哪些颜色的小花？

（引导幼儿发现各种颜色的小花，说出相应的颜色。）

（二）配乐朗诵欣赏

T：春天的小花真漂亮，我来介绍给春姑娘。

（老师示范配乐朗诵，例如：春天来了，我最喜欢春天里的小花，有红的、黄的、紫的，东一朵、西一朵，迎着春风左右摇摆，好像在跳舞，又好像在和春姑娘比美呢。）

（三）再次找春天

T：春天除了美丽的小花还有什么？

（同样老师根据幼儿说的出示相关的 PPT 画面，结合孩子说的点进行进一步扩展，用好听的词汇、动作配乐朗诵。）

（四）找配乐朗诵和说话的不同

T：老师说的和平时说话有什么不同？

（引导幼儿发现朗诵有音乐背景、动作、语气、语调、语速及好词好句所营造的意境等。）

（五）幼儿配乐朗诵

T：谁也来试试，把你看到的美丽春天告诉春姑娘！

（鼓励幼儿尝试配乐朗诵，老师根据孩子的操作情况，激发同伴间的思考。）

操作提示

建议老师选择一段较抒情的音乐，作为背景用于烘托春天景色。

老师在操作这个活动时不可操之过急，允许幼儿有逐步发展的过程。开始时孩子说的内容会很短，老师通过活动中同伴补充、活动后观察、自己再次调整等不断对说的内容进行扩展。刚开始孩子也会想到内容而忽略动作、语调，这都没关系，配乐朗诵的活动是一个可持续操作发展的活动，不局限在一个活动中完成所有要求。

可在区域活动中引导幼儿将配乐朗诵需要注意的要点通过图画形式呈现出来如：声音有轻有响、速度有快慢、用点好词好句、有表情、有动作等，让幼儿在区域活动中再次尝试操作。

小贴士

即兴配乐朗诵的六个注意点

（1）充分融入音乐的元素，避免将配乐朗诵变成语言活动，幼儿需要有一定的语言经验支撑，但应以音乐为主线。

（2）有音乐背景的烘托，从艺术的角度出发，突出音乐与语言的美感。

（3）在初步感受这种艺术表现形式的时候，老师要营造语言情境，通过老师的表演潜移

默化地给予孩子一种配乐朗诵的概念,了解这种艺术表现形式和一般说话的不同。它不仅涉及语气语调、语速,还可通过手势、表情、动作等补充表现,体验的是一种语境。

（4）说的内容切点要小。选择表述的主题要从幼儿的实际生活经验出发,内容要具体,才利于幼儿围绕中心进行表达。在春天的主题中,孩子可根据自己的兴趣,选择说"小草"、"蜜蜂"、"小花"等。例如:春天来了,美丽的春天来了,谢谢你带给我们花香,谢谢你带给我们美景;我躺在草地上,小草挠挠我的脚心,对我说:"喂,朋友,春天来了,你快去大自然找春天吧。"

（5）请什么能力程度的幼儿操作,做到心中有数。开始时选择的孩子可以是能力强的起到示范作用,然后渐渐发展到中等能力的孩子,逐渐辐射全班,让每个孩子都有操作的机会。

（6）多种模式的操作。单一模式的操作会让孩子失去兴趣,老师可变化主题、形式(个人朗诵、小组朗诵等),不断激发幼儿操作的积极性。

小鸭的舞

设计依据

动物是孩子们喜欢的贴近生活的内容,在四季的主题中从孩子们熟悉的动物——小鸭入手,利用生动的钢琴曲引起幼儿欣赏的兴趣。孩子对小鸭有生活经验的支撑,因此更容易引起情感共鸣,也易于理解和表现。

作品简析

这首钢琴小曲活泼抒情,音乐形式和音乐内容紧密结合:

第一乐段:有11小节。1—2小节右手琶音式的上行下行复倚音,描写小鸭子从笼中摇摇摆摆地走出来,接下去右手用立柱式的和弦,在不同音区,奏出统一 ×× ×. × | ×× × 0 的节奏,模仿小鸭呼呼叫声。第7—11小节旋律活泼流畅,具有舞曲的性质,表现小鸭子高兴跳舞,左手用半分解和弦,统一音型,加强音乐的节奏感。

第二段:12—20小节共九小节。先用慢速,右手弹出六小节歌唱性优美曲调,并以轻盈的、明亮的颤音结束了前乐句,左手和旋奏琶音,描写了水波声,小鸭子自由自在的游泳。最后三小节短句以渐慢的速度演奏,表现小鸭子爬上岸。这段音乐具有优美的歌唱性。

第三乐段:21—25小节,共五小节,是第一乐段的缩短(第一段后乐句得变化重复)、再现,表现小鸭子又继续高兴地跳着舞。

活动方案

一、活动目标

感受乐曲《小鸭的舞》,知道乐曲的名称,想象乐曲中小鸭子的音乐形象,培养幼儿的想象力与听辨能力。

二、活动准备

1. 各种小鸭舞蹈的PPT。

2. 音乐录音。

3. 小鸭胸饰。

三、活动过程

（一）初步欣赏

1. 引出主题

T：春天来了，草地上来了一群小动物，你们看看是谁？

（出示《小鸭》PPT，图上画有各种跳舞姿势的小鸭。）

2. 再次完整欣赏

T：小鸭在草地上干什么？

（教师弹奏乐曲，引导幼儿初步想象。）

3. 我们来学学小鸭的动作

（进一步引导幼儿欣赏乐曲录音，教师带领幼儿边听边想，并可稍用身体感觉来启示幼儿想象。）

（二）分段欣赏

T：开始的音乐告诉我们什么？小鸭子是怎么出来的？小鸭子出来干什么？

（老师弹奏音乐第一段引导幼儿想象情节。）

T：这个音乐像什么声音？小鸭可能在干什么？

（听赏中间一段音乐，重点引导幼儿听水波声，启发幼儿想象小鸭子在游水、戏水、吐水。）

T：这段音乐听过吗？和哪段一样？小鸭子又在干什么？

（教师弹奏最后一段音乐，引导幼儿听出这音乐是第一段音乐的再现，想象小鸭子欢快地跳舞回家。）

（三）再次完整欣赏乐曲

边看图片边欣赏乐曲。

（四）动作表现

T：我们也来做一只会跳舞的小鸭。

（让幼儿戴着头饰自由想象表现乐曲的音乐。）

操作提示

教师可根据幼儿的音乐素质提出不同要求，在熟悉乐曲的基础上，让幼儿找一找有哪两段音乐是一样的，并用拍手或其他动作表示。如：当第三段音乐开始时，只要幼儿通过听辨知道这音乐与第一段音乐相同（重复出现）立刻可用拍手表示。

在想象乐曲内容、角色形象的时候，鼓励幼儿充分想象小鸭有的在小河边的草坪上摇摇摆摆地走，有的在跳舞，还有的在水中游，为之后动作表现丰富情节。

在分段欣赏环节后，教师一定要再次完整弹奏乐曲，让幼儿完整欣赏。

教师还可从节奏上对幼儿进行训练，如一、三段音乐表示小鸭走和跳舞时可让幼儿听着音乐用脚踩拍率× × ｜ × × ｜，手拍旋律节奏×× ×. × ｜ ×× × ｜。

在最后动作表现环节，也可让幼儿先欣赏老师的编舞，让幼儿边听音乐边欣赏舞蹈，增强美的感受，为自己创编做铺垫。

小贴士

音乐活动中引导性和探索性的关系

引导性在实际操作中要考虑四个方面：幼儿的实际能力，材料之间的关联，材料线索对幼儿的启示，最终让幼儿获得什么发展。它与探索性存在密切的联系。

引导性是对探索性的限制，是对活动效果的规定，能保证探索的预期结果，而不会使探索流于形式，也不是为了探索而探索。

探索性给幼儿宽阔的道路，可以自由行走，但走过一段路后会有一个岔道口，老师就需要根据他们的实际情况给出方向，给幼儿暗示、引领。

附：乐曲《小鸭的舞》

黄远渝曲

 天鹅

设计依据

　　不同的乐曲具有不同的风格,各有各的美,这首曲子是比较优美的,虽然起伏不大,但乐曲角色——天鹅,赋予孩子有一定的想象空间,利用听、说、动、画等多种途径,让幼儿充分感受不同风格的乐曲,进一步积累音乐语汇。

作品简析

　　天鹅是一首我们比较熟悉的优雅、温柔的大提琴曲,它出自圣桑的管弦乐《动物狂欢节》第十三首。采用了钢琴为大提琴伴奏的演奏形式,这首乐曲中钢琴表示清澈的湖水,大提琴优美迷人的旋律,描写天鹅高贵优雅的神情,全曲在最弱奏中逐渐消失。

活动方案

一、活动目标

　　感受钢琴、大提琴的不同音色特点,引导幼儿想象天鹅的形象,尝试用语言、舞蹈及图画的形式充分表达自己的想象。

二、活动准备

1. 幼儿对天鹅在湖中游玩的情景有一定的生活经验。

2.《天鹅》课件。

3. 录音机、磁带。

4. 头饰、水草。

三、活动过程

(一)感受钢琴、大提琴的音色特点

T:今天有两位优雅、美丽的朋友来做客,他们是谁?

(出示天鹅PPT,引出主题。)

T:美丽的天鹅在很美的音乐声中干什么呢?我们听一听。

（初步听赏音乐。）

T：感觉怎么样？天鹅在干什么？

（再次听赏，引导幼儿想象并用语言表达。）

T：（继续出示天鹅在碧波荡漾的湖面上浮游的高雅姿态）我们边欣赏天鹅优雅的姿态边听听优美的曲子里有哪两个乐器？

（引导幼儿听辨大提琴和钢琴不同音色。）

（二）天鹅的故事

T：听着音乐把美丽天鹅的故事告诉别人。

（再次听赏，鼓励幼儿听乐曲编简单的故事，例如：天气真好，太阳照耀在蓝蓝的湖面上，绿绿的水草在湖中飘动，一只白天鹅在湖面上游泳等等，可与身边同伴交流。）

（三）听乐曲即兴朗诵——美丽的天鹅

T：我们听着音乐把自己编的故事告诉大家

（鼓励幼儿听着音乐讲述关于自编的天鹅故事，尝试配乐朗诵。）

（四）再次听赏音乐，动作表演。

T：我们把刚才说的关于天鹅的故事表演出来，可以和你的好朋友一起商量，选择道具。

（再次听赏，鼓励幼儿用道具边听边表演，充分感受音乐美。）

（五）再次听赏音乐，绘画表现

T：我们把天鹅的故事画下来。

（听着音乐，将自己对乐曲的理解用绘画的形式表现。）

操作提示

老师事先可选择一些天鹅的图片或视频让幼儿观察，这样有利于欣赏乐曲时产生丰富的想象。

老师准备道具让幼儿用动作表现乐曲，应根据班级基础进行，可直接全班一起也可先请个别幼儿表演再小组讨论再集体表演，重要的是人人参与，在愉快的情绪中感受表现音乐。

最后一部分绘画表现环节可放到延伸活动或者区角活动中完成，引导幼儿在画完之后向同伴讲述自己画的内容，相互交流。

小贴士

引导幼儿主动学习的策略

在新的教育观念引领下，"教"幼儿学习，把学习的主动权交还给幼儿。

首先，幼儿是教育的出发点和归宿，这符合了幼儿的需求。幼儿是学习发展的主体，教育主要目标是支持帮助幼儿学会学习，教师出发点不是教材是幼儿，是幼儿兴趣与需求及原有经验和水平，最大限度地实现幼儿这几个方面与社会期望的目标相结合，两者结合越多越符合目标。

其次，让幼儿主动探索学习，老师支持、启发和引导，由原来的"传授式"转变为如今的"引导发现式"。幼儿操作活动还不是真正的主动学习，主动学习必须满足两个基本条件：幼儿与环境材料相互作用，幼儿原有知识与新发展、体验的相互作用。

最后，主动探索的教育教学方式渗透于一日生活。每个活动环节、每个音乐活动环节中都可用探索、引导、发现的方式引导幼儿解决问题，获得经验和体验。

附：乐曲《天鹅》

 舒伯特摇篮曲

设计依据

这是一首摇篮曲风格的歌曲,一方面,歌曲旋律平稳,意境优美,以一种安宁的音乐语言表达了内涵;另一方面,在感受摇篮曲艺术美的同时又充分体验和表现母爱和亲情,潜移默化地反映出音乐中的情感美。

活动方案

一、活动目标

在欣赏乐曲活动中感受摇篮曲是安静、优美的,培养幼儿欣赏音乐的情绪与丰富的想象力。

二、活动准备

1. 录音磁带《摇篮曲》。

2. 布置小环境。

3. 娃娃若干。

三、活动过程

（一）情景导入

（布置一个小环境：有小床，娃娃等，将幼儿带进角色游戏中。）

T：娃娃该睡觉了，可她吵着不肯睡，你有什么好办法能使她安静地睡着吗。

（二）初步欣赏

T：有一首歌曲能使娃娃快快睡觉，这首歌曲的名字叫《摇篮曲》，我们来听一听。

（放录音让幼儿欣赏。）

T：这首歌叫什么名字？听了音乐，娃娃也不吵了，咱们再听一遍，想想为什么娃娃听了这摇篮曲会睡着了？

（让幼儿再次欣赏音乐，引导幼儿发现音乐的特性是很慢的、好听的、安静的、舒服的。）

T：你们听到歌曲中唱了什么？

（再次引导幼儿欣赏歌曲，然后让幼儿自由地谈谈歌词内容。）

（三）哄娃娃睡觉

T：我们的宝宝要睡觉了，我们边听边哄她们睡觉吧。

（将事先准备好的娃娃分发给幼儿，让他们边听边哄娃娃睡觉，从而进一步感受摇篮曲的特点。）

（四）延伸活动

教师可以引导幼儿边听乐曲边用图画的方式，将对《摇篮曲》的感受画下来。

操作提示

绘画活动不必放在欣赏活动中同时进行，可放在区域活动中进行，让幼儿再次感受《摇篮曲》，完成后用语言与同伴分享感受和想法，以该乐曲作为背景进行即兴朗诵。

午睡时，可让幼儿再次欣赏《摇篮曲》慢慢进入梦乡，进一步感受摇篮曲风格音乐的美妙。

附：歌曲《摇篮曲》

克劳谛乌斯词
舒伯特曲
尚家骧译

阶段研讨

幼儿音乐教育新理念

一、现代幼儿音乐教育中教师应确立的观点

传统的音乐教育过于偏重音乐艺术使命,追求"成品"的灌输,致使教师看不到幼儿的潜在能力。结果是幼儿在活动中不主动,教师也感到音乐活动难操作。教师没意识到在一个个音乐活动过程中要让幼儿发展什么能力,锻炼什么技能,获得什么情感,形成什么态度。也不明确幼儿音乐教育在幼儿素质教育发展系列中处于什么地位,忽视了幼儿个体差异,教育偏向少数幼儿,甚至出现一部分幼儿是"老演员",一部分幼儿是"老观众"的局面,因而无法使音乐素质教育与每个幼儿相适应,更不要说通过音乐教育促进幼儿全面和谐的发展。那么如何改变这种局面呢?归根结底还是应该对幼儿音乐教育作一重新认识,笔者就近十几年来教育教学改革实践中的体会,从音乐教育目标、内容、方法、过程及评价几方面作一比较性认识。

(一)目标意识

以往幼儿园音乐教育目标意识不清楚,只注意提供给幼儿智力发展方面的经验,认识不到幼儿发展所有方面都是相互关联的,很少从幼儿素质教育方面考虑。一般认为,幼儿园的孩子活泼好动,喜欢跳跳唱唱,每学期计划中有唱歌及舞蹈的内容就行了。唱歌就是让幼儿齐唱,跳舞也是让幼儿跟着教师模仿,节奏乐活动就是让幼儿机械训练,欣赏音乐活动中也都是教师枯燥讲解,教师只靠一个预先确定的标准来评价幼儿,希望所有的幼儿能完成同样的任务,形成同样的技能。教师把眼光盯着在短期内让幼儿掌握知识,追求短期效应。

现在的音乐活动目标是指向培养和塑造人的个性、才能和创造性,重视在音乐活动中促进幼儿全面和谐的发展,教师为幼儿提供满足幼儿需要的经验,刺激他们在所有的发展领域——身体、社会性、情感、智力等方面中的学习。我认为在音乐活动中,教师心里想的首先是孩子,其次才是音乐,幼儿各方面的发展比音乐知识的获得更重要。我在不挑选孩子的情况下,认真探索如何发展幼儿自身的才能,并促进幼儿多方面的发展。教师要让幼儿在接受知识的同时着重发展能力,提高素质,重视人格建构,重视培养幼儿的创造意识、探索精神。将每个幼儿都看成是有着自己的成长和发展方式、速度的独特个体,教师设计的活动、制订的目标都要注意估计到幼儿的能力、发展及学习方式有不同的水平。教师要追求长远效应,并能发现幼儿蕴藏着巨大的潜能,尽力在交往和活动中发展幼儿的自我价值感与学习积极情感。

(二)教育内容

以往的音乐课程内容选择欠妥当,造成幼儿的实际需要与成人所提供的教学不合拍。教师提供的歌曲、舞蹈等多数都是从成人的立场出发选择的内容,都是追求现实功利的,希望收到立竿见影的、即效的、短期的效果。

在音乐课程内容的选择上,教师首先应了解幼儿的发展水平及需求。我在改革实践中发现幼儿实际的需求是带有童稚的、孩子气的东西,即童龄妙音、童龄妙语、童龄妙舞、童龄妙画。他们是从本能需要的立场出发,追求天然的、本能的、自发的、游戏式的、趣味式的东西。因此,我从选择音乐最基本的结构要素入手,编制了台阶式、递进式的活动目标及内容,由浅入深、由易到难、由简到繁、由近到远、由具体到抽象的音乐游戏及音乐活动,从幼儿生活范围里选取适当的内容,使幼儿理解,并能运用音乐的手段加以表现。幼儿个个积极参与,兴趣盎然。改革中的音乐活动内容并不是都有现成的可直接给幼儿的,虽然我编制了许多音乐活动内容,但有许多都需要教师综合运用各学科的教育手段来进行,与幼儿共同努力去探索、挖掘和思考。如"春游之声"(或娃娃去春游)这一活动,就需要教师引导幼儿回忆春游过程,总结春游途中对春天的感性认知,运用语言清晰明了地表述,让幼儿通过图画将过程描绘出来。在幼儿与教师的共同讨论、实践中,幼儿选择各种不同音色的乐器,敲奏出不同的节奏,最后创造性地用音乐的形式再现。

（三）教学方法

以往教师在音乐活动中教的意识强,完成成品的愿望迫切,很少考虑幼儿的思维。教师较多地运用消极的方法,让幼儿为了教师的教而学,无论是说话、唱歌、打节奏乐、舞蹈等,都是不断地练习、练习、再练习,机械地进行训练。通过大量练习使幼儿牢固地掌握知识,但这些牢固的知识很难被幼儿运用到新的情境中。原因在于教师运用示范—模仿法太多,而且时间过长,对幼儿来讲模仿是需要的,但必须较快地过去,引导幼儿进入探索期。如果一直使用模仿法,幼儿思维模式容易僵化,到最后想带幼儿进入探索期时,幼儿会遇到许多心理障碍;常会出现离开了教师的教就束手无策的现象。因此,创作对幼儿来说更是遥不可及了。

现在的音乐教学活动中,教师首先考虑的是为了幼儿的学而教,采用积极的方法,努力做到通过教而达到不需要教的目的,不再通过单纯的重复去掌握知识,而是通过解决各种各样有趣的、有意义的课题来掌握知识。如引导幼儿自由选择各种不同音色的乐器,编出相应的节奏来表现"变化的天气"、"我们去秋游"、"我的一天"等等。幼儿将获得的有关音乐知识(音高、力度、节奏、音色、曲式)都在新情境中运用起来。现在音乐教学中运用了各种方法:探索发现法,听辨模唱法,感受体验法,情感陶冶法,操作尝试法,综合运用法……等。这些方法取代了单纯的示范、讲解、模仿。注重幼儿通过对物体的操作摆弄(乐器、道具)等感性活动,去真正理解知识。现在幼儿在音乐活动中,人人能敲奏各种乐器,尤其是争着在木琴上敲奏熟悉的歌曲。如果是教师讲解示范的方法,幼儿只能获得感知经验,而感知经验对音乐能力、素质形成是无能为力的(以往音准感的培养是个难题)。所以,操作摆弄乐器、道具是幼儿获得音乐知识、锻炼能力的有效方法。在音乐活动中非常强调教师创造性地教,幼儿创造性地学,这样才能使幼儿充分发挥自身的潜力,如创编歌词,创编乐曲、歌曲、舞蹈等,这些技能技巧的培养是在幼儿理解独创概念之后出现的。幼儿渴望充分地表达自己能表达的东西,他们自然地、个别地在区角活动中进行探索、创造。

（四）教学过程

以往的音乐教学活动大多重结果轻过程,教师单向发挥作用,大部分时间用于指导集体教学,幼儿大部分时间花在消极地坐、听、等待上。故而束缚了幼儿双手与大脑,禁锢了幼儿的思想与情感,教师不注意创设环境与提供材料,即使有节奏乐器也是难得给幼儿操作,有了铝板琴也敲不出歌曲,内容与材料没配套。幼儿难以自己去体验,自己去领悟,自己

去发现，自己去探索。幼儿缺乏探索意识与安全感，缺乏主动性、积极性，更谈不上创造性。幼儿为了学会教师所教的内容而感到困难，感到苦恼。教师在活动中控制着幼儿干什么，怎么干，大部分时间花在强调规则上，惩罚不受欢迎的行为，贬低做错事的幼儿，让许多幼儿静坐着等待，原因是教师没能引导幼儿在活动中自己去解决问题。

现在的音乐教学活动应该注重教学过程的设计，但也不能忽视教育结果，特别是要重视教学过程中的师生双向作用。音乐教学活动大多数显性的结果关系到知识和技能技巧的获得，如歌唱得好不好、舞跳得美不美……但教育所需要达到的远不止这些，对促进幼儿的发展来说，还有许多非音乐性的隐性结果不可忽视，如幼儿的学习态度、情绪、相互合作、自信心、成功感、坚持性……其实在幼儿认真参与活动中，他们的学习态度、听辨音乐的能力、大胆表现、成功的喜悦，这些结果一直形成于教育过程之中。因此，注重过程并不意味着可以忽视结果，更不能理解为只有忽视结果，才能注重过程，这两者是不可分割的，但如果你能注重教育过程，真正发挥师生双向作用，那么必定会收到良好的结果。

幼儿在探索——发现、操作——尝试、感受——体验、即兴——创作等活动中，从自发性学习进入自觉性乐感的形成，这不是一个简单过程，不能一蹴而就，要经过多次活动才能实现。幼儿的发展水平不同，所需的时间和采用的方式也不同，有集体操作的方式——起到互相迁移促进，有个别操作的方式——让每个幼儿以适合自己的方式和速度来建构音乐经验。教师在这个过程中的作用是综合幼儿间的个体差异，作有针对性的指导、点拨。

首先，激励幼儿积极自信地参与音乐活动。让他们在已有的知识经验基础上开始走进音乐，从最简单的、最基本的做起，如听唱 sol、mi、la；听着音乐随着节奏学说自己的名字；学唱《自己吃饭》歌曲；再到生活中去寻找高高低低、快快慢慢、轻轻响响的声音。幼儿一举手一投足立即能行动起来。在区角活动中，幼儿都有机会通过音乐表达美和欣赏美。因为，那儿放置了许多能供幼儿操作的木琴、铝板琴和小乐器。幼儿能在参与的过程中充分享受各种形式的音乐活动，从中认识自己的能力，建立自信。

其次，尽力将注意力集中在幼儿活动过程中，使之体会到音乐活动的乐趣，如幼儿扮各种小动物听音"找家"，使刚步入音乐活动的幼儿能在愉快的情绪中较轻松地听辨 sol、mi、la 的音高。教师要注意力高度集中地去观察分析幼儿产生听辨的困难何在，然后以极大的耐心加以指导，"等待"幼儿在一次次音乐游戏过程中通过自己的努力真正听准找对"家"。让幼儿通过观察，与周围人及实物相互作用，尝试着自己去解决具体问题。他们就可以在原有基础上又提高一步。

最后，不要求幼儿立刻把音乐成果创作得完美无瑕，幼儿在探索、创作过程中的东西必定是稚拙的、带有孩子气的，那才是幼儿自己的东西。这时，教师的作用在于观察、倾听幼儿的言行，然后加以点拨，使幼儿在过程中不断提高。如在幼儿随音乐自由想象动作的过程中，我不着力于幼儿动作的漂亮，而着重于观察其形态、倾听其想象，然后进行点拨提高。又如：幼儿在木琴上敲奏乐句，一开始完全是无意识地摆弄，只是用小棒在琴上敲出音来，教师不能着急："这像什么音乐"。必须明确：幼儿是在"做"和"在动作中理解"的过程中不断完善起来的。幼儿开始通过摆弄音块尝试乐句敲奏时，他所应用的大部分结构是无意识的，但已能有所作为了，而他要真正"感觉到"乐句的出现，则是在敲奏摆弄动作很久以后的事。因而，幼儿就是在玩中学的，应有一个过程，教师应耐心等待，而且一开始建构出来的东西一定是简单的不像样的。教师如能认识到这点，就能保护幼儿的积极性，使之获得一种安全感，逐渐让幼儿从不像样趋向像样。在这样一个从不成熟到成熟的过程中，幼儿不断得到改造，日趋完善，从混沌到分化，从认识外在现象向认识内部本质发展，实现从量变到质变的飞跃。

（五）教学评价

以往的音乐教学活动中，教师只重视幼儿是否掌握教师所给的知识与技能，如歌曲会唱了吗，乐队的节奏敲齐了吗，舞蹈动作跟教师教的是否一样……原因就在于：教师没有真正成为幼儿自主进行音乐活动的支持者、发掘者，只是个命令者、指挥者、监督者。教师较少去考虑如何帮助幼儿在活动中获得成功感，增强自信心，激发兴趣，以及帮助他们形成良好的、正确的自我概念。教师不了解幼儿，也不观察幼儿的需要，只是用一个预先确定的标准来评价幼儿，希望所有的幼儿都能完成同样的任务、形成相同的技能。教师将大量时间花在评价幼儿是否遵守规则上，惩罚或贬低做了错事的幼儿，让许多幼儿静静坐着等待教师处理纠纷。

现在的音乐教学活动中，我重视了整体性的评价，教师角色应是个组织者、引导者、协作者、发掘者。

首先，重视幼儿从事音乐教学活动的情感因素，重点讲评幼儿活动过程中所感受到的愉悦情绪体验，帮助幼儿建立自信，获得成功感。发现幼儿的闪光点并加以肯定，如幼儿在进行多声部儿歌轮念、轮唱、轮奏的系列游戏活动中，真正感受到我是集体中的一员，我错了小组就输了，一个小组错了，全班六组也就失败了。我尽力用正面评价鼓励幼儿发展自我控制能力，当游戏未取得成功时，我就通过提问或提出建议，让幼儿进行思考、实践，鼓励幼儿最后通过努力合作而取得成功。因而，在这些活动中使那些顽皮、注意力不集中的幼儿都增强了自控能力。

其次，评价中重视幼儿的探索与创造。我允许幼儿有不同的答案，鼓励其能从自主解决问题和实践中学习，营造一种相互讨论的气氛。因为，幼儿在参与活动的过程中，不断进行自我学习，他们的音乐素质（及各方面的素质）"种子"在教师创造的适当的环境中，自然会生根、发芽、开花、结果。教师一定要了解幼儿身心发展的特点，再进行评价，使每个幼儿"花朵"都渐渐绽开。如一次我让幼儿欣赏一段抒情乐曲，引导幼儿想象并作画（中班）。在评价时，幼儿相互交流、讨论。有个幼儿提出："王伟画的太阳不对"。我一看，哦，原来他把太阳画有尖尖头，但我不是轻易否定，而是让王伟来说说自己的想法。他慢条斯理地说："我没画错，国庆节我去宁波乡下玩，在船上看到日出，我画的是太阳从水里跳出来的时候，下面有点尖的。"这时，其他幼儿都认真地听他讲着大海上的太阳的故事……又如五个幼儿在敲奏歌曲《好朋友》时，速度总跟不上琴声和歌声，而且常敲错音，我没责备，也不直截了当急于指出他们的问题所在，而是引导幼儿共同进行评价，通过观察比较，让幼儿观察两种方法的敲奏，评价运用哪种方法敲奏好。我先模仿幼儿敲奏的方法（将手中的两根棒锤离音块高高的），再用正确的方法演奏（手中的两根棒锤离音块低低的），引导全体幼儿仔细观察，帮助他们寻找原因。这一下全体幼儿个个聚精会神地看，不一会儿讨论开了，最后终于找到关键点：敲奏时棒锤应离音块低一些，这样容易敲准，速度也跟得上。幼儿通过观察辨析，终于解决了敲奏技巧上的问题，而且使每个幼儿受益。因而，我在评价中较注重调动、

推进幼儿与材料、成人及同伴间的互动，评价的效果是能激励每个幼儿动起来、思考起来。评价中要重视发现幼儿的独特见解，培养幼儿与教师讨论的勇气。因此，教师应接纳所有幼儿的音乐创作方式，接纳所有幼儿的音乐创作作品，鼓励幼儿大胆创新，以增加幼儿主动参与活动的兴趣与信心，幼儿一定会积极主动，人人都会得到发展。

二、现代音乐教育中教师应转变的观念

基于上述的音乐教学活动中应确立的观点，我认为教师教育观念的转变是教改的关键。

(一) 重视幼儿整体发展——从知识技能训练转向对幼儿素质、能力、个性的培养

音乐教育的目标指向是培养和塑造人的个性、才能和创造性，通过音乐活动对幼儿进行综合整体的素质教育。音乐教育的首要任务，应该是为大多数的将来不是音乐家的孩子着想，帮助他们并使他们也能参与音乐活动、能成为积极的参与者和有一定水平的音乐欣赏者，能从音乐中享受到乐趣，锻炼能力，提高素质，发展个性；同时，也必须为今后能从事音乐艺术的孩子打下良好的基础。

教师不应把眼光盯着挑选条件好的天才孩子身上，应着力在教育过程中寻找、探求如何发展儿童自身的才能，寻求培养的方法，然后把这些培养手段引进教育教学中。因为教育的任务不仅是要教给孩子掌握学习的方法，更重要的是发展幼儿的能力，注重帮助幼儿自我教育与相互教育，培养幼儿的创造意识、探索精神。教学的根本任务是发掘每个幼儿潜在的创造能力并促使这种能力的发展。

改革中的幼儿音乐教育应做到"今天的教是为了明天的不教"，在教学活动中让幼儿自己去感受、理解、表现音乐。幼儿通过自己的音乐实践活动主动积极地探索知识，从而提高素质，发掘潜在能力，培养个性。如中班幼儿从敲击并听辨两个物体的声音中悟出"声音是有高低区别的"；接着幼儿听辨、模唱、敲击由 sol、mi、la 三个音组成的简单乐句，如 <u>53</u> <u>53</u> | 6 — | 3 5 | <u>66</u> 5 |……这即是幼儿的创造了，以后再加上 do、re、fa、si 等音。到中班末期与大班上期时，幼儿将会在音块上敲奏自己学唱的歌曲，而且对他们来讲是一件既有兴趣又轻松自如的事情。在这许许多多的活动中，发展幼儿的注意力、记忆力、观察力、思维力、想象力、创造力，培养其探究知识的能力、与同伴合作的能力以及大胆地在集体中操作尝试的勇气，使之充满自信心……这种教学着眼于幼儿的未来。在教学中可能会感到起步很慢，但这过程中幼儿所获得的点滴知识都不是教师"灌"的，而是自己探求到的。这恰恰是最重要的。

(二) 强调幼儿学习过程——从研究教师的"教"转向研究幼儿的"学"

不光要研究教师怎样教，而且要研究让幼儿学会学习的方法。过去重视教师的教，而忽视幼儿的学，实质上是用自己的思维方式强加于幼儿，限制了幼儿的思维和创造能力发展。这里牵涉到一个"教会"与"学会"的关键问题。"教"是为了"学"，教师应当观察了解幼儿的年龄特点及身心发展阶段的需要，探寻幼儿学习的奥秘与规律，努力做到为了幼儿的学而教。教师应当从幼儿的原有基础出发，诱发他们进行独立思考，并给予他们机会发表自己独特见解。教师在教学过程中要善于敏锐地发现幼儿的探索思维能力，发掘其创造力，并使个别幼儿身上的闪光点变成全班幼儿身上的闪光点，让幼儿有充分的自信心和成功感，从而自觉去谋求知识并创造性地加以表现。如幼儿在掌握力度的强弱基础上，探索有力度起伏作画，反映出他们各自的理解。（例如：有人在打呼噜有力度起伏；房子屋顶的

不同高低,有力度起伏等)然后引导幼儿通过想象,用动作将力度的起伏表现出来。如:幼儿表现大海波浪、风中柳树、飘动的气球……也许有的动作不一定使成人满意,但这样的教学强调了对幼儿"学"的研究。因为教学过程是体现幼儿知、情、意、行的心理活动过程,也是幼儿掌握知识技能的认知活动过程。抓住学习过程的研究,有利于了解每个幼儿的理解能力、思维能力 探索能力及创造能力,有利于幼儿知识、技能与个性的培养。很可能在短时间内不能马上见效,但对幼儿是起着潜在的影响,是着眼于幼儿的未来。

(三)注重幼儿主动活动——从教师决定一切转向以幼儿为主体、教师为主导的双边活动

以往的教学即使是教师采用启发式提问,但最后幼儿还得服从教师的意图,虽然幼儿对音乐有兴趣,可在学习过程中总处于被动情绪之中。

现在教师应重视环境创设,给幼儿提供丰富的材料。教学活动中,幼儿在教师的组织引导下成了学习的主人。教学活动不仅建立在尊重幼儿内在的独立和健康成长的基础上,而且还为幼儿的未来着想,鼓励幼儿有自己的思考方法、独立见解、个性特点,充分发挥其主动性和积极性。教师在教学中的角色是个组织者、引导者、协助者、发掘者。教师不再是单向地传授知识,而是为幼儿创设环境、提供材料,从"问题情景"、"问题材料"出发,在教师主导下幼儿探索性、创造性地学习。当然必要时也有讲授或示范模仿式教学。音乐本身是一种表现艺术,首先要让幼儿对音乐有自己的感受。鼓励幼儿在演唱、指挥、演奏、表达中自己去探索,去探寻思维的方式。教师为其创设环境,让其在唱、跳、听、敲、想、画、编、讲的活动过程中提高音乐素质,锻炼各方面的能力,激发其学习的主动性、积极性、创造性。如:引导幼儿探索卡农曲式,组织全班幼儿参加游戏,36人分成六组,边念儿歌边转圈走步。这种游戏活动既训练幼儿保持清醒的头脑,又培养幼儿协调的动作,并使其在群体活动中认识自我,他们渴望大家合作成功,个个兴味盎然。幼儿在纸上画了各种画表示自己对卡农曲式的理解,在此基础上再引导幼儿进行二组、三组的轮唱或在六只音条乐器上进行轮奏已不感到困难了。活动中每个幼儿探索创造的机会多,知识不断积累,创造思维不断发展。

在改革实践中,我认识到教师教会幼儿动脑筋,敢于表现自己,这才是教育的根本。从小养成幼儿自己学习、动手创造的能力和习惯,这种独立思考和具有自信的个性可以为幼儿今后的学习奠定良好的基础。教师要尊重每个幼儿,相信幼儿的探索能力与思维能力,努力为其创设一个适应他们发展的良好的心理环境,使每个幼儿感到自己是集体中的一员,相信自己的能力并敢于表达自己的见解。经常采用这样的教学形式,幼儿不但能牢固掌握知识,而且学习主动积极,创造性也越来越强。他们的创造往往超过了教师的估计,他们参与活动的兴趣和积极情感不断增强。

三、现代幼儿音乐教育中教师应具备的素质

(一)敬业

对幼儿教师来说,热爱事业、热爱孩子是搞好教育工作的先决条件。教师必须具备良好的师德,树立正确的教育观、儿童观、发展观、整体观,用真挚的情感去爱每个幼儿。在音乐教育活动中,更应去关注那些天赋条件较差的幼儿,使他们能通过音乐教育发展得比原来灵巧聪慧。

光有爱的情感而没有爱的艺术是不行的,为了事业、为了孩子,教师要刻苦钻研业务,

精益求精，注重在实践中寻找规律，练就一套过硬本领，并树立终身学习的观念，不断完善自己。长期以来，教师均被比喻成"春蚕""红烛"，可这只是强调了教师献身精神的一方面。用发展的观点看，丝越吐越少，吐完了怎么办，蜡越燃越短，燃尽了怎么办，"春蚕到死""蜡烛成灰"的境界是高尚的，但还不够，除了勤勤恳恳献身事业外，教师还要孜孜以求不断充实，把对教师这一职业的认识与教师本人的自我认识提到更高层次上，这是一个重要的观念更新。它为教师的自我完善提供动力。另外，教师在师生双边活动中也会认识到教学相长的道理，幼儿对教师也常会起着激励与促进的作用。教师在引导幼儿从不会学习发展到学会学习的过程中，享受着发现自我的乐趣，体会到自己在社会中的价值，认识到教育事业的重要性，看到自己的教育成果，从而加强自己的事业心与责任感。他会自强不息，永不满足，认识到昨天的正过去，明天的还未来到，重要的是今天，从现在做起，不断对自己提出下阶段目标。如当教师从学生的发展中看到自己的不足或发现自己在某一方面已不能适应教育事业发展的形势时，教师会从幼儿的教学反馈中寻找到努力的方向与前进的动力。这是教师自我完善的重要途径。

幼儿教育是面向未来的事业，幼儿教育是人才培养系统工程中的奠基工程，每个现代人都将从这里起步，幼儿教育这项事业是用生命去照亮的，同时它也照亮了生命。

（二）求实

全面提高教师的素质是幼儿园音乐教育的关键。这里指的不单是教师唱、跳、弹、奏的技能技巧，一般经过学前教育专业学习的教师均能胜任。在音乐教育活动中更强调的是教师有悦耳的嗓音，亲切的教态，感情真挚的唱歌和表演动作，因为幼儿注意的并不是单纯的技能技巧，而是教师对他的态度与情感。所以，在音乐教育活动中真正能达到促进幼儿全面发展的是教师的教育技能。最重要的是要求教师不再单纯向幼儿传授知识技能，而是根据幼儿的不同情况，创设相适应的环境条件，调动幼儿的主动性、积极性，并做到"面向全体""因人施教"。换句话说，就是要从过去的以传授知识技能为主的教育，转到素质教育轨道上来。这是幼儿音乐教育中根本性的转变，教师不仅要加强理论上的学习，还应将理论付诸实践，并在实践教育过程中落实到幼儿的发展上。如何使教育目标到位，不光能说还要能做，真正做到从知识技能训练转向培养幼儿的素质、能力和个性，从只研究教材、教法转向研究幼儿的学，从只注意少数幼儿转向研究全体幼儿，从只注重备课设计教育活动转向研究教育过程中教师的教育行为……必须提高教师的整体素质，不但要掌握音乐教育的原理与方法，还必须提高教育艺术，能按照音乐教育的特点与幼儿身心发展的规律开展教育教学活动，才能使音乐教育收到良好效果。

1. 教育技能的提高

苏霍姆林斯基曾讲过："教育技巧的全部奥秘也就在于如何爱护儿童。"对一个教师来说，不仅应对幼儿有亲切的态度与笑容，更需要把对幼儿的"爱"化成具体的教育行为、教育手段，去了解和亲近幼儿，采取适当的教育内容和方法，调动幼儿主动性，推进其各方面发展。

教师要提高观察与评估的能力。不但在理论上认识教师是儿童活动的观察者、指导者，应具有敏锐的观察力，随时了解幼儿并能给其适时适量的帮助，而且在操作过程中要作为幼儿的伙伴介入参与幼儿活动，通过观察幼儿活动过程，发现幼儿的问题，然后根据幼儿的情况对其所进行的活动给予纠正、解释、批评、表扬、建议等简短的指导，或调整自己的教育教学策略，这样才能很好地进行师生共同的双边教学活动。只有仔细地观察评估，才能使师生间信息及时得到反馈、调整。观察是了解幼儿最直接的方法，教师应不断增强自己的观察意向，并以科学的态度实事求是地观察和评价每个幼儿，通过幼儿的外部表现迅速准确地把握幼儿心理活动，发现幼儿的个体差异，因而观察了解幼儿是音乐教育过程的开端与基础，评估是教育过程中不可缺少的重要环节。

教师要提高创设、利用环境的能力。应围绕音乐教育目标与幼儿发展需要创设环境。如提供乐器、木琴、铝板琴等，并能吸引幼儿与环境发生作用，内化已获得的知识，将知识转化为能力。如幼儿参观城隍庙后，编唱歌曲《逛逛城隍庙》，用动作创造性地表现城隍庙的所见所闻……教师应注意创设良好的精神氛围，使幼儿获得一种安全感，自信、积极地参与活动，使师生关系和谐、信任、平等。教师应多为幼儿考虑，如教师站的角度位置是否每个幼儿都能看到，设计的活动是否贴近幼儿的生活经验，提出的要求是否能使幼儿理解等。

教师要提高传授知识的能力，教师应思考的是启发引导还是灌输知识，教师不但在理论上要认识到学前教育的目的观是培养幼儿的创造力等，教学观上注重探索发现法教学等，学习观上认识到幼儿是主动学习的等，而且在操作过程中，不应将幼儿当容器硬灌知识，而应在启发引导中让幼儿产生认知冲突，进而激发幼儿兴趣，让其思考，主动获取知识。怎样启发引导是个重要问题，这里包括教师的"语言"及"提问的技巧"，这些均是关键。教师应鼓励幼儿表达自己的看法和意见，扩展自己的思维，让其展开想象的翅膀，具有创造的意向，达到知识技能、素质培养统一，使之在不知不觉中获得知识，发展能力，获得情感，形成态度。

教师应提高组织和设计活动的能力。建立必要的常规，是组织活动的保证，既要强调幼儿的主体性，又要建立必要的常规，坚持正面教育，以幼儿喜爱的形式与方法反复练习，循序渐进，帮助幼儿养成良好的习惯，如音乐活动中听的习惯、自由动作的发挥等，努力做到"放得开，收得拢"。有了常规的保证，教师设计的活动才能正常进行，教师应以教学游戏化、游戏教学化的观点设计组织音乐活动，引发幼儿参与活动的动机与兴趣，让幼儿在集体活动、小组活动、个别探索过程中，充分发挥主动性、积极性、创造性。教师应随时根据音乐活动的目标，对幼儿进行随机教育，努力在"推进幼儿发展"上下功夫。

2. 音乐素养的提高

音乐素养对幼儿教师来说是必不可少的基本素养。音乐素养是指音乐方面的素养及修养，主要包括音乐理论方面的素养、音乐欣赏方面的素养、音乐表演方面的素养，以及幼儿音乐教育方面的教育技能素养。幼儿教师具有良好的音乐素养才能在教育中采用更为合适的方式方法和灵活多样的教学手段，在给幼儿知识技能的同时又能促进幼儿全面发展，有利于幼儿美感的发展和整个心理生理的健康成长。

幼儿的生活离不开音乐，也可以说幼儿的生活应该是充满音乐的生活，吃饭、穿衣、睡觉、盥洗、劳动等均可在音乐伴随下进行。教师如能注意到这一点，就能使幼儿得到潜移默化的美的熏陶，使幼儿在音乐中领悟美，使音乐的力量渗入幼儿的心灵，培养其高尚的情操和品格。教师具有良好的音乐素养，有利于与其他学科结合，互相促进，将音乐与语言、体育活动、常识、计算、德育及美术活动相结合，使教学取得更佳效果。教师能运用各种知识

编成儿歌再谱成曲,引导幼儿创编动作,组织幼儿将日常生活中的内容创编节奏乐等,运用各种教育手段促进幼儿全面发展。

幼儿教师必须掌握最基本的乐理知识,熟悉掌握简谱和五线谱的记谱法,了解简单的和声、曲式,以及有关的作家、作品、乐器等方面的知识。幼儿教师必须具有理解、感受、欣赏音乐艺术的能力,要听赏并了解大量的、各种形式的中外名曲、幼儿音乐方面的作品,应有选用各种音乐材料并指导幼儿欣赏音乐的能力,这样才能体现和发挥音乐对幼儿的教育作用。

幼儿教师必须具备表演方面的素养。应掌握正确的歌唱方法和弹奏方法,并能正确处理和表现歌曲,用自己的歌声、动作感染、激励、教育幼儿,同时又能为幼儿的歌舞、打击乐器作即兴伴奏。另外,还应具备创作和改编音乐作品的能力、创编歌舞的能力以及为打击乐配器的能力。幼儿教师必须加强学习,结合我国国情广泛吸收国外各种先进音乐教育理论(如奥尔夫体系、体态律动、柯达伊体系、铃木体系、美国"综合音乐感"等)把幼儿音乐教育水平提到更高层次。

（三）创新

21 世纪需要的是富有创造性的人才,教师要通过艺术教育挖掘孩子的创造力。要做到这一点,教师必须努力使自己成为一名富有创造性的教师,不断地通过教师创造性地教,去引导幼儿创造性地学,想方设法设计能充分发展幼儿创造性的活动。教师应努力营造形成集体的创造气氛,鼓励幼儿的点滴新颖想法和独特见解;培养幼儿进行创造活动的自信;创设环境,让幼儿去寻找问题和解答问题,并及时给予热忱的鼓励与肯定,帮助幼儿正确对待创造中遇到的挫折;激发、培养幼儿的创造动机,促使幼儿获得成功……这些均需要教师在教育过程中去探索、去创新,探寻最佳的教学策略。因此,教师应勤于学习,学习国内外先进教育理论;勤于思考,经常琢磨着这些理论怎样才能为我所用;勤于实践,努力在师生双边活动的教育过程中耕耘,走出自己的一条"新路"。

六、综合活动案例

 小小手

表现形式 主题内容 音乐元素	听辨活动	歌唱活动	韵律活动	打击乐活动	欣赏活动
音高	mi 和 sol 来做客（复习）				
节奏	说说小手的本领	小小手（新授）			
力度					
音色					
曲式					

设计依据

歌曲《小小手》是"我的身体"主题中的一个组成部分。在这个主题中,老师通过各种活动引导幼儿多维度地将有关"身体"的经验进行梳理及表现表达。而"小手"对于孩子来说,是与自身活动最密切也最容易表现的一个身体部位,因此选择"小手"作为切入点,展开"主题"。本活动充分利用音乐的途径,通过说说、唱唱、歌词创编等方式引导幼儿表现主题。

活动方案

一、活动目标

1. 在会唱歌曲《小小手》的基础上,尝试仿编歌曲中节奏语言部分。

2. 在听听唱唱、敲敲动动中进一步感知其音高。

二、活动准备

1. 用图画的形式将小手的本领描绘出来。

2. 会唱歌曲《小小手》。

三、活动流程

（一）说说小手的本领

T:小手有很多本领,我们把本领都画下来了,给大家看看。

（出示幼儿的作品,选择其中的四张请幼儿分别用节奏语言介绍。）

T:我们开着小火车把小手的本领告诉大家,火车站长会发信号说:

小手｜小小　手｜小小　手儿｜真灵　巧｜,等站长发好信号,你们就把小手的本领装进

车厢。

例如:师： 小　　手｜小小　手｜小小　手儿｜真灵　巧｜

幼1：会扫　　地｜

幼2：会弹　琴｜

幼3：会洗　碗｜

幼4：会打网　球｜

(再次游戏,全体幼儿根据选出的图片一起用节奏语言介绍。)

(二)唱唱小手的本领

1. 完整演唱

T：刚才我们说了小手的本领,现在让我们唱唱小手的本领。

(引导幼儿用整齐的声音演唱歌曲。)

2. 仿编歌词

T：小手除了会跳舞、会画画、会穿衣、会吃饭,还有很多本领,让我们边说边唱来介绍(选择四张图画进行仿编)。

(三)小手敲音块

T：小手的本领真大,不仅会穿衣、画画,还会敲音块,谁愿意来试试,把《小小手》歌曲敲出来。

(鼓励幼儿用音块敲出歌曲旋律,其余幼儿帮助其唱旋律音高。)

操作提示

在最后环节,老师可先请一名能力强的幼儿敲琴,其余幼儿唱音高旋律,起到示范作用;接着逐渐增多参与幼儿的数量,从两名到四名到六名,让每个孩子都有机会参与游戏。

在鼓励幼儿敲琴时,老师不要过于在意幼儿操作的结果,以对或错做为评判幼儿敲琴的标准,而是要鼓励勇于参与的幼儿,只要愿意参加就是好样的。

 小鸟捉虫

表现形式 主题内容 音乐元素	听辨活动	歌唱活动	韵律活动	打击乐活动	欣赏活动
音高					
节奏					
力度					
音色			快乐的小鸟 (复习)		
曲式					小鸟捉虫 (新授)

设计依据

在可爱的动物主题活动中,幼儿积累了许多有关小动物的经验,其中鸟和人类的关系十分密切,它是和平的象征、人类的朋友,是环保使者。因此,在孩子已有生活经验的基础上通过音乐欣赏,以及动作表现小鸟捉虫的故事,进一步萌发幼儿爱护动物的情感,同时通过律动游戏"快乐的小鸟",让幼儿运用身体动作表现音乐,培养幼儿对音乐高低变化的感受能力。

活动方案

一、活动目标

感知音乐高低变化,根据音乐想象小鸟活动的情景,尝试大胆用动作表现,体验动作创编和表现的快乐。

二、活动准备

1. 小鸟飞、捉虫的PPT。

2. 音乐CD。

3. 小鸟头饰若干。

三、活动过程

(一)快乐的小鸟

T:森林里有一群可爱的小鸟,你们听它们在干什么?

(安静的音乐,引导幼儿想象小鸟在睡觉。)

T:清晨小鸟醒来了,听着音乐跟着妈妈飞到树林里去。

T:小鸟飞来飞去想把春天来了的消息告诉伙伴,小鸟是怎么飞的?

(引导幼儿动作表现小鸟飞翔。)

(二)小鸟捉虫

1. 完整欣赏

T:小鸟飞累了休息一下,鸟妈妈请小鸟听一段音乐,听听想想音乐里的小鸟可能在干什么。

(完整欣赏音乐,鼓励幼儿想象音乐的情景,尝试用语言表达。)

2. 再次完整欣赏

T:音乐里的小鸟在告诉我们它做了三件事,捉虫、自由飞翔、高高兴兴飞回家,你们听听哪段音乐代表哪件事?(再次完整欣赏)

3. 分段欣赏

(1)听赏第一段(自由飞翔)

T:这段音乐小鸟在干什么?(出示相应图片)

(2)听赏第二段(小鸟捉虫)

T:这段音乐有变化吗?小鸟在什么地方干什么?(出示相应图片)

T:小鸟怎么捉虫的?(引导幼儿创编小鸟捉虫的动作)

T:我们和小鸟一起去捉虫。(幼儿跟着音乐动作表现)

(3)听赏第三段(小鸟高兴地回家)

T:小鸟学到捉虫本领后发生什么事?(出示相应图片)

(4)完整欣赏

（再次完整欣赏，老师配合音乐解说。）

4. 动作表现

T:我们听了乐曲，里面的小鸟在干什么？我们跟它一起去捉虫吧。

（鼓励幼儿带上头饰，用动作表现三段音乐。）

操作提示

老师可赋予音乐于游戏的情景，在分段欣赏后配合音乐用语言对音乐进行描述，一方面对分段欣赏时的零散想象做一个梳理和总结，另一方面为幼儿将音乐转化为动作表现提供具体的情景。例如：春天到了，树叶发芽了，花儿开放了，小鸟放声歌唱，歌唱春天多美呀，唱着唱着飞出了鸟窝。小鸟想：它要学习捉虫的本领，它在地上轻轻地跳着找着，哟，找到了一条虫子，小鸟学会了捉虫的本领，它要赶快回去告诉妈妈。小鸟张开翅膀飞回自己的鸟窝去了。

在鼓励幼儿根据音乐动作表现时，老师做个有心人，及时发现幼儿创编得好的和别人不同的动作，将这些动作在集体面前展示，与同伴分享，引发不断创新的思维火花。同时，老师对幼儿的动作做适当的提升，引导幼儿配合节奏，注意方向，让动作来自幼儿、返回幼儿。

 快乐一家人

音乐元素 主题内容 表现形式	听辨活动	歌唱活动	韵律活动	打击乐活动	欣赏活动
音高		你的家有几个人（复习）			
节奏	我的家人本领大（复习）全家游（同"音乐路牌"）		走路（复习）		
力度					
音色					
曲式					

设计思路

1. 主题背景方面

我们近期的主题是"我爱我家"，孩子们带来了自己家庭成员的照片、介绍了自己家人的本领等，通过各种形式的活动，体验到了与家庭成员之间"爱"的情感，而音乐又是抒发情感的很好的途径，因此想利用音乐的语言进一步激发幼儿更深层次地体验"我爱我家"的情感。另外，恰逢"元旦"，孩子们和爸爸妈妈都外出游玩，因此，"全家游"的音乐游戏也是来源于他们的生活经验。

2. 经验提升方面

我们班级的孩子们在节奏表现方面已经积累了一定的经验,能用手拍出各种节奏。在此基础上,一方面引导他们尝试手、脚、耳并用,进一步发展节奏素质能力,同时也促进他们动作协调、注意力及反应能力的提高;另一方面,通过将目标融合在游戏中,引导孩子们观察发现"音乐路牌",自主探索节奏,摆脱老师直接教授节奏、幼儿模仿的枯燥模式。

3. 表达表现方面

中班孩子的表达表现愿望在不断上升,他们很喜欢模仿角色、扮演角色,特别是家庭成员,每次角色游戏娃娃家总是他们的首要选择。因此,一方面,结合歌曲、游戏的形式,通过集体活动中的角色扮演,让他们进一步体验到满足;另一方面,则为他们在集体面前大胆表现表达提供机会。

活动方案

一、活动目标

1. 引导幼儿通过自主探索,尝试将图谱转化为有节奏的动作并配合音乐表现。
2. 通过情景游戏进一步激发幼儿"我爱我家"的情感,体验装扮的快乐。

二、活动准备

1. 已有经验

(1) 对用手脚表现节奏有了一定的经验。

(2) 会唱游戏歌曲。

2. 材料准备

(1) 音乐磁带、图谱。

(2) 妈妈、爷爷、宝宝的图片。

(3)《全家福》的版面布置。

(4) 装扮道具:公文包、拐杖、眼镜、彩色围巾、时尚小包、小弟弟帽子、小妹妹蝴蝶结、假发等。

三、活动过程

(一) 节奏"我的家人本领大"

T:(出示全家福版面)这些都是谁的全家福?

T:我们坐上音乐火车介绍一下,不快不慢正好坐上车!

(二) 歌曲《你的家有几个人》

T:家里有这么多人爱你,到底有几个人呢?我们唱一唱、数一数。

T:谁想来介绍一下他家里有几个人?(幼儿对唱)

T:数数我家有几个人。(师生对唱)

(三) 游戏"全家游"

1. 路线一

(1) 情景导入

T:天气晴朗,全家出游,想到哪去玩?

(2) 提出任务

T:我们自己看音乐地图寻找目的地,看好地图走,别迷路。

(出示图谱一,引导幼儿观察手脚的配合规律。)

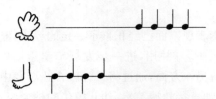

T:上面是谁指路? 下面是谁指路? 小手拍几下? 小脚跺几下?

(3)幼儿根据图谱及音乐动作表现

T:我们听着音乐出发吧!

(引导幼儿将图谱动作与音乐配合。)

2. 路线二

T:还想和家里人一起去哪?

(出示图谱二,引导幼儿观察手脚的配合规律并配合音乐。)

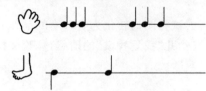

T:小手拍几下? 小脚跺几下? 我们自己先试着走走。

3. 把两张路牌连起来走(引导幼儿听着音乐,看谱拍出节奏)

T:我们自己看着地图知道了××和××的路,这次带爸爸妈妈一起去。

(听音乐自主尝试看图谱表现节奏。)

(四)韵律活动"走路"

T:来到了目的地,谁走在最前面带路? 谁走在最后? 妈妈走在哪? 让我们走一走吧。

T:让我们选好合适衣服,来打扮自己。

(引导幼儿选择合适的衣服装扮自己,分角色演唱。)

蔬菜汤

表现形式 主题内容 音乐元素	听辨活动	歌唱活动	韵律活动	打击乐活动	欣赏活动
音高		买菜(复习)			
节奏	洗菜、切菜 (复习)				
力度					
音色			烧蔬菜汤 (新授)		
曲式					

活动方案

一、活动目标

1. 引导幼儿在会唱歌曲的基础上，尝试用接唱的方式表现歌曲。

2. 引导幼儿跟随音乐的渐强渐弱信号创造性地用肢体语言表现，体验合作和创编的快乐。

二、教学准备

1. 经验准备

（1）会唱歌曲《买菜》。

（2）对于做蔬菜汤需要的材料及整个过程有一定的生活经验。

2. 材料准备

（1）《买菜》的音乐。

（2）代表三种蔬菜的即时贴（土豆、洋葱、番茄）。

三、教学过程

（一）买菜

1. 情景导入，经验回忆

T：大家都知道蔬菜的营养好，今天我们一起来做小厨师，烧一锅美味的蔬菜汤吧？做蔬菜汤，先要做一件什么事？

幼1：买菜。

幼2：然后要把菜洗一洗。

幼3：切一切菜。

幼4：最后就能烧汤了。

2. 复习歌曲《买菜》

（1）集体演唱歌曲

T：哦，那我们先去买菜，用好听的歌声告诉大家都买了什么菜。

（2）分句指导

T：小弟弟小妹妹是怎样去买菜的？心情怎么样？

幼：他们很高兴的。

T：是呀，他们蹦蹦跳跳地提着篮子去菜场了。

（老师示范歌曲第一句：小弟弟小妹妹快快来，引导幼儿吐字轻巧。）

T：他们买了什么蔬菜？

幼：番茄、土豆、洋葱。

T：哦，要把它们介绍清楚，这些蔬菜又大又圆才新鲜。

（引导幼儿唱歌曲第三句：番茄红、土豆圆、洋葱香时调整口型。）

（3）完整演唱

T：我们再去买一次，开开心心地买新鲜的蔬菜。

（引导幼儿对刚才演唱时出现的问题自我调整，完整表现歌曲。）

（4）接唱歌曲

T：小弟弟小妹妹一起去买菜可高兴啦！他们边唱边说，听听他们说了些什么？

（师幼配合，老师示范演唱接唱部分歌词。）

幼1：我听到"来了"。

幼2：还有"好来"。

幼3：我还听到"哈"。

幼4：还有一起去买菜的时候有"哎"。

T：听一听，他们是什么时候说的？唱到哪一个字的时候，要说了？

（再次师幼配合，示范演唱接唱部分歌词。）

幼1：唱好第一句的时候是说"来了"。

幼2：最后是说"哈"。

T："哎"什么时候说？

幼3：是唱好大家一起去买菜以后说的。

幼4：番茄红、土豆圆、洋葱香后面就要说"好来"。

T：好那我们也来试一试，我买菜，你们说话。（尝试和老师接唱）

T：一半买菜，一半说话。（幼儿分成两组，尝试接唱）

（二）洗菜、切菜

1. 洗菜

（1）集体探索

T：菜买好了，做蔬菜汤之前还要做一件什么事？

幼：要把菜洗一洗。

T：想一想你洗什么蔬菜，怎么洗？用动作告诉大家。听着音乐试试看。

（幼儿听音乐探索创编洗菜的动作，老师巡回观察。）

（2）个别交流和分享

T：刚才看到有几个小厨师把蔬菜洗得真干净，他们听着音乐仔细地洗，我们请他们来洗给大家看看。

幼1：我洗的是土豆，搓 搓 ｜ 搓 搓 ｜。

（一手握拳放在胸前，另一手也握拳由身体方向往外来回搓动。）

T：土豆两头搓过了，中间再来搓一搓。

（帮助幼儿补充丰富动作，在从上往下搓的动作基础上再补充两手相对搓一搓的动作。）

T：我们一起来洗一洗番茄吧。

（引导幼儿跟音乐模仿幼1的动作。）

T：我们看看××洗的是什么蔬菜，是怎么洗的。

幼2：洗洗 洗洗｜洗洗 洗｜（两手搓宵状动作）。

幼：好像是洗圆圆的东西，因为手指是弯的。

幼2：我洗的是土豆。

T：一边洗一边把土豆的皮刨掉吧，洗洗 洗洗｜刨刨 刨｜

T：我们一起来洗土豆吧。

（引导幼儿跟音乐模仿幼2的动作。）

T：我们再来看看××怎么洗菜的。

幼3：我洗的菜和他们不一样，洗的是洋葱，洗洗洗洗 洗洗洗洗｜掰开 掰开｜

T：他洗得真仔细，我们也来试一试。

（3）再次集体创编

T:我们一起跟着音乐把蔬菜洗干净,看看谁能用和别人不一样的办法洗。

（引导幼儿在刚才个体分享的基础上自主创编不同的动作,配合音乐动作表现。）

2. 切菜

（1）集体讨论

● 创编节奏型1:

T:洗完菜就能烧汤了吗? 还需要做什么准备工作?

幼:还要切菜

T:你们怎样切菜?

幼1:我想切土豆, X X   X X │ X X   X X │

T:我们一起切土豆。

● 创编节奏型2:

T:还有不同的切法吗?

幼2:我来切蕃茄 X   X │ X   X │

T:切蕃茄能不能有快有慢呢?

幼2: X   X X X │ X   X X X │

T:噢,有快有慢了我们一起试一试。

（老师哼唱旋律,引导幼儿模仿幼2的节奏动作并配上节奏。）

● 创编节奏型3:

T:还有没有不同的?

幼3:我把洋葱切成丝 X X X X   X X X X │ X X X X   X X X X │

T:洋葱的丝切得真细,我们一起切切看。

（老师哼唱旋律,引导幼儿模仿幼3的节奏动作并配上节奏。）

（2）集体探索

T:我们一起来做切菜的准备工作,看着菜,听着音乐,切得稳当一点,小心手。

（引导幼儿听着音乐自编切菜的节奏动作。）

（三）烧蔬菜汤

1. 感受理解音乐,初步创编动作

（1）欣赏理解音乐（感受强弱）

T:准备工作都做好了,准备烧汤,怎么烧?

幼:先在锅子里放点水,再把菜放进去。

T:对呀,拿个锅子,放上水,放入蔬菜,打开煤气开关就开始煮汤了。

（配合音乐伴奏,不同旋律代表拿锅、倒水、放蔬菜及开煤气的过程。）

T:水滚了锅里的蔬菜会怎样?

幼:蔬菜会在水里动来动去。

T:我们听一听,一开始时候水怎么样? 后来有什么变化? 开了以后又怎样了?

（引导幼儿感受音乐的强弱。）

T:你听到什么变化?

幼1:音乐开始是轻的,后来变响了。

T:音乐轻的时候代表什么? 响的时候又代表什么?

幼2:轻的时候代表水还没有热,后来慢慢响了说明水越来越热了,然后就烧开了。

T:最后音乐停了代表什么?

幼:代表汤烧好了,把开关关掉了。

(2) 创编动作

T:如果你是蔬菜你怎么动,试试看。

(引导幼儿扮演蔬菜,自由创编动作表现蔬菜在锅里滚动时的状态。)

(3) 个别分享

T:你们做的是什么蔬菜?

幼1:(幼儿动作表现)我做的是番茄,一块块地滚来滚去的。

T:我们再来猜猜她是什么蔬菜?

幼2:(幼儿动作表现)

T:什么蔬菜在水里是扭来扭去的。

幼:我猜是洋葱。

幼2:我是洋葱,切成一丝一丝的,煮汤的时候就是扭来扭去的。

T:还有谁也来试试不一样的动作。

幼3:我是土豆。(幼儿动作表现)

2. 讨论分享

T:我们一起来烧蔬菜汤,想好你要做的蔬菜,听着音乐在锅子里跳舞。

(集体游戏一次,教师跟音乐作打开煤气状,引导幼儿从静止的"菜",随着教师渐强渐弱的音乐,从慢慢的滚起来到最后不停地动。教师关掉煤气,幼儿扮的"菜"慢慢地停下来。)

T:开关关掉后汤里的蔬菜会不会马上停?

幼1:不会的,蔬菜要摇一摇再停。

T:对呀,火虽然关了,但蔬菜还会在锅子里动,才慢慢地停下来,怎么做?

(请一位幼儿示范:随音乐的变化,身体动得越来越夸张,然后又慢慢地平静下来。)

T:菜沾底了就会焦掉,怎样让菜不粘底呢?

幼:要不停地翻一翻就不会粘底了。

T:是呀,脚要动,就不会粘。

3. 集体探索(老师语言提示)

T:我们再来烧一锅美味的蔬菜汤,想好你想扮演哪种蔬菜,上来选蔬菜的标记贴在自己的胸口,在位置上准备。

(出示即时贴的蔬菜标记,幼儿自主选择并粘贴。)

T:(老师根据音乐做放锅、倒水动作)先放番茄,跳到锅里没有声音(扮演番茄的幼儿跳入"锅内"),再放土豆(贴土豆标记的幼儿跳入"锅内"),最后放入一丝丝的洋葱(扮演洋葱的幼儿跳入"锅内")。

幼儿创编动作,随音乐的渐强渐弱表现蔬菜在汤里的样子。

T:这块番茄真好吃(肯定动作跟音乐的幼儿),这根洋葱很香(鼓励动作和别人不一样的幼儿)。

T:脚要动,不然就要粘底了。

T:这块土豆和番茄别挤到一起了,粘住不好吃了。

(提示幼儿分散动作注意空间距离。)

T:汤烧好了,别动,撒点胡椒粉,放点盐,尝一尝,真鲜呀。

(引导幼儿自己创编摆一个结束动作。)

4. 再次集体探索(老师动作提示)

T:这次我用动作来提醒你们,你们听着音乐,想各种动作不要让蔬菜粘底。

(教师听乐曲作搬锅、倒水、开煤气的动作;分别出示三个信号手势,圆的是土豆,椭圆的是番茄,一丝一丝的是洋葱,提醒扮演不同蔬菜的幼儿分别跳进"锅"中,随着乐曲的强弱变化,将汤做成。教师加盐、味精、调料等。)

(四)集体完整表现从买菜到烧汤的整个过程

T:晚上睡了一觉,早上起床肚子饿了,想起昨天的汤太好喝了,我们再去买点蔬菜烧一锅美味的蔬菜汤吧。

(引导幼儿一段唱歌曲《买菜》、一段动作表现洗菜、一段节奏表现切菜,最后扮演蔬菜跟着旋律动作表现烧汤。)

T:这么美味又有营养的蔬菜汤,让我们盛一碗给弟弟妹妹也尝一尝吧。

(引导幼儿端碗出活动室。)

活动分析

一、从活动材料出发进行分析

一方面,单纯地从活动材料看:整个活动紧紧把握学科特质,结合音乐元素,运用了不同的音乐表现手段展现特定的生活事件——制作蔬菜汤。买菜、洗菜、切菜、烧汤是一个连续的场景,老师通过唱歌、节奏动作、音乐欣赏动作表现等形式,用音乐的语言述说生活事件,犹如一出儿童音乐剧。特别是活动主体部分"烧蔬菜汤",将音乐欣赏和生活情景相联结,用不同的旋律表现放锅子、倒水、放蔬菜的环节,用渐强渐弱表现蔬菜汤从不开到煮沸的过程,引导幼儿感受理解音乐,将煮汤的情景和音乐之间搭起互通的桥梁,充分体现了"艺术来源于生活而高于生活"。

另一方面,从材料对幼儿产生的作用来看:摆脱了音乐活动技能为主的禁锢,以创造想象为切入口,在生活经验和音乐经验的支持下,通过节奏创编、动作创编充分发挥幼儿的主体性。在创编中不仅有音乐元素的再创造,也有动作的再创造。例如:创编切菜的动作属于节奏创造,幼儿需要根据音乐的节奏配上相应的自编节奏,切土豆 $\underline{XX \quad XX \mid XX \quad XX}$;切蕃茄 $\underline{X \quad XXX \mid X \quad XXX}$;洋葱切丝 $\underline{XXXX \quad XXXX \mid XXXX \quad XXXX}$,不同的孩子创编的节奏都各不相同。而烧蔬菜汤时则主要运用了肢体动作表现,孩子们将他们平时观察到的蔬菜在锅子中翻滚的样子结合自己的理解用动作展现,在现实模拟的基础上进行再创造。

二、从老师发挥引导性方面分析

1. 在有效互动中引导幼儿探索、修正、提升

每个环节中都体现出老师的引导性,有意识地营造有效互动的机会,在互动中为幼儿搭建自主探索的平台,引导幼儿自我调整和自我修正,使经验和能力不断地获得提升。

(1)引导幼儿自主探索

活动中老师为孩子搭建了三个"探索"平台,例如:第一环节歌曲《买菜》是已有经验,通过师生合作探索分组接唱的表现形式,在感受新形式的时候老师并未急于告诉幼儿该怎样唱,而是

让幼儿感受寻找接唱的两个关键——接唱什么、什么时候接唱,幼儿通过自己探索解决这两个重点,这是老师创设的第一个探索平台。接着第二环节是洗菜切菜,引导孩子创编出四拍规律的洗菜和切菜的节奏动作,幼儿在这里需要探索的是将已有的生活经验(平时看到爸爸妈妈洗菜切菜的动作)与音乐经验(各种不同节奏型)相结合,综合性地表现出有节奏的洗菜切菜的动作。幼儿需要同时考虑两个条件(生活经验和音乐经验),并将这两者有机地融合起来,这便是老师创设的第二个探索平台。第三环节主要表现烧汤的过程,在此过程中幼儿的探索点在于如何扮演各种蔬菜的角色,运用动作表现音乐《蔬菜汤》。幼儿扮演的角色不同,蔬菜的形态各异,因此选择恰当的动作是关键。一块块的土豆和一丝丝的洋葱动作表现方式肯定不同,每个孩子还需要创编与同伴不同的动作,动作和音乐配合又是关键,孩子们还要将创编的动作装入到旋律节奏之中。在活动过程中,老师尽可能"站在孩子的背后",给予他们思考的余地和实践的空间。

(2)支持幼儿自我修正

当幼儿走在探索的大路上遇到岔路时,为了让幼儿掌握自己解决问题的方法,老师选择运用迂回的战术,间接提示幼儿问题所在,支持幼儿进行自我修正。例如:在第三环节烧汤中,幼儿需要创编动作随音乐的渐强渐弱表现蔬菜在汤里的样子。老师运用情景语言支持幼儿进行自我调整,当发现幼儿只是关注手上动作忽视脚的动作时,立即说"脚要动,不然就要粘底了";当发现几名幼儿挤在一起时,老师用"这块土豆和番茄别挤到一起了,粘住不好吃了",提示幼儿分散做动作,注意调整空间距离;当发现有一位幼儿由于过分关注蔬菜在锅里翻滚的有趣情景而忽视动作和音乐的配合,影响了其他幼儿的操作时,老师立即说:"这块土豆有点烂掉,烂掉的土豆可不好吃,要捞出锅子。"这名幼儿马上知道自己关注点有所偏差,立即调整了自己的行为,开始听着音乐做动作。这些例子都说明孩子具有自我调整的能力,老师需要做的是在观察到问题后,间接点出问题所在,让幼儿尝试自己调整。

(3)推进幼儿不断提升

幼儿的创造可谓是原生态的资源,要使他们在原始的基础上获得进一步的提升,就需要老师适当地给予推进。例如:在创编切菜的环节中,当老师问到还有没有不同的切法时,有位幼儿主动举手说:我来切洋葱×　　×｜×　　×｜,老师根据幼儿的实际情况,觉得该名幼儿有能力创编出更复杂的节奏,于是进一步问:"切洋葱能不能有快有慢呢?"该幼儿立刻心领神会,再次进行创编,编出了×　×××｜×　×××｜。又如:探索烧汤过程时,在幼儿初步探索不同形态蔬菜用不同动作表现的基础上,老师进一步提示"开关关掉后汤里的蔬菜会不会马上停?"幼儿马上想到"火虽然关了,但蔬菜还会在锅子里动,是慢慢地停下来"。于是幼儿表现:蔬菜随音乐强弱的变化,身体动得越来越夸张,然后听到关火的旋律后慢慢地平静下来。孩子都将注意力集中在蔬菜翻滚的状态,而关火后蔬菜逐步随着沸腾的汤降温而平静是孩子容易忽略的一点,老师抓住了这个点,进一步推进幼儿获得经验的提升。

2. 挖掘幼儿思维火花,有效地传递信息

老师发挥引导性,使个体经验转化集体经验,在互动中挖掘幼儿思维火花,共同分享,进行有效的信息传递,使个体借鉴别人经验后有更高层次的再创造。例如:洗菜的时候,老师先集体操作创编,然后请了几位节奏比较稳,并且创编出不同节奏的幼儿与大家分享,虽然只挑选了三个节奏型:洗番茄"搓　搓　｜　搓　搓｜",洗土豆"洗洗　洗洗｜刨刨　刨｜",洗洋葱"洗洗洗洗　洗洗洗洗｜掰开　掰开｜",但示范这三个节奏型给予同伴的启示是:洗不同的菜用不同的节奏和动作并配合音乐,洗菜的动作可以有方向性的变化,于是再次操作的时候孩子们又变化出了很多不同的节奏动作。除此之外,在切菜、烧汤动作的创编中,老师也同样将观察到的有价值的信息放到集体面前和大家一起分享。孩子们正是在信息共享的同时,开拓了自己的思路,进一步点燃了思维的火种,并发出更多的思维火花,产生更多的创意。

因此,在综合性音乐活动"蔬菜汤"中,材料、幼儿、老师三者之间拥有的是良性的有生命力的互动。老师把握幼儿发展水平及已有经验和能力,在幼儿自由表现生活经验及感受的开放性进程中,接纳幼儿的创意,在集体探索和个体创造之间寻找到一个平衡点,给予适时支持提升,使得幼儿在有目的的探索中不断地获得成长。

木瓜恰恰恰

音乐元素＼主题内容＼表现形式	听辨活动	歌唱活动	韵律活动	打击乐活动	欣赏活动
音高		木瓜恰恰恰（复习）			
节奏				木瓜恰恰恰（新授）	
力度					
音色					
曲式	水果大卖场（复习）				

设计思路

目前我们正在进行的主题是"有用的植物",而"好吃又有营养的植物"是与孩子们生活最密切相关的,因此我们选择以"蔬菜、水果"作为切入点,开展一系列活动,在各种活动中孩子们不仅了解了蔬菜和水果的营养价值,还知道了它们对人体健康的作用,明确了这些有用植物与人之间的关系。"木瓜恰恰恰"是在这一系列活动中的一个,是一个连续性,以音乐为主线的活动,孩子们运用已有的音乐经验(积累了一定的节奏型),在低结构的区域活动中为歌曲创编节奏并设计符号图谱加以记录,并在高结构的集体活动中分享交流并集体合作器乐表现,促进幼儿创造、合作、自控等全面能力的提升,同时他们成功、愉悦的情感也得到满足。

活动方案

一、活动目标

在会唱歌曲《木瓜恰恰恰》的基础上,与同伴分享交流自己创编的节奏图谱并尝试用乐器表现,体验集体合作为乐曲伴奏的快乐。

二、活动准备

1. 经验准备

（1）会唱歌曲《木瓜恰恰恰》，对歌曲节奏规律有所感知。

（2）在区域中个别探索歌曲节奏，尝试创编节奏并用节奏图表示。

2. 材料准备

（1）《木瓜恰恰恰》的音乐。

（2）幼儿自制乐器（沙球）、响板、小铃等各种乐器。

三、活动过程

（一）节奏卡农"水果大卖场"

1. 情景导入

T：水果水果营养好，维生素呀多又多，你来我来大家来，大家快来买水果！我是水果大卖场的经理，买水果的人太多了，请你们帮忙一起运水果。

2. 集体表现卡农曲式中的节奏语言

T：运水果要开着我们大卖场的车，要边开边为我们卖场做广告，广告词是："水果　大卖场真呀　真热闹"。广告连着做三遍，我们一起试一试。

（引导幼儿连续三遍表现节奏语言，节奏稳当。）

3. 分两组进行节奏卡农

（1）老师指挥

T：水果太多了，分两辆车运，边做广告边开，一辆先开，一辆后开，看着经理的指挥。

（帮助幼儿分成两组，进行节奏卡农。）

（2）幼儿指挥

T：第一辆车广告做到什么地方，第二辆车开出来？

T：请一个人帮我一起指挥车辆。（请幼儿与老师合作指挥）

T：再请一个人帮我指挥车辆。（两名幼儿指挥）

4. 分三组进行节奏卡农

T：买水果的人越来越多，我们的水果两辆车也装不下，要三辆车装，有先有后稳稳当当地送出去，广告做完正好送到，赶紧刹车蹲下。

T：我们先来试试刹车灵不灵。（运用卡农曲式分组念儿歌三遍，念完最后一句分组蹲下，引导幼儿节奏正确、动作整齐）

T：现在我们准备出发。

（幼儿分成三组，确定先后顺序，进行节奏卡农。）

5. 分四组进行节奏卡农

T：再增加一辆车，变成几辆车？这次经理不给车辆编号了，看着经理的手，指挥到哪辆哪辆就开。

（幼儿分成四组，随机点组，进行节奏卡农。）

（二）复习歌曲《木瓜恰恰恰》

（1）回忆歌曲名称及歌词

T：水果大卖场开张啦，卖场里还有音乐呢，真热闹！你们听是什么歌？

（弹奏歌曲旋律，引导幼儿回忆歌曲名称。）

T：买水果的人太多，卖场营业员忙不过来，经理请我们去帮忙！水果大卖场里有哪些水果？

幼1：有木瓜、榴莲、石榴。

幼2：有香蕉、芒果。

幼3：还有橘子。

T：这些水果是怎么排列在柜台上的?

幼：木瓜、芒果、香蕉、石榴、菠萝、榴莲和橘子。

(引导幼儿回忆歌词,解决歌词中水果排列次序的问题)

(2) 集体演唱歌曲

T：请你们把水果稳稳地、轻轻地运到大卖场。

T：水果要放整齐,别运错了,香蕉的后面是什么水果?

幼：石榴。

(引导幼儿把每一种水果唱清楚。)

T：圆圆的、大大的石榴有人买。

T：运水果的时候要轻一些,不把水果碰烂了。

(引导幼儿嘴巴打开,口型圆。)

(3) 再次演唱歌曲。

T：我们再来运一次水果,不放错水果,而且保证他们又大又新鲜。

(三) 节奏律动《木瓜恰恰恰》

(1) 分析律动的节奏规律

T：水果运到大卖场了,现在要请你们把水果摆到柜台上了,一次摆几个?

幼：7个水果(用拍手表示)

T：7个水果放好了要做一件什么事?

(2) 幼儿集体操作

T：我们一起来整理水果摊。

(引导幼儿用第一段拍手,第二段拍腿的动作表现音乐节奏。)

T：不好了,刚才经理发现有的人在整理的时候水果都滚到地上了,柜台上的水果就少了。

放7个不多不少,我们试试。(老师哼唱一句音乐,让幼儿操作)

T：我们也来试试。(老师再次哼唱乐句幼儿操作)

(3) 找出"恰恰恰"的节奏

T：放好水果要做什么事?

幼：做广告。

T：在什么时候做广告?

幼：在"恰恰恰"的时候做广告。

(幼儿集体操作,用拍腿表示。)

T：广告要正好当顾客走到你面前的时候做,不然就听不到你的广告了。

(引导幼儿正好在"恰恰恰"的节奏时拍腿。)

T：听音乐,不要太早地把水果放上柜台,时间放长了会不新鲜。

(引导幼儿听好前奏把握弱起节奏,再次跟音乐完整操作。)

(四) 乐器表现"木瓜恰恰恰"

(1) 分享交流图谱

＊ 图谱一：葫芦型 苹果 葫芦型 苹果 葫芦型 苹果 葫芦型

T：柜台上放了各种各样的水果,我们来看看都是怎么放的。

（出示一张幼儿创编的节奏图谱。）

T：这个是哪位营业员的柜台？你来介绍一下代表什么？

幼1：葫芦型代表拍手，苹果代表休息。

T：你放给我们看看。

（老师数拍该名介绍的幼儿个别操作×０×０×０×０。）

T：我们一起来试试她的办法。

（老师数拍集体幼儿操作。）

T：她放了几个水果休息？

幼：放一个休息一下。

T：再来一次，我们别多放哦！

（老师哼唱集体幼儿操作。）

＊ 图谱二：圆 菠萝 菠萝 圆 菠萝 菠萝 圆

T：再来看一个柜台。

（出示另一张幼儿创编的节奏图谱。）

T：请这个柜台的营业员来介绍一下他柜台上的水果是怎么放的？

幼2：圆代表拍手，菠萝代表休息。

T：你放给我们看看。

（老师哼唱个别幼儿操作×０ ０ ×００ ×。）

T：我们一起来试试。

（老师哼唱幼儿集体操作。）

＊ 图谱三：木瓜 木瓜 圆 木瓜 木瓜 圆 木瓜

T：这里还有一个柜台放的和你们不一样的。

（出示第三张幼儿创编的节奏图谱。）

T：你来介绍一下，上面的水果代表什么？

幼3：木瓜代表拍手，圆代表休息。

T：我们来帮助整理一下，你看看他们放的和你的方法一样吗？

（老师哼唱，集体幼儿看图谱操作× ×０ × ×０ ×。）

＊ 图谱四：苹果 梨 梨 苹果 梨 梨 苹果

T：再来看一个柜台（出示第四张幼儿创编的节奏图谱）这是谁的柜台，来介绍一下？

幼4：苹果代表休息，梨代表拍手。

T：我们也来试一下。

（老师哼唱乐句，幼儿集体看图谱操作０××０××０）

（2）分组合作表现节奏图谱

T：运到大卖场的水果越来越多了，我们一次放两排，你们组负责第一层，按这种办法整理（出示第一位幼儿介绍的节奏），你们组负责第二层按这种办法整理。（出示第二位幼儿创编的节奏）上半场第一组放，下半场第二组放。请刚才两位介绍的营业员帮忙指挥。另外再请你们一组负责做广告，什么时候做？

幼："恰恰恰"的时候。

T：好，我们准备整理柜台上的水果了！

（引导幼儿跟音乐，分组分段按不同的图谱合作表现节奏。）

T：刚才有约营业员在整理的时候，这个柜台的水果放到对面柜台去了。

你们这个柜台水果是怎么放的？放几个休息？

（引导第一组幼儿修正节奏。）

T：你们的水果是怎么放的呢？

（引导第二组幼儿修正节奏。）

T：我们再来一次，门口开始有顾客排队买水果了，赶紧整理好柜台准备开门了！

（再次合作操作，引导幼儿不受对方节奏影响。）

（3）乐器合作表现图谱

＊　第一次合作表现

T：水果大卖场开门营业了，选择什么乐器做广告？

幼：沙球。

T：请中间这一组来负责做广告。

（引导幼儿在"恰恰恰"的时候用自制沙球表现节奏。）

T：水果不断被人买走，不断需要营业员放，所以还有两组还是负责放水果的，按照你们自己的方法放。请两位指挥帮忙。

（引导两组幼儿跟音乐，分别按照刚才的图谱，用响板和小铃表现节奏。）

＊　第二次合作表现

T：刚才广告语漏了，有好几次都没有做，听好音乐别少做广告哦！

T：你们柜台用什么方法放水果？

（引导操作小铃的小组调整节奏。）

T：你们柜台放几个水果休息？

（引导操作响板的小组调整节奏。）

T：让我们再来一次，听着音乐整理柜台、做广告。

（引导幼儿再次跟音乐，合作用乐器表现。）

（4）延伸

T：今天水果大卖场真热闹，生意非常好，营业员用了不一样的方法整理柜台，我们回去想想看，还能用什么其他的方法整理，把它记录下来，下次我们再一起来帮忙。

活动分析

一、从目标方面分析

本次活动只有一个目标，即在会唱歌曲《木瓜恰恰恰》的基础上，与同伴分享交流自己创编的节奏图谱并尝试用乐器表现，体验集体合作为乐曲伴奏的快乐。其中，前半部分在"会唱歌曲《木瓜恰恰恰》的基础上，与同伴分享交流自己创编的节奏图谱并尝试用乐器表现"属于认知方面的要求，是显性目标。这个要求中主要解决两个点：第一，交流节奏图谱，将幼儿个人的创造与集体互动，进行思维分享；第二，分组合作使用乐器表现节奏图谱，让来源于孩子的东西在另一个层次上回归到孩子的操作中去，使他们在原有基础上有所提升。而后半部分"体验集体合作为乐曲伴奏的快乐"是情感方面的要求，属于隐性目标。

这个目标分别通过三个环节来实现，分别是歌曲《木瓜恰恰恰》、节奏律动"木瓜恰恰恰"、乐

器表现"木瓜恰恰恰"。与认知相关的目标主要通过第三环节来实现,是一个挑战性的目标,情感目标则渗透在每个环节之中。

从实际操作来看,孩子们在老师不断的推进中,最终能使用乐器分组看图谱进行合作演奏,目标达成度很高。

二、从活动环节分析

活动的三个环节在"水果大卖场"的特定情景下,始终围绕乐曲《木瓜恰恰恰》展开,从唱歌曲、律动、乐器表现,使用多种形式表现一个材料,并从易到难在环节设置上体现层层递进。

1. 歌曲《木瓜恰恰恰》

这个环节是非主体环节,但为之后的操作起到铺垫作用。在复习歌曲时,老师创设了水果大卖场开张需要帮忙运水果的情景,赋予孩子游戏的角色,使他们立刻投入到活动中来。在这个环节中,孩子们不仅再次熟悉旋律及歌词内容,而且他们的情绪也一下被调动起来。虽然是复习环节,但在这个过程中老师并非让幼儿简单重复操作,而是针对实际情况进行调整,使得孩子"温故而知新"。例如:由于歌曲中水果较多,老师预计孩子在演唱时会对水果的排列出现问题,因此在唱之前就提问:水果卖场里有哪些水果? 它们是怎样排列的? 事先帮助孩子解决难点。又如:在孩子们第一次演唱后,老师发现由于口型没打开导致歌词唱得不清晰,音准也相应受到影响,立刻用情景语言"圆圆的、大大的水果有人买","运水果的时候要轻一些,不把水果碰烂了"等支持幼儿进行自我调整。这些即时的要求起到了很好的效果,在第二次演唱的时候孩子的音色一下变得非常优美柔和。

2. 律动"木瓜恰恰恰"

这个环节主要起到的是承上启下的作用,由于接下来的环节中会涉及节奏,因此老师利用律动帮助幼儿找出关键的节奏规律,为后面的操作搭建台阶。这个环节中主要有两个节奏规律:一是七拍的规律,孩子们在把水果逐个摆放上柜台的情景中,引导幼儿巩固根据音乐在弱起的节奏中拍 7 拍的节奏规律,这与幼儿自己设计节奏时运用的规律是一致的,为后面的操作奠定节奏的基础。二是恰恰恰的节奏规律,用为卖场做广告的形式,请孩子找出"恰恰恰"节奏,这主要为之后的分组操作乐器做准备。

在此过程中,老师也运用了随即调整的策略,当孩子节奏出现不稳定,缺拍的时候及时地用"整理的时候有的水果都滚到地上了,柜台上的水果就少了,放 7 个不多不少"引导幼儿根据音乐节奏律动,用"做广告的时候要正好当顾客走到你面前的时候做,不然就听不到你的广告了",引导幼儿正好在"恰恰恰"的节奏时拍出节奏。

3. 乐器表现"木瓜恰恰恰"

这是该活动的主体环节,在这一环节中充分体现层次性和引导性。

层次性主要表现在老师根据孩子的经验、能力进行步步推进。从整体来看,本次活动的终极目标是孩子能用乐器合作表现图谱,老师考虑到孩子的能力,没有一开始就直接使用乐器,而是分了三个层次,即分享交流图谱、分组合作表现节奏图谱(用拍手形式表现)、乐器合作表现图谱,每个层次都是以前一个层次为基础,对前一层次的推进,逐步增加挑战难度,支持幼儿渐渐地接近并达到目标。从局部来看,在该环节的每个大的层次中还有小的层次,例如:在第一层次交流图谱时,老师依次出示幼儿画的节奏图谱看似不经意,但却都是有意识经过挑选排列的,从第一个节奏型 ╳ 0 ╳ 0 │ ╳ 0 ╳ │ 到最后一个节奏型 0 ╳ 0 ╳ │ 0 0 ╳ │ 呈现出从易到难的规律;在请幼儿介绍时从刚开始的直接介绍自己的节奏,集体模仿——幼儿说出图标代表的含义,集体探索研究,这也为孩子设立了上升的台阶。又如:第二层次分组合作表现节奏图谱主要为后面乐器表现奠定基础,在此过程中孩子们从分两组用不同节奏表现——分三组节奏表现,同样体现推进性。

引导性则主要表现在当孩子操作出现问题时,老师运用策略及时地帮助幼儿发现问题,并尝试自己调整。例如:分享图谱是为了要将这些幼儿创编的节奏结合到音乐中表现,因此在集体交流时,老师当介绍的孩子说完后引导集体一起操作时,幼儿拍节奏老师先用数7拍帮助幼儿稳定节奏。当孩子们明确了所分享的节奏后,老师就开始哼唱曲调,引导幼儿将节奏与旋律建立联系,为之后的操作做铺垫。又如:当乐器表现乐曲时,使用自制沙球的小组节奏不稳定,会漏拍,于是老师运用语言"刚才整理水果的时候有几次广告漏做了"引导幼儿发现操作中出现的问题,引起孩子的重视,并为孩子创设再次操作的机会,在操作中进行调整。

由此看出,该音乐活动一方面,它是可持续发展的节奏活动,可以根据孩子的能力经验不断深入变化发展。例如,在本次活动的基础上变换其他节奏型操作,分组运用不同节奏型同时合奏等。另一方面,是孩子与老师共生性的活动,老师要做的是首先运用孩子的已有经验,为孩子搭建一个操作平台;其次,观察发现并收集孩子创造的信息,并将这些信息在集体中分享交流,引发孩子之间的思维共享;再次,老师需要发挥支持的作用,将从孩子处得来的东西进一步加以提升,使他们在有探索和有引导的过程中不断获得挑战。

像个小学生

表现形式 主题内容 音乐元素	听辨活动	歌唱活动	韵律活动	打击乐活动	欣赏活动
音高	找朋友(复习)				
节奏		像个小学生(新授)			
力度					
音色					
曲式					

设计思路

孩子们即将毕业,在主题"我要上小学"中,根据幼儿当时产生的热点,选择了歌曲"像个小学生",进一步地激发了孩子们上小学的愿望,帮助孩子延续主题内容,挖掘主题内涵。

活动方案

一、活动目标

1. 引导幼儿听辨找出三度音程,感受音高朋友之间的和谐。

2. 在会唱歌曲《像个小学生》的基础上,初步尝试用轮唱的形式来演唱歌曲,表现出想当个小学生的愉快情绪,体验集体合作的成功。

二、活动准备

1. 会唱歌曲《像个小学生》。

2. 有节奏卡农游戏的经验。

三、活动流程

(一)听辨游戏"找朋友"

T:我们马上要踏进小学做小学生了,让我们找到好朋友一起踏着音乐铺成的台阶去参观小学!

T:先听是哪个音符阶梯,(老师弹 mi 引导幼儿唱出音高)手指上面,代表什么?(代表帮助 mi 找上方的 sol)手指下面,代表什么?(代表帮助 mi 找下方的 do)

T:小学教室很多,我们找准楼梯别迷路。

(引导幼儿根据老师的提示找出相应的三度音程。)

(二)复习歌曲

T:小学老师想看看谁最像个小学生。

T:把歌里的话唱清楚,让大家都知道你是个神气的小学生。

(引导幼儿注意每句话的第一个字的发音。)

(三)节奏卡农念歌词

(1)前后相差一句的卡农节奏

T:你们看校车来接我们了,这一半朋友坐的车先开,这一半朋友坐的车后开。看着信号准备出发。

T:交换开车的顺序,听好信号别掉队!

(2)前后相差半句的卡农节奏

T:这次两辆车间隔距离近了,看好指挥分别是什么时候出发。

T:交换顺序再来一次。

(四)轮唱歌曲《像个小学生》

(1)老师指挥,幼儿尝试前后相差一句的轮唱

T:小学到了,个个都像小学生,你也像我也像,有的先唱有的后唱,越唱越高兴,越唱越热闹,也来唱一唱。

(引导幼儿看老师的指挥,分两组轮唱。)

T:两组交换,注意看指挥。

(2)幼儿指挥,再次尝试相差一句的轮唱

T:现在我请两个小指挥来帮忙。

(鼓励幼儿分组做指挥。)

(3)老师指挥,前后相差半句的轮唱

T:现在我们要有变化了,听后一组在前一组唱到哪句的时候开始唱?

(老师示范,幼儿探索。)

T:请小指挥帮忙。

(特别引导做后一组指挥的幼儿明确哪句开始指挥轮唱。)

T:两组交换,看着小指挥,跟着音乐试试看。